HANYU GUANG-SHIJIAO YANJIU

汉语广视角

邵敬敏/著

研 究

东北师范大学出版社

长 春

图书在版编目（CIP）数据

汉语广视角研究/邵敬敏著. —2版. —长春：东北
师范大学出版社，2015.3（2024.8重印）
 ISBN 978 - 7 - 5681 - 0295 - 7

Ⅰ.①汉...　Ⅱ.①邵...　Ⅲ.①汉语—研究　Ⅳ.H1

中国版本图书馆 CIP 数据核字（2015）第 267374 号

□责任编辑：尹　辉　□封面设计：李冰彬
□责任校对：曲　颖　□责任印制：张允豪

东北师范大学出版社出版发行
长春净月经济开发区金宝街 118 号（邮政编码：130117）
网址：http：//www.nenup.com
东北师范大学出版社激光照排中心制版
河北省廊坊市永清县晔盛亚胶印有限公司
河北省廊坊市永清县燃气工业园榕花路 3 号（065600）
2015 年 3 月第 2 版　　2024 年 8 月第 3 次印刷
幅面尺寸：148mm×210mm　印张：13.75　字数：400 千

定价：68.00 元

本书的出版得到暨南大学"211工程"
（中国语言文学与海外华文教育）
基金的资助，特此致谢！

序　言

　　一个人如果从事学术研究，就应该有自己鲜明的学术形象，也就是说，同行都很清楚，你主要是研究什么的。有的人做了一辈子学问，可是这个学术形象还是比较模糊，其主要原因，就是没有自己的主攻方向和代表性的成果。不过，除了主攻方向之外，还应该有自己的侧攻方向，也就是说，作研究，不能单打一，必须兼及其他相关分支学科，从而在"点"的纵深突破的基础上，形成一个有一定广度的"面"，做到点面结合，相得益彰。

　　我的学术兴趣，在大学本科时就深受朱德熙先生的影响，主要集中在现代汉语语法方面。但是，这些年来，对汉语语法学史、语言学评论，乃至语用学、修辞学、词汇学、语义学、话语分析、文化语言学、广告语言学，还包括语言教学以及对外汉语教学，都颇有兴趣。虽然没有把主要精力放在这些方面，但是，也时不时地写一些有关文章，尤其是 1995 年以来，我多次到香港工作，又是教学，又是研究，又是编教材，耳闻目睹，对香港的语文现状有所感触，也陆陆续续写了一些东西。

　　大文章当然要重视，小文章也别看不起。学术论文难写，语文小品写得好也不容易。我非常赞赏我的老师、北京大学教授、著名语言学家王力先生的信念："龙虫并雕"。所以，我在作专题研究的同时，也时常写一些小文章。记得 1996 年在香港，认识了《大公报》的一位编辑，为配合香港的回归，她约我写一些有关普通话教学以及评论香港语文的文章，而且字数每篇限定在 1000 字之内，这也是对我的一个考验，开始不太顺手，写写也就上路了。

前些年，我的语法研究论文出了两个集子：《汉语语法的立体研究》（商务印书馆，2000）和《著名中年语言学家自选集———邵敬敏卷》（安徽教育出版社，2002）。最近几年又发表了一些论文，打算再出一本语法论文集《语义语法的多维研究》。但是不属于语法研究的文章很难收进去，所以就希望把有关的文章收集起来单独出一个专集。内容涉及语言学研究的方方面面，所以我原先打算叫做《汉语研究纵横谈》，东北师范大学出版社总编辑吴长安先生看了，建议改为"汉语广视角研究"，到底不愧为出版家，眼光独到。我欣然接受了这个新书名，也感谢吴长安先生的鼎力相助。

本书的内容，大体包括几个方面：

1. 香港语文研究。1995 年至今整整十年了，累计起来，我在香港居然生活了五年之久。香港的语言状况，简要地说就是"三文两语"并存，并且互相影响，渗透，形成一个难得一见的多元格局。这就为我打开了一个新鲜的窗口，看到了许多在内地无法觉察到的活生生的语言现象，从最初的反感、不解、迷惑到现在的理解并且兴致勃勃地进行研究，可以说是一个思想上的飞跃。最近，我在香港理工大学跟石定栩博士合作，就是在进行港式中文与标准中文的比较研究，不但有意思，而且有意义。

2. 词汇与话语。我对词汇和话语方面只有一些零星的研究，甚至于谈不上真正的深入研究，但是我毕竟花了六年之久主编了一部《HSK 汉语水平考试词典》，那本词典里所提出的一些观念，例如，关于"语素同族词系统网络"的构想，关于释义的几种特殊方法，我觉得还是很有意思的。此外，话语结构、口误分析、语言风格以及语言文化心理，也都是比较有趣的课题，语言是我们生活中不可缺少的有机组成部分，只要你是个有心人，你就会时时处处发现语言的奥秘，所以，这部分的论文跟我们的生活密切相关。

3. 修辞研究。人们常常说：语法修辞难分家。这话确实有一定道理。我在 80 年代对修辞比较有兴趣，还加入了华东修辞学会，这是国内当时最活跃的修辞学团体。可惜的是尽管大家都希望能够突破，但是中国当代的修辞学至今也没有能够超出陈望道先生在《修辞学发凡》里所构建的框架。我这方面的文章，只能够说是一些粗浅的尝试。当然，实际内容还包括了两篇赏析文章，不过主要还是从语言角度来分析的。

4. 序言与后记。这大概可以分为两类：一类是为别人的书写的序，主要是应我的博士生的请求，他们的博士论文能够作为专著出版，确实不容易，那里凝聚着他们的心血，所以我不能拒绝，也不应拒绝。序言记录了我与我的学生之间的情意，也包括对他们研究的评价。另外一类是我为自己的书写的自序，多数是记录了我对语言学研究的一些看法和成书的来龙去脉，有的情况还是很值得回味儿的。

5. 书评。21 世纪 80 年代至今，我确实写过不少书评。有的朋友戏称我是中国语言学评论第一高手，那自然是开玩笑了，不必当真。但平心而论，我写的语言学综述和书评，可能在中国语言学界里是最多的了。可以这样说，国内许多语言学家的专著，包括一些著名的语言学家，我几乎都写过专评。要写评述，你就必须认认真真地去读这本书，可以说，这也是一个向别人学习的好机会。早先我已经出版了一本《汉语语言学评论集》（浙江教育出版社，2003），包括史论、通论、综述、专评、书评、序言和回忆，一共收录了 37 篇。这次则把最新的和上次遗漏的都收进来了，一共 8 篇。

6. 语言教学。我一直认为，本体的研究必须紧密结合应用的研究，必须为应用服务，所以语言教学也是我长期关注的对象。这主要涉及三个方面：第一，现代汉语课程的改革，包括教材的编写。由于我长期在高校第一线从事现代汉语的教学，编写过三本有关自学考试的辅导书，还主编了一本面向 21 世纪的新教材《现代汉语通论》，所以我自然有自己的一些新的理念和构想。第二，对外汉语教学，这也是我一直非常关注的课题。不仅因为当年跟范开泰先生在华东师范大学一起创建对外汉语专业，所以怀有一种特殊的"情结"；更因为，我一直认为，对外汉语教学是语言应用的一个极为重要的领域。所以我除了编写词典，还特别对语法本体研究如何为对外汉语教学服务感兴趣。第三，中国语文教学，包括中小学语文教学以及普通话教学。由于我应邀担任了香港商务印书馆《学好普通话》的中小学教材的编写，所以这方面也作了一些探索。

7. 广告语研究。上海的特殊地位，决定了商业的高度发达，在全国占据了无可替代的地位。我从 80 年代初就开始关心广告语的创作和研究。有一个阶段，我对广告语的研究简直入了迷，录音、剪报、马路调查，连看电视时，也备个小本子，以便随时记录精彩的广告语。先写了本《广告实用写作》（华东师范大学出版社，1991），到了 90 年代中期，感到意犹未尽，又写了一本《广告语创作透视》（北京语言学院出版社，1996）。部分研究曾经在杂志上发表，也收录在这里。

总的来看，除了汉语语法本体研究的论文，涉及语言学研究其他领域的文章，大多数都收录进来了，其中有一篇关于"轻声"和"儿化"教学的论文是我跟北京大学的沈阳教授合作的，而且主要是他执笔的，为了纪念我们这一段合作和情谊，特地也收录进来。另外，还有六篇文章分别跟香港的鲍茂振、唐世陶先生以及我的博士生赵春利、吴立红、罗晓英、周娟合作，在此一并感谢。当然，由于篇幅所限，还有一些文章未能如数收录，这只好看以后有没有这个机会了。

1961 年我很幸运地考取了北京大学中文系，又不很自愿地被分配到语言专业，所以，虽然学了不少专业知识，却还不能说是真正踏进了语言学的殿堂。1978 年考取杭州大学现代汉语专业的研究生以后，我才算正式进入了语言学界，而且多年来几乎一直被当做青年的代表。所以现在我常常对人开玩笑说：80、90 年代，我们一直被看做青年，现在却一步跨进了老年，我们是没有中年的一代。1986 年在武汉召开的第一届现代汉语语法研讨会（青年）上，我作为全体代表的代表在开幕式上发了言，到了 1991 年参加北京的青年语言学研讨会（北京语言学院）时，会议主办单位还是要我作为全体代表的代表在开幕式上发言，我实在推辞不掉，上台去的第一句话就是"我已快到 50，这是我最后一次代表青年语言学家发言"，引起哄堂大笑。有人说：年龄可以分为好几种类型：自然年龄、生理年龄、心理年龄、身体年龄、思维年龄、学术年龄、生命年龄……我一直觉得自己比较幸运，这跟我的乐观天性有关。这些年来，我一直在宣传"四个人生"：第一，健康人生，身体健康是第一位的，是基础，是根本；第二，乐观人生，必须笑傲江湖，人生总会碰到各种各样的难题，会遇上形形色色的不痛快的事情，关键是自己要善于化解；第三，充实人生，必须有人生的追求，有志气，有理想，有事业，这样才能活得实在，活得舒坦；第四，富裕人生，这是一个基本保证，有一定经济实力，可以免除许多不必要的烦恼，活得有滋有味。有了这四根支柱，才能撑起一个幸福人生，或者叫做快乐人生。我希望除了自然年龄不可抗拒之外，其他的各种"年龄"都能够永葆青春。

我 16 岁上北京大学求学，33 岁到杭州大学读研，36 岁进华东师范大学创业，57 岁毅然离开上海南下，进暨南大学再开学术第二春。不断的追求，不断的拼搏，不断的开拓，我深深地感受到研究和教学所带来的乐趣。

今天是 2005 年国庆佳节，阳光灿烂，湖水碧绿，我的心情就如同这阳光，我的生命就如同这湖水，我盼望自己的学术生命永远如此灿烂！永远如此碧绿！

邵敬敏
广州—暨南大学—新明湖苑

目　　录

第一部分
香港语文研究

香港报纸用语的层次等级及其对策

　　1997 年以后，香港的地位将会发生巨大的变化，并将产生一系列的连锁反应，其中极为重要的一条就是，她跟祖国大陆的联系将会大大加强，其中包括语言和文字上的联系。

　　香港由于历史的原因，英语一直是法定用语，而且教学用语也以英语为主，香港人一直把会说英语看做一种骄傲，尽管在日常生活中使用的基本上还是汉语。香港当局于 1974 年公布的《法定语文条例》规定："英文和中文同为香港的法定语文，二者具有平等地位。" 1984 年中英双方所制定的《基本法》则明确规定："香港特别行政区的行政机关、立法机关和司法机关，除使用中文外，还可使用英文，英文也是正式语文。"比较这两段话，就可以发现，前者实际上仍然以英文为主，而后者则改为以中文为主。当然，这个中文是指规范化的现代汉语，而不是指随便哪一种地区方言或地点方言。

　　逐步推广规范化的现代汉语，是贯彻《基本法》的一个重要的组成部分，也是加强香港和祖国大陆联系的一个不可忽视的方面，这方面有很多工作可以做。在口语方面，主要是推广"普通话"；在书面语方面，我们认为，关键是两条：一是加强中小学的语文教学，二是加强报纸用语的规范。一个人，如果说在学习阶段，中小学的语文教学将会对他产生巨大而深远的影响，那么当他踏上社会以后，新闻媒介，尤其是报纸用语的影响则无疑是第一位的。因此，我们必须对目前香港报纸用语的现状作一番调查研究，并寻找其相应的对策。

一、香港报纸用语现状分析

那么，目前香港报纸用语的现状又是如何呢？存在着一些什么问题？怎么看待这些问题？应该如何去合理地解决？为此，我们对 1995年香港中文报纸《文汇报》、《大公报》和《星岛日报》进行了抽样调查。我们发现：香港报纸用语的情况要比香港市民口头用语的情况好得多，口头用语基本上用的是以粤语为基础的香港方言，而报纸用语则以规范化的现代汉语为主，对这一点我们必须有一个基本的实事求是的估价。但是，另一方面，我们也应该清醒地看到，存在的问题也不少，有的还颇为严重，特别是方言词语和格式的使用问题。

当然，语言不规范并非只是方言的使用问题，还包括生造词、乱译词、乱用文言、语法错误等等，但是，对香港报纸来讲，不规范问题的核心则是方言问题。香港地区通用的话语基本上以粤方言为主，但由于近百年来，香港受到英国的殖民统治，近五十年来，香港同大陆的交往又受到不同程度的限制，香港地区粤方言的发展带有某种"独立性"，特别在词语方面，出现了一些大陆使用的粤方言所没有的新的方言社区词语。因此，我们为了区别于大陆的粤方言，把香港地区所使用的粤方言叫做"香港方言"（或"香港话"）。

1. 我们看到，香港中文报纸上所刊登的文章因其内容的不同实际上是分层次的，不同层次的文章在语言的使用上也有所区别，我们可以把有关文章大体上分为三个层次：

第一层次：政经报道，包括国际新闻、中国新闻、港台新闻、金融报道等；

第二层次：文学专栏，包括杂文、小品、随笔、连载小说等；

第三层次：社会新闻，包括文艺娱乐、体育马经等。

2. 我们要根据文章中所含方言成分的多少把有关文章划分几个等级：

A 级：基本上是规范化的现代汉语；

B 级：偶尔并有条件地使用一些方言成分；

C 级：夹杂着相当多的方言成分；

D 级：全部或基本上用方言写成。

A 级不必再举例，B 级主要是指文章中有时出现若干个方言词语，但从整篇文章来看，应该说基本上还是用的规范化的现代汉语。例如：

（1）由于五、六月市道放缓，以致业市放盘叫价的态度呈现软化，减价幅度亦可较大…… 七月份，仍是以一些质优价格较便宜的靓楼较受欢迎……（《文汇报》1995-08-10）

（2）而在酒会完结后，李嘉诚再度被记者包围，追问一连串问题，他仍一一婉拒不作答复，表示若讲嘢只有对自己唔好，因为好多时会被断章取义，并强调今日的环境及他的处境，讲什么也很容易"撞板"。（《星岛日报》1995-08-09）

B 级文章虽然使用了几个方言词语，但由于它往往是出现在一定的上下文中，因此即使你不懂香港话，也可以根据上下文语境，不太费力地琢磨出来。C 级文章就比较困难一些了，其中比较多地使用方言词语，包括一些句式。例如：

（3）近来多咗香港影人过台湾拍戏，性质分几种，有的系纯粹取景，如成龙的"霹雳飞龙"。有的是人才回流，如柯受良原本是台湾演员出身，喺香港出名过喺台湾，而家返台湾拍一部本土片"摩登共和国"。以上两部影片嘅行动背景可以理解，但近传霍耀良卖了房子，全力往台开拍影片，就唔明原因。虽然故事喺台湾发生嘅，但台湾本土有几大？係人都知……（《星岛日报》1995-04-16）

（4）赛前如果说出这种投注方法，如不被人视为"傻仔"者，则未知有乜，但结果真的胜出……（《大公报》1995-09-18）

这类文章让人读起来就比较吃力了。但是，由于还不是通篇方言，所以通过上下文的帮助，我们大体上还是可以理解的。至于 D 级文章，不懂香港方言的人那就只能说基本不理解了，虽然借助于汉字的帮助，有时候它的内容也可以猜出一点点来。例如：

（5）好心揾人劝吓陈宝莲，尤其係出街，就化吓妆，顾吓自己嘅身世。早排佢学人参加超级模特儿大赛，之前话系比赛大热门，但见到佢成脚瘀痕同样埋残样，伸边度会有胜出嘅机会，结果有眼睇。熟佢嘅人

话唔敢睇好，因为佢的性格太飘忽，唔得稳定。（《文汇报》1995-08-10)

3. 我们还发现，社会新闻中的市民的对话，比较多的是原封不动地记录香港方言的。例如：

(6)"是但啦，没所谓，不会放在心上，自己有自己唱，别人有别人唱，各有好处。"（《文汇报》1995-08-09)

(7)"都是贪靓所累，试问要由两层高跌下来博宣传，边有咁大胆，生命很宝贵，我唔会咁笨嘅!"（《文汇报》1995-09-18)

(8)"请你哋概党魁出嚟，我个多月嚟已经受咗咁多压力同挑战，唔争在呢个钟头。"（《星岛日报》1995-09-18)

尤其在一些"漫画"中的对话或自白基本上都是地地道道的香港方言。例如：

(9) 你应承过话会帮我哋出头争取权益嘅嘛!（《大公报》1995-09-17)

(10) 我哋係办手续，做契证，唔係追讨赔偿㗎!　（《文汇报》1996-08-10)

(11) 你哋吓我老太婆! 唔制呀!（《星岛日报》1995-09-18)

根据我们的观察，目前的香港报纸，大体上，第一层次的文章以 A 级为主，偶尔有 B 级出现；第二层次的文章则以 A 级、B 级为主，偶尔也有 C 级出现；第三层次的文章以 B 级、C 级为主，但经常有 D 级出现。相比之下，《文汇报》和《大公报》的用语更加规范一些，即 A 级、B 级的文章比较多，而《星岛日报》中出现的文章相对 C 级和 D 级更多一些。

我们再跟相仿的大陆方言地区的报纸作个比较，其中上海市的《新民晚报》和广州市的《羊城晚报》最为贴近群众和社会，比较典型。前者处于吴方言区，市民基本上讲的是上海方言，后者处于粤方言区，市民基本上讲的是广州方言，这种情况在报纸用语上肯定也会有所反映，但是由于大陆推广普通话几十年，也比较重视语言的规范化，所以虽然口语方面的情况还不尽如人意，然而报纸用语的方言色彩则并不太浓。经考察，第一层次的文章可以说全部都是 A 级的，第二层次的文章以 A 级为主。偶尔也会有 B 级的出现，即使第三层次的文章，也以 A 级和 B 级为主，C 级和 D 级的文章是根本不出现的。其中的所谓 B 级，实际上是指两种情况：

一是叙述话语中夹用了某些方言词语，使用之时还用括号特意标明。例如：

（12）难道这一男一女是"神经搭错"了。（《新民晚报》1995-09-20）

（13）那小贩先是矢口否认，吹胡子瞪眼睛怪我"勿要瞎讲"。（《新民晚报》1995-09-18）

（14）"流嘢"之中有"流"得"坚"些的，有"流"到"流口水"的。（《羊城晚报》1995-09-20）

（15）一个穿粉红 T 恤的年青人正一路狂奔赶去前面的店"通水"。（《羊城晚报》1995-09-20）

二是文章在引述市民的对话时，为示真实，仍然记录原来实际使用的方言。例如：

（16）我一看就知道这张月票做过手脚了。（《新民晚报》1995-09-20）

（17）有的姑娘却横眉相向："关侬啥事体！这是我个人私事，不要侬管。"（《新民晚报》1995-09-17）

（18）口水多过茶，半天不出歌。（《羊城晚报》1995-09-19）

（19）"管理办"大玩"无厘头"，干吗？（《羊城晚报》1995-09-20）

两家晚报相比，就所使用的方言词语出现的频率而论，《新民晚报》要比《广州晚报》略微高一些。

通过这一比较，说明大陆方言地区的报纸在语言使用上可能更加注意规范性，尽量避免使用本地方言，也说明香港中文报纸在方言使用方面存在的问题还比较突出。

二、当前香港报纸用语存在的问题及其产生的原因

根据以上分析，我们认为，当前香港报纸用语所存在的问题主要有三条：

第一，从报纸的整个版面来讲，香港方言所占的比例太大，出现的频率太高，不但第三层次的文章大多数都可以发现不少方言词语，即使

第二层次的文章也常常夹杂着一些方言词语。

第二，有相当数量的文章属于 C 级或 D 级，特别是第三层次的专栏里。这种情况，在中国所有的报纸中（包括台湾的报纸），在所有以汉语为表达载体的报纸中（包括美国、新加坡等国所出版的华语报纸）是独一无二的。

第三，由于香港方言的大量使用，相应地就出现了不少"方言汉字"，不仅占全国 90% 以上的人不认识，而且，对语言文字的现代化，电脑的使用，信息的交流带来很大的障碍。

造成目前香港报纸上方言成分混杂的原因是很复杂的，它涉及政治、政策、心理、历史、文化、认识、习惯等等多方面的原因，要妥善地解决好这一问题，我们就必须把其产生的原因剖析清楚。

第一，政治上的原因：以前香港由于长期在港英当局管治下，不可避免地带有相当强烈的殖民地色彩。由于当局的提倡和扶植，英语的地位至高无上，而作为汉民族的母语——汉语却不受重视，甚至在某种程度上受到压抑，不但使用情况相当"混乱"，而且宏观上处于一种严重"失控"的状态。

第二，政策上的原因：语言文字由于使用的地点、时间、对象的不同，必然处于一种"无序"的状态，为了使这种"无序"变成"有序"，政府就应该制订有关的方针政策，作为让大家共同遵守的规范。遗憾的是港英当局在这方面基本上是采取了一种"放任自流"的态度，当然更说不上对此进行研究了。

第三，历史上的原因：香港长期以来游离于祖国之外，尤其在 50 年代到 70 年代之间，相互的联系有相当程度的削弱。香港人形成了一个特殊的群体，香港方言跟粤方言相比，有了自身独立发展的可能性，而祖国大陆所制定的语言文字政策对香港又没有约束力。这就导致了香港方言的"恶性膨胀"，不仅口语中占压倒优势，而且还向书面语进行渗透。

第四，心理上的原因：香港经济的高速发展，促使香港市民产生一种自豪感，这种自豪感也影响到语言的使用，产生了一种以讲香港方言为荣，以讲普通话为耻的"妄自尊大"的心理，这种心理其实在其他方言地区也同样存在，只是香港地区更为强烈而已。这种认识上的模糊导致了香港方言在书面语中的泛滥。

第五，认识上的原因：香港的记者和作家，为了迎合当地市民尤其是土生土长的青少年一代的口味，自觉或不自觉地偏爱用香港方言来写作。以为这样做会赢得读者，是贴近生活。这不能不说是一个认识上的"误区"，因为他们忘记了自己神圣的使命，不是"盲目迁就"，而应该是"正确引导"。

归纳起来，目前这种状况就是由于"混乱失控"、"放任自流"、"恶性膨胀"、"妄自尊大"、"盲目迁就"等原因造成的。

作为地区性报纸，在第三层次文章，甚至第二层次文章中出现少数方言词语和格式，是可以理解的。而且作为一种"调味品"，也有它特殊的作用。因为当一篇反映普通老百姓生活或感情的文章，用了一些方言，会给人一种"亲近感"和"真实感"。因此，我们并不是笼统地反对在任何地方、任何场合、任何类型的文章中都不能用一点方言。我们反对的是"滥用"，反对的是全部或者大量地使用某种方言来写文章。这样做必然会带来一些让人担忧的后果：

1. 不利于香港自身经济贸易的繁荣和发展。
2. 不利于香港普通市民文化素质的提高和优化。
3. 不利于香港加强同祖国大陆的交流与联系。
4. 不利于香港作为国际大都市地位的巩固和提高。

地区方言毕竟是地区性方言，作为一个统一的国家，中国必定要有国家的法定语言，那就是规范化的现代汉语，香港也不例外。1997 年香港回归祖国以后，香港的政治地位发生了巨大的变化，香港同祖国大陆各方面的联系都将加强，在语言文字的使用方面也是如此。因此，香港在口语方面要积极地推广普通话，而在书面语方面也应该大力提倡使用规范化的现代汉语，方言不可能消亡，但必须控制它所使用的范围，在这方面，香港中文报纸，作为新闻界的喉舌，具有不可推辞的责任和义务，它不但应该用正确的舆论引导香港市民，而且理所当然地应该为香港市民做出表率。这不仅是时代发展的需要，也是香港本身进一步繁荣发展的迫切需要。

香港的有识之士早就看到了这一点，最近何志平先生指出："以中国之大，而地方俚语又多不胜数，说到底，始终要有一套共同语言（普通话），才可打破沟通的障碍。""须知中国国土之大，要联系起大江南北的中国人，殊非易事；惟有透过语言上的联系，亦即是文化上的联系，将各方各族的中国人民联系起来，这也是统一中国大业的基础。"（《文汇报》1995-08-10）

这一看法显然是有远见卓识的。因而，针对这一状况，必须首先抓住两头：一是改进中小学的语文教学，这主要是面向学生的；二是改进新闻媒介特别是报纸用语，这主要是面向普通市民的。只有双管齐下，才有可能改善目前香港在语言文字使用方面的混乱状况。

从各地方言向民族共同语靠拢有个漫长的进程，中间将存在一个过渡时期，现在，即使在大陆，这一状况也是远不如人意的。各地报纸上用语不规范的问题也普遍存在，香港的情况由于历史的原因更加特殊，我们尖锐地指出目前存在的问题，其目的是放眼未来寻求改进的途径和方法。

三、改进香港报纸用语的对策

1997 年以后，香港地位的重要性决不会因为回归祖国而削弱，反而由于它所能发挥的特殊作用而得到进一步的加强。它是中国和世界各国联系的最畅通的途径和密切的纽带。它作为国际金融、国际商贸、国际航运中心之一的实体将发挥出更大的效用。香港的国际性都市的形象要求它在语言文字的使用方面也达到国际化的水准。针对这一目标，我们应该制订相应的改进策略。

第一，改进的原则：一是既要承认香港方言在香港的社会生活中所起的积极作用，又要认清香港方言的局限性及其消极性；二是承认汉民族共同语（普通话）作为国家法定语言的核心地位，并认清它和香港方言客观存在的差异；三是必须采取必要的措施来逐步缩短其中的差异，香港社会各种用语应积极向普通话靠拢；四是在大力推广规范化的现代汉语的前提下，有条件地保持香港方言的个性和特色。因此，我们要强调"向心同化"，而不是"离心异化"，即香港地区所使用的语言跟祖国大陆所使用的语言要趋于一致，方言要向民族共同语靠拢，而不是远离；强调"相对净化"，反对"盲目杂化"，即语言的使用要求尽可能规范化，而不是方言成分混杂在一起，特别要杜绝用纯方言写作的文章出现在报纸上。

第二，改进的方针：态度要积极，步骤要稳妥，措施要实在。既不能听之任之，又不能操之过急。语言文字使用习惯的改变要有一个逐步适应的过程，这个过程很可能有矛盾，有反复，也会有不同的甚至反对的意见出现，所以，我们对问题和困难要有一个充分的估计。对不同层次的文章，对不同年龄的作者，对不同类型的报纸也要区别对待，不能搞"一刀切"，"齐步走"。

第三，改进的步骤：

1. 要制订出一个宏观的长期规划，用 30 年的时间分三个阶段，每10 年为一个阶段：

第一阶段为"调整期"：1997—2007 年，香港特别行政区政府要在广泛征求意见集思广益、深入进行调查研究的基础上，制订出有关的语言文字使用的方针政策，大力做好宣传工作，并首先在类似报纸、杂志、广播、电视这样特别有影响的媒介上实施改革，做到基本不出现全部用香港方言写作的 D 级文章，大大减少 C 级文章。

第二阶段为"改善期"：2007—2017 年，广大香港市民对语言文字使用的新面貌已经有所适应，口语中的普通话也已经有一定程度的普及，在此基础上，进一步"淡化"书面语中香港方言的色彩，做到报纸上基本不出现用相当多的香港方言写作的 C 级文章，根本杜绝 D 级文章。

第三阶段为"提高期"：2017—2027 年，这时，1997 年以后入学的年轻人由于学校语文教学的熏陶，普通话已经做到听懂完全没问题，说说也还可以的程度；报纸用语上则要求完全杜绝 C 级文章，只是在第三层次栏目中才出现少量 B 级文章。

2. 要形成配套的有关语言文字改革的计划，书面语的改革和口语的改革是相辅相成的，书面语的改革也还包括了语言的使用和文字的使用两个方面，这就和推广普通话以及认、读、写简体汉字等工作密切相关。孤立地进行报纸用语的改革显然是不可能取得理想的效果的。

3. 要制订出一些具体的可操作的方法，这将有利于总体规划的实施。例如对文章中所出现的少数方言词语，我们可以采用某种方法特别加以区别或说明。例如加引号区别的方法：

（20）但老板却总不明白为何我们总爱吃一些"贵夹唔饱"的食物。（《文汇报》1995-08-10）

也可以采用加括号注解的办法：

（21）唔听你（不听你）！（《羊城晚报》1995-09-19）

总之，对这项报纸用语的改革，我们必须把远见性、坚定性、可行性、灵活性结合起来。做好报纸用语改革这项工作，对香港未来的繁荣和发展，无疑将会有巨大的现实意义和深远的历史意义。

（原载《1997 与香港中国语文学术研讨会论文集》，
香港中国语文学会，1996 年）

香港词语规范化与多元标准

　　翻开香港地区的报纸和杂志，你马上就会发现有许多普通话不说也不用的特殊的词语，这类词语，有人把它称为"香港社区词"。这些词语密切联系着香港普通的市民，也折射出香港地区所特有的文化内涵，是香港社会生活不可缺少的一个有机组成部分。对这类词语，显然，我们不能一概排斥，但是，也不能照单全收，而应分层次地有区别地进行分流疏导，看看哪些是可以吸收进普通话的，哪些是要坚决排除在外的，哪些还有待于进一步的考察……总之，为了香港地区语言文字的规范化，为了新闻、文艺工作的健康发展，特别是为了本港学校语文教学的实际需要，我们有必要对这一问题作一番认真的调查研究，并提出相应的对策，这不仅将有力地促进香港地区的语文工作，而且将给香港的经济、政治生活带来不可估量的好处。

　　香港地区的词语由于它历史发展的特殊轨迹以及中外文化交融的特定背景，自然有其特殊性，从而客观上已经形成了一大批特有的词语，其中有一些随着内地的改革开放，好像已经渗透到普通话里去了，但是还有一些"身份"不明的词语，还有一批"土生土长"的词语。大家在总体上看法并不一致，在具体词语的归属上也有不同。这种混乱的状况反映在香港的报纸杂志的书面用语上是相当突出的。去年我因为被邀参加"1997与香港中国语文"研讨会，对香港报纸的用语作过一些调查，也发现了不少问题（拙文收录于《1997与香港中国语文学术研讨会论文集》①）。最近有机会参加香港中国语文学会的一次例会，一位大学老师和一位中学老师从不同角度都提出了关于香港词语的规范化问题。我觉得，这个问题提得非常及时，也非常重要。显然，香港地区的词语规范化问题应该提到议事日程上来了。

我以为，准确处理香港词语规范化问题的关键是建立起一套比较公允又切实可行的多元化的标准，换言之不能仅仅凭着自己的语感和好恶随随便便下结论，也不能简单化地作"一刀切"的处理。作为香港地区的规范语，既有跟普通话相一致的地方，也有它自身的特殊性。我们不妨把香港特有的词语分为五大类：

1. 利用常用语素，并用规范汉字书写所产生的词语，并且已经在大陆普遍使用，例如：电脑、法人、共识、精品、投诉、新潮、疲软、传媒、物业、误导。这一类看来应该吸收到普通话里来。

2. 利用常用语素，并用规范汉字书写所产生的词语，并已经显示了一定的生命力，虽然它是否可以吸收到普通话里来还有待于时间的检验，但是作为香港的规范词语却是可以接受的，例如：人蛇、非礼、埋单、饮茶、洗钱、楼花、按揭、文员、线民。

3. 利用常用语素，并用规范汉字书写所产生的词语，但是，它的语义在大陆上已经有相应的流传更广的词语，例如：拍拖、桌球、作骚、靓女、出粮、监仓、句钟、架步、街喉、升降机。这些可看做香港的准规范词语。

4. 利用常用语素，并用规范汉字书写所产生的词语，而且在大陆也有这一词语，只是语义上所指不同，例如：班房（香港指"教室"，内地指"监狱"或"拘留所"）、脱稿（香港指"交稿脱期"，内地指"写完稿件"）、地牢（香港指"地下室"，内地指"设在地下的牢房"）、返工（香港指"上班"，内地指"产品质量不合格而重新制作"）等。这一类可能就要慢慢地加以改变了，暂且不宜列入规范化的香港词语范围之中。

---

① 邵敬敏. 香港报纸用语的层次等级及其对策. 见：1997 与香港中国语文学术研讨会论文集. 香港中国语文学会，1996

5. 使用香港方言特有的语素（有的用同音字，有的用特别的方言字书写）所产生的词语，例如：乌龙、贴士、窝轮、咸湿，以及家什、扮嘢等。这些词语，显然不但不可能被普通话所吸收，而且不应该列入规范化的香港词语。

我们在上面所举各例，实际上也是单凭自己的"语感"，如果只是作为个人写作的一个准则，那没有什么，但是，如果要作为整个社会共同遵守的原则，那就不是那么简单了。换言之，要鉴别哪些词属于一类，必须有明确的而且可以操作的标准。因此，有必要进行以下的工作：

第一，要进行量化统计，即利用电脑建立起一个拥有数百万乃至上千万汉字的语料库，并进行词类统计，分别考察某个词语在大陆以及香港的报纸、杂志、书籍上出现的频率，从而为下一步的研究提供可靠的数据。

第二，要进行分类调查，即选择不同社会阶层的人群作"问卷式"调查，请测试人对每一个被测试的词语提出不同的选择：或确认，或暂留，或排除，或舍弃。这些人士包括工商界、教育界、文艺界、法律界等方方面面的代表。

第三，进行专家评定，即邀请香港和大陆的汉语学家对有关的调查资料进行科学的分析，在统一认识的基础上，提出香港地区词语的规范化标准，并依此对有关的词语材料进行鉴定，确定一个等级大纲，正式提出一个行之有效的试行方案。

第四，由香港特区政府的主管部门作为法令予以公布，并在"九七"以后的香港特区试行，实施一段时间以后，在总结试行经验并征求广大市民意见的基础上再作出修改和补充，正式公布实施。

这里重要的是：一要区别开词语本身的不同等级以及词语使用的不同领域；二要在词语归属问题上有一定的宽容度和弹性；三要有一定的耐心，有些问题必须由时间来作鉴定。因此，简单化地采取一个标准可能是不相宜的。

（原载香港《词库建设通讯》1997 年总第 11 期）

中文应用写作与语言问题

　　大学普通话的教学，要向高层次发展，就不能停留在单纯的口语语音教学上，而必须进一步着眼于如何运用普通话来进行书面语的写作。最近我应邀在香港科技大学语言中心作了一次演讲，就大家普遍关心的这一问题谈了自己的一些想法。本文就是根据当时的录音整理而成的。

一、现　状

　　来到香港两个多月了，有许多感触。也有意无意地把香港跟上海在各个方面作了一番比较。在香港生活有许多方便之处：一是交通方便，市内有地铁、轻轨、渡轮，大巴、中巴、小巴；对外有飞机、轮船、火车；通讯联系更是方便，电话、电报、传真之外，又多了一个"E-mail"，国际联网；吃饭、购物、取钱、娱乐也都方便，"吃在香港"、"购物天堂"、"东方明珠"这些赞誉确实是名不虚传。但是在香港有一个最不方便的地方，这就是语言交际的不方便，这里几乎是香港话的天下，这不但包括口头上的，也包括书面上的。这一点和上海相比明显不同，上海人平时交谈多数也是用吴方言，可是，经过四十多年的推广普通话，现在的上海人在公众场合，基本上能说普通话，至于直接用上海话来写文章的，除了少数特殊情况，那是基本上没有的。香港这一问题就相当严重，如果香港是个封闭式的城市，那也无所谓，可是，香港是个开放式的国际性的大都市，那就不能不引起我们高度的重视了。

　　现在大家对香港的语文使用情况都很关心，因为明摆着的事实是1997年香港马上就要回归了，将来肯定，香港跟大陆的接触，包括语文的来往会大大地加强，以前还可以说慢慢来，现在是迫在眉睫了，有许多问题须要认真思考。首先是对"现状"要有一个清醒的认识。

一是口头表达，目前基本上是以香港话为主，英语只是局限于少数场合，普通话则基本上听不到。但汉语毕竟是母语，事实上对现在绝大多数的年轻人来说，一是能听懂普通话的人可能要超过能听懂英语的，二是能够听懂但不一定能说。我和浸会大学的一个朋友作过一个小小的实验。一天晚上，我们在中环地铁附近，先后用普通话问了三个年轻人（二男一女），结果，三个人都能听懂，但是回答却很有意思，一个回答"GO DOU（个度）"，一个回答"直行"，即他们回答的仍然是香港话，普通话能听懂但不一定能说。接着，我们又用英语问了三个人，两个都听不懂，第三个还没有反应过来，结果站在旁边的一个男青年倒听明白了，作了回答，但我们一看，原来是个菲律宾人。

这说明：经过这么些年的努力（包括在座的老师），在香港，普通话的地位已经开始上升，这是个好的趋势。据香港教育署的报告：1985年调查，香港人有37％自以为能听懂普通话；1995年调查的结果，有67％的香港人自以为能听懂普通话。现在正兴起一个学习普通话的"热"，这是非常令人鼓舞的。

二是书面表达的问题。世界上写作时使用汉语的主要有六个"圈子"：大陆、台湾、香港、澳门、新加坡以及世界各国的华人文化圈。你去看他们的报纸杂志，有哪一处是像香港这样夹用那么多方言的？大量的方言词语、方言语法、方言汉字进入书面语，可以说是绝无仅有的。

也许是因为我从大陆才来香港不久，所以对这类现象特别敏感。有一天早上，我经过一家电影院，看到开映时间写着"十点八"。这我就不明白了，"十点八十分"，似乎不可能，而"十点零八分"呢，当时的时间又超过了。想来想去，估计可能是十点四十分（五乘以八），结果还真猜中了。又有一次，看到大楼下面的私人停车场入口处赫然写着："请勿内进！"这怎么是"内进"呢？明明应该是"请勿入内"嘛。还有，一个私人的"启事"是这样写的："独个在港奔波，日夜盼你归来，只因你在我的心中留低了最美最堪记的日子。""留低了"是不是"留下了"的意思呀？这类语言问题可以说在香港社会比比皆是。

我们再来看看受过多年教育的大学生的情况，最近我在香港城市大学所教的班上，布置学生写了一次"作文"，发现语言上同样存在着不少问题。下面举几个例子：

"我会鼓起勇气，多点说普通话的。"（意思是"多说一点……"）

"主动性欠奉。"（意思是"缺少"）

"亦开始听到老师的说话。"（意思是"听懂"）

可以看出，学生们的书面写作也深受方言的影响，准确的说法他们并不清楚。

我们再来看看报刊上的文章。有一个新闻报道说："医院专家八小时驳回足髁。"普通话里也有这个"驳回"，但意思是指"地位高的人或机关退回并拒绝下级的请求"，例如"高级法院驳回了他的上诉"。这里最好是用"接活"。还有"决定和 MICHAEL 结婚时，我只得二十岁，家人朋友一度热烈反对……""我只知和他一起的感觉是前所未有舒服，能够完全在他面前做回自己。"这里的"热烈"、"做回自己"都不是很规范的。

香港报纸用语的混乱情况，我在去年参加"1997 与香港中国语文"研讨会所提交的论文《香港报纸用语的层次等级及其对策》中已经有所说明。1974 年港府公布的《法定语文条例》规定：

"英文和中文同为香港的法定语文，二者具有平等地位。"

1984 年中英双方所制定的《基本法》则规定：

"香港特别行政机关、立法机关和司法机关，除使用中文外，还可使用英文，英文也是正式语文。"

这两种提法有着本质的区别。以前如果汉语或英语的理解如果有不同，一切以英语为准；而 1997 年香港回归以后，正式文件必须以中文为主，这样香港书面用语规范的问题就成为刻不容缓的事情了。因此，我以为，一头要抓教育，抓老师学生，另一头要抓报纸杂志，抓编辑记者。这两头抓住了，问题的解决就有了希望。

最后我再举香港总督的"施政报告"为例来说明这一问题的严重性。照理说，这么重要的文件，肯定经过了不少高级的翻译家逐字逐句的斟酌，可是，令人遗憾的是，从汉语规范化的角度来看，问题不是一点点。比如：

"与以往相比，我会从比较个人的角度发表我的看法。"（第 1 节）

"亏得有些人还说，民主发展会使香港变得难以管治。"（第 7 节）

"因为事实上有关的争议已经按照程序，正正在这会议厅里解决了。"（第 51 节）

"同时鼓励经济上负担得来的市民自置居所。"（第 86 节）

第一句"个人"不是形容词，所以无法受"比较"的修饰；第二句"亏得……"往往用在因果关系的复句中，表示"正因为……才得以免除……"，而文章的意思却相反，应该改为"然而有些人却说……"；第三句"正正"宜改为"恰恰是"，第四句"负担得来"也应改为"负担得起"。

分析造成这些问题的原因，主要有三个：

第一，方言的势力十分强大，渗透到各个角落里去了，这是最主要的问题。例如"我识少少"，这是香港方言的说法，规范的说法应该是"知道一点点"。

第二，外语，主要是英语的渗透，这一点也不容忽视。例如某个报纸的标题是"克林顿主催～～会议"，"主催"其实是个日语词，汉语中明明有个"主持"，为什么就不用呢？

第三，文言文的遗留，这一点也很突出。例如："英文如是，普通话如是。""生活于香港的年轻人，他们所拥有的知识都是甚于香港教育制度下而得的。"其中的"如是"、"甚于"都是古代汉语的常用格式。

当然，要深挖其最根本的原因，那还是由于以前港府的语文政策所造成的，对汉语的使用采取一种放任自流的不负责任的态度，你爱怎么写就怎么写，长期以来没有"规范"过。显然，现在我们不能再这样下去了，必须认真地研究我们的对策。

二、对　策

以上，我着重讲了香港社会语言使用上所存在的问题，其实大陆同样也存在不少类似的问题，内地大学同样存在着大学生语文水平不高的困扰，这不仅指英语水平，也指汉语水平。武汉的华中理工大学前校长曾要求一年级的大学生必须参加全校统一的汉语水平考试，不合格的不能毕业。这一措施在国内引起了相当强烈的反响。

国内的有识之士也早就认识了这个问题，并采取了一些对策，这基本上有三条途径：

第一，为中文系、对外汉语系的学生开设"现代汉语"以及"写作"。

第二，为新闻系、外语系的学生开设"语法与修辞"以及"应用写作"。

第三，为其他专业，主要是理工科的学生开设"大学语文"。

我们重点来看看"大学语文"课程。它主要采用由华东师范大学中文系名誉系主任徐中玉教授主编的教材，学习一年。其主要的内容为："范文分析"；"写作练习"；"评点与讲解"。范文以优秀的古代散文为主，现代文与外国文学只占少数。每学期做 4 到 5 篇作文，至于评点与讲解则要看任课教师的兴趣、他的业务专长以及学生所学专业的不同了，并无统一的规定。这一模式，经过十几年的推行，事实证明，虽然也有一定的作用，但是由于针对性不强，效果不是太明显。

我认为，关键是指导思想问题，即是以"语"（汉语）为主，还是以"文"（文学）为主。对极大部分的学生来说，首要的也是最迫切的是提高汉语的理解以及运用水平。这些年来，大陆的情况已经发生了若干变化：一是改学"现代汉语"，主要讲语法以及修辞；二是改学"实用写作"，主要根据各个专业的不同而变化；三是干脆取消。

考虑到香港的具体情况，完全不必照搬大陆的一套，非中文系的大学生为了比较快地提高汉语水平，可以考虑开设一门新的课程——"大学汉语与应用写作"，目的是为了提高大学生的现代汉语水平以及运用汉语进行书面写作的水平。

我们可以设想它由三个部分组成：

1. 范文分析。它可以由六个板块组成：

（1）行政性范文（包括会议纪要、调查报告、计划总结等）；

（2）法律性范文（包括起诉书、判决书、答辩书、破案报告等）；

（3）商业性范文（包括预算书、决算书、协议书、说明书、合同、广告等）；

（4）事务性范文（书信、日记、申请书、就职书、贺词、悼词等）；

（5）科技性范文（开题报告、提要摘录、读书报告、心得体会、毕业论文等）；

（6）文教性范文（备课笔记、出版说明、作者小传、序和跋等）。

这六个板块可以根据各个专业的特点和需要组成三个"拼盘"，可以（1）（2），（3）（4）和（5）（6）各为一组，组成"政法"、"商务"、"科教"三个系列。每一个学期结合讲授写作技巧学习其中一个系列，然后轮流滚动。

2. 汉语知识及其运用。它可以分为两大部分：

一是"知识"：

（1）语音系统　　　　　　（2）文字的书写

（3）词汇的选择　　　　　　（4）句法结构分析

二是"运用"：

（1）语言的交际原则　　　　（2）汉语的修辞

（3）语言的理解与表达　　　（4）语病及其修改

这些汉语知识不是国内《现代汉语》课程的浓缩，而是以"简明、实用、有趣"为原则，使学生学得"有味、有益、有效"，不追求体系的完整性，而注重它的针对性与实用性。这里有三个参数需要综合考虑：一是知识点实际使用的频率高低；二是学生习得的难易度；三是汉语本身的体系以及应用文本身的体系。例如，"语法"部分可以讲"虚词的特点与运用"、"歧义结构分析"、"汉语特殊句式及其作用"、"句型的复杂化与多样化"，"词汇"可以讲"同义词的比较与选择"、"反义词的构成与作用"、"成语的构成及其特色"、"新词新语分析"。有关的汉语知识与运用可以穿插在应用写作的各个板块中。

3. 结合专业的特点进行写作练习与评点，每个学期写四篇习作。

总之，我们要改变目前写作教学中以写作技巧为重点的做法，实际上，这是一种"治标"的做法，我们主张：以写作类型的板块为大纲，以汉语知识及其运用为重心，以指导应用写作并进行评点为实体，这样才是"治本"的做法。

三、几点思考

1. 提高学生的实用写作水平，关键是抓两头：一是提高汉语水平，二是写作水平。而且首先是汉语问题。

这里须要有三个方面的能力的培养：

（1）理解能力。例如以前对"打扫卫生"、"养病"、"救火"这类说法到底对不对一直有不同看法，其实，问题正是在对"动宾"结构怎么理解，它不只是一种语义类型，"吃饭"、"打球"、"买菜"之外，还有其他的关系，例如"吃大碗"（方式）、"吃食堂"（处所）、"吃大户"（对象）等等。所以，如果懂得了"受事宾语"之外，还可以有"目的宾语"、"原因宾语"、"方式宾语"、"施事宾语"等等，那么，上面所争论的问题也就迎刃而解了。

（2）应用能力。有一年元旦，我们中文系举行迎新会，同时欢送几位老教师退休，特地请了位同学来表演，他在表演之前即兴说了几句："今天有好几位老师要退休了，我们感到非常遗憾。"大家一听就笑了，到了年龄退休，这是很正常的，你"遗憾"什么呀！那位同学见老师们笑了，意识到可能用词不当，马上改口说；"我们感到很高兴！"大家一听更乐了，你"高兴"，好像巴不得别人退休似的。可见，这位同学前后都说得不适当。这样的场合，既不能说"遗憾"，也不能说"高兴"，最好是向退休的老师表示"感谢"。又如一位朋友发来一个电报："23日13次到沪"，这就让我为难了，北京到上海的特快要开17个小时（即过一个晚上），那么到底是是23日开出呢，还是23日到站呢？这个电报就有歧义，其实，只要把词语的位置换一下，改成"13次23日到沪"就可以了。这就是语言的应用能力问题。

（3）创造能力。理解能力和应用能力是最根本的，在此基础上还要培养学生的创造能力，这主要通过"写作实践"来实现。

2. 对普通话要有一个全面的完整的理解：对古代汉语来讲，是现代汉语；对方言来讲，是民族共同语；对英文来讲，是中文。有人说："普通话是人为语言，没有生命力的。"这是相当错误的看法。普通话"以北京语音为标准音，以北方方言为基础方言，以现代典范的白话文著作为语法规范"，显然不仅仅是把字音句调念准的问题。它应该包括"语音"、"词汇"、"语法"等各个组成部分，它是一种经过规范加工的"自然语言"，跟我们汉民族汉文化休戚相关，息息相通。而广东方言（包括香港话）、吴方言（包括上海话）都只是它这根藤上的几只瓜。至于"人为语言"，那当然有，例如"世界语"，但决不是"普通话"。

作为中国人，香港学生有必要把自己的母语掌握好。现在有不少非常糊涂的观念，有的人把汉语看做一种"外语"，或把"香港话"看做一种同汉语平行的独立的语言等等。作为教师，应该有责任澄清这些问题。

3. 应用写作，要有针对性，必须考虑三条：一是香港社会的客观需求，因此要适当进行一些中、英对比研究，中国内部还可以进行大陆与台湾的对比研究，最好能搞出一套既吸取了两岸之长同时又有有香港特点的应用文写作的程式来；二是学生所学专业的不同，比如法律系跟电子工程系就应该不一样；三是学生的兴趣所在，让他们也有一定的选择性。

提高一个人的写作能力，首先是个语言问题，但是不单单是语言的问题，还涉及认识水平以及写作技巧。这些问题，我们今天就不讨论了。

（原载香港中文大学《中国语文通讯》1997 年总第 42 期）

香港方言外来词比较研究

近五十年来，中国各大方言一个重要的发展趋势就是向普通话靠拢。由于香港方言长期以来跟普通话处于一种隔离的状态，所以它跟普通话的差别要比广州方言大得多。广州方言和香港方言同属粤方言，但是两者存在着明显的区别，特别是在词汇方面，其中，外来词就是比较突出的一种语言现象。

研究现代汉语的外来词，最理想的应该是两个方言：一个是上海方言，一个是香港方言。老的源头是吴方言，特别是上海方言；新的源头就是粤方言，特别是香港方言。因此，把上海方言和香港方言的外来词作一些比较，也是很有意思的。

我们主张，研究香港方言外来词的方法，主要是"比较"，而且是"三维"比较：

第一，跟外语（主要是英语）比较，目的是考察其来源及其"汉语化"的进程；

第二，跟上海方言进行纵向比较，重点是比较两个不同方言在外来词引进方面的区别；

第三，跟普通话进行横向比较，主要是观察香港方言外来词的特点及其特殊的走向。

一、上海方言和香港方言的外来词纵向比较

在历史上，当时所谓的"洋泾浜英语"，实际上是介于上海方言和英语之间的一种混合语。十里洋场中，外来词可以说是比比皆是。这些

外来词语，有些保留下来了，并且已经进入了现代汉语的规范语"普通话"，例如茄克、苏打、咖啡、巧克力、布丁、色拉、马赛克、凡士林、吐司等；有些已经很少使用，例如菲林、沙龙、赛璐珞、阿司匹林、水门汀、梵哑铃等；也有些已经基本上被历史淘汰了，例如士林蓝布、司必灵锁、热水汀、配尼西林、狄克推多、哀的美敦书、来苏儿、白脱、司的克、凡尔、拿摩温等。

　　要特别指出的是，现代汉语外来词的引进，有一条非常明显的分水岭：20世纪80年代以前，极大部分都是先从上海方言中引进的；而20世纪80年代以后，则主要是从粤方言，特别是从香港方言引进的。然后，这些外来词再经过新闻媒介、文学作品以及经济交流等途径，进入到普通话里去。

　　自从1949年中华人民共和国成立以来，一直到20世纪70年代末，外来词的使用明显受到了严格的限制，其原因主要有三个：

　　第一，由于种种历史原因，当时中国推行的国策比较"左"，如果多用所谓的"外来词"，就有"崇洋媚外"的嫌疑，这样，外来词就失去了它生存的空间。

　　第二，中国的语言学家有意识地提倡多用所谓的"意译词"，排斥所谓的"音译词"，并且把这有意无意地提到爱国主义的高度来认识，从而人为地减少了外来词的数量，降低了外来词的地位。

　　第三，客观上，当时由于中国处于一个相对比较封闭的社会，除了少数来自于俄语的外来词，如"布拉吉"、"康拜因"、"苏维埃"等随着"老大哥"引进来之外，跟外来词的主要来源——英语，基本上是断绝了来往。

　　近50年来，香港由于它的独特的历史地位，香港方言的外来词，可以说在中国各方言中，数量是最丰富的，品种也是最繁复的，因此香港方言无疑应该是研究现代汉语外来词的最佳对象。

　　1997年香港回归之前，香港的老百姓平时说的尽管还是粤方言（香港方言），但是，英语却是正式的官方语言，而且是上层社会语言，因而英语对香港方言的渗透和影响是极为深远的。造成这种情况的原因有四个：

第一，政治上，香港 156 年来一直在英国殖民统治之下，英语成了官方语言，即使有时也允许使用汉语，但是如果意义上有矛盾或有出入，最后都要以英语为准，因此英语是一种强势语言，是统治者的语言。

第二，教育上，香港的教育制度，英文中学、英文小学，甚至英文幼稚园，可以说比比皆是，而且，香港的市民一般也希望自己的子女能够进入这类学校；至于大学的教育，就更是以英语讲授为主了（少数用香港方言）。

第三，经济上，香港是著名的国际大都市，它跟世界各国几乎都有商贸业务上的往来，世界各国的大公司、大银行或者把总部设在香港，或者在香港有办事处，英语作为当前国际交往使用最普遍的语言，必然成为主要的交际语言。

第四，心理上，人们以能够讲英语为荣，这是一种上流社会的象征，所以，即使一般的市民也会时不时说上半句一句英语，这就对香港方言的词汇产生了极为深刻的影响。

上海方言跟香港方言的外来词有很多共同之处，当然也有明显的不同，这主要有三点：

1. 音译时由于方言的语音系统不同，所用汉字不完全相同。史有为指出过："语音汉语化主要发生在三个方面：一是音位汉语化，二是音节构造汉语化，三是语音长度的汉语化。"这一分析相当细致，同样也适用于上海方言跟香港方言的外来词的比较。例如："sofa"这个词语，上海方言音译时用的汉字是语音形式相近的"沙发"，只是被普通话吸收以后，才改念成"shafa"；而香港方言则音译为"梳化"。用汉字写出来，好像完全是两个词语，可是在口语中读出来，语音却是相当接近的。又如英语里表示五百张纸的计量单位是"ream"，上海方言里根本就没有以"m"结尾的闭口韵，也没有"r"这样的声母，所以只好借用相近的"令"来表示；然而香港方言里却有闭口韵，所以就选用了"捻"这个汉字。又如表示"启辉器"意义的"starter"，上海方言是"司得脱"，香港方言则是"士挞打"。此外，由于英语词语的音节往往挺长，不同的方言在音译时，往往采用不同的方式进行缩减。例如表示

"手杖"的"stick"，上海方言用的是三个音节的"司的克"，而香港方言用的是"士的"；又如表示"证件（护照）"的英语有"pass"和"pass-port"，上海方言用的是"派司"，而香港方言用的是"派士钵"。又如"microphone"，上海方言叫做"麦克风"，香港方言叫做"咪高峰"或者干脆叫做"咪"。所以，从语音上作比较，不难发现某个外来词首先是由哪儿引进的。比如"比基尼"（bikini）、"克力架"（cracker），其中的"基"对应于"ki"，"架"对应于"cker"，这样就可以推断出它们应该是首先从香港方言引进的。

2. 上海方言当年经常使用的一些外来词，跟现在香港方言中常用外来词也是有明显的不同选择倾向的。这反映了不同时代的特色。上海方言外来词有强烈的政治、经济色彩，而香港方言外来词则更富于生活色彩。例如：

上海方言常用外来词：密司脱（mister 先生）、密斯（miss 小姐）、蜜昔司（mistress 夫人、太太）、哈罗（hello 你好）、康密兴（commission 佣金）、康白度（comprador 买办）、那摩温（number one 工头）。

香港方言常用外来词：爹地（daddy）、妈咪（mummy）、啤啤（baby 小宝宝）、拜拜（bye-bye 再见）、嘉年华会（carnival 狂欢节、联欢会）、的士（taxi 出租汽车）、巴士（bus 公共汽车）。

3. 外来词多数是名词，动词极少。当年上海方言里也有一部分动词外来词，主要是打球时的用语。例如：

捎（shoot 投篮）、史到婆（stop 暂停）、道勃儿（double 再来一次）、厄垓（again 不算，重来）、派（pass 传球）。

而香港方言现在常用的动词外来词只有极少数跟上海方言是相同的，例如"开麦拉（开拍 camera）"，大多数则不同。例如：

恤波（shoot 投篮）、斟波（jump ball 跳球）、杯葛（boycott 抵制）、泊车（park 停靠车辆）、驳位/驳房（book 预订）、麦（mark 在篮球、足球中盯住对方）、剔（tick 选择）、飞（fee 付费，雇佣）、恤发（set 把头发弄成波浪型）、士哥（score 得分）。

另外要指出的是，香港当时受英国的殖民统治，所以它的外来词的来源主要是英语，只有少数来自于法语。例如：模特儿（model）、芭蕾（ballet）、冷（laine 毛线）、安歌（encore 再唱）。

二、香港方言和普通话的外来词横向比较

我们比较的重点是香港方言和普通话的外来词，可以发现有以下几点区别：

1. 有些词语，普通话用的是意译词，而香港方言用的是音译词。这也有两种情况：

第一，普通话本来也有音译词的，后来改用意译词了，而香港方言一直使用音译词。例如：

曾经用过的音译词	普通话使用的意译词	英　语
歇斯底里	癔病	hysteria
盘尼西林	青霉素	penicillin
维他命	维生素	vitamin
镭射	激光	laser
开麦拉	摄影机	camera
派对	聚会	party
摩登	时髦	modern
菲林	胶卷	film
卡通	动画片或漫画	cartoon

第二，汉语本来就有该词语，或者从一开始普通话就用的是意译词，从来就没有相应的音译词，而香港方言则用的音译词，这部分数量特别多。例如：

香港方言	普通话	英语	香港方言	普通话	英语
波	球	ball	碌士	笔记	notes
甫士咭	明信片	postcard	车厘子	樱桃	cherry
布林	李子	plum	咕呕	靠垫	cushion
嘉年华会	联欢会	carnival	贴士	提示	tips
奇异果	猕猴桃	kiwi fruit	士多啤梨	草莓	strawberry
燕梳	保险	insurance	咪表	里程表	meter
忌廉	奶油	cream	芝士	奶酪	cheese
士多	商店	store	多士	烤面包片	toast
花臣	款式	fashion	咖喱啡	临时人员	carefree
柯佬	口试	oral	肥佬	不及格	fail
甫士	姿势	pose	打令	爱人	darling
卡士	演员表	cast	士碌架	桌球	snooker
呢保	标签儿	label	波士	老板	boss
夜冷	二手货	yelling	科文	领班	foreman
啤啤	小宝宝	baby	逼力	制动器	brake
失打	快门	shutter	泵把	保险杆	bumper
士担	邮票	stamp	士啤	备用的	spare
士巴拿	扳手	spanner	士力	清漆	slick
啤令	滚动轴承	bearing	灰士	保险丝	fuse
免治	肉糜	mince	司劳	封条	seal
快劳	档案	file	车呔	车胎	tyre
扑克胜	拳击	boxing	乌龙	错误	wrong
蒲飞	自助餐	buffet	云呢拿	香草	vanilla
拍拿	舞伴	partner	快把	纤维	fibre

也有特例，普通话用音译，而香港方言反而用意译的。例如：

香港方言	普通话	英　语
斜布	卡其	khaki
电单车	摩托车	motor
雪糕	冰淇淋	ice-cream

2. 同义不同形。普通话和香港方言用的都是外来词，同义但是不同形，结果明明可以理解的词语，却造成了不解甚至于误解。比如，香港岛有一条街叫"荷里活道"，九龙还有个"荷里活广场"，内地人初一看，不明白这"荷里活"指的是什么，其实这个"荷里活"就是美国大名鼎鼎的电影城"好莱坞"；又如去吃西餐，菜单上写着"沙律"，内地来的人就不明白这到底是什么东西，其实就是"色拉"。当然，如果这类名称有一两个字是相同的就有可能减少这种误解。例如看到"三文治"，就不难猜出这就是"三明治"了，看到"朱古力"也可以猜出是"巧克力"了。造成这种情况的主要原因是由于普通话（从来源上讲是上海方言）和香港方言的语音系统不同，所以在音译时，各自采用自身语音系统跟外语语音相近的汉字来书写。这里又有两种情况：

（1）全部不同形：

香港方言	普通话	英　语	香港方言	普通话	英　语
梳化	沙发	sofa	咭	卡	cart
沙律	色拉	salad	谷咕	可可	cocoa
摩打	马达	motor	茄士咩	开司米	cashmere
咕喱	苦力	coolie	安士	盎司	ounce
咪高峰	麦克风	microphone	查查（舞）	恰恰（舞）	cha-cha
拖肥（糖）	太妃（糖）	toffee	荷里活	好莱坞	Hollywood
的士高	迪斯科	disco	声宝	夏普	Sharp

（2）部分不同形：

香港方言	普通话	英　语	香港方言	普通话	英　语
三文治	三明治	sandwich	朱古力	巧克力	chocolate
拔兰地	白兰地	brandy	海洛英	海洛因	heroin
哥尔夫	高尔夫	golf	花士林	凡士林	vaseline
沙甸鱼	沙丁鱼	sardine	结他	吉他	guitar
巴黎帽	贝雷帽	barret			

3. 普通话和香港方言也有相当一部分外来词是同义同形的。例如：

鸦片（opium）、吗啡（morphine）、休克（shock）、撒旦（Satan）、弥撒（missa）、咖啡（coffee）、苏打（soda）、基督（Christ）、华尔兹（waltz）、巴士（bus）、克隆（clone）、基因（gene）。

特别是一些计量单位。例如：

磅（pound）、瓦（wate）、打（dozen）。

还有少数香港方言所特有的外来词，至今普通话中还没有相应的词语。例如：

蛋挞（tart，一种食品）。

三、香港方言外来词的特点和存在的问题

跟普通话和中国其他方言相比较，香港外来词的数量特别多，使用频率特别高，品种也特别全。除此之外，香港方言的外来词在使用过程中，还显示出其他一些重要特点：

第一，外来词的派生能力和组合能力都特别强。例如：

波（ball 球）：波霸（乳房极大的女人）、波板（球拍）、波鞋、波衣、波经、开波、波路、睇波、抽波、头波、坐波监、贺岁波、输波、赢波、乒乓波、打假波、打波子、打茅波。

飞（fare 票）：扑飞、派飞、买飞、派飞、轮飞。

咭（card 卡）：甫士咭、圣诞咭、贺咭、生日咭、信用咭。

恤（shirts）：T恤、机恤、恤衫、文化恤。

基（gay 同性恋）：基佬、搞基。

有的还可以用外来词的某个音节来代替整个外来词，并且进行派生。例如：

酒吧（bar）：吧女（酒吧女郎）、花吧、吧台、吧柜、吧椅。①

啤（beer）酒：生啤、熟啤、冰啤、黑啤、扎啤、细啤（小瓶装）、大啤（大瓶装）。

卡（car）车：车卡、餐卡、货卡。

巴士（bus）：空中巴士、豪华巴士、旅游巴士、巴士公司、巴士专线；大巴、小巴、中巴、九巴、城巴、新巴。

咖啡（coffee）：斋咖（black coffee 清咖啡）、奶咖。

威士忌（whisky）：威水（威士忌加水）。

第二，在引进过程中，尽量加以"汉语化"。例如把小宝宝（婴儿）按照英语的"baby"，叫做"啤啤"，同时又加以"汉语化"，叫做"啤啤仔"。"先生"在英语里叫"sir"，可是，这是个单音节，念起来很不舒服，就加以"汉语化"，叫成"阿蛇"。

双音节化和多音节化，也是一个比较明显的趋向。例如：

"socket"是"插座"的意思，按照音译，只有一个"苏"，实际上却加了个表示意义的语素"插"，叫成"插苏"，插头叫做"插苏头"，"万用插座"叫做"万能苏"。

香港方言中一些外来词，还常常夹在常用短语中。例如：

游猎河（猎：lift 电梯、升降机）、摆甫士（甫士：pose 姿势）。

第三，汉语中直接插入英语词语，这在科技文章里最为明显。例如：

使用 SLGMA 多媒体电脑，您可以接驳家中电视，享受多姿多彩的电脑世界——文书处理，上网使用 INTERNET，玩电脑游戏，学习不同种类之教育 CD ROM 及观赏心爱的 VCD。

---

① "吧"现在有广泛使用的趋势，语义也发展了。例如琴吧、陶吧、瓷吧、画吧、布吧、街吧、渔吧、网吧，甚至于出现了书吧、迪吧、水吧。

采用 MMX（tm）技术之 Thtel 奔腾处理器 200MHz 32MB EDO 记忆体 4.3GB 硬盘 MPEG 解码软件。

这种情况，实际上在普通话里也开始出现了，科技文献的国际化，恐怕已经是一种不可阻挡的历史潮流了。

香港方言的外来词总的来说比较混乱，并没有经过整理，或者规范。问题主要是：

1. 有些选用了若干方言字。例如：

威吧（wire 铁丝）、晒士（size 尺寸、尺码）、啫喱（jelly 果子冻）、呔（tie 领带）、咕𠱸（cushion 靠垫）、隐帽（cap 鸭舌帽）。

2. 同一个外来词，却有不同的写法。例如：

脱口骚～拖骚、高尔夫球～哥尔夫球、汉堡包～汉堡饱、爱滋病～艾滋病（Aids 一种性病）、疏乎～舒乎（soft 舒服）。

3. 同一个汉字，用做不同的外来词，或者跟香港方言本来的词语发生混淆。例如：同一个"恤"，可以指名词"恤衫（衬衫）"，也可以指动词"恤波（投篮）"或"恤发（把头发弄成波浪型）"；同一个"卡"，可以指"卡片（card）"，也可以指"卡车（car）"。

4. 外来词所选用的汉字本身是一个有意义的组合，所以如果从汉字字义上理解的话，就有可能引起误解。例如："珍宝客机（jumbo）"并不是指由珍宝组成的飞机，而是指特大型、巨型客机；"踢死兔（tuxedo）"也不是一个动作行为，而是指一种晚间无尾礼服；"夜冷（yelling）"不是夜里很冷的意思，而是指卖二手货即旧货；"骨（quarter）"不是说的骨头，而是指"一刻钟、四分之一"；"咸粥（joke）"也不是真的咸味的大米粥，而是指"性笑话"；"飞（fare）"不是指"在空中飞行"的动作，而是指的名词"票"。

5. 有的外来词的汉字书写形式相当不雅观。例如：

屄（fans 追捧者）：有一肥妹屄跑上台送花；她被男屄折磨。骚（show 表演、表现）：做骚畀人睇。①

6. 英语词语夹杂在香港方言的句式里，出现新的"香港洋泾浜英

---

① "show"台湾译做"秀"，那就文雅多了。

语"。例如：

开 O. T.（有薪水加班）、食 port（遭到纪律检控，port 是 report 的省写）、一百 K（一 K 表示 1000 港币）、回归啦！你 OK？我 OK！

甚至于把英语词拆开来进入香港方言的格式。例如：

"fever"表示"疯玩儿"，香港话可以说："齐齐去 fe 吓 ver!"（一起去疯玩儿一下！）

"happy"表示"开心"，香港话可以说："hap 唔 happy 呀？"（开不开心哪？）

"cap"水（宰客，cap 是 capture"掠夺"的省写）。

四、外来词的性质和类型

什么叫"外来词"？目前，学术界的看法也不完全一致，1996 年在香港的《词库建设通讯》上展开过一场热烈的讨论，其中不乏建设性的意见。把大家提及的类型归纳起来，特别是如果把各式各样的"外来词"跟英语作一个比较，就会发现，这里起码涉及以下几种情况：

1. 完全音译词。例如：

咖啡（coffee）、派对（party）、荷尔蒙（hormone）、巧克力（chocolate）、拷贝（copy）、雷达（radar）、咖喱（curry）、克力架（cracker）、比基尼（bikini）。

2. 音意半译词，即一半音译加一半意译。这有两种情况：

（1）前一半音译＋后一半意译。例如：

香港方言	英　语	香港方言	英　语
奇异果（猕猴桃）	kiwi fruit	笨酒	port-wine
迷你裙	mini shirt	密实裙	mexi skirt
梳打饼	sade biscuit	呼啦圈	hala houp
爵士舞	jazz dance	西冷红茶	ceylon black tea
华尔街	wall street	咪纸（照相纸）	bromide paper

（2）前一半意译＋后一半音译。例如：

香港方言	英　　语	香港方言	英　　语
什果宾治	fruit punch	千瓦	kilowatt
空中巴士	airbus	小型巴士	minibus
奶昔	milkshake	雪糕梳打	ice-cream soda

　　这种类型中，意译的汉字原则上不能省略，如果省略了就不能说或者会引起误解。

　　3. 音译添意词，由于采用了音译的方法，所使用的汉字往往无法表现出该词语的类型意义，所以就会在音译后面添加表示词义类型的汉字。这也有两种情况：

　　（1）由于该音译词已经成了个专用名词，所以即使省略了那个后加的汉字，也不会产生误解。例如：

　　芭蕾 ［舞］ （ballet）、森巴 ［舞］ （samba）、探戈 ［舞］ （tango）、白兰地 ［酒］ （brandy）、威士忌 ［酒］ （whisky）、香槟 ［酒］ （champagne）、高尔夫 ［球］ （golf）、吉普 ［车］ （jeep）、坦克 ［车］ （tank）、苏打 ［粉］ （soda）、扑克 ［牌］ （poker）。

　　（2）那个添加的汉字已经成为该外来词的有机的组成部分，所以不能任意省略那个汉字。例如：

　　酒吧 （bar）、曲奇饼 （cookie）、踢踏舞 （tittup）、威化饼 （wafer）、士多啤梨 （strawberry，草莓）、拖肥糖 （toffee）、啤酒 （beer）、卡车 （car）、卡宾枪 （carbine）、来复枪 （rifle）、加农炮 （cannon）。

　　4. 音义兼译词，即音译兼意译。香港方言和普通话都有的这类外来词。例如：

　　幽默 （humorous）、俱乐部 （club）、乌托邦 （Utopia）、声纳 （sonar）、基因 （gene）、席梦思 （simons）、引擎 （engine）、引得 （index）、香波 （shampoo）。

　　其中"引擎"的意译词是"发动机"，"引得"的意译词是"索引"，"香波"的意译词是"洗发液"。一些品牌的名称，在引进时最常见的一种办法就是音译兼意译，其中比较典型的是"可口可乐（coca-cola）"和"百事可乐（pepsi-cola）"。其他还有：喜力（Heineken）、新奇士（Sumcist）、百威（Budweisew）、好立克（Horlicks）、阿华田（Ovaltine）。

个别是普通话有而香港方言没有的。例如：

苦力 coulie（香港方言是"咕喱"）。

更多是香港方言才有的。例如：

维他命（vitamin）、乐与怒（rock'n'roll 一种西方流行音乐）、幽浮（U. F. O 飞碟，不明飞行物）、香口胶（chewinggum 口香糖）。

还有两种更为特殊的品种。

（1）音译兼意译，再加上音译。例如：

脱口骚（talk show 电视访谈节目）。

（2）音译兼意译，再添加一个表意义的汉字。例如：

保龄球（bowling，"球"是另外加上去的）。

至于音译部分不是原词的全译，而是原词音译的简缩，实际上也应该属于这一类。例如：

美钞（美利坚合众国）、加州（加利福尼亚）、芭校（芭蕾舞）、奥运会（奥林匹克）、克氏（克林顿）、打的（的士）、大巴（巴士）。

5. 汉外混合词，即外文字母（主要是英文缩写字母）加上汉字混合构成。例如：

X光、B超、18K、三S、三G、三K党。

6. 借形词，这主要是指从日语直接把汉字借过来，但是并不借它的音。例如：

（1）日本用汉字意译欧美词语。例如：

科学、绝对、积极、消极、抽象、象征。

（2）中国古代汉语词语重新从日本借来回到祖国。例如：

民主、经济、革命、生产、政治、消费。

7. 直译词，指按照英语字面意思直接翻译过来，跟该词语真实的意义无关，所以如果直接按照字面意思去理解就会出现差错。例如：

鸡尾酒：（cook tail）指欧美流行的一种饮料，用几种酒加上果汁、香料等混合起来。

热狗：（hot dog）一种中间夹有热香肠、酸菜、芥末油等的面包。

白领：（white collar）指脑力劳动者、公司职员等。

跳蚤市场：（flea market）专门卖便宜货或旧货的市场。

唱片骑师：（disc jockey）音乐节目主持人。

花花公子：（play boy）一种男士用服饰的品牌名称。

欢乐时光：（happy hour）指餐厅、酒吧下午 4 时至 8 时优惠顾客的那段时间。

8. 音译词，即有关的概念以及反映的事物是从外面引进的，但是所使用的汉字（语素）以及构词的方法都是汉语自身的。例如：

飞机、蜜月、电脑、火箭、西装、电话、轮船。

这样，一般所谓的广义的"外来词"，应该有八种类型：

（1）全部音译词；（2）音意半译词；（3）音译添意词；（4）音义兼译词；（5）汉外混合词；（6）借形词；（7）直译词；（8）音译词。

我们认为，如果把以上八类都叫做"广义外来词"，那当然也是可以的，但是如果要深入地进行研究，还需要作进一步的分类。我们主张另外确定"狭义外来词"，并且给以严格定义。这里有几层含义：

第一，这是语言研究，跟国家政体无关，因此，如果是从其他少数民族语言音译过来的词语，也应该算做外来词。

第二，只要含有音译词成分的词语，即不管是全部译写，还是部分译写，都一律算做外来词。因此，除了"全部音译词"理所当然是外来词，"音意半译词"、"音译添意词"、"音义兼译词"以及"汉外混合词"，合起来可以叫做"半外来词"，或"准外来词"，也应该算做外来词。

第三，排除从日语根据书写的字形借来的"借形词"，以区别于一般的外来词。

第四，所谓的"意译词"，实际上不属于外来词，因为它是运用汉语的构词成分，根据汉语的构词方式组合起来的词语，跟外语的语音没有任何关系。如果把它也算做外来词，由于它的界限很难确定，所以实际上外来词的范围就无法控制。我们只有凭借一定的语音形式，才能确定外来词，这样，我们也许可以把意译词叫做"外来概念词"。

　　第五，至于那些只根据外语的字面意思翻译过来，而不考虑该词的真实含义的"直译词"，实际上也是一种特殊的意译词。

　　根据语言研究必须坚持形式与意义相结合的原则，判断一个词是否属于外来词，首先要看它的语音形式跟非汉语有没有直接的联系，其次再考察在语义上的对应关系。因此，狭义的"外来词"必须排除上述的"借形词"、"意译词"和"直译词"这三类，只有"全部音译词"，再加上"音意半译词"、"音译添意词"、"音义兼译词"以及"汉外混合词"才可以算做真正的外来词。即主要根据非汉语词语的语音，用语音相近的汉字译写或直接用外文字母替代而构成的新词，这才叫做狭义的"外来词"。

（原载《语言文字应用》2000 年第 3 期）

参考文献

[1] 来信和来论. 香港词库建设通讯，1993（1）

[2] 黄河清. 汉语外来词研究中的若干问题. 香港词库建设通讯，1994（3）

[3] 史有为. 外来的"外来语"及其他. 香港词库建设通讯，1995（7）

[4] 黄河清. 汉语外来影响词. 香港词库建设通讯，1995（7）

[5] 吴世雄. 关于"外来概念词"研究的思考. 香港词库建设通讯，1995（7）

[6] 史有为. "外来语"和"外来概念词"、"外来影响词"之回应. 香港词库建设通讯，1996（8）

[7] 叶景烈. 关于"外来概念词"讨论的讨论. 香港词库建设通讯，1996（8）

[8] 田惠刚. 汉语"外来词"的范畴及其分类刍议. 香港词库建设通讯，1994（8）

[9] 孟伟根. 汉语外来词的词义汉化及其回译. 香港词库建设通讯，1996（8）

[10] 曾子凡. 广州话、普通话口语词对译手册. 香港三联书店有限公

司，1989

[11] 钱乃荣. 上海方言俚语. 上海：上海社会科学院出版社，1989

[12] 史有为. 异文化的使者：外来词. 长春：吉林教育出版社，1991

[13] 郑定欧. 香港粤语词典. 南京：江苏教育出版社，1997

[14] 许宝华，陶寰. 上海方言词典. 南京：江苏教育出版社，1997

[15] 马西尼（黄河清译）. 现代汉语词汇的形成：十九世纪汉语外来词研究. 上海：汉语大词典出版社，1997

香港词语比较研究

汉语学界对汉语到底有几大方言区，历来存在争议，有七个、八个、九个，甚至于十个好几种说法。但是，从宏观方面来讲，则有南北两大方言群，或者南中北三大方言群这样两种分法。粤方言，也叫广东话，不管哪种分类法，都应该属于南方方言群。粤方言的代表地点是广州，香港地区的方言，一般认为就属于广州方言。但是从1840年鸦片战争以来，特别是从20世纪50年代起，一直到1997年回归之前，由于政治历史的原因，香港跟内地，包括广东地区很少来往，这就造成在语言方面，尤其在词语方面出现了不小的差异。

香港人，简称"港人"，香港政府简称"港府"，香港新闻就叫"港闻"，香港货色叫"港货"，那么，依此类推，香港词语，也可以简称为"港词"。狭义的港词是指香港地区使用的词语中跟普通话和其他方言，甚至于跟粤语都不同的那些词语，形成了自己的特色，这主要包括香港方言特有词语、香港社区特有词语以及香港外来特有词语。广义的港词也包括跟粤语相同的词语。

一、香港词语研究与比较法

研究香港词语，最好的办法就是进行比较。通过各个角度的比较，才能够比较深刻，比较全面，也比较准确地揭示香港词语的特色。这个比较，首先从时间和空间关系来讲，要分为"横向比较"与"纵向比较"，其次则从语言之间的关系来讲，要分为"内向比较"与"外向比较"。

1."横向比较"是指共时的比较

香港方言词语和普通话或者几个方言之间进行比较，这可以再分为两个层面：

首先是跟普通话的共时比较。这种比较当然可以多角度进行，但是重要的一点是必须密切结合当地的文化和习俗。例如香港一家报纸某一天的头版新闻大标题是"睇水兼抽水"，外地人一看还以为讲的是水利建设的事情，其实完全不是那么一回事，通篇讲的是几个小流氓在为赌博"望风"，并且要"提成"。再仔细一想，普通话有"望风"、"威风"、"通风（报信）"，而香港方言则分别说成"睇水"、"威水"、"通水"。为什么香港话喜欢用"水"，普通话却中意用"风"呢？原来北方的特点是山高"风"大，而香港则是海阔"水"多。香港是个海岛，四面围着海水，水来水去，天天离不开水，生活中"水"的重要性自然不言而喻，影响到方言词语，"水"的重要性也就更加突出。香港话里用"水"来组合的词语实在太多了，而且往往有特定的含义，例如：抽水（捞取油水好处）、放水（泄露消息情况）、提水（提醒台词）、吹水（吹牛聊天）。"水"往往还指钱，如果浇了一身水，或者做梦发大水，据说这可能还是个好兆头，暗示能够发财，所以还可以说"过水"（交钱）、"磅水"（给钱）、"升水"（升值）、"补水"（津贴）以及"命水"、"色水"、"散水"、"醒水"等等。"水"的多义性看来远远超过了普通话。

其次是跟其他方言的共时比较，这可以上海话为例。上海话作为中部方言区的典型代表，兼有南北方言区的某些特点，夸张一点讲，上海方言实际上是介于南北两大方言群体之间的一种过渡性方言，所以，在上海方言中往往会同时体现出南北不同方言的特点来。例如：普通话说"用熨斗熨衣服"，香港话说"用烫斗烫衫"，上海话说"用熨斗烫衣裳"。上海话的名词"熨斗"跟普通话一致，而动词"烫"却跟香港话一致，它正好处于中间状态。这也就反映出方言从南到北的一种渐变趋势，上海方言好像是个中间站，是个过渡区。

其实上海话对香港话的影响是很深远的，有不少香港词语，从根源上查，实际上是从上海贩买来的。这可能是 1949 年全国解放前夕，上海有相当一批人跑到了香港，他们不但有经济实力，而且有从商经验，在香港处于中上层地位，他们恋恋不舍原来的上海生活，很自然地形成了一个社交圈子，并且以讲上海话为荣；不仅如此，一些香港本地人也非常乐于学习上海话，一些颇有海派特色的词语就自然而然地渗透到香港词语里去了。即使现在我们还可以发现许多两地一致的词语，例如：皮蛋（松花蛋）、白粥（淡粥）、白斩鸡（白切鸡）、麻油（香油）、金针菜（黄花菜）、冬菇（干蘑菇）、草菇（鲜蘑菇）、合桃（核桃）、童子鸡（子鸡儿）、豆腐花（豆腐脑）、面盆（脸盆）、三夹板（三合板）、门房（传达室）、票房（售票处）、机房（机电室）、几时（多会儿）、笃底（尽头）、落雪（下雪）、冲茶（沏茶）、蚀本（亏本）、搭档（合伙）、人工（工钱）、写字楼（办公室）、败家精（败家子）、邮差（邮递员）、人客（客人）、小肠气（疝气）、写意（惬意）、拖堂（压堂）。

2. "纵向比较"是指历时的比较

香港话保留了比较多的历史遗留词语，这在语言学上称之为"传承词"。广东处于中国的最南边，北边隔着五岭，所以俗称"岭南"。古代交通不便，南北来往比较少，中原地区黄河流域战争连年不断，相对地说南边就比较稳定，古代流传下来的词语就保留得多一些。例如在香港的巴士上，我们可以看到"企位"和"座位"的两种说法。"座位"很好理解，那么"企位"呢？按照常理推论，应该指的是"站位"，可是为什么要叫做"企位"呢？后来一想，普通话里不是有"企鹅"吗？"企"从"人"从"止"（脚趾），本义是"踮起脚跟"，语义再发展就成了"站立"的意思。因此有"企望"、"不可企及"、"企足而待"等词语。又如：食（吃）饭、饮（喝）茶、走（跑）路、行（走）路、睇（看）书、瞓（睡）觉。

像"食"、"饮"这些词在普通话里已经不能单说了，只是作为一个语素保留在某些词语里。还有的词语，像"走"、"行"，普通话虽然可以说，但词义早就演变了，其本义也只能够出现在某些词语里，例如：

食物、食品、食道、自食其果、饱食终日
饮料、饮食、畅饮、饮水思源、饮鸩止渴
走狗、走卒、奔走、走南闯北、走马观花
行动、行人、行程、寸步难行、衣食住行

也有极少数，在现代汉语里已经不用了，例如"睇"，原意是"斜视"、"流盼"。

有些词语的意义，一般情况已经很难理解了，例如"叹世界"、"叹下午茶"，是指享受乐趣。其中的动词"叹"，如果看繁体字，其实本来应该是两个汉字：一个从"口"，表示"感叹"意义；一个从"欠"，表示"赞美"意义，比如"孝章要为有天下大名，九牧之人，所共称歎"（《论盛孝章书》）。

3. "内向比较"是指方言内部的比较

粤方言内部，香港方言还需要跟广州方言进行比较。广州话和香港话从方言角度讲，都属于粤语，但是词语依然有相当明显的区别，这实际上恰好反映了不同社区的特点，这些不同的词语反映出不同的政治制度以及不同的经济制度的社区特色，这些颇有香港特色的港词，田小琳先生为它们专门起了个新术语，叫做"香港社区词"，的确名副其实。例如："打工皇帝"，指报酬极高的雇员，好比银行总裁、证券公司的高级顾问等等，虽然也是为老板打工，但是收入非常可观，处于打工阶层的最高层，简直就像皇帝一样。"钻石王老五"指非常有钱却尚未结婚的男子，"钻石"比喻有钱而且高贵，"王老五"俗称单身男子。

有时候，如果不太了解香港社会的具体情况，对这些社区词就有可能发生误解。例如"高买"，有人以为就是"三只手"的小偷，其实不然，这是专门指在商店里偷商品的小偷，因为如果抓住就要罚几倍于商品价格的钱款，所以美其名为"高（价购）买"。而一般的"小偷"则叫"小手"，以示区别。

这些香港社区词反映了不同的社会制度、文化习俗对词语的渗透和影响。其中有一些已经开始进入普通话了，例如"埋单"（也有写做"买单"）指吃饭后付账，"炒鱿鱼"指被老板解雇，"跳槽"指主动辞职另外就职。"手机"原来有好几种叫法——"大哥大"、"手提电话"、"移动电话"，但看来都不如"手机"简明贴切，又符合汉语构词的双音节趋向。此外，"垃圾虫"则指乱扔垃圾的人，"六合彩"是香港特有的一种彩票，"高官"、"热身"这些词语已经开始进入普通话，在内地的报纸上已经频频亮相。

4. "外向比较"是指跟外语的比较

这主要是看外来词语的影响。例如刚刚到香港，看到商店的大广告，讲"梳化"降价处理，可是什么是"梳化"呢？不明白，进去一看才恍然大悟，原来"梳化"就是"沙发"，那么，为什么香港话用"梳化"呢？原来用香港方言的发音来说，"梳化"就念成"sofa"。模仿的就是英语的发音（sofa）。其实，普通话的沙发（shafa），本来是从上海方言里借来的，按照上海话的读音，沙发也是读做 sofa。香港话的外来词语相当丰富，跟普通话的外来词语也有比较大的差异，很值得研究。这主要是：

（1）跟普通话一样都是音译词，但同词异形。例如：

梳化（沙发）、荷里活（好莱坞）、萨斯（沙士）

（2）普通话是意译，香港话是音译，这是大量的。例如：

石屎（水泥）、波（球）、飞（票）、镭射（激光）、士担（邮票）士的（手杖）、贴士（小费）、菲林（胶卷）、快劳（档案夹）

（3）字面意译词，这不同于一般的意译词（飞机、火车）。例如：

白领、蓝领、花花公子

（4）汉语跟英语相结合，例如：

阿 sir（称呼香港警察）、BB 仔（婴儿）、妈咪（妈妈）、爹地（爸爸）、蛋挞（tart）

二、香港词语的特点

香港词语非常有特色，有的跟粤语是相同的，也有的是香港所特有的，即广东话里没有的，因此须要区别对待。更加须要注意的是，相同的词语，内涵却有不同，这也是大家往往容易忽略的。

1. 跟普通话选择不同的同义语素

第一，同样是单音节词语，普通话用的是 A，而香港话用的却是它的同义词 B。其中部分 AB 在普通话里可以构成双音节词语。例如：

普通话：说、凶、衣、堵

香港话：话、恶、衫、塞

可以构成双音节：说话、凶恶、衣衫、堵塞

普通话：怪、恨、近、久

香港话：奇、憎、贴、耐

可以构成双音节：奇怪、憎恨、贴近、耐久

但也有少数 AB 虽然同义，但是并不能构成一个词语。例如：

普通话：抓、省、哭、怕

香港话：拉、慳、喊、惊

第二，双音节词语 AB，其中某个语素跟普通话相同，而另外一个语素则选用其他意义相近或相同的语素。例如：

A 同 B 不同：

普通话：坐牢、手铐、大号、色鬼、记号、家具、尿布、塑料、隔壁、鱼丸、西点

香港话：坐监、手镣、大码、色狼、记号、家私、尿片、塑胶、隔篱、鱼蛋、西饼

A 不同 B 同：

普通话：做梦、通过、雨鞋、占位、逃税、老生、老家、水果、怀表、钥匙、手纸、卷尺、银耳、职员、管理、糖尿病

香港话：发梦、透过、水鞋、霸位、避税、旧生、祖家、生果、袋表、锁匙、厕纸、拉尺、雪耳、文员、打理、甜尿病

2. 语序颠倒

据说一个内地人第一次到香港，到了中午，大家说，方便一点，吃快餐吧。一个香港人就回答说，好的，我去买饭盒。内地人就奇怪了："买饭盒"干吗？我们是要"盒饭"！其实香港话里"饭盒"就是"盒饭"！这种语序颠倒而实际上为同一个词语的情况，即使在普通话里也并不少见，例如：和平/平和、士兵/兵士。香港话里有不少这样的词语，即跟普通话词语的次序恰好相反，而语义是基本相同的。

双音节词语的发展往往经历了一个从临时组合到固定组合的漫长的过程，在组合开始时，这种组合往往可能有两种不同的形式（AB 或 BA）。结果，不同的方言作出了不同的选择。这又有三种不同的类型（括号里的是普通话词语）：

第一、香港话用的是 AB，普通话用的是 BA；要注意的是 AB 在普通话里不能成词。例如：

普通话：蔬菜、孙女、隐私、拥挤、油漆、早晨、镇纸、奥秘

香港话：菜蔬、女孙、私隐、挤拥、漆油、晨早、纸镇、秘奥

普通话：狐臭、蹊跷、公鸡、素质、干菜、客人、已经、碎布

香港话：臭狐、跷蹊、鸡公、质素、菜干、人客、经已、布碎

普通话：装订、责怪、人行道、多心、烦劳、服帖、录取、头衔、搭配

香港话：订装、怪责、行人道、心多、劳烦、帖服、取录、衔头、配搭

第二，香港话用的是 AB，普通话里 AB 成词，BA 也成词，并且构成同形同义词语。例如：

普通话：寻找、代替、忌妒、夜宵、整齐、直爽、要紧

香港话：找寻、替代、妒忌、宵夜、齐整、爽直、紧要

第三，香港话用的是 AB，普通话里 AB 以及 BA 虽然都成词，但是词义明显不同。例如：

普通话：心机、秋千、盒饭

香港话：机心、千秋、饭盒

3. 同形异义词语

内地人初到香港，最怕的是同形异义词语，即普通话和香港话词语的书面形式是相同的，但实际上意义却大相径庭，这就很容易造成误解。例如我们往往看到香港的一些广告上写着：某某商店在某某街多少号地下，我们就可能误解为这个商店开设在地下室里，其实不然，它就开设在地面上。原来，香港的地下，仿照英国的 ground，指的是底层、一楼。所谓的一楼实际上在第二层。事实上，香港话跟普通话词形相同而意义不同的情况还是非常多的。例如：

普通话	香港话
地下：地面之下	楼房的第一层
地牢：位于地底下的监牢	地下室
死党：出死力的党羽（贬义）	知己、好朋友（褒义）

工人：做工的人	佣人
婆婆：丈夫的母亲	姥姥
街市：市场	菜场
化学：一种学科	不耐用
打尖：临时进餐	插队
上堂：打官司	上课
打靶：练习开枪	枪毙
醒目：引人注意	机灵
返工：重新修理制作	上班
同志：志同道合的人	同性恋者
胸围：胸口处的尺寸大小	乳罩
过节：过节日	心病、别扭
糖水：放了糖的水	液体甜品
单位：工作单位	房子的单元
口气：说话的口气	口臭
发达：指事业兴旺发达	个人发财走运
上堂：上法庭	上课
辛苦：辛勤劳苦	难受、不舒服
犀利：锐利	厉害、本事大
认真：不马虎	的确
花心：花蕊	爱情不专一
小手：小的手	扒手
班房：监狱	教室
道姑：女道士	女吸毒者
尾数：小数点之后的数字	余下的少数金额
身家：自己以及家庭	个人的财富价值

4. 同义异形词语

香港话有大量跟普通话意义相同但形式不同的词语。例如：

普通话：喷头、保险柜、茄子、黄瓜、肉酸、制冷剂、口红

香港话：花洒、夹万、矮瓜、青瓜、肉紧、雪种、唇膏

普通话：缝纫机、自行车、猪前蹄、终点站、耍流氓、随时、交流电

香港话：衣车 、单车、猪手、尾站、非礼、分分钟、湿电

普通话：抽签、开关、伙伴、干贝、面试、知己、手机、手提包

香港话：搞珠、电制、拍挡、带子、见工、死党、手提电话、手袋

5. 增加其他的义项

还有一些词语，香港话跟普通话应该讲基本一致的，区别只是香港话的词语多了某些义项。例如：

（1）"水"，《现代汉语词典》除了姓之外，还有 6 个义项。香港话里也有相类似的义项：冻水（冷水）、滚水（开水）、雪水（冰水），另外还有新的普通话没有的义项，例如：糖水（液体的甜品）。

（2）"肉"除了表示人或动物的肉，以及瓜果里可以吃的部分之外，还有其他的义项，例如：信肉（信里）、表肉（表芯）、戏肉（高潮）。

（3）"纸"除了纸张的原义——厕纸（手纸）、过底纸（复写纸）、咪纸（照相纸）、绒纸（平纹纸）、纸皮（马粪纸）、纸巾（面巾纸），还特别指"纸质的钱"——银纸（纸币）、港纸（港币）、散纸（零钱）、阴司纸（纸钱），"单据或证明"——落货纸（卸货单）、出水纸（提货单）、出世纸（出生证明）、医生纸（病假条）、宣誓纸（证明文件）、沙纸（毕业证书）。

6. 普通话的双音节词语，香港话却只用其中一个语素

普通话：我知道、我明白、有心意、李先生、吴太太

香港话：我知 、我明 、有心 、李生 、吴太

三、香港方言的文化内涵

毛泽东有一首七律"赠柳亚子"，第一句是"饮茶粤海未能忘"，为什么普普通通的一次饮茶，居然让毛泽东几十年都没能忘记呢？一般的解释主要从毛泽东跟柳亚子的友情上去考虑，却恰恰忽略了"饮茶"的文化含义。因为，饮茶在广东一带有着独特的风俗习惯，它不是北方普通意义的喝一杯茶，而是包括上酒楼、吃点心、聊天等内容的社交活

动，所以，给年轻时代的毛泽东留下极为深刻的印象，这从一个侧面反映了广东地区的生活的特殊性和不同的文化底蕴。这种特殊性必定会在语言中，尤其在词语中得到比较充分的反映。

1. 地方特色

香港有不少词语充分体现出本土特点，也可以说，这在以北方方言为基础方言的普通话的词语系统里是完全不可能出现的。例如：

香港地处中国的最南边，香港人几乎从来没有见过下雪，所以冰与雪分不清。冰箱叫"雪柜"，冰砖叫"雪糕"。这就产生了一系列跟"雪"有关的词语，例如：雪条、雪藏（冰冻）、雪耳（银耳）、雪水（冰水）等。

南方天气炎热，人们几乎每天都要洗澡，主要目的是降温，所以洗澡就叫"冲凉"，结果报纸上居然出现了"用热水冲凉"的说法，可见"冲凉"的意义已经表示是"洗澡"，不一定就是要"凉"了。

香港社会家庭电话收费是每月固定的，而不管你打多少个电话，这跟内地很不同（内地是计数，也计时间），所以香港人常常电话打起来没完没了，慢慢讲不着急。而香港人还喜欢用慢火来"煲"各种各样的"粥"或"汤"，长时间地打电话，就形象地被叫做"煲电话粥"。

"拍拖"是指谈恋爱，据说这有两种解释：第一，青年男女手拉手在走，就好像一只大船在前面行，后面拖了一只小船；第二，青年男女同行，好像大船旁边靠着一只小船同行。但不论哪一种说法，都跟香港以前是渔港有关，而且非常形象。

2. 词语比喻的形象性

香港词语往往很世俗化，还特别喜欢用一些形象鲜明、个性突出的动物来进行比喻。例如：

"炒鱿鱼"，就是被解雇了，因此雇工就要卷起铺盖走人。而香港人非常爱吃的"鱿鱼"一炒就卷起来了，跟铺盖卷起来非常相似，所以就委婉地用"炒鱿鱼"来替代解雇。

"蛇"比喻的对象就更多了：偷渡客（蛇客），懒虫（蛇王）、便衣警察（放蛇）。"人蛇"是指偷渡客，因为这些人在偷渡时，往往蜷缩在船舱里，就像一条蛇似的。从这个词语，还派生出一系列的相关词语：蛇头（组织偷渡的人）、蛇客（偷渡者）、蛇匪（专门从事偷渡活动的匪徒）、蛇窦（私藏人蛇的秘密场所）、蛇柜（私藏人蛇的柜子）、小人蛇、女人蛇、老人蛇等。

其他如"大闸蟹"（被套牢的股民就像被草绳死死捆绑住的大闸蟹一样）、"羊牯"（容易受骗的笨蛋就像没脑子的羊和母牛一样）、鱼腩（大输家，就像鱼的干肉一样任人吞食）、"鸡"比喻妓女，"鸭"比喻男妓。鸳鸯（奶茶混咖啡的饮料）、"偷鸡"（偷懒）、"跳槽"（换工作单位）等都非常生动形象。

3. 忌讳对词语的影响

香港社会不少人比较迷信，有许多忌讳。比如数字喜欢"八"，因为谐音"发（财）"，"六"也不错，因为是"六六大顺"，"七"马马虎虎，因为有"七巧"这一说。他们最不喜欢的是"四"，因为谐音"死"。所以，香港的高楼往往没有第四层和第十四层。

"丝瓜"因为"丝"谐音"输"，改名叫"胜瓜"；"苦瓜"嫌弃"苦"，就叫"凉瓜"；"猪肝"，嫌弃"肝"的谐音是"干"，就叫"猪润"。"鸡血"嫌弃"血"太腥，就改叫"鸡红"。"空屋"因为"空"跟"凶"同音，不好，改叫"吉屋"。

4. 特定社区词

中国太大，尤其是因为历史的原因，形成某些政治制度不同的社区，例如香港、澳门、台湾，还有在东南亚有不少华语地区，由于跟大陆长期隔离，它们已经形成一些该社区特有的词语。这些该社区所特有的词语，在普通话里几乎没有相对应的词语。例如：

挥春（过年时写在红纸上的吉利话语，但不同于春联，因为只有一条）

蛋挞（一种烘制的圆形甜食品，外面一圈是面粉做的，中间露出的馅儿是鸡蛋做的）

物业（指住宅以及附属的设施）

高官（指政府上层主要官员）

廉政公署（香港政府特设的机构，主要是针对公务员贪污等犯罪行

为的）

　　沙滩老鼠（专指在海滩上偷东西的人）

　　夹心阶层（专指月工资在 2 万以上 5 万以下的中等收入的人或家庭）

　　白马王子（理想中的男朋友）

　　走光（露出肉体或内衣裤，又叫"春光乍露"）

　　走鬼（无牌小贩见到警察就像见到鬼一样赶快逃走）

　　香港词语非常有特色，也非常值得研究。意义之一，了解香港词语的特点及其文化内涵；意义之二，了解普通话里受到香港词语影响的结果和程度；意义之三，发现汉语方言词语之间的渗透、交融和影响，从而找出其中的对应关系；意义之四，追溯香港词语发展的历史进程；意义之五，挖掘汉语构词方法的特点和机制。

（原载香港浸会大学《人文中国》2005 年）

参考文献

[1] 邵敬敏，鲍茂振. 从北京话、上海话、香港话看语言渐变的趋势. 语文建设通讯，1997（53）

[2] 邵敬敏. 香港外来词比较研究. 语言文字应用，1999（3）

[3] 曾子凡. 广州话普通话口语词对译手册（第四版）. 香港：三联书店有限公司，1994

[4] 郑定欧. 香港粤语词典. 南京：江苏教育出版社，1997

香港社区英文词语夹用现象剖析

一、香港社区英文词语夹用现象概述

中文，或者说汉语中出现英文，通常笼统地被称为"中英夹杂"，或者"汉英夹杂"①。其实，这种情况相当复杂，我们应该有意识地区别"混用"、"杂用"和"夹用"这三种不同的语言现象。

第一，所谓"混用"，是指中文句子跟英文句子混合使用，这应该看做一种双语现象，其特点是中英文句子相互独立，各自有自己的语法规律，互不相干却又句义相连。例如：

（1）上海火车站检票口有这么一句英文"Please show today's ticket"，明显是英语在非英语国家被滥用的结果。当天有效的车票应该是"Valid ticket"，而不是"Today's ticket"。（《上海青年报》2001-02-28）

（2）你哋觉得似唔似呢？冇咁嘅事，可能大家年纪差唔多先做咗朋友，太无聊喇！out of subject to discuss.（《成报》2004-09-22，C03，"娱乐新闻"[s. 没有什么可以讨论的]）

第二，所谓"杂用"，是指一会儿用中文，一会儿用英文，而且语

---

① 丁喜霞."汉英夹杂"与汉民族文化心理. 洛阳师范学院学报，2003（2）；陈耀南. 歪风卑格：中英夹杂——鸡尾文体的检讨. 程祥徽，黎运汉主编. 语言风格论集. 南京：南京大学出版社，1994；丁建川，郝彤彤. 汉英文词夹杂现象特点摭谈. 泰安师专学报，2002（5）

法规则也很乱，这实际上是一种"洋泾浜英语"。例如：

　　第三，所谓"夹用"，则是指中文句子中间出现英文词语，包括单词和短语。例如：

（1）就是这些方法，于细小的空间，于生活中找到最大的 enjoyment.（《成报》2004-09-22，S02，"家私也换季特辑"［*n*. 享受、快乐］）

（2）他就一直答不上，后来再来问他："难道你只系留意自己的歌吗?"他就尴尬地说："我无做过 research 呀!"（《星岛日报》2004-09-26，D3［*n*. 研究］）

（3）"英文和数学科，会分组上课，亦会有 supporting teacher 帮学生，班上有时会有几位老师一同教学"。（《星岛日报》2004-09-23，F3，"家长版"［*n*. 辅导教师］）

（4）主题曲《天籁》里左穿右插的 Analog 电子琴声乐，Space Age 味十足。（《星岛日报》2004-09-13，E1，"星岛娱乐"［*n*. 太空时代］）

　　我们特别关注的就是这样一种英文词语的夹用现象，这显然是语言在使用过程中的社会现象，属于社会语言学研究的范围。内地这类现象虽然也有，但似乎还不是太多，而香港社区由于其特殊的国际地位，特定的历史条件，以及特别的语言状况，就显得比较突出，这也正是我们所关心和希望研究的问题。因为我们可以预测，这种现象将来在内地也会大量出现。

　　香港社区的语言以及语言的使用情况比较复杂。从积极的方面讲，比较自由，比较宽容，比较开放，也比较活跃，属于多元性质。目前香港特区政府有关部门提倡的语文政策是"三语两文"，即口语是普通话、粤语和英文并存，书面语是中文和英文并存。事实上，不少人不同程度地掌握了这三种语言（其实粤语只能够算做一种方言）和两种文字，可以随意地替换，混合，乃至交叉使用。而且由于开放程度比较高，不断产生着新词新语、新的用法和新的变化。从消极的方面看，主要表现为一杂二乱：所谓的"杂"，是指语言成分杂，汉语、英文、粤语、普通话，多种成分混杂在一起。所谓"乱"是指缺乏规范，你爱怎么说，就怎么说。

香港是个国际化程度极高的大都市，英文相当流行，尤其在行政管理上以及教育界、演艺界、体育界、法律界、医学界、金融界和科技界等，这大体上可以分为三个领域：

1. 政府用语。港英时期，那就不用说了，基本上以英文为主。比如法院的判决书，中英文并存的，如果发生不同的解释，也必须以英文为准。香港于1997年回归以后，这一条是改了，改为以中文为准，因为这是任何一个主权国家都必须坚持的原则。但在实际使用时，香港特区政府也还是中英文并用的。

2. 学校教学。香港一般的中小学有两大类型：英文学校和中文学校。相当数量的英文学校，即用英文进行各课教学，这就很受家长的青睐；中文学校，鼓励用"母语教学"，实际上是指在课堂上以母语粤语来进行教学。至于在大学里，几乎所有的通知、通告、条款、文件、合同都是用英文写成的（只有少数不能不用中文的算是例外），如果你对英文不懂，那就寸步难行。

3. 社会用语。由于历史的原因，香港社区的英文相对比较普及，报纸、杂志，尤其时尚性杂志，加上广告，大量充塞英文词语。初到香港，往往有一种视觉上和听觉上的"震惊"，好像充满着"异国情调"。

更为重要的是香港一般居民的心态：一方面是对英文有一种崇拜心理，因为客观上掌握了英文，到海外求学以及找一份称心的工作比较容易一些；另一方面，能够用英文交际，哪怕只使用某个英文词语也显得比较有水平，有学问。此外，这里也必须承认有一个使用习惯问题，一个人如果经常交替使用两种以上的语言，就会在说或者写某种语言的时候，不由自主地常常会在脑海里"蹦"出另外一种语言的某个词语来，出现混用、替用和夹用的现象。因此"英文夹用"在香港实际上已经成为一种"时尚"，成为语言生活的一种习惯。

我们认为：英文词语直接进入中文句子，只是一种直接借用现象，其实跟所谓的音译词的情况本质上是相同的，只是形式上还保留着英文的原始状态，而音译词往往在文字上汉字化，在语音上音节化，这不是一般意义的交叉或混合，当然更加谈不上英文的全面入侵。因此，如果把这种语言现象叫做"中英文夹杂"，明显存在着三个误导：

第一，"中英文"相提并论，好像这两种语言的使用在香港的地位是旗鼓相当的；

第二，既然笼统地说"中英文"，那就必然涉及语音、词汇、语法和用语多个层面；

第三，"夹杂"一说，似乎中英文相互夹杂使用，你中有我，我中有你，不分主次。

其实情况完全不然，也就是说，不是中文和英文作为两种语言相互夹杂使用，因而出现了语言交叉和混用的局面，即这不是一种双语现象，而只是一种以中文（汉语）为主的外来词的借用现象。事实上，英文的词语，不管它的数量多少，只是作为个体直接借用到汉语里来。汉语，包括粤方言，作为母语的整体框架的主导地位没有受到丝毫影响，也就是说，英文借词，只是在母语的语法框架里起到某种词语的替代作用，词法、句法都须要适应汉语原有的规则。可见，这是一种中文为本，为主的意识的体现。即使是以子句形式出现，也是整体插入，作为一个句子成分使用。因此，我们认为，"中英文夹杂"这一提法是不准确的，也是不符合事实的。准确的提法应该是"中文（汉语）里面夹用英文词语"，简称"中文（汉语）夹英"，或者干脆叫"英文夹用"。

显然，英文插入到中文中以后，实际上仅仅保留了它的语音形式以及书写形式，在组合以及用法各个方面跟汉语的普通词语没有太大的区别，也可以说已经"汉化"，或者叫做"中国化"了。我们须要对这种情况进行客观、理性的分析。

需要我们特别注意的是两点：

第一，这种语言现象既出现在口语里，也出现在书面语里，而且出现在粤方言里。例如：

（1）食神两姊妹，点食都咁 FIT。（《苹果日报》2004-04-05）（*adj.* 身材健美）［粤语］

（2）我係想从一个空白剧本，做一个好成功的 Master piece，……唔会界啲细路一次过使晒啲钱，最多只係当你有需要买衫，汇的 pocket money 界我哋。（《成报》2004-09-22，C06，"名人娱乐"［*n.* 杰作；*n.*

零钱]）

第二，英文子句充当某个句子成分，也应该看做夹用现象。例如：

一个未能完成的梦，一个荷里活（Hollywood 好莱坞音译词）的梦，令一向乐观的邦邦总觉得 something is missing.（《成报》2004-09-22，C06，"名人娱乐"[s. 某些东西错过了，即有点遗憾的意思]）

二、英文词语夹用现象的特点

我们在调查大量语言事实的基础上，进行了比较全面的分析，发现这些现象，并不是随意的、无序的，而是有规律可循的。这主要表现在以下几个方面：

1. 名、动、形三大类实词的夹用占绝对优势

这种英文词语的夹用，往往出现在一个完整的中文句子里，最常见的是数量占绝对优势的三大类实词：名词、动词和形容词。

第一，英文名词，除了充当主语、宾语之外，也跟汉语名词一样可直接充当定语。例如：

（1）她说事后问到廖碧儿两人为何十指相扣出场。她说：係呀！行 Catwalk 嘛，是大会要求我们拖手出场。不过当记者要求再拖手影相时，两人却拒绝，碧儿解释：私底下唔需要啦！加上又唔係 point！（《星岛日报》2004-09-23，D5，"星岛娱乐"）（*n.* T 型台人行道；*n.* 要点）[做宾语]

（2）但更重要的是，是驾驶人只需按下启动按钮，各项机械设定便会转至 sport 模式。（《星岛日报》2004-09-13，10，"名车巡礼"）（*n.* 运动）[做定语]

第二，动词使用的特点，除了通常做谓语之外，还可以后面带上宾语，或者前面带助动词、副词。例如：

（1）虽然店内的招牌咖啡味道没有一般的浓口，却是 Cora 偏爱的混合咖啡，由哥伦比亚、巴西、埃塞俄比亚等地的咖啡豆混合成，每有客人 order，侍应才即磨即煮。（《星岛日报》2004-09-13，E5）（*v.* 定购）[做谓语]

（2）吴启华日前被指控上三宗罪，包括迟到、发脾气及经常用电话 send 短讯。（《星岛日报》2004-09-12，D3，"星岛娱乐"）（*v.* 发送）［带宾语］

（3）吃饱饭，想做运动亦得！运动场内什么场地也有得 book，羽毛球和壁球当然有得玩，又点会少得最 Hit 的乒乓球呢？（《星岛日报》2004-09-13，E12）（*v.* 预订）［前面有助动词］

（4）甲：Sir，唔好 test 啦。（*v.* 测验）［前面有副词"唔"和助动词"好"］

此外，还经常夹用英文动词短语，作为某个句子成分直接进入汉语的句子结构。而且这些往往是固定短语，有着特定的含义。例如：

（1）克勤说：认咪好！水落石出，大团圆结局，使估估吓！认一次以后就 Close File。（《星岛日报》2004-09-10，D4，"星岛娱乐"）（*v.* 关闭文件、停止）

（2）如果当年我早些 cut lost 就不用输得咁惨。炒楼最紧要睇 Holding power。（《星岛日报》2004-09-12，04，"名人杂志－黎汝远访谈"）（*v.* 割断；*v.* 保存实力）

（3）而她就靠每日做 90 分钟瑜伽 Keep Fit。（《成报》2004-09-17，F09）（*v.* 瘦身）

第三，形容词，主要是做谓语和定语。例如：

（1）她大谈华仔身形 Fit。（《星岛日报》2004-09-19，D3"星岛社交"）（*adj.* 健美）［谓语］

（2）讲开"细细粒"何秀兰，他因为马丁告急拉票被踢出局。马丁这个讲法，虽然是想证明连何秀兰都估计不到这个意外结果，不过，如果"细细粒"真係太过 naive，真不适合做议员喇！（《星岛日报》2004-09-23，A20，"每日杂志"）（*adj.* 天真的）［谓语］

（3）潮人必买。正如牛仔裤一般，穿得久了，更能为梳化添上一点 raw 的感觉。（《成报》2004-09-22，S04，"家私也换季特辑"）（*adj.* 未加工的，粗糙的）［定语］

（4）卢巧音便是这样一个人，敢言，硬朗，爽直。但这样 tough 的一个人，竟可演绎一个小女人角色。（《成报》2004-09-20，C09，"娱乐

新闻")（*adj.* 坚强、坚韧）［定语］

　　夹用的英文名词特别多，这一点比较好理解，因为新的术语、新的名词大量涌现，翻译根本就来不及，这时，最简单、最方便的办法就是直接从英文里借用现成的词语。形容词和动词用英文夹用也比较多，细细体会也是有一定道理的。因为，我们发现，凡是用来夹用的词语，往往是句子中的焦点，是说话人最希望对方注意的关键性字眼。一旦改用英文以后，实际上就起到了画龙点睛的作用。在我们的听觉或者视觉的流程中，汉语的语流突然被一个陌生者打断了，这样就必然会吸引我们的耳朵或者眼球，从而增强了注意力。

　　有趣的是除了这三大类实词之外，其余的实词，比如代词、数词，很少有这样的替换，当然也不是绝对没有。例如：

　　（5）这些问题被知识经济时代香港人忽视了，不去问个 what，why，how，who。（《成报》2004-09-22，A15，"手记评论"）（什么，为什么，怎样，谁。代词）

　　（6）此外，梁静茹新碟将于 9 月 10 日推出，自言不一定是 Number one，但肯定是 Only one。（《星岛日报》2004-09-03，D13）（第一个；唯一一个。数词）

而量词则根本就没有。至于虚词，因为都是一些语法作用特殊的词语，显然是不可能用英文的词语来替代的。

　　2. 英文词语遵循的是汉语的组合造句规则

　　英文词语一旦进入汉语的句子框架，就自动放弃原有的语法属性，特别是原有的变格变位的形态变化规则，而受到汉语语法组合造句规则的约束，这具体表现在以下几个方面：

　　第一，英文名词也可以接受数量词的修饰，这在英文句子里是无法想象的。例如：

　　（1）最后一个 shot 放的烟花要几万多元，导演同我讲只得一次机会。（《星岛日报》2004-09-04，D5）（*n.* 镜头）

　　（2）呢个 project 真难搞！（*n.* 方案）

　　（3）最近收到好多 complaint。（*n.* 投诉）

　　第二，动词不是按照英文的语法规则来进行时态变化，而是依照汉语语法规则，后面带上时态助词，也包括粤语的一些方言助词，如 quit 咗、like 啰、enjoy 吓。例如：

（1）她坦言弹性活肤精华是她目前的最爱：因为我妈妈认同弹性活肤精华的概念，直到就算皮肤几好，都有衰老的一天，所以一路保鲜，keep 住最佳状态。（《星岛日报》2004-09-21，D6 ）（*v.* 保持）［后面带着时态助词"住"］

（2）乙：你点答佢？

甲：shut up 啦！仲敢搭 Dad！（*v.* 闭嘴）［后面跟时态助词和语气词的合音"啦"（了＋啊）］

（3）她亦可呼吸新鲜空气，出一身汗，达到 Keep Fit 之效。（《星岛日报》2004-09-21，E4）（*adj.* 健美）［后面出现结构助词"之"］

（4）正如老板 Cora 所说：自己本身是记者，打工打到好闷，于是想开间 Café 玩吓，自己 Enjoy 吓，让人有个地方坐下来谈天，供应些物美价廉的食物。（《星岛日报》2005-09-13，E5）（*v.* 享受）［后面出现时态助词"吓"］

甚至于"做"还可以跟汉语动词一样带上"的"充当定语。例如：

（5）我的机器是台老 LAPTOP。都 Set up 的是画图的软件。已经好久没有装过 OFFICE 了！（*v.* 装配）

第三，形容词常常受程度副词和否定副词的修饰。例如：

（1）二人世界成日都有，只要系香港就见得到，平时我哋好多情趣，好 sweet，不会讲畀大家听，怕惊你哋会咗。（《成报》2004-09-22，C09，"娱乐新闻"）（*adj.* 甜蜜）

（2）至 Fit 男女的坐姿。（《星岛日报》2004-09-15，F4）

（3）以颜色为主的家具，虽然有些颜色很 sharp，很 cyber，但是若搭配不好，反而会破坏整个家居设计的摆位。（《成报》2004-09-22，S02，"家私也换季特辑"）（*adj.* 锐利、明显的；*adj.* 网络的）

（4）基仔感觉对方好 nice 且率真，亦从未试过有一个比他高一个头的人称他为"古巨基哥哥"。（《星岛日报》2004-09-03，D11，"周末娱乐"）（*adj.* 美好的、好的）

英文形容词做定语时，后边却仍旧使用汉语的结构助词"的"，事实上，英文的形容词并不需要这个"的"。例如：

（5）她（叶璇）就说：只是他们讲的，都没影到相，他是优秀运动员，大家只是好朋友，在工作上他帮我很大忙，我们只是碰碰面，很Natural 的。（《星岛日报》2004-09-11，D7，"周末娱乐"）（adj.自然的）

（6）孙燕姿亦率真回应："我不勉强啊，我是很 open 的人，好歌我都愿意唱。（《星岛日报》2004-09-08，D5，"星岛娱乐"）（adj. 开放的、坦率的）

（7）吃饱饭，想做运动亦得！运动场内什么场地也有得 book，羽毛球和壁球当然有得玩，又点会少得最 Hit 的乒乓球呢？（《星岛日报》2004-09-13，E12）（v. 预订；adj. 热门的）

形容词还可以像汉语的形容词一样用时态助词"了"以及结构助词"得"带补语。例如：

（8）至于郑融颇识做地卖花赞花香说：我饮用"完美16"较前 Fit了不少，尤其是腰围和下围的肌肉更结实。（《星岛日报》2004-09-13，D4，"星岛娱乐"）（adj. 健美）

（9）至于歌词纸，也没有因为新版而改用彩色印刷，一切依照原来Lo－Fi 的黑白颜色和简洁的排版设计，感觉 Vintage 得多！（《星岛日报》2004-09-13，E1，"星岛娱乐"）（adj. 最佳的）

3. 英文词语按照汉语的特点在词性或者词形上发生某些变化

第一，词性发生变化。

A. 名词当做形容词。

（1）她笑说：我真系估唔到佢会面红，同埋一埋位就流到眼泪，可能佢感觉上太 Man，起初我以为佢好爽朗，不拘小节，但原来系好细心。（《星岛日报》2004-09-14，D6，"星岛娱乐"）（n. 男人－adj.男人化）

（2）以至高不成低不就，就算两大异形埋身肉搏也拍得不够power，不够震撼，上佳的材料，只能拍得普普通通，得过且过。（《星岛日报》2004-09-11，D14，"周末娱乐"）（n. 力量－adj. 有力量的，震撼的）

（3）他们两个好"Friend"!（*n.* 朋友－*adj.* 够朋友）

汉语中近些年来比较流行"程度副词＋名词"的用法，英文名词也可能出现在这样的语法框架中，从而可以看做名词临时当做形容词使用。这里重要的是整体为汉语的句法框架，进入这个框架的个别英文词语，就必须遵循汉语的句法规则，否则，对方可能根本就不明白你到底在说些什么。

B. 名词当做动词。

（1）记者目前在旺角闹市发现"南拳妈妈"与助手结伴 shopping。（《星岛日报》2004-09-21，D4）（*n.* 商店，*v.* 购物）

（2）我想收到香港药网完全免费的通讯，我想参加建造这网站，请 E-mail 我。《香港药网电子版》（*n.* 电子函件，*v.* 发送电子函件）

"shopping"，"E-mail"英文词性都为名词，但是出现在汉语句子中谓词的位置，尤其像例（2）出现在"请……我"这么一个句法结构框架中，只能够理解为动词"发电子函件"。

C. 形容词当做名词。

（1）方立申承认因为扁桃腺发炎才会咪嘴，"如果声带无问题我会唱 live，唱不到 live 我心情都受影响"。（《星岛日报》2004-09-10，D4，"星岛娱乐"）（*adj.* 生动的，实况转播的；*n.* 现场演唱）

（2）杜丽莎的 live 也是一流。（《星岛日报》2004-09-23，D7，"星岛娱乐"）（*adj.* 生动的，实况转播的；*n.* 现场演唱）

第二，使用汉语的简省格式。

汉语的反复疑问句式常常会出现这样的省略格式："开心不开心？——开不开心？"如果夹用英文，也会出现同样的省略格式："hap唔 happy 呀？"（开不开心哪？）或者 pro 唔 professional?（专不专业？）

另外一种情况是，将英文词语拆开来进入香港方言的格式。再如："fever"表示"疯玩儿"，香港话可以说："齐齐去 fe 吓 ver!"（一起去疯玩儿一下！）"cap"水（宰客，cap 是 capture"掠夺"的省写）①。此

---

① 这里几个例子参见：杜金榜. 论香港的双语现象和双语的发展. 广州师院学报（社会科学版），1997（3）

外，英文词语往往字母太多，词形太长，不太符合汉语单词以双音节为主的习惯，所以常常出现省写形式。例如：

东方新地——盒仔数码相机好 Pro。（《东方新地》2001-04-23）（*adj*. Professional 职业、专业化）

第三，所夹用的英文单词按照汉语的构词法和构形法的规则，进行汉语式构词，例如出现重叠格式"out out 地"，此外，还有"动词＋化"。例如：

（1）任何人披上"民主"这样魔衣，就显出一副 cool cool 的民主斗士的架势。（《成报》2004-09-22，A15，"手记评论"）（*adj*. 酷酷的）

（2）情形就好像 fashion 一样，讲家具变得 fashion 化，这个深奥的学问，当然要留待设计师给读者们解答吧。（《成报》2004-09-22，S02，"家私也换季特辑"）（*v*. 流行）

以上事实说明，这种语言现象实际上是一种词语的原形借用，因此有时为了便于读者（听者）了解语义，在英文词语后加上中文译词。例如：

（1）在两个构思中，俊哥都要扮演病人，怪不得最近他如此落力去keep fit 瘦身。（《星岛日报》2004-09-06，D10，"星岛日娱"）

（2）叶丽仪高歌一曲《上海滩》，或者古巨基与张信哲斗高音唱《吻别》，就是一个精彩 good show。（《星岛日报》2004-09-23，D7，"星岛娱乐"）

例（1）"keep fit"保持身材健美，在此句中与瘦身之义大体相同，例（2）中"精彩"则明显与"good show"中的"good"语义重复。

一些专业性质比较强的原形英文词语，包括一些简称（字母词）更需要在英文词后面补上中文解释。例如：

（1）陈子聪最近推出了一张教玩 Walkboard（滑浪板）的慈善DVD。（《星岛日报》2004-09-12，D3）

（2）研究制定中国 EMV（IC 卡金融支付应用标准）迁移总体计划，积极应对国际 EMV 迁移。（《星岛日报》2004-09-23，A28）

（3）联网 POS（销售点终端）三十七万台，联网 ATM（自动取款机）六万二千台。（《星岛日报》2004-09-23，A28）

三、几点思考

1. "中文夹英"现象出现的主客观原因

香港社会这种中文夹英的语言现象之所以如此兴旺，有其深刻的原因。

第一，我们现在进入了网络时代，各种信息通过因特网在全世界几乎毫无阻拦地交流，而作为这种交流的媒体主要就是英文。英文作为世界最流行的语言，自然发挥了它独特的作用，吸收英文词语，可能是全世界所有语言都无法避免的事情。

第二，香港社会这样特殊的背景，它虽然在 1997 年回归中国，但是由于一国两制，由于高度自治，所以它的国际大都市的地位不但没有削弱，反而有所加强，进出口贸易继续扩大，跨国公司继续活跃，这样的特殊地位决定了英文在香港具有不可动摇的重要性，成为仅仅次于汉语（主要是粤方言）的语种。

第三，香港特区政府在回归之后推行"三语两文"的政策，在中小学教育层面保证了香港居民接受三语（普通话、粤语和英文）教育的可行性。因此，在香港中文里夹杂一些英文词语，是完全可以理解的，不必大惊小怪，也不必横加指责。

从理论上说，某种语言从外语中借用词语的方法主要有三种：一是间接借用，即采用意译的方法借用；二是音译借用，用音同或音近的汉字来书写英文词语；三是英文词语原形直接借用。从维护母语纯洁性的角度，我们一般提倡间接借用，比如"激光"和"镭射"，就希望采用"激光"；但是有的很难采用意译的方法，例如"比基尼"比起"三点式游泳衣"来，似乎前者就显得又简洁又明了。所以尽管你不高兴，甚至于不希望，但是这些音译词照样大摇大摆地进入了我们的语言生活，这不是以谁的主观意志为转移的。至于第三类，英文原形词语直接进入汉语，近十年来，尤其是进入 21 世纪以来我们的语言甚或发生了根本性的急剧变化。现在的形势，对知识界和年轻人来讲，是以能够讲英文为荣，不会讲英文为耻。而且纯粹从借用角度来讲，这比起音译，区别仅仅在于书面形式不同（语音形式当然在音译过程中会音节化），而好处则更多，即更加直接，更加干脆，更为方便，更为明确，特别是由于普通话跟粤语在语音上存在比较大的区别，某个音译词常常有不同的汉字表示，比如一个写成"好莱坞"以及"沙发"；另外一个则写成"荷里活"和"梳化"，其实应该是同一个对象："Hollywood"以及"sofa"。所以音译借用跟原形借用，其实没有本质的区别，从某种意义上讲，可能还更加方便。

2. 规范与导向问题

中文夹英这种语言现象，在香港回归前后已经有人开始关注，主要有以下两种观点：一种认为不规范，影响了正常的语言交际。早在1996年，香港学者田小琳就认为，中英夹杂是口头上粤语和英文夹杂的混合语的反映，是一种污染，不宜提倡，这是香港中文书面语中的一种不规范的情况。内地学者李国正（1998）也持类似观点。另外一种认为这是一种特殊语言现象，应持宽容、观察的态度，如谢之君（1998），李学铭（2001）等。

我们认为，对"中文夹英"这种特殊的语言现象，一定要具体问题具体分析。

首先，近年来香港社区语言生活发生了比较大的变化，目前它正处于方兴未艾的发展趋势之中，有许多特点我们还不清楚，所以需要我们大量收集语料，追踪观察，进行客观、认真的分析，特别是要结合香港社区语言使用的特殊历史和现状，理解产生这种语言现象的背景，而不能站在内地的立场去指手画脚，评头论足。香港社区的语言生活主要表现为以下三个特色：

第一，语言的多元性。

所谓语言的多元，表现在词语方面上最为明显。除了原先的粤语（香港人称之为母语）之外，还有英文和普通话的词语，这三种语言成分常常交织在一起，所以，香港的语言会让人感觉到比较杂：雅则雅到顶；俗则俗到底；洋则洋得透彻，土则土得掉渣。也就是说，多种语言成分往往会同时出现在一篇文章或者一段话里，甚至于出现在同一个句子里。

第二，语言的多变性。

香港社会长期接受西方文化，接受新鲜事物特别快，反映在语言上，特别善于吸取，善于变化，不断冒出新的词语，新的义项，新的用法。在语言诸要素中，词汇是最活跃的因素，社会的发展和进步，随时反映在词汇的变化和发展上，往往国际上出现新的词语、新的事物，很快在香港的语言中就会有所反映。

第三，语言的多向性。

发展的趋势存在着多个方向。语言是动态的，演变的，一百多年来，香港因它的历史命运，中西文化荟萃，香港人说话时，中文与英文交替进行并行不悖；回归以后，普通话跟粤语又共容互促，应该说是这种文化历程的必然结果，也可说是香港的一个文化特色。

其次，要考虑到使用的特点，特别要注意三点：第一，使用的领域；第二使用的人群；第三，使用的频率。这三点决定了这种语言现象的"使用度"。我们不可能禁止、杜绝这种语言现象，而只能够引导，关键就是掌握这个"度"。从目前使用的情况来看，香港社区的"中文夹英"具有四个"主要"倾向：第一，主要是口语使用，书面语相对少一点；第二，主要是知识界使用，其他领域相对少一点；第三，主要是年轻人使用，中老年相对少一点；第四，主要是时尚词语和科技术语使用，其他词语相对少一点。

如果是在适当的范围，适当的场合，面对适当的人群，在一段中文里夹用英文，应该说没有什么问题；但是如果面对的是不太懂英文的人群，或者情况不明的人群，还要这样使用，那就不妥当了。比如说节目主持人有时会脱口而出一个或几个英文词语，他往往会及时发现并予以修正，说对不起，或者补充中文译名。可见，我们不能笼统地断言这样的用法好还是不好，而必须结合具体情况加以分析。

3. 这一语言现象对内地语言的影响

目前内地汉语学界主要还停留在"字母词"的使用问题上，WTO，DVD，IT 等，对这类英文词语夹用现象还没有引起重视。但是根据我们的观察，随着中外文化多层次、多渠道的交流日益活跃，再加上受到香港强势方言的影响，内地在社会用语中，近年来"中文夹英"现象也开始增多，而且呈现出扩大化的趋势。

一是有关电子、电脑、商务通讯等科技论著和商业广告中出现比较多。在科技领域内，有相应的意译或音译名，但多使用原装英文词。这在香港和大陆同时存在，且有同样的特点。粗略统计了 2001 年 12 月

19 日《光明日报》中的《电脑网络周刊》，像 IBM 这样的字母词出现了 220 次之多，在一篇"业务和 IT 如何融合"的文章中，IT 出现了 16 次，却没有一个"信息技术"字样（It 为 information technology），再如"IE—微软浏览器"（IE 为 internet explore 缩写），常用 IE。再有一些外国公司名、软件名、术语名也多属这一类。如数学术语"De Moivre"又音译名"代莫伏、德莫弗"等，但人们还是习惯直接用成 De Moivre。此外，专业领域内，科技发展日新月异，新的术语层出不穷，而且，术语的定名又不是一件轻而易举的事，因此在来不及翻译或不易翻译的情况下，出现了大量的原装英文词，如许多化学元素名和一些计算机专业术语（Powerpoint，Java，Oracle，Frontpage 等）。可见，出现在这个领域内的"中文夹英"，还是有其必要性的。

二是报刊、广播、电视等传媒中也开始大量出现这类语言现象，例如：

（1）张艺谋曾拍过一部电影，劝人们"有话好好说"。但是，现在的时尚则是"有话不好好说"。话说前不久，在某"COM 公司"举行的新闻酒会上，那位风度翩翩的 CEO 说：我们所追求的不是"注意力"，而是 Money ⋯说到这里，他耸耸肩，然后抱歉地解释："对不起，我不知道这个词该怎么用中文来表达⋯⋯"（BBS（ytht. net）2004-07-13，"一塌糊涂"）

（2）I 服了 you，有事 call 我，给我来个 E-mail。

（3）大学里最 update（现代化、时髦）的就是上网。

三是一些特定行业场合中，例如外企是一个较为特殊的群体，其管理的特点及职员身份比较特殊，他们使用这种中文夹英实质上更多是出于一种沟通的需要，出了这个特定场合，他们会自动转换。因此并不需担心这种现象会充斥到其他行业用语中。例如下面这些实例就是出自惠普（北京）等公司某些职员之口[①]：

① 这个月我们会有一个 roadshow。（*n.* roadshow 开巡演，产品展示）

② 你的 order 进了没有？（*n.* 订单）

---

① 这些例句都是笔者的一位朋友提供的（该朋友在惠普公司工作）。

③ 你这个季度的销售的 performance 怎么样？（*n.* 进展）

④ 你是做 Sales，Marketing 还是 engineer?（*n.* 销售；市场；工程）

⑤ 我们对 customer 有没有 know－how。（*n.* 顾客；独有的东西）

⑥ 中午有一个 lunch meeting。（*n.* 午餐会议）

⑦ 和 manager 有一个 tea talk。（*n.* 经理；茶话式谈话）

⑧ 我们的产品分 high－end，middle－range 和 entry－level 几个档次。（*n.* 高级；中级；入门）

因此，从这一角度讲，对香港社区的英文夹用的研究将有助于我们对这一语言现象在内地的发展趋势作出预测和分析。

进入 21 世纪以来，我们的社会面临着飞速发展的新局面，作为国际交流通用语的英文词语进入汉语体系，或者在某个阶层、某种领域作为第二语言是必要的和必然的。王力先生认为：汉语大量地吸收外语的词汇，对汉语的本质毫无损害。语言的本质是语法构造和基本词汇，而基本词汇是具有不可渗透性的[①]。这个观点对于"中文夹英"现象仍旧适用。

有人对此一律训斥为"语言污染"，甚至于看做"英语的入侵"，要"保卫汉语的纯洁"。在改革开放不断深化的今天和明天，语言的接触和融合，几乎是不可避免的。不同语言之间的相互接触是经常的现象，我们不必担心这种现象会极度损害我们的语言，使之失去民族特点，因为这种语言的交融对不同种类的语言，能起到相互促进的积极作用。而且，汉语是一种有伟大文化背景的强势语言，具有很强的包容性，它有能力消化它们，对"借词"进行汉化，从而丰富汉语词汇的宝库。事实已经证明了这一点，一旦英文词语进入汉语的句法框架，它实际上已经"汉化"，遵循的是汉语的规则和规律。

作为一个语言学者，一个汉语学家，我们要把握好"必要、适当、规范"的基本原则。在语言政策上，媒体舆论上，应该有一个积极的正确的导向，那就是一切为了促进汉语的健康发展，为了香港居民的正常交际活动。这里的关键是要加强调查研究，分析其中的利弊得失，实事

---

① 参见：王力. 汉语史稿（修订本）. 北京：中华书局，1980.528

求是地指出哪些是好的或者比较好的，哪些存在着一些问题，或者不利于汉语的交际和发展。我们要具体分析哪些词语是高频率借词，哪些是低频率借词，哪些已经有音译词了，哪些已经有意译词了，哪些还需要进一步观察，等等。一句话，需要采取一种动态的发展的观念来看待这一状况。我们切忌笼统地说这种语言现象是对还是不对，好还是不好。在此基础上，我们可以再寻找其深层次的原因，给以合理的解释。把事实、规律以及问题交给语言的使用者，并且在语言实践过程中不断地予以完善和改进。其关键是掌握适当的"度"。

合作者：吴立红（黑龙江大学文学院）

（原载《语言文字应用》2005 年第 4 期）

参考文献

[1] 田小琳. 再论香港地区语言文字规范问题. 语言文字应用，1996（3）

[2] 杜金榜. 论香港的双语现象和双语的发展. 广州师院学报，1996（3）

[3] 王德春. 论双语社会香港的语言问题. 外国语，1996（3）

[4] 李国正. 香港语言的特点和规范. 厦门大学学报，1998（4）

[5] 谢之君. 香港接受外来语的几点启示. 语文建设，1998（7）

[6] 陈美玲. 新加坡华语中的语码夹杂现象. 语文建设，1998（10）

[7] 杨挺. 直用原文：现代汉语外来语运用中的一个新趋势. 中国语文，1999（4）

[8] 王静. 香港媒体语言中的语码夹杂现象. 常熟高专学报，2000（5）

[9] 李学铭. 香港报刊广告用语的特色. 语言文字应用，2001（2）

[10] 滕慧群. 对英文语辞在现代汉语书面语中运用情况的考察. 柳州职业技术学院学报，2003（2）

[11] ［美］佐伊基. 社会语言学演讲录. 北京：北京语言学院出版社，1989

[12] ［英］R. A. 赫德森. 社会语言学. 丁信善等译. 北京：中国社会科学出版社，1990

从北京话、上海话、香港话
看语言渐变的走势

北京话作为北部方言（北方方言）的一个代表性地点方言，香港话（以及广州话）作为南部方言（粤方言）的一个代表性地点方言，上海话作为中部方言（吴方言）的一个代表性方言，各自拥有一些明显的特点。我们设想，如果把这三个地点方言有意识地放在一起，作一些共时的比较性研究，那可能是很有意思的，也许会窥测到一些在历史的长河里所发生的变化，也许会发现一些值得我们深思的东西。

一种语言的内部各个方言之间的关系，往往表现为一个"交叉体"，即 A 方言可能分别跟 B 方言以及 C 方言都有某些共同点。B 方言也分别跟 A 方言以及 C 方言有某些共同点，当然，C 方言跟 A 方言和 B 方言也会有某些共同点。只是两个方言之间的共同点可能有大有小，不同方言之间的共同点也可能不一样。比较若干方言之间的差异和共同点，并且找出其中的某些规律，这是语言研究的一个极为重要的课题。

从地域上讲，上海正好处于中国的中间，在北京与香港之间。上海话好像是介于北京话和香港话之间的"过渡性"的方言。它的语言，包括语音、词汇以及语法，都反映出：一方面和香港方言有某些共同之处，另一方面和北京方言也有另外一些共同之处；或者表现为北京方言是一个极端，香港方言是另一个极端，而上海方言却介于两者之间，显得比较"中允"。如果把共时的汉语这三个方言点作为历时变化的三个阶段来看待，就会发现：北京话的变化最大，面貌比较"新"，香港话保留古代的东西最多，变化最少，面貌比较"旧"，而上海的变化则介于两者之间。换言之，如果把北京话和香港话都看做同一种古代母语变化的两个"极"，那么，上海话就处于这两个"极"的中间，好像是这两个"极"的桥梁。目前我们还没有能力对此展开全面的论证，但是，我们将举出一些很有说服力的实例来加以阐述。

语音、词汇和语法三个方面实际上都有所反映，但是因为语法在语言的各个要素中是变化比较缓慢的，它的自律性最强，所以我们以举语法的实例为主。

一、语法比较

1. 有的语言现象，香港话里表现比较充分、完整，上海话里却不够充分、完整，即有的可以说，有的却不可以说，而北京话里却根本不容许这样说的。例如："有"、"没有"构成的动词性正反问。

香港话里的正反问句，动词"有"的后面不但可以带上名词性的宾语，还可以带上动词或动词性短语的宾语（用"VP"来表示）。它有两种形式——"有 VP？"和"有冇 VP？"，而且可以用"有 VP"或"冇 VP"来回答。例如：

（1）问：你有参观展览会？答：有参观/冇参观。

（2）问：你冇参观展览会？答：有参观/冇参观。

北京话则根本不能用"有没有"带 VP 宾语来这样提问，如果要问，只能是：

（3）问：你参观了展览会没有？答：参观了/没有参观。

如果回答，肯定式只能用"VP 了"，而绝对不能用"有 VP"；否定式则可以用"没有 VP"，因此如果用"你有没有参观过展览会"来提问，那就属于不规范的句子。

而上海话的正反问句则有两种形式：一种跟香港话一样，用"有没有"带上 VP 宾语来提问，另外一种形式是采用"阿有 VP"来提问。例如：

（4）侬有勿有参观过展览会？

（5）侬阿有参观过展览会？

其中"勿有"相当于香港话的"冇"。但是，关键性的区别在于回答，上海话尽管可以用"有没有 VP"来提问，这一点跟香港话相同，跟北京话不同，但是回答却跟北京话一样，跟香港话反而不同，即肯定性回答不能说"有"或者"有 VP"。例如第（4）例和第（5）例的肯定性回答是"参观过勒"，但决不能回答"有参观过"。三个方言在这一点上的异同参见下表：

	提　　问	回　　答
香港话	有参观过展览会？	有参观过 冇参观过
上海话	有勿有参观过展览会？	参观过勒 唔没参观过
北京话	参观过展览会没有？	参观过了 没有参观过

2. 有的语言现象，香港话里是 A 这种形式，北京话里是另外一种 B 形式，上海话里则既有 A 形式，也有 B 形式，即两种形式并存。当然，这种"并存"也是有自己的特点的，即受到一定的条件限制。例如：双宾语句，这主要限于带有"给予"意义的句式。从理论上讲，它可能出现的句子格式有两种，或者从宾语的位置角度来讲有两个次序（句子标为 S，近宾语，也叫间接宾语，标为 O1；远宾语，也叫直接宾语，标为 O2）：

S1：V＋O1＋O2

S2：V＋O2＋O1

北京话只能是 S1，而决不能是 S2。例如：

（6）他送我一本小说。（S1）

（7）李先生还他一笔钱。（S1）

（8）＊他送一本小说我。（S2）

（9）＊李先生还一笔钱他。（S2）

香港话一般只能是 S2，当然由于受普通话的影响，S1 有的人有时候也说，但是明显不是香港话本身所固有的。例如：

（10）佢送一本小说我。（S2）

（11）李先生还一笔钱佢。（S2）

（12）＊佢送我一本小说。（S1）

（13）＊李先生佢还一笔钱。（S1）

而上海话则两种句式 S1 或 S2 都完全可以说。例如：

（14）伊送我一本小说。（S1）

（15）伊送一本小说我。（S2）

（16）李先生还伊一笔钞票。（S1）

（17）李先生还一笔钞票伊。（S2）

但是，这里要注意两点：

第一，上海话 S2 里的宾语只限于人称代词，如果是名词宾语，那么只能用 S1 的格式。例如：

（18）＊伊送一本小说张先生。

（19）＊李先生还一笔钞票张先生。

第二，为了解决上面这个问题，上海话采用的方法是在间接宾语的前面再用一个介词"拨"，从而形成这么一种句式：

S3：V＋O2＋拨＋O1

例如：

（20）伊送一本小说拨张先生。

（21）李先生还一笔钞票拨张先生。

这类句式类似于北京话的"V＋O2＋给＋O1"句式和香港话的"V＋O2＋过＋O1"句式。

3. 有的语言现象，北京话是一种说法，香港话还有另外一种说法，而上海话不但可以同时有这两种说法，甚至还有第三种说法。例如：带"不"的可能补语（标为 C）否定式中，宾语（标为 O）的位置有所不同。

北京话里的补语 C 总是出现在宾语 O 的前面，而决不可以出现在 O 的后面，即：

S1：V＋不＋C＋O

例如：

（22）搬不动他。（S1）

（23）找不到他。（S1）

香港话除了 S2，补语 C 还可以出现在宾语 O 和否定词的后面，即 S2 有的说法：

S2：V＋O＋不＋C

例如：

（24）搬佢唔郁。（S2）

（25）揾佢唔到。（S2）

而上海话两种说法都可以。例如：

（26）搬勿动伊。（S1）

（27）搬伊勿动。（S2）

（28）寻勿着伊。（S1）

（29）寻伊勿着。（S2）

在吴方言的某些地点方言，例如宁波话中还有这样的格式：

S3：V＋不＋O＋C

例如：

（30）搬勿其动。

（31）寻勿其着。

由于上海话主要受到江浙两地方言的影响，特别是宁波话和苏州话的影响，因此，上海有部分人也会采用这第三种格式。

4. 有的语言现象，香港话具有 A 和 B 两种，北京话具有 A 和 C 两种，即既有相同的 A，也有不同的 B 和 C，而上海话却同时具有 A，B 和 C。例如：

某种比较复杂的"兼语式"，从理论上讲，可以有三种类型：

S1：V1＋O1＋V2＋O2

S2：V1＋O1＋O2＋V2

S3：V1＋O2＋O1＋V2

北京话只有 S1 和 S2 两种类型，没有 S3 类型。例如：

（32）给他吃糖。（S1）

（33）给他糖吃。（S2）

（34）＊给糖他吃。（S3）

香港话只有 S1 和 S3 两种类型，没有 S2 类型。例如：

（35）卑佢食糖。（S1）

（36）＊卑佢糖食。（S2）

（37）卑糖佢食。（S3）

上海话则具有 S1、S2、S3 三种类型。例如：

（38）拨伊吃糖。（S1）

（39）拨伊糖吃。（S2）

（40）拨糖伊吃。（S3）

5. 副词的位置，例如"先"，在北京话里原则上都要出现在动词性结构的前面，只有少数程度副词，比如"很"、"极"可以出现在形容词结构的后面（如果是"很"，必须带补语标志"得"）。例如：

（41）你先走。

（42）＊你走先。

（43）我先去工地。

（44）＊我去工地先。

而香港话里某些副词状语（主要是"先"）则原则上要求后置，不能出现在动词结构的前面。例如：

（45）你行先。

（46）我哋去地盘先。

而上海话里某些副词状语的既可以出现在动词性结构的前面，也可以出现在它的后面，而且以后一种说法更为普遍。例如：

（47）广州快到勒。

（48）广州到快勒。

（49）饭快好勒。

（50）饭好快勒。

二、语音比较

以上所举的都是语法方面的实例，其实，不仅语法如此，在语音方面同样反映出这样的一个发展趋势。

1. 关于"ＪＱＸ"。

北京话里有一套"ＪＱＸ"的声母，它们实际上有两个来源：部分是由古代的"见"、"溪"、"群"、"晓"、"匣"演变来的，部分是从古代的"精"、"清"、"从"、"心"、"邪"演变来的，现在实际上"尖团不分"了。

北京话里的团音字凡是读成"ＪＱＸ"的，上海话里有的已经变化了，也读成"ＪＱＸ"（第一组），而有的却没有变化，仍然读为"ＧＫＨ"（第二组）。例如：

第一组：

（Ｊ）脚　叫　交　教　较（jiao）　举（ju）　家　佳（jia）
　　　揭　杰（jie）　僵　疆（jiang）

（Ｑ）求　球（qiu）　倾（qing）　窃（qie）
　　　牵　欠（qian）　恰　洽（qia）

（Ｘ）血　靴　穴（xue）　显　献　险（xian）

第二组：

（Ｇ）角　觉（jiao）　街　解　界　届　戒（jie）　讲　江（jiang）
　　　家　加　假　价　夹　架　嘉　驾　嫁　枷　贾（jia）　柜（ju）

（Ｋ）嵌（qian）　卡　掐（qia）　敲（qiao）

（Ｈ）虾　瞎（xia）

但是在香港话的声母系统里，却没有"ＪＱＸ"这套声母，仍然分别读成"ＧＫＨ"和"ＺＣＳ"。换言之，北京话从古声母"见"、"溪"、"群"、"晓"、"匣"变来念成"ＪＱＸ"的字，在上海话里部分变了，也这样念，而部分则仍然保留古音，念成"ＧＫＨ"，香港话则一律没有变化。

2. 北京话的声调趋于简化，一共只有四个：阴平、阳平、上声、去声。古代的入声已经消失，分别归入平、上、去三声，这在音韵学上叫做"入派三声"。而上海话和香港话还保留着入声，只是上海话的入声也已经简化，它只有两个调子：

阴入（55）：雀 削 说 踢 笔（清声母）

阳入（21）：嚼 石 读 食 合（浊声母）

而且，入声字韵母的结尾也简化，不管韵腹是什么，韵尾一律都是一个喉塞音 [ʔ]。

香港话的入声就要复杂得多了，一是声调有三个：

上阴入（55）：福

中阴入（33;）：阔

阳　入（22/22;）：木、没

二是它的韵母的结尾有三种：[—p] [—t] [—k]。

就入声来讲，北京话已经完全消失，而上海话和香港话都还保留着，这是相同的一面，不同的一面是香港话的入声比较完整地保留了下来，而上海话的入声则只保留了一部分。显然，在入声方面，上海也处于过渡地带。

3. 北京话的鼻辅音韵尾只有两个——N 和 NG，并形成对立：

an～ang　　en～eng　　in～ing

上海话的鼻辅音韵尾虽然也有两个——n 和 ng，但是，只有 an～ang 形成对立，而 en～eng、in～ing 却不形成对立。因此，在上海方言里，"根"和"更"、"因"和"应"的读音是没有什么区别的，即不分前后鼻辅音。

香港话的辅音韵尾则有三个——～m、～n、～ng（跟入声韵尾～p、～t、～k 相对），比起北京话和上海话来，多了一个韵尾～m。例如"三"、"婶"、"咸"、"甜"、"点"、"心"这几个字，香港话都是以 m 做韵尾的，北京话都是以 n 做韵尾的，而上海话则只有"婶"和"心"是以 n 做韵尾，其余四个都没有鼻辅音韵尾。

三、词汇比较

1. 北京话里的前缀主要是"老"，至于"阿"则比较少用，只有"阿姨"等个别的，至于像"阿姐"、"阿妹"、"阿哥"、"阿弟"等少数亲属称呼，看来是受到南方方言影响的结果。上海话里用"阿"比较多，而香港话则更多。下面是上海和香港两地共同使用的一些带前缀"阿"的词语：

阿爷　　阿爸　　阿姑　　阿哥　　阿姐

阿公　　阿婆　　阿舅　　阿叔　　阿嫂

此外，还可以在人的一般称呼上使用"阿"。这主要有三种情况：

（1）在单音节的姓氏前面加（如果是复姓，一般不能这么使用）：

阿王　　阿陈　　阿林　　阿潘

（2）在单名前面，或者双名的某一个字（通常是最后一个字）的前面加上：

阿龙　　阿春　　阿敏　　阿牛

（3）在排行的数字前面加（通常不超过"九"）：

阿三　　阿四　　阿六　　阿九

不过，上海话还可以说"阿二头"、"阿三头"，即"阿×"再加后缀"头"。

但是，香港话用"阿"的概率要大于上海话，而且有上海话所没有的特点。上海话在姓氏前面用"老"或"小"则更多，而用"阿"比较少，特别近若干年来年轻人用得更少，这可能是受到普通话的影响。而香港话里则非常普遍，有趣的实例是"阿 Sir"，甚至加在英文词语的前面。

2. 某些词语构词法的语素序列，北京话如果为 AB，那么，香港话是 BA，而上海话则既可以说 AB，也可以说 BA，即同时具有北京话和香港话的特点。例如：

北京话	上海话	香港话
客人	客人 人客	人客
干菜	干菜 菜干	菜干
头衔	头衔 衔头	头衔
要紧	要紧 紧要	紧要

3. 上海话的词汇跟北京话固然有许多相同的地方，然而跟香港话的词汇也有许多惊人的相近之处，而且这些恰恰又是跟北京话很不相同的。相比之下，香港话的词汇跟北京话的相同点就要少得多。例如：

		北京话	上海话	香港话
名　词		学校	学堂	学堂
		洋葱	洋葱头	洋葱头
		去年	旧年	旧年
		秃头	光头	光头
		角落	角落头	角落头
		爷爷	阿爷	阿爷
		后天	后日	后日
		时候	时辰	时辰
		胡子	胡子/胡须	胡须
		院子	天井	天井
		锅铲	镬铲	镬铲
		脸皮	面皮	面皮
		脸盆	面盆	面盆
		西红柿	番茄	番茄
		爆竹	炮仗	炮仗
		花生油	生油	生油
		长袍	长衫	长衫
		红糖	黄糖	黄糖
动　词		（水）开	滚	滚
		下（雨、车）	落	落
		长（虫子、瘤）	生	生
		亏本	蚀本	蚀本
形容词		年轻	后生	后生
		高兴	开心	开心
		心疼	肉痛	肉痛
		傻	戆	戆
		肮脏	邋遢	邋遢
		游荡	浪荡	浪荡
		时髦	时兴	时兴
		过分	过头	过头
副　词		刚才	先头	先头
		非常	交关	交关

4. 关于后缀。北京话主要有三个："子"、"儿"、"头"。上海话没有后缀"儿"，而"头"和"子"则比较发达。香港话跟上海话一样，没有后缀"儿"，虽然有"子"和"头"，但是，明显的特点是，相当一部分词语，在北京话里和上海话里是带着后缀的，而在香港话里则往往只是一个单音节词，双音节化是现代汉语词汇发展的一个非常重要的一个特点，这也从一个侧面反映了香港话词汇在双音节化方面的变化比较小。例如：

北京话	上海话	香港话	北京话	上海话	香港话
牌儿/子	牌子	牌	盒儿/子	盒子	盒
本儿/子	本子	本	棍儿/子	棍子	棍
碟儿/子	碟子	碟	辫儿/子	辫子	辫
盖儿/子	盖头	盖	罐儿/子	罐头	罐
盘儿/子	盘子	盘	篮儿/子	篮头	篮
杯子	杯子	杯	帽子	帽子	帽
椅子	椅子	椅	袜子	袜子	袜
鼻子	鼻头	鼻	被子	被头	被
斧子	斧头	斧	裤子	裤子	裤

5. 上海和香港还有一些相同的特殊词语。例如：

夯巴榔（全都是）　野野糊（一塌糊涂）

还有一个有趣的例子也很能说明问题：

北京话　　　　　　上海话　　　　　　香港话

熨斗熨（衣服）　　熨斗烫（衣服）　　烫斗烫（衣服）

熨衣服的器具，上海和北京一样，都叫"熨斗"，而香港则叫"烫斗"；可是熨衣服的动作，上海又跟香港的一样都叫"烫"。名词和动词，北京话都用"熨"，香港话都用"烫"，而上海话则一熨一烫，恰好居中。

根据以上有关语法、语音、词汇的多方面的比较分析，我们也许可以这样认为：

在上古汉语向现代汉语发展的历史进程中，不同方言由于人文、经济、地理、历史的条件不同，发展、变化的速度也是有区别的，以黄河流域为核心的北方方言变化最为迅速，而处于边缘的各地区方言就有可能出现速度不一，变化有快有慢的情况，这种不平衡经历了几百年，甚至上千年，到现在，就会看得更加明显。而各方言之间，特别是地域或文化相近的方言更容易相互影响，并且采取"相互渗透"和"相互交融"的方式逐步自我丰富起来。吴方言所处的地域相对地说比较早就受到北方方言的影响，因而变化也就比较明显；而粤方言所处的地域相对要比吴方言僻远得多，跟其他各方言的碰撞就要少得多，因而相对地说，所受到的影响也要迟得多，变化也就小得多。因此，在汉语变化的"跑道"上，各个方言的进程是很不相同的。从语言演变的历史来看，相比之下，北京话发展得最快，变化也最大，上海话次之，香港话（包括广州话）最慢，变化最小。同时，因为这几个方言的来源出于相同的母语，所以又可以找出不少共同之处。说香港话变化比较慢，这是就其整体来说的，大量的语言事实一再证明了这一点，比如香港话中的动词就有比较多而且明显的古代汉语的遗留痕迹。例如：

　　行（走）路　走（跑）路　饮（喝）茶
　　睇（看）书　食（吃）饭　企（立）位

当然，近百年来，尤其是近几十年来，珠江三角洲，特别是香港，由于它的特殊位置，受到东西方文化的冲击，变化的速度是惊人的，这也是有目共睹的，但是在历史的长河中，这毕竟还是很短暂的。这样，我们就可以看到语言内部各方言变化的一个渐变趋势，离"核心"越远，变化就越小；离核心越近，变化就越大。地理位置在一定程度上折射出历史的进程。

　　合作者：鲍茂振（香港普通话教师）
　　　　　　　　（原载《香港语文建设通讯》1997年总第53期）

参考文献

[1] 许宝华，汤珍珠主编. 上海市区方言志. 上海：上海教育出版社，1991
[2] 钱乃荣. 当代吴语研究. 上海：上海教育出版社，1995
[3] 高华年. 广州方言研究. 香港：商务印书馆，1980

关于"赤鱲角"的
"鱲"的音、形、义

赤鱲角,本来只是香港成百上千个小海岛中默默无名的一个,现在因为香港国际机场就建造在这个小岛上,所以几乎一夜之间就名扬四海了。但是,这也给语言文字工作者、新闻工作者带来了一些困难。"赤鱲角"的"鱲"到底应该怎么读?怎么写?

一、读音问题。听说现在内地、台湾、香港以及新加坡的电视台、广播电台关于这个字的读音就很混乱。最近我担任了一套香港中小学普通话教材的编审工作,中学的一篇课文就正巧是"香港国际机场",也碰到了这个问题:怎么给"赤鱲角"的"鱲"标音。

查最有权威的《现代汉语词典》(商务印书馆)以及《辞海》、《辞源》、《汉语大词典》、《现代汉语规范字典》以及《中文大字典》、《名扬百科大辞典》,都只标一个读音:liè(去声),看来应该读 liè 无疑了,但是《汉语大字典》(四川辞书出版社、湖北辞书出版社)却还标了另一个读音:là(去声)。

现在出现了两种意见:第一种意见是标 liè,理由是普通话只有这个音,如果标了 là(香港人读 lap),就是方言读音。第二种意见是标 là,理由自然是因为香港人都这样读啦,而且字典也证明古代确有这么一个读音。

标音,不仅仅是个语音问题,实际上跟语义也有着密切的关系。我们来看看各家字典、词典的解释:

《现代汉语词典》:liè 鱼,体长四寸左右,侧扁,背部灰暗,两侧

银白色，雄鱼带红色，有黑色斑纹，生殖季节色彩鲜艳。生活在淡水中。也叫桃花鱼。（798 页）

《汉语大词典》：liè 鱲鱼，亦名桃花鱼。鲤科。体长四寸左右……生活于溪流中。（1269 页）

请注意，读做 liè 的鱼，又叫桃花鱼，而且重要的是"生活在淡水中"，"生活于溪流中"。可见，处于大海中间的"赤鱲角"的"鱲"应该跟又叫桃花鱼的"鱲鱼"无关。

《汉语大字典》指出读做 là 的"鱲"，语义指"腌鱼"，也就是一般所说的"咸干鱼"。材料引用的是《字汇·鱼部》：落合切，鱲，淹鱼。（4720 页）

我觉得，地名的读音确定，原则上应该"从俗"，也就是以跟从当地人的念法为主，或起码跟当地人的读音相接近。否则的话，尽管你们专家定了那个读音，当地人还是不买你们的账，照旧读这个音，双方指的虽然是同一个地方，听起来却好像是两个地方似的。事实上内地好多地方的读音也都采取了"从俗"的处理方法。比如：江苏"六合"、安徽"六安"的"六"，就不读 liù，而跟当地人一样读 lù。还有广东"番禺"的"番"也不念 fān，而读 pán。推而广之，现在香港"赤鱲角"的"鱲"似乎也应该跟当地人的念法接近，读作 là，这样普通话的电视和广播节目提到"赤鱲角"时，香港人才不至于"不知所云"。

二、字形问题。这也是个麻烦。如果只是手写，那只是笔画多一些的麻烦，还勉强可以忍受。现在是信息时代，搞语言文字工作的，有几个不用电脑的？电脑的通用字表里却没有这个字形，也就是说这是个生僻字，出现的频率极低。本来电脑里没有这个字无所谓，可是现在"赤鱲角"频频曝光，这个"鱲"字也就成了常用字。如何解决？可以有两个办法：

第一，用一个同音字替代，比如用"腊"，它的语义表示"冬天（多在腊月）腌制后风干或熏干的（鱼、肉、鸡、鸭等）"（《现代汉语词典》745 页）。这跟"鱲（là）"的语义"腌鱼"也是相近的，而且两个字繁体字的字形也比较接近。但是，问题是"鱲"的语义是否真的是"腌鱼"？

　　第二，我们发现有一种"喇（là）鱼"，根据《汉语大字典》解释，"身体侧扁，灰白色，有黑色纵条纹，口小，生活在热带和亚热带近海中，我国南部海域均产"（4700 页）。《古今汉语字典》也指出这种喇鱼"生活在近海，可鲜食，多制成咸干品"（387 页）。这个"喇"字读音跟"躐"相同，而且语义比较接近。但是问题是这个"喇"也是个生僻字，电脑通用字表里同样没有。

　　两种办法相比较，我们比较倾向于第一种办法，即用读音相同的常用字"腊"来替代生僻字"躐"。不知大家以为如何？

　　"赤躐角"的"躐"的麻烦，是地名引起的，这不能不使我们联想起人名问题。有些人总是想表现自己很有学问，在给子女或别人的孩子起名字的时候，常常偏爱用一些生僻字。以前问题还不算太大，最多别人不叫你，不写你的名字就是了。可是现在处处使用电脑，你要是真的用了个生僻字（电脑软件里没有的字），那你的麻烦可以说是无穷无尽了。据说朱镕基总理这个"镕"字，因为从"金"字旁，电脑就得专门收这个生僻字。你说有多麻烦！因此，我认为，政府应该明文规定，今后凡是起名字所使用的字，必须在常用字表里的，否则有关单位（譬如内地的派出所、香港的人民出入境事务处）可以不予受理。其实，日本、韩国对起名字早就有了一个规范字表，我们为什么到现在还不学学人家行之有效的经验呢？

（原载《香港语文建设通讯》1998 年 3 月）

香港语文评述五则

一、寓教于乐 其乐无穷

我一直认为，要真正使学生学得主动、有效，首先就要让学生对所学的东西发生浓厚的兴趣。古人说"寓教于乐"，揭示的正是这个浅显而深刻的道理。这不仅适用于中小学生，而且同样适用于大学生以及成人的教育。

从今年下半年的新学期开始，香港城市大学学生事务处学生发展组举办了"话说中国文化"的课外活动。每周举行一次，已经先后开展过"今夜月明人尽望"、"文化宝藏知多少"、"每逢佳节倍思亲"、"何谓才子佳人"、"浅谈孔子名言"等内涵丰富而形式生动活泼的活动。他们提倡"轻轻松松齐来练习普通话"，追求"天南海北，扩展视野"，希望"寻根溯源，情系五千年文化"。每次活动都有一位"主持人"掌握，还邀请一位"嘉宾"引导。这确实是一个很有创造性的活动方式。

我最近应邀参加了他们组织的"请问高姓大名"活动，来了各系不少学生，由于无拘无束，话题又是大家比较感兴趣的，所以发言十分热烈。参加活动的人，包括老师和学生，每个人都把自己的姓名写在一张纸条上，粘贴在胸口，人人都先作自我介绍，不但说明了自己"姓"的意思，还解释为什么当时会起这个"名"，从中，我们听到不少动人的小故事。要特别指出的是，这些学生的普通话虽然说得不太标准，但是没有一个人是不用普通话来说的，这种勇气很让人感动。大家谈天说地，论古道今，引经据典，又联系自己，不知不觉一个小时就溜过去了。

事后，学生们普遍反映：这样的活动是很受欢迎的，因为：第一，练习了用普通话来自由交谈，平时很难得有这样的机会；第二，增加了有关中国文化的知识，不少是书本上看不到的；第三，认识了一些新朋友，促进了友谊，培养了感情。

我以为，香港城市大学的这一活动方式，有一定的推广价值，一些有条件的大学乃至于中学，都可以定期或不定期地举办这一类的活动。让我们的学生学得更轻松一些，学得更有趣一些，学得更主动一些。

（原载香港《大公报》1996 年 11 月 7 日）

二、从港督施政报告的语病说起

港督今年的"施政报告"一发表，在社会上就引起了争议。报告的是非得失自有他人评说。我只想从一个语言学家的角度，来说说这份报告在语言上的毛病。

港督，作为一个英国人，他所撰写的报告原稿肯定是英语无疑。据说，有好几位精通英文和中文的专家把它翻成了中文稿，但是，令人遗憾的是，这份中文稿的语病确实不少。略举几例如下：

〔原稿〕与以往相比，我会从比较个人的角度发表我的看法……（第 1 节）

【点评】"个人"不是一个形容词，因此不能受副词"比较"的修饰，宜该为："会比较多地从个人的角度出发发表我的看法……"

〔原稿〕亏得有些人还说，民主发展会使香港变得难以管治。（第 7 节）

【点评】"亏得"往往用于因果关系的复句中，意思是"正因为……，才得以免除……"而文章的意思恰恰相反，要表达的是一种转折关系，宜改为"然而有些人却还说……"

〔原稿〕而且富专业精神。（第 72 节）

【点评】"富"是个形容词，在汉语中它有时候也能带宾语，但是，那是表示"使动"的意思，例如"富了别人穷了自己"，这里要改用另一个动词"富有"。

［原稿］同时鼓励经济上负担得来的市民自置居所。（第 86 节）

【点评】"负担得来"是个方言说法，正确的说法应该是"负担得起"。

［原稿］因为事实上有关的争议已经按照程序，正正在这会议厅里解决了。（第 51 节）

【点评】"正"用在动词性结构之前是个副词，表示动作正在进行之中，这跟表示动作已经完成的"了"是不相容的，而且汉语中也没有"正正"这种重叠的用法，因此可以把"正正"删除。从上下文来揣摩，估计可能是"恰恰是"的意思。

此外，也还有一些词汇上的问题，不再一一列举。港府最高首脑的最重要的文件，居然还会出现这么多语言上的毛病，从一个侧面反映出目前香港书面中文用语确实存在着不少的问题，包括外语语法的杂糅、方言的渗透以及文言文的遗留等等，在中文写作的语言使用方面是严重地不纯，已经到了惨不忍睹，非改不可的地步了。

在积极提倡学习普通话的同时，我们千万别忽视了书面语的规范化。我希望这篇小小的文章，能提醒大家一起来注意这个大大的问题。

（原载香港《大公报》1996 年 11 月 9 日）

三、动力与希望

无论学习什么东西，都必须有动力。动力越足，学习的效果就会越明显。

香港人学习普通话，这几年，可以说是一年比一年热，究其原因，正是因为有了"'97 回归祖国"这个最根本的动力。

从今年起，香港城市大学把普通话列为一年级新生的必修课，这是很有远见的一招，得到了学生的普遍欢迎。据说有的学生一开学就已经在本校语言中心开办的普通话班报名了，一听说学校特地为他们开设了普通话的必修课，更是喜出望外。

日前，我布置了班上的学生写一篇小作文，题目是"我与普通话"，目的一方面是了解一下学生们对学习普通话的认识，另一方面也了解一下学生们运用汉语写作的水平。结果，没料到这一篇篇作文让我深受感动，让我看到了一颗颗真挚而热诚的心。

有的学生说："我认为，身为中国人连本国的语言也学不好是一种耻辱……身为中国人，有责任亦有义务学好并认识自己国家的文化和语言，就好像我们孝顺父母，并非要得到零用钱，而是他们是我们父母这样简单而唯一的原因。"这是一种多么纯朴的感情啊！

有的学生讲述了自己的亲身经历："记得在三年前的一次远足活动中，我们一行人在山路途中遇见一班外国人，他们用流利的普通话向我们问路，而我们则用英语回答他们，此时他们其中一个就问我道：'你懂不懂普通话呀？'我便试图用普通话回答他：'我识少少。'他马上就纠正我说："不是'识少少'，而是'懂一点点'！当时我真的感到非常难为情。"这名学生现在学习真的非常努力。

更为有意思的是有一个从内地搬迁来香港的学生的"反思"："当时我还是在读初中，我独自经过荃湾地铁站的时候，有一位讲国语的先生向我问路，不知怎的，我总是以广东话答他，明明是可以用普通话答他的，可是总说不出口。现在想起来都觉得自己可笑。"这发自肺腑的话语，多么值得人们深思啊！

由于篇幅所限，我只能摘录几段，但是已经不难看出，这些学生学习普通话的动力是多么的充沛。在这些大学生的身上，我看到了希望，看到了普通话将在香港三五年内遍地开花，将在十年中基本普及，将在三十年里真正成为香港社会口头或书面交际的主要工具之一。

我们推广普通话的希望就在这些可爱的年轻人身上，在现在或即将就读的小学生、中学生，以及大学生身上。

（原载香港《大公报》1996 年 11 月 16 日）

四、"未雨"理应"绸缪"

你可能听说过邮迷为了买一套珍贵的新邮票去通宵排队，也可能听说过球迷为了获得一张精彩的足球比赛入场券而通宵排队，可是，你听说过大学生为了报名学习普通话而通宵排队吗？近日香港中文大学就出现了这样的"新闻"。中文大学学生为了确保自己能够选修到普通话课程，在报名的前一天下午 3 点钟左右，就开始排起了长龙，据说在习习秋风中熬过长夜的学生超过 200 人，报名时，办公室的门口是人山人海，热闹非凡。可是，结果只有 999 个学生获得了选修的资格，而报名的人数竟然有 4000 个左右，这就意味着有 3000 左右的学生无法实现自己的愿望，也无法在明年 7 月 1 日之前用比较地道的普通话来迎接香港回归这一具有历史意义的重大时刻。对此，中文大学的教师无不为之惊讶而感慨。

据说，中文大学负责全校普通话教学的教育学院，也非常希望多开出一些班来满足大学生们的要求，但是，普通话的师资却严重不足，所以"爱莫能助"，只能"忍痛割爱"。

这一个"新闻"，让人又是高兴，又是担心。高兴的是，新一代的大学生，完全理解自己身上的责任，理解时代发展的需要，理解香港社会所面临的机遇，对学习普通话有一种极其强烈的认同感和紧迫感，所以，会出现这样动人的场面。担心的是，我们有关的教育机构的认识还比较落后，反应还比较迟钝，对大学生，乃至社会各界人士学习普通话以及提高汉语写作水平的迫切需求估计不足。

我认为，大学生学习普通话的要求，应该尽可能地予以满足，有关部门应该积极地动脑筋，想办法，广开"师源"。按道理说，香港所有的大学在现阶段都应该把普通话列为必修课，以保证新入学的大学生在掌握自己祖国语言这一重大问题上不再需要日后补课，这无论对香港社会的发展还是对学生自己的前途都具有重要的意义。

为了达到这一个目标，我们从现在起，就应该特别重视普通话师资的培养工作，抓好一个教师，就能带出一大批合格的学生，有关的机构"未雨"就应该"绸缪"，何况，现在"春雨"已经开始下起来了。

其实，不仅大学如此，香港的中小学从 1998 年开始将全面推广普通话的教学，可是到哪里去找这么多合格的教师呢？从大陆引进或借用，那都是不现实的，唯一明智的切实可行的办法，就是自己动手来培养。对这一工作，我们必须有一种超前意识，从现在起就开始抓紧这一项工作，否则，到了 1998 年，就会到处出现像今天中文大学学生通宵排队报名的情况了。

我们殷切地希望，让每一个愿意学习普通话的学生都有可能进入课堂，让更多有志于普通话教学工作的人士来投身于这一事业。

（原载香港《大公报》1996 年 12 月 5 日）

五、回归前夕说"语言的回归"

香港回归的脚步声是越来越逼近了，越来越清晰了，你可以听到她正在向你大踏步地走来。

香港回归，一国两制，这是一个原则性与灵活性相结合的英明决策，它既照顾了历史，又着眼于未来，既体现了主权的尊严，又顺应了世界的潮流，为世界范围内解决各种争端提供了一个杰出的范例。

长期以来，在香港，在正式场合，英语是主流语言，中文（汉语）一直处于受歧视受排挤的地位，现在，香港要回归了，语言同样也面临着一个"回归"的问题，也有一个如何体现"一国两制"的问题。

首先是语言必须回归，这就意味着，今后在香港，中文（汉语）将作为主流语言而替代原先的英语的地位。这一点，在《基本法》里已经用法律的条文记载下来了。

其次是要考虑到香港语言使用的实际需要，考虑到英语在国际事务中的重要而不可替代的地位，因此，英语的水平不但不能降低，而且应该努力提高。

第三，对中文（汉语）来讲，还要处理好"普通话"和"粤方言"的关系。因为香港作为祖国大家庭里的一员，今后跟内地打交道的机会必然会与日俱增，不会说也不会听普通话，将会给今后的交流带来很大的困难。

这一阵子，关于"母语教学"，大家讨论得挺起劲的。我想，内地有些方言区的经验和教训还是有一定借鉴意义的。

内地的大城市，跟香港最相近的，不是北京，也不是广州，而是上海。这两个大城市都靠江临海，都是国际性的贸易中心、金融中心、航运中心，甚至都处于方言区，只不过一个说的是吴方言，一个说的是粤方言。记得 50 年代，我还在上海读小学、中学时，老师在课堂上讲的都还是上海话，不过，语文课老师已经开始带头说带有浓厚上海方言腔的普通话了。经过 40 多年的努力，现在上海的情况已经发生了巨大的变化，四五十岁的中年人以下，都能说一些普通话，至于听，那是绝对没问题的。大学里，尤其在一些面向全国招生的重点大学，普通话早已成为主要的教学语言。如果说，上海有什么经验教训的话，主要靠两条：一是从小学生、中学生抓起；二是依靠传媒的作用在社会上普及。

我以为，语言问题，是相当复杂的，切忌搞"一刀切"，要考虑到不同层次、不同身份、不同对象、不同需求，分别予以解决。

一是教学对象方面，重点抓小学生和中学生，用 10 年到 20 年的时间，在小学、中学积极而有序地推广普通话，使现在年轻一代将来不再受语言问题的困扰，至于现在的成年人，包括大学生，主要是根据个人的不同需要，进行"强化教学"，以应付工作和学习的实际需要。

二是教学语言方面，重点要抓中国语文的课程建设，语文教师要起带头作用，要优先尝试使用普通话进行教学，其他科目可以根据各自的情况，或用粤方言，或用英语，进行合理的搭配，不必要也不可能全面地推行普通话的教学；当然我们也不赞同把"母语教学"狭隘地仅仅理解为只用粤方言来教学。所谓"母语"，指的是汉语，应该包括普通话和各地的方言。

我想，一地（香港）两语（汉语、英语）三言（普通话、粤方言、英语），这可能更能体现出香港在语言方面的优势。语言的回归，同样也能体现"一国两制"。

（原载香港《大公报》1997 年 6 月 21 日）

第二部分
词汇与话语

词典编写和 ABB 式形容词的处理

封闭性词中的 ABB 式形容词，在口语和书面语中经常被使用，在词典中也得到了反映。不过词典怎样处理这一类形容词，似乎还是一个不大为人注意的问题。本文打算就现有词典怎样收列 ABB 式形容词和给予怎样的释义的问题作一些分析。

一、收词的标准与体例

一部词典是否具有严密的整体性，首先表现在收词上。一般条件下，在收词时不仅要进行纵的考虑，即每个单字条目下面该列哪些词条，而且要作横的比较，即分散在各个单字条目下面的各类词是否有统一的取舍标准。如果这一认识是正确的，那么，我们可以对一部词典，例如对《现代汉语词典》收列 ABB 式形容词的情况作些考察。《现代汉语词典》收 ABB 式形容词共 142 条，如果同《现代汉语八百词·附录〈形容词生动形式表·表二〉》和我另外收集的一些有关材料比较，就能大概地了解《现代汉语词典》ABB 式形容词类中收列这类词的比重。举例如下表：

～BB	所收条目				未收条目			
～滋滋	乐～	喜～			苦～	美～	甜～	
～溜溜	滴～	光～	灰～	尖～	滑～	细～	软～	圆～
	酸～	乌～	稀～	直～	贼～			

A～	所收条目	未收条目
油～	～汪汪	～光光　　～乎乎　　～花花
		～渍渍　　～卤卤
白～	～皑皑　　～花花　　～晃晃	～乎乎　　～净净　　～蒙蒙
	～茫茫	～嫩嫩　　～茸茸　　～煞煞
		～森森
		～生生

有的单字条目下本来有其带出的 ABB 式形容词,《现代汉语词典》也未收。例如:

雾:～蒙蒙　　～腾腾　　～茫茫
圆:～滚滚　　～乎乎　　～溜溜　　～鼓鼓

我并不认为所有的 ABB 式形容词都要单列一个条目,而是应该根据它的内部结构以及与其他相应变式之间的关系来分别处理的。

ABB 式形容词内部结构方式大致有以下四种:

1. A+BB→ABB　在这种形式中,AB,BA,AABB 都不能成词。A 为单音节语素,绝大部分可以单独成词。A_1 为谓词,主要是形容词,如“冷、乐、紧、硬”等;少数为动词,如“喘、醉、哭、笑”等。A_2 为名词,如“眼、水、雾、烟”等。BB 为重叠式语素。$(BB)_1$ 可以单独成词,如“重重、纷纷、蒙蒙、沉沉”等;$(BB)_2$ 则只是一个构词成分,如“(胖)墩墩、(黑)洞洞、(冷)丝丝、(白)晃晃”等。

2. AB→ABB　AB 成词,是双音节形容词,重叠第二音节便构成 ABB 式。它内部又可分三个小类型:

（1）$(AB)_1$→ABB:$(AB)_1$ 可以有 AABB 的重叠变式。这类 AB 有“暗淡、干净、甜蜜、孤单”等。

（2）$(AB)_2$→ABB:$(AB)_2$ 可以有 ABAB 的重叠变式。这类 AB 有“滴溜、滚烫、火辣、雪亮”等。

（3）$(AB)_3$→ABB:$(AB)_3$ 既没有 AABB,也没有 ABAB 的重叠变式。这类 AB 有“惨淡、赤裸、胆怯、红艳”等。

3. BA→ABB　BA 成词,是双音节形容词,语素倒置后重叠第二音节构成 ABB 式,可以有 BABA 重叠变式。这类 BA 有“冰冷、晶亮、喷香、漆黑"等。

4. AABB⇌ABB　AB，BA 都不成词，只有 AABB 与 ABB 为互换式。这类 AABB 有"急急匆匆、密密麻麻、羞羞答答、大大咧咧"等。

以上第一类 ABB 中不论 A 同 BB 不同，还是 BB 同 A 不同，都引起词义上的变化。因此，这类 ABB 词原则上都应在相应的单字条目下面单列一词条。

第二类 ABB 中 AB 成词，扩展为 ABB 后，基本词义没有什么变化，这类 ABB 不必单列词条，但在相应的 AB 形容词之后应列出它的变式 ABB（如还有 AABB 或 ABAB 变式，也可同列）。

第三类 BA 和它变式 ABB 的基本词义也相同，所以可以仿照第二类，在 BA 词条后附列上 ABB 以及 BABA 变式。但由于 BA 的变式属于前重叠倒置扩展式，是以 A 打头的，因此在 A 单字条下应同时单列一条。

第四类情况比较特殊。ABB 和 AABB 是互换式，它们的词义甚至语法作用都基本相同，因此，既可以 ABB 为词条，后列变式 AABB，也可以反过来处理，只要整部词典前后一致便行。

《现代汉语词典》对此的处理出现四种不同方式：

（1）只列 AABB 条目，不列 ABB 变式。如"病病歪歪、大大咧咧、密密麻麻、鼓鼓囊囊"。

（2）只列 ABB 条目，不列 AABB 变式。如"病恹恹、颤巍巍"。

（3）ABB 和 AABB 各列一词条。如"慢慢腾腾/慢腾腾、密密匝匝/密匝匝"。

（4）AABB 作为变式附在 ABB 之后。如"［羞答答］……也说羞羞答答"、"［慢悠悠］……也说慢慢悠悠"。

这样处理方式显得杂乱，看来未经统盘的考虑和比较检查。

此外，《现代汉语词典》的此类词条中还存在这样的问题：

1. 异体词的处理。由于 ABB 中的 BB 语素已经虚化或正在虚化，出现了一些同音替代字，从而产生了一些异体词。《现代汉语词典》注意到了这一点，主要用两种办法处理：

（1）把异体词列于正条解释之后，如：

　　〔喘吁吁〕……也做喘嘘嘘。　　　〔蓝盈盈〕……也做蓝莹莹。

　　〔黑压压〕……也做黑鸦鸦。

　　（2）把异体词加上括号列于正条之后，如：

　　〔金煌煌〕（金晃晃）……　　　〔热乎乎〕（热呼呼）……

除了上面这五组，其他异体词都未作处理。或是漏收异体词，如"孤零零"条未收"孤伶伶"，"喜滋滋"条未收"喜孜孜"；或者什么都不收，如"直通通-直统统"、"急冲冲-急匆匆"等。

　　在异体词尚未统一规范之时，照说应该把它们都列举出来，并在体例上规定异体词一律用圆括号括起放在正条之后。但是，紧接着的问题是异体词中该选哪些为正条。读做 hūhū 的异体词有"糊糊、虎虎、呼呼、乎乎"。《现代汉语词典》分别选了"黑糊糊；蔫呼呼；胖乎乎"。《现代汉语八百词》则一律做"乎乎"，干脆取消了其他的异体写法。根据从俗从简原则以及 BB 语素虚化为后缀的趋向，我赞同《现代汉语八百词》这种办法。至于词义基本相同的音近异体词，如慢腾腾 màn téng téng/慢吞吞 màn tūn tūn，辣丝丝 là sī sī/辣酥酥 là sū sū 等，由于是来自不同口语，受到方言一定影响，表现为异音异体，还是以各自单列一条而适当予以说明为宜。

　　2. "ABB 的"格式的处理。《现代汉语词典·凡例》指出："重叠式在口语中经常带'的'或'儿的'，条目中一般不加'的'或'儿的'，只在注解前面加'（～的）'或'（～儿的）'"。它所收 142 个 ABB，注上（～的）为 121 个，没注上（～的）为 17 个，只注（～儿的）为 2 个，既注上（～的）又注上（～儿的）为 2 个。

　　其实，根据对《新儿女英雄传》、《三千里江山》、《地火》、《八十年代散文选》四本书约 60 万字语言材料的调查，ABB 加和不加"的"两种格式是并存的，只是在句中所起语法作用不同，词义并不变。"ABB 的"主要语法功能是做状语，在口语中，做谓语、补语、尤其做定语时，ABB 非加"的"不可。ABB 和"ABB 的"只是语法功能有差异，词典不必特意加注（～的），只要在凡例上统一说明便可。如口语中非儿化不可的则应予以说明，加注（～儿）。

二、释义的准确与规范

一部词典水平的高低，主要看它的释义是否具有科学性，即它的注解必须是精确、简明、规范、一致。例如《现代汉语词典》中对 ABB 式形容词的释义的下面这些精彩条目：

　　［虚飘飘］形容飘飘荡荡不落实的样子。

　　［湿淋淋］形容物体湿得往下滴水。

　　［香喷喷］形容香气扑鼻。

　　［笑眯眯］形容微笑时眼皮微微合拢的样子。

这些条目之所以写得出色，关键就在于兼顾了 A 和 BB 语素所包含的不同义素。

经过分析，可以发现大部分 A 和 BB 之间存在一定的选择关系：第一，有不少 BB 只能和某一个 A 组合，如"光秃秃、乐陶陶、眼睁睁、雄赳赳"等，BB 的义素往往是比较明确而具体的；第二，有一部分 BB 可以和几个 A 组合，如"淋淋、沉沉、蒙蒙、丝丝"等，这里的 BB 的义素一般略为模糊，但仍可捉摸得到；第三，有少数 BB 可以与许多 A 组合，如"乎乎、溜溜、巴巴"等，这里 BB 的义素已不大能说清楚，已经虚化为一种后缀了。因此，BB 的组合能力越弱，义素虚化程度越低；反之，组合能力越强，义素虚化程度越高。从整体看，ABB 式中的 BB 正处于这么一个漫长的虚化过程中。

在 ABB 的语义关系中，BB 表示的义素与 A 的义素并非同一关系：或 A_1 为某种属性或动作，BB 进一步补充描写其状况或情态；或 A_2 为陈述对象，BB 对它进行说明描述。因此，要精确、细致地描述 ABB 的词义就必须分析 A 和 BB 的义素组合。在这方面，下面 ABB 词的释义存在着这样一些缺点：

1. 遗漏某项义素

　　［绿茸茸］形容碧绿而稠密。

"茸茸"为细密的软毛状，光说"稠密"是不够的，应为：形容绿色带细密软毛状物体的样子。

2. 表达不确切

［热辣辣］形容热得像被火烫着一样。

"火烫着一样"不是热辣辣的感觉，那应是火燎燎的。此处应为：形容一种像吃了辣椒一样浑身发热的感觉。

3. 概括不恰当

［滴溜溜］形容旋转或流动。

"滴溜溜"只能是旋转，即使是水等液体也是旋转式流动，所以不能用"或"，应为：形容旋转的样子。

在给 ABB 释义时，有几点必须特别引起重视。

1. 注意 A 相同而 BB 不同的区别性特征，通过义素比较法，分化近义词。例如：

［笑哈哈］形容笑的样子。

［笑吟吟］形容微笑的样子。

［笑嘻嘻］形容微笑的样子。

根据义素比较法可分别予以描述：

［笑哈哈］形容哈哈大笑的样子。

［笑吟吟］形容嘴角含笑的样子。

［笑呵呵］形容呵呵笑出声的样子。

［笑盈盈］形容满面笑容的样子。

［笑嘻嘻］形容嘻嘻微笑的样子。

［笑乎乎］形容微笑的样子。

2. 注意同一个 BB 与不同 A 组合时义素表达的一致性。例如：

［黑油油］黑得发亮。　　［绿油油］形容浓绿而润泽。

"油油"包含有三个义素：润泽、发亮、油状。此处应为："黑（绿）得像油一样润泽而发亮。"

3. 比喻引申义义项的设置。

《现代汉语词典》在安排 ABB 形容词比喻引申义义项时，前后并不一致。有的把基本义和比喻义搞颠倒了。如：

［冷冰冰］（1）形容不热情或不温和。（2）形容物体很冷。

有的是合成一项列举。例如：

　　[乱糟糟] 形容事物杂乱无章或心里烦乱。

有的只举出基本义而没提及比喻义。例如：

　　[热腾腾] 形容热气蒸发的样子。

　　我认为基本义和比喻义应分别列举，而且比喻义有几项就要列举几项。如"轻飘飘"，在指出它的比喻义为："（动作）轻快灵活；（心情）松散、自在"后面，还应指出"形容得意忘形的样子"。

　　以上只是对形容词中的一个小类的收词和释义作了粗浅的比较分析，便发现了一般情况下不易发现的问题。如果推而广之，在按纵向顺序编纂词典的基础上，对一些词类（形容词、动词、名词等），或者词群（颜色词、衣饰词、器皿词、动物词、植物词等）运用新的理论和方法（如语义场、义素分析法等）作横断面的对比研究，那么，可以相信这必将大大有助于提高词典编纂的质量，使之更加科学系统和严密。

　　　　　　　　　　　　　　　（原载《辞书研究》1985 年第 4 期）

《HSK 汉语水平考试词典》
编写的原则与方法

一部出色有用的词典，无疑等于一位优秀的富有教学经验的老师。

尽管国内已经出版了许多形形色色的语文词典，但是它们主要是针对母语为汉语的中国人而编写的，这显然并不适合外国学生学习汉语时的特殊需要。迄今为止还没有一部专门为外国学生学习汉语，并为通过汉语水平考试（HSK）服务的专用词典。我们的《HSK 汉语水平考试词典》（以下简称《HSK 词典》）是特地为外国学生编写的。

本词典收词范围，严格以"国家对外汉语教学领导小组办公室汉语水平考试部"编写的《汉语水平词汇与汉字等级大纲》所列举的甲、乙、丙、丁四级 8821 个常用词语为唯一依据。释义以及举例所使用的词语也尽可能地限制在规定的 2905 个常用汉字以及这 8821 个常用词语之内。

编写本词典的原则和方法主要有以下几点：

一、推行以字识词来沟通词义

汉语的词汇是一个复杂的网络系统，它的内部包括许多子系统，从词的形、音、义、源等角度，可以分别建立起"同形词"、"同义词"、"类义词"以及"同源词"等子系统。从 80 年代以来，人们开始注意到另外一种长期被忽视了的子系统，即"同族词"系统。

假设一个合成词为 AB，围绕着 A 和 B 便构成了两大组"同族词"。

以"工人"（AB）为例：

　A 前族词有：工厂、工作、工地……

　A 后族词有：手工、分工、苦工……

　B 前族词有：人民、人口、人才……

　B 后族词有：个人、主人、敌人……

　其中每一个合成词的两个语素（例如"工"和"厂"、"作"、"地"），又可以分别构成两大族同族词，从而形成"语素同族词系统网络"。

　中国的传统的语文教学特别重视识字环节，这不仅因为汉字跟词语在语义以及结构上有着密不可分的联系，而且有着更为深刻的文化心理因素。

　汉字实际上是一种音义结合的语素文字系统，一个汉字（除了少数单纯词）原则上是一个语素，语素文字有时候能独立成词，更多的时候是作为一个构词成分出现在合成词中。从结构上讲，同一个语素可以构成若干个词语，从而形成了词语之间的"血缘"关系；从语义上讲，语素义与词义之间更是存在着密切的有机的联系。以分析型的语素义来求综合型的词义，是一种行之有效的方法。语素义与词义之间的关系大体上有这么几种：

　1. 语素义直接地完全地表示词义。例如"私营"，私人经营。

　2. 语素义简洁地用比喻等手法来表示词义。例如"把柄"：本指器具上可以用手握住的部分，用以比喻可能被别人抓住进行要挟的缺点或错误。

　3. 语素义表示词义的局部内容。例如"司机"：操作机器，特指驾驶汽车、电车、火车的人。

　4. 部分语素义已经失落。例如"兄弟"：哥哥和弟弟，现只指弟弟。

　我们的释义就是从语素义出发，来揭示语素义与词义之间的外在的与内在的种种联系。这里特别要注意：

　第一，对语素义与词义进行不同角度、不同层次、不同方法的沟通。

　　第二，指出各种合成词的构词方式，这将有助于理解语素义是如何构成词义的。

　　第三，不拘泥于语素义跟词义的简单对应关系，而是进一步探讨词语的文化背景，从而使词义的解释更具有实际应用价值。

　　根据以上原理，我们就有可能按照现代汉语常用语素（字）构成同族常用词语的途径，来沟通语素义与词义之间的有机联系，以帮助外国学生掌握一种以少数有限的常用语素（字）来推求理解一大批常用词语的方法，这种方法可以简称为"以字识词速成法"，我们这部词典就充分地利用了这一方法。

二、采用特殊方式解释词义

　　词典的释义，是一部词典的核心。我们这部词典的对象是比较特殊的，即主要是外国成年学生，他们在事实上对整个世界已经有相当深刻的了解，只是对汉语用什么样的词语来表现还不太清楚。针对他们的特点，在词义解释上，必须跟一般的词典有明显的区别：不作科学的然而有时却嫌繁琐并带有学究式的解释，而是采用一种比较通俗易懂、简洁明确、富有特色的释义方法。换言之，释义，我们要兼顾科学性和通俗性，但是在科学性与通俗性发生矛盾时，我们宁可选取通俗性而在科学性方面作出一些牺牲，从而使外国学生能比较容易掌握这些词语的表层意义及其文化内涵。

　　我们所采用的具体方法主要是（我们特地选用最优秀的北京商务印书馆出版的《现代汉语词典》有关词条作比较）：

　　1. 突出特征法：即抓住该词语最有区别性，而且被大家熟悉的特征来进行解释。例如"原子弹"：

　　A. 核武器的一种，利用铀、钚等原子核分裂所产生的原子能进行杀伤和破坏。爆炸时产生冲击波、光辐射、贯穿辐射和放射性沾染。（《现代汉语词典》P1550）

　　B. 一种有强大杀伤力的核武器，爆炸时形成巨大的蘑菇云。《HSK 词典》

2. 语素组合法：即利用汉字（语素）的特点作分解式释义，使读者可以更加方便地理解词义。例如"爱惜"：

A. （1）因重视而不糟蹋。（2）疼爱；爱护。（《现代汉语词典》P5）

B. 爱护并珍惜，不使它受到任何的损害或浪费。（《HSK 词典》）

3. 强调对比法：即引入相反或者相对的事物进行比较解释，这特别适用于反义词群的释义。例如"原因"：

A. 造成某种结果或引起另一种事情发生的条件。（《现代汉语词典》P1549）

B. 发生某件事或者出现某种结果的条件（跟"结果"相对）。（《HSK 词典》）

4. 具体描写法：即尽可能地利用具体的容易理解的事物来解释，避开抽象的概括性的说法。例如"锋利"：

A. （1）（工具、武器等）头尖或刃薄，容易刺入或切入物体。（2）（言论、文笔等）尖锐。（《现代汉语词典》P380）

B. （1）形容刀、剑等十分锐利，很容易刺入或切入物体。（2）比喻说话、写文章的风格十分锐利。（《HSK 词典》）

三、提供典型例句帮助理解词义

例句对词义的理解是至关紧要的。一部出色的词典，它的例句是整体不可或缺的一个有机的组成部分。事实一再证明：一个精彩的例句可以胜过许多解释，特别是对于外国学生来讲尤为重要。因此，本词典的例句都经过精心构思，尽力提供典型语境，务求该句例能够准确、充分、平易地表现该词的词义。举例分为两类：单音节的，先举由它构成的并且在 8821 个常用词以外的较常用词语，再举句例；双音节以上的，先举常用短语，后举句例。我们在编写例句方面，主要采用以下几个原则：

1. 采用口语化、生活化的句子，而且尽可能地生动有趣，让人过目不忘。例如：

足球：足球要用脚踢的，不是用手打的。

祖父：爸爸的爸爸就是祖父。

嘴唇：女人的嘴唇经常涂满了口红。

走狗：当走狗的人就像狗一样听从主人的命令。

2. 举例能够比较好地体现中国文化的内涵。例如：

主食：南方人的主食是大米，北方人的主食是馒头。

猿人：北京猿人的遗址位于北京周口店。

元宵：北方叫元宵，南方叫汤圆。

园林：苏州的园林名扬天下。

3. 实例与词性保持一致，也就是该词语是什么词类，在举例时也要体现这一词性。例如，"注解"分别属于不同的词类。如果是动词，举例是：

他每天的任务就是注解古书。

如果是名词，举例是：

古书不加注解，一般人不容易读懂。

又如"壮观"也有形容词和名词的区别，但是《HSK 词汇等级大纲》只列了形容词，所以举例只能用 A，而不能用 B：

A. 八月十五的钱塘江潮水壮观极了。

B. 八月十五的钱塘江潮水是一个壮观。

又如"约会"也有名词和动词的区别，但是《HSK 词汇等级大纲》只列了名词，所以举例只能用 A，而不能用 B：

A. 周六和女朋友的约会千万不能失约。

B. 我们没有约会过她。

4. 举例要特别注意上下文语境，使该词语的语义能够得到比较充分的体现。比较下面几组例句：

住院：

A. 他住院了，我们去看他。

B. 他生病住院了，我们去医院看他。

助手：

A. 他是总经理的助手。

B. 你来当总经理，再配一个副经理给你当助手。

住宅：

A. 这是新建的住宅。

B. 新建的住宅里有电梯。

比较下来，显然，A 例句虽然也不错，但是对理解词义没有很大的作用，而 B 例句则有助于词义的理解。

本词典举例所采用的具体方法主要有八种：

（1）整体性举例。该对象是附属于某个物件的，如果这个物件和该对象一起出现，显然有助于对该词语的理解。例如：

皱纹：她到底是 60 多岁的人了，脸上有好多皱纹。

羽毛：孔雀的羽毛真漂亮。

主权：国家主权不可侵犯。

资源：地球上的资源是有限的，不能没有节制地开发。

（2）顺序性举例。该词语正巧处于某个序列中，所以把这个序列中的别的成分也说出来，会便于理解该词语。例如：

周末：从周一到周末她一直在工作。

预赛：只有通过预赛，才能进入决赛。

原先：这儿原先是个小村庄，现在变成了一座大城市。

预习：课前要预习，课后要复习，才能学好功课。

（3）常识性举例。即用人们普遍了解的常识和事实来解释比较难懂的词语。例如：

昼夜：一昼夜就是 24 小时。

浴室：浴室里装有浴缸和淋浴设备。

预防：消毒是为了预防疾病传染。

越冬：冬天候鸟飞到南方去越冬。

（4）名气性举例。即把著名的几乎是人所皆知的相关人物、事物或事件一起说出来，以便产生联想。例如：

总理：周恩来是人民的好总理。

宗教：佛教、基督教和伊斯兰教是世界上的三大宗教。

著作：中学生很喜欢鲁迅的著作。

原子弹：第二次世界大战期间，美国在日本的广岛、长崎投下了两颗原子弹。

（5）对比性举例。即在举例时把反义词一起组织到一个句子里来，从而在对比中帮助理解。例如：

主流：长江的主流和支流都受到了程度不同的污染。

主人：主人邀请了许多客人到家里做客。

原告：法官先听原告的理由，然后才问被告。

雨伞：下雨了，你是带雨伞还是带雨衣？

（6）语境性举例。即制造一个该词语出现的典型语境，从而使该词语的语义得到最充分的体现。例如：

语文：中小学都开设语文课，培养学生的母语能力。

准时：你说八点就八点到，真准时。

驻扎：将军命令部队就地驻扎下来。

追赶：小偷在前面逃，警察在后面追赶。

（7）附带性举例。即把该词语附带的事物或动作一起说出来。例如：

子弹：手枪射出了一发子弹。

乐队：乐队正在为著名的歌唱家伴奏。

仔细：作业做完后，要仔细地检查一次。

姿势：芭蕾舞演员跳舞的姿势很优美。

（8）关联性举例。即在例句里把有因果关系的事物一起带出，可以帮助词义的理解。例如：

粥：大米放少了，粥熬得太稀了。

杂交：马和驴杂交生下了骡子。

运气：这个人很有运气，连中了几次奖。

专利：这项发明已经申请专利了。

四、强调词典的使用价值

本词典强调它的使用价值，所以特地提供了一些一般词典不收而对外国学生来讲是必不可少的基本知识，具有比较明显的对照、参考、扩展的实用价值。

1. 本词典收词以《HSK 中国水平考试大纲（高等）》（国家汉语水平考试委员会编制）所收的 8821 个词语为唯一的对象。编排顺序也跟《大纲》相一致，个别《大纲》有误的作适当的调整（60 "扒" 和 65 "扒" 重复）。

2. 相同读音、相同字形的单音节词作为一个 "字头"，下面依次排列以该字头为第一语素的词语。例如 "案"、"案件"、"案情" 三个词就以 "案" 作为字头，并列举汉语拼音、所属等级、词性，然后按照义项编码，进行释义，列举常用词和成语等，再举出最能够凸现词义、实现词性、体现典型语境的例句，并且注意例句的口语化和生活化；如果该字为简体，则附录繁体，但是原则上不列异体字，除了少数常用的，例如 "床"、"烟" 的异体字。

3. "字头" 的义项分别用 ［义 1］、［义 2］、［义 3］ 标明。它有两个作用：第一，由该字头构成的词语释义时，特别注明属于哪个用义项，以沟通字义和词义的联系。第二，用▲标明 8821 个词条中以该字出现在第二、三个字的位置的词语，并且注明属于哪个义项。

4. "字头" 上标上 "＊" 号的有两种情况：一是如果《大纲》上有两个以上相同词头的词语，而没有收录这一字头作为单音节词的，则把这个字头提取出来单独列出，再标上 "＊" 以表示该 "字" 不属于本《大纲》的常用词，例如以 "奉" 打头的词语只有 "奉献" 和 "奉行"，而 "奉" 又不属于 8821 个常用词范围，则另列 "奉＊" 字头；二是原有字头的义项不能满足下面词语词义分析的需要，即另有同音同形的 "字" 也单列出来，并标上 "＊"，例如 "见（动词）"，下面还有 "见解"、"见面"、"见识"、"见效" 四个词，为了解释 "见解"、"见识"，显然必须另外列出 "见＊（名词性）" 的字头。这类非常用词的字头一律也注明拼音，词性只标明（名词性）或（动词性）等，再进行释义和举例。如果以某语素打头而在 8821 个词条中只构成一个词语，则不再单独列出该语素为字头，而直接解释这个词条，例如 "辜负"、"冠军" 等，如有繁体字也同样附录。

5. 我们设立的词类系统包括名词、动词、形容词、区别词、数词、量词、代词、副词、介词、连词、助词、语气词、拟声词、叹词等十四类（其中"区别词"和"语气词"是《等级大纲》没设列的），同时另设立"词头"、"词尾"类别。8821 个词条中原有好几百条没有标明词性，本词典酌情或者予以补上词性（有的还注明"离合词"），或者注明成语、习语（习惯用语）。

6. 为便于外国学生理解汉语的构词方式，构词方式名称尽可能地跟短语的类型名称保持一致，如果是短语中没有的类型，则采用比较通用的说法。它包括动宾、主谓、偏正、后补、联合、连动、兼语、量补、正偏、介宾、重叠、语缀、译音、单纯等十四种，至于"习语"（习惯用语）则一般不标结构方式。

7. 举例的原则是，先举最典型、最常用的单词（先举该语素在前的，再举该语素在后的），再举成语或惯用语，最后举句例，并尽可能地注意体现该词语的词性，能比较充分表现该词语词义的语境，以及句式的多样化、口语化和生活化；举例中该字头或该词语一律用～来替代。

8. 为帮助词义的理解，另外设立〈褒〉〈贬〉〈口〉〈书〉等标记，表示褒义、贬义、口语、书面语等。

9. "逆序常用词"一律用▲表示，列举该语素出现在某个合成词第二或第三个字的位置的词，这些词都是在 8821 个词语范围之内的。例如"爱"：▲［义 1］慈爱、恩爱、敬爱、恋爱、亲爱、热爱、心爱、友爱　［义 2］可爱、喜爱。

10. 为使懂得英语的学生，特别是零起点的外国学生也能使用该词典，每一个义项都配上了简明的英语注解，以帮助理解词义。

（原载《第六届国际汉语教学讨论会论文选》，
北京大学出版社2000 年）

附录：《HSK 汉语水平考试词典》凡例

一、本词典收词以《HSK 中国水平考试大纲（高等）》（国家汉语水平考试委员会编制）所收 8821 个词语为唯一的对象。编排顺序也跟《大纲》相一致，个别《大纲》有误的作适当的调整（60 "扒"和 65 "扒"重复）。所有词语一律标上号码顺序，以便查找核对。

二、以相同读音、相同字形的单音节词作为一个"字头"，下面依次排列以该字头为第一语素的词语。例如："案"、"案件"、"案情"三个词就以"案"作为字头，并列举：汉语拼音、所属等级、词性，然后按照义项编码，进行释义，列举常用词和成语等，再举出最能够凸现词义、实现词性、体现典型语境的例句，并且注意例句的口语化和生活化；如果该字为简体，则附录繁体，但是不列异体字。

三、"字头"的义项分别用［义 1］［义 2］［义 3］标明，它有两个作用：第一，由该字头构成的词语释义时，特别注明属于哪个用义项，以沟通字义和词义的联系。第二，用▲标明 8821 个词条中以该字出现在第二、三个字的位置的词语，并且注明属于哪个义项。

四、"字头"上标上"＊"号的有两种情况：一是如果《大纲》上有两个以上相同词头的词语，而没有收录这一字头作为单音节词的，则把这个字头提取出来单独列出，再标上"＊"以表示该"字"不属于本《大纲》的常用词，例如以"奉"打头的词语只有"奉献"和"奉行"，而"奉"又不属于 8821 个常用词范围，则另列"奉＊"字头；二是原有字头的义项不能满足下面词语词义分析的需要，即另有同音同形的"字"也单列出来，并标上"＊"，例如"见（动词）"，下面还有"见解"、"见面"、"见识"、"见效"四个词，为了解释"见解"、"见识"，显然必须另外列出"见＊（名词性）"的字头。这类非常用词的字头一律也注明拼音，词性只标明（名词性）或（动词性）等，再进行释义和举例。如果以某语素打头而在 8821 个词条中只构成一个词语，则不再单独列出该语素为字头，而直接解释这个词条，例如"辜负"、"冠军"

等，如有繁体字也同样附录。

　　每个双音节以上的词条，都有九部分构成：汉语拼音、所列词汇等级、词性、构词方式、第一个语素的义项类别、释义、英语注解、例句。如为兼类词，按词性分别列举；如为同音词，则按不同词条分别列举；如为多义词，则按不同义项分别列举，并标明义项类别。

　　五、我们设立的词类系统包括：名词、动词、形容词、区别词、数词、量词、代词、副词、介词、连词、助词、语气词、拟声词、叹词等十四类（其中"区别词"和"语气词"是《等级大纲》没设列的），同时另设立"词头"、"词尾"类别。8821 个词条中原有好几百条没有标明词性，本词典酌情或者予以补上词性（有的还注明"离合词"），或者注明成语、习语（习惯用语），

　　六、为便于外国学生理解汉语的构词方式，构词方式名称尽可能地跟短语的类型名称保持一致，如果是短语中没有的类型，则采用比较通用的说法。它包括动宾、主谓、偏正、后补、联合、连动、兼语、量补、正偏、介宾、重叠、语缀、译音、单纯等十四种，至于"习语"（习惯用语）则一般不标结构方式。

　　七、举例的原则是，先举最典型、最常用的单词（先举该语素在前的，再举该语素在后的），再举成语或惯用语，最后举句例，并尽可能地注意体现该词语的词性，能比较充分表现该词语词义的语境，以及句式的多样化、口语化和生活化；举例中该字头或该词语一律用～来替代。

　　八、为帮助词义的理解，另外设立〈褒〉〈贬〉〈口〉〈书〉等标记，表示褒义、贬义、口语、书面语等。

　　九、"逆序常用词"一律用▲表示，列举该语素出现在某个合成词第二或第三个字的位置的词，这些词都是在 8821 个词语范围之内的，例如"爱"：▲1. 慈爱、恩爱、敬爱、恋爱、亲爱、热爱、心爱、友爱；2. 可爱、喜爱。

　　十、为使懂得英语的学生，特别是零起点的外国学生也能使用该词典，每一个义项都配上了简明的英语注解，以帮助理解词义。

关于"轻声词"的若干疑难问题

"轻声词"是普通话教学中的一个重要内容，也是一个经常引起争议的课题。所谓"轻声词"，从性质上来讲，有两种情况：

第一，是词的内部问题，属于构词法范畴。它的特点是不能类推，某种结构的词中间有某个音节念成轻声，并不等于相同结构的词的那个音节也一定念成轻声。因此，它需要逐个来确定。

第二，是词的语法问题，属于语法学范畴。它的特点是可以类推，即当这个词出现在某个句法位置时，它就需要念成轻声。

当然，这两种情况也不是绝对没有关系的。比如"兔子"、"木头"的"子"、"头"要念轻声，既是构词法的问题，也是语法学的问题。

第一类词又有两种类型：

1. 在普通话中必须念成轻声，如果不读轻声，就不像普通话了。例如：

桌子、椅子、木头、砖头（带后缀）

弟弟、妹妹、星星、娃娃（重叠式）

葡萄、萝卜、玻璃、哆嗦（连绵词）

买卖、动静、买卖、东西（正反词）

这还包括一些汉字同形，就依靠念不念轻声来区别词义或词性的词语。例如：

地下、兄弟、眉目、大意（区别词义）

报告、练习、公道、风光（区别词性）

2. 作为北京话，应该念轻声，但是，作为普通话，念轻声还是不念轻声，应该都是允许的。如果说它的内部还有区别的话，那就是有一部分如果不念轻声，语感上会不大舒服，也就是说，大多数的人比较倾向于念轻声。例如：

大夫、消息、豆腐、便宜

还有一部分，一般人，特别是方言区的人基本上不念轻声的，或者说念不念轻声词，既不区别意义，在语感上也没有什么不舒服的，这类词语，就不必鼓励或提倡大家去学念轻声了。

这两部分词语的区别，应该作一个专门的研究，提出一个标准，列出一张词汇表格，以方便方言区人士的学习。

第二类词也有两种类型：

1. 在任何情况下，都要读轻声，这一类不必讨论。例如：

助词"了"、"着"、"过"、"的"、"地"、"得"、"们"；

语气词"啊"、"吧"、"吗"、"么"、"呀"。

2. 有时候念轻声，有时候不念轻声；有的地方要念轻声，有的地方不念轻声。不但标准不统一，而且常常还会有特例。而有关的教材或论著则往往含糊其词，或者互相矛盾，甚至一本著作内部也自相矛盾。现在根据我们在教学和教材编写过程中所碰到的问题，列举出来并且略作分析。

一、方位词"下"

我们先来看看一些教科书和专业书是怎么说的：

第一，《现代汉语》（胡裕树主编 1986.132）在列举有规则的轻声现象时，第 5 项特别指出：

方位词或词素。例如：家里、桌子、地下、那边

第二，《现代汉语》（黄伯荣、廖序东主编 1988.106）对这个问题则认为：

用在名词代词后面表示方位的语素或词有时读轻声。例如：

桌子上、屋里、山上、树上、地下、地底下、屋子里、这边

第三，《普通话的轻声和儿化》（鲁允中 1995.26）也提到方位词常用的有"上"、"下"、"里"、"边儿"、"面儿"，指出"这些方位词，若

接在其他名词的后边儿，一般都读轻声"。

以上三本书都提到方位词"下"如果出现在其他名词后面，应该念为轻声。但是另外几本词典以及有关文件却持不同意见。请看：

第四，《现代汉语词典》（商务印书馆，1996）"下"去声条目，举的例是"山下"。

第五，《现代汉语规范字典》（语文出版社，1998）"下"去声条目，举的例是"楼下"。

第六，《汉语拼音正词法基本规则》（1988，以下简称"正词法"）在 1.2 "名词和后面的方位词，分写"所举的例是"树下"（去声）。另外说明"已经成词的，连写"，举的例是"地下"（轻声）。

两本《现代汉语》所举的例没有错，问题在于不能进行类推。"下"念做轻声的词有"地下"、"底下"、"节下"、"乡下"，不过，实际上"地下"有两个：

一个表示"地面之下"，例如"地下铁路""地下商场"、"下"为去声。

一个表示"地面上"，例如"钢笔掉在地下""地下一点灰尘都没有"，"下"为轻声。

要特别注意的是，这些念做轻声的"下"都是双音节词内部的一个语素。当"下"作为一个方位词附带在其他名词后面时，例如"山下"、"水下"、"蓝天下"、"书桌下"原则上都应该念去声，而不是轻声，这种组合则是开放性的。可见虽然《现代汉语》所举的例都对，但是说法却有误导的成分。

总之，"下"在构词法里，有的念轻声，有的念去声，这要根据具体的词语来确定，不可一概而论；但是，作为方位词，跟其他的名词组合成为一个方位词组时，"下"只能念成去声。

二、方位词"上"

方位词"上"的问题更加复杂。

《现代汉语》（胡裕树）只举了一个念轻声的例：桌上。

　　《现代汉语》（黄伯荣、廖序东）举了三个念轻声例：桌子上、山上、树上。

　　《现代汉语词典》（商务印书馆 P1105－1106）在"上"轻声的词条下列举了三个义项：

　　1. 用在名词后，表示物体的表面：脸上、墙上、桌子上。

　　2. 用在名词后，表示某种事物的范围：会上、书上、课堂上、报纸上。

　　3. 用在名词后，表示某方面：组织上、事实上、思想上。

　　《现代汉语规范词典》念轻声的"上"，所分析的三个义项大体上跟《现代汉语词典》相同，只是第一个义项是指"表示在某一事物的顶部或表面"，所举的例是"山上"、"大门上"、"炉台上"、"脸上"，说明它已经注意到《现代汉语词典》的第一个义项的解释不够准确，所以特地加上了"顶部"这一词语。

　　但是，《正词法》则认为："名词和后面的方位词，分写"，举的例是"山上"、"永定河上"，"上"念去声；而"已经成词的，连写"，举的例是"天上"，并且念轻声。这给人一种错误的印象，好像"上"念不念轻声，是由"成词"或"不成词"来决定的。

　　但是，即使是成词的，实际上也有两种念法：

　　1."上"念轻声的词有：春上、府上、柜上、皇上、路上、身上、晚上、早上、火头上、基本上、街面上、兴头上、桌面上。（《现代汉语词典》"天上"则标为去声）

　　2."上"不念轻声的词有：马上、圣上、世上、堂上、无上、以上、之上、至上、祖上。

　　问题在于，作为方位词"上"，在别的名词后面出现时，到底念不念轻声呢？

　　1. 用在名词后面，表示范围或方面的引申义，一律念轻声（例见前），这没有什么争论。

　　2. 用在名词后面，表示事物顶部的，例如"山上"、"树上"、"船上"、"河上"、"水上"、"楼上"，看来念轻声和念去声的都可以。由于在三个义项中，一、二两个义项已经念成轻声，而第三个义项的念法又是两可的，为了学习的方便，我们建议一律念成轻声比较好。

三、量词"个"

《现代汉语》（胡裕树）在谈轻声时，指出包括某些量词。例如：三个。

《现代汉语》（黄伯荣、廖序东）则说：量词"个"常读轻声，如：这个、三个。

然而《现代汉语词典》（P426）却认为作为量词"个"，念去声的应该包括以下四种情况：

1. 三个苹果、一个理想、两个星期。

2. 差个两三岁、一天走个百儿八十里，不在话下。

3. 见个面儿、说个话儿。

4. 吃个饱、玩儿个痛快、笑个不停……

《正词法》对此没有明确的说法，但是所举的例有两种读法：

第一，读去声：鞠了一个躬、各个、两个人、一百多个、十几个人、八个、他一步一个脚印儿地工作着。

第二，读轻声：这个。

可见，"个"如果单独作为量词跟别的词或词组组合，则应该念原声调去声；真正念成轻声的"个"只出现在以下四个词语中：

这个、那个、哪个、些个。

四、趋向动词

所谓的趋向动词主要是指：

趋1	上	下	进	出	过	回	开	起
趋2来	上来	下来	进来	出来	过来	回来	开来	起来
趋2去	上去	下去	进去	出去	过去	回去	开去	

　　《现代汉语》（胡裕树）对此没有作具体的说明，只是笼统地说：表示趋向的动词念成轻声。例如：回来　出去　跑出来　走进去

　　但是实际上，情况相当复杂。为了说清楚问题，我们把一般的动词简称"动"，把"上"类趋向动词简称为"趋1"，把"来"和"去"类趋向动词简称为"趋2"，把"上来"类复合式趋向动词简称为"趋1趋2"。

　　趋向动词念轻声的情况大致可以分为以下十二类：

　　1. 不论趋1还是趋2，单用一律读原声调。例如：他来了、上了一个台阶。

　　2. 动＋趋1，趋1读轻声。例如：走上、寄出、爬下、拉开。

　　3. 动＋趋2，趋2读轻声。例如：走来、寄去、飞来、抢去。

　　4. 趋1＋趋2，趋2读轻声。例如：他没上来、下去一个人。

　　5. 趋1＋宾＋趋2，趋1读原声调，趋2读轻声。例如：进教室去、上北京来。

　　6. 动＋趋1趋2，趋1趋2都读轻声。例如：走上来、跳下去。

　　7. 动＋趋1＋宾＋趋2，趋1读原声调，趋2读轻声。例如：走过一个人来、寄出一本书去。

　　8. 动＋得/不＋趋1，"得/不"读轻声，趋1读原声调。例如：走得/不开。

　　9. 动＋得/不＋趋2，"得/不"读轻声，趋2读原声调。例如：走得/不来。

　　10. 动＋得/不＋趋1趋2，"得/不"读轻声，趋1趋2读原声调。例如：走得/不出来。

　　11. 介词结构＋趋2，趋2读原声调。例如：到北京去、向这边来。

　　12. 动＋宾＋趋2，趋2读原声调。例如：骑马去、拉一个人来。要注意："骑马去"实际上有两个意义：一是"怎么去"，"骑马"指动作"去"的方式方法，"去"读原声调；二是"去干什么"，"骑马"指的是目的，也可以说成"去骑马"，"去"在后面出现时读轻声。

　　以上讲的只是一般规则，但是，在事实上，趋向动词1的内部还可以分出两类：

　　第一，趋1符合以上规则，一共有五个：

"上"（爬上山顶）

"下"（传下一道命令）

"出"（跑出大门）

"开"（把门开开）

"起"（抬起箱子往外走）

第二，趋2不符合以上规则，即当它单独在动词后面做补语时，只能读原声调，不能读轻声，这一共有三个：

"进"（走进会场）

"回"（送回原处）

"过"（从树下走过）

但是由以上三个词所构成的"趋1趋2"复合式趋向动词做补语时，全部读轻声。例如：

走进来、扔过去。

五、方位词"边"

《现代汉语词典》的"边"有两个读音（儿化问题本文不讨论）：

第一，表示"边缘义或边缘的条状装饰"，不读轻声，读阴平。例如：海边、田边、马路边／金边、花边。

第二，作为方位后缀，读轻声。例如：前边、后边、下边、东边……

问题是"这边"和"那边"以及"哪边"中的"边"到底应该怎么读。

大体上有两种处理方法：

1."边"读轻声。例如：

《现代汉语》（胡裕树、黄伯荣）分别把"那边"和"这边"说成读轻声的。

《普通话水平测试手册》（上海教育出版社）"那边"的"边"表轻声。

2."边"读阴平。例如：

《正词法》"这边"和"向东边去"的"边"都标阴平。

《现代汉语词典》在读阴平的"边"的第七个义项的举例时是"这边那边都说好了"。

可见，两种说法是矛盾的。根据北京人的语感，"这边"、"那边"以及"哪边"的"边"应该读阴平。

六、否定副词"不"

"不"原读去声，但是在某些场合中要读成轻声。这主要是：

1."V 不 C"结构的词语。例如：

了不起、大不了、受不了、巴不得、恨不得、怪不得、吃不消。

2.可能补语的否定式。例如：

看不上、吃不下去。

3.出现在动词或形容词重叠式的中间。例如：

去不去、吃不吃、了不了解、好不好、方便不方便。

4.出现在名词重复式中间，例如：

人不人、鬼不鬼，什么钱不钱的。

5.在某些四字口语中间。例如：

黑不溜秋、傻不济济。

七、方位词"里"和"面"

作为方位词"里"，当它附在别的名词后面表示方位时，读成轻声，应该说没有什么问题。例如《正字法》举的例是"河里"（分写）、"那里"、"哪里"（连写）。但是，还是要注意两点：

1.《现代汉语词典》"那里"、"哪里"、"头里"的"里"都标写为轻声，唯独"这里"（P1595）的"里"标为上声。但是，其他所有的词典，包括《现代汉语规范词典》都标为轻声，看来，应该是轻声。

2.由"里"所构成的"里边"、"里头"、"里面"，"里"一律读为上声，但是它后面的语素读什么，却又有不同意见了。

	里边	里头	里面
《现代汉语词典》	轻声	轻声	去声
《现代汉语规范词典》	轻声	轻声	去声
《正字法》			轻声

《现代汉语词典》把"上面"、"下面"、"前面"、"后面"的"面"标为轻声,却又把"右面"、"左面"的"面"标为去声,"外面"有两种标音:表示"外表"意义的"面"读去声,表示"外边"意义的"面"读轻声。《现代汉语规范词典》则不管是"下面"、"里面"、"后面"、"西面"、"右面",一律念成去声。《正词法》则把"门外面"、"河里面"、"火车上面"的"面"都标写为轻声。

这说明各家的看法相当混乱。从简化读音的原则出发,"面"跟单纯方位词组合时,不如一律读为轻声比较合理。

八、动词的重叠

单音节动词重叠,第二个动词要读成轻声,这没有争议。但是须要注意的是:

第一,单音节动词重叠,中间又插入"一"时,"一"读为轻声,但是第二个动词则要读原声调。例如:

吃一吃、走一走、玩一玩、想一想。

第二,根据《正字法》,双音节动词重叠应该有两种情况:

1. ABAB式,每个字都读原声调。如:

研究研究、尝试尝试、了解了解、调查调查。

2. AABB式,只有第一个动词的重叠音节读轻声,第二个动词及其重叠音节都读原声调。如:

来来往往、说说笑笑、拼拼凑凑、进进出出、跌跌撞撞、哭哭啼啼、打打闹闹。

这里要注意一点:其中,第一行的AB式"来往"等本来就是动词,而第二行的AB不能成词。

（原载《语文建设》1999年第1期）

建立"语言理解论"刍议

一、建立"语言理解论"的意义

一个完整的交际过程可以分为"表达"和"理解"两个方面。关于"表达论"的探讨是从吕叔湘的《中国文法要略》开始的。该书的下卷"从范畴和关系两方面归纳表达手段，开创了汉语语法从意义到形式的描写途径"①，从而建立了"从意义到形式的'表达论'，这在汉语语法研究上是一个首创"②。在人与人进行交际的言语行为中，以语言为媒介的信息传递离不开输出信息的"表达"和接收信息的"理解"两个环节。然而，历来我们对表达比较重视，而对理解的研究则相对较少。理解跟表达同样重要，而且从某个意义上讲，可能更为重要，因为从认识论来讲，理解先于表达，只有准确地理解才能保证表达的准确。所以，我们应该在研究语言表达论的同时，加强对语言理解的研究，以建立"语言理解论"，或者也可以称之为"理解语言学"。

首先，在实际日常生活的交际中，我们就是根据自己对对方语言的理解作出反应，表明观点和阐明态度的。例如，A 说："屋里真热!"B 就可能根据自己对对方意思的理解作出不同的回答。B1 说："热什么热! 你上来时爬了四层楼，所以觉得热。"这是通过否定 A 的观点并解释 A 觉得热的原因，表明了 B1 是在理解了 A 话语的基础上作出否定的

---

① 徐通锵，叶蜚声."五四"以来汉语语法研究述评. 中国语文，1979（3）
② 邵敬敏. 汉语语法学史稿. 上海：上海教育出版社，1990. 108

反应。如果 B2 回答："还不算太热，比昨天好多了。"这就说明 B2 不完全同意 A 的看法，而且拿昨天来进行比较，这就显示了尽管理解 A 的意思，但有所保留。如果 B3 回答："是有点儿热，打开风扇吧！"这就认同了 A 的观点，而且真正理解 A 的言语要求。以上不同的回答反映出不同的理解角度、程度和层次。

其次，在语言研究方面，不同语言学流派在研究语言的语义结构、语法形式、语用规则以及认知机制的过程中所得出的观点和认识都是基于各自对语言理解的角度、方法的不同。例如"他把垃圾丢了"，那意思确定无疑，是主动地把垃圾扔掉。但是如果说"他把书包丢了"，则可能有不同的理解：第一种意思跟上句相似，是主动把某个东西丢掉，第二种意思则是无意之中丢失了。前者是有意识把字句，后者是无意识把字句。显然，理解的深度，特别是深层语义结构的理解，对句子结构的分析具有重要的意义。

其三，在语言教学方面，如何理解和解释语言现象直接影响教学效果。比如，留学生知道"怎么"是疑问代词，副词"又"的理解是"again"，所以他们把"你怎么又来了"仅仅理解为打招呼或询问来的原因，其实这只是理解了句子的字面意义。教师应该告诉学生这实际上不是一个普通的问句，而是个反问句，这类句子常常利用"怎么"来加强质问的意味，而"又"由于透露出对方不止来过一次，更是显示出说话者不耐烦的情绪和心理，实际上并不需要回答来的原因。如果只是就词说词，就不可能真正理解这句问话的真实含意。

总之，无论日常生活，还是语言研究或者语言教学都需要我们建立"语言理解论"，深入研究理解与表达的关系、理解的本质、理解的机制、理解的层次以及理解的手段等。

表达论研究说话者如何表达自己的思想，但是思想观念不是无中生有的。首先，人们通过感觉而获得对外界事物性质、特征、范围的了解，感觉是人类理解外在事物的第一通道，它包括视觉、听觉、味觉、嗅觉、触觉以及第六感觉。其中"视觉"与"听觉"是最重要的，特别对语言而言，跟听觉有关的是语音，跟视觉有关的是文字。在文字出现之前，语音无可争议是最重要的，但是当文字出现之后，随着造纸印刷技术的发明和远距离信息传递的加强，特别是电子信息技术的迅速崛起，其地位逐渐上升，以至于势头压过了语音，有人曾就一般人通过不同感官接受信息和积累知识的比例作过调查："人所获得的知识，其中60％来自视觉，20％来自听觉，15％来自触觉，3％来自嗅觉，2％来自味觉。"① 所以，人的阅读能力和听力是吸收理解信息的最重要的能力，知识信息的积累不仅为理解能力的进一步提高奠定基础，而且为表达信息、交际感情、提出意愿提供丰富的源泉。从孤立的交际过程看，似乎先有了 A 的表达，才产生了 B 的理解，但事实上，A 的第一表达也是建立在理解基础上的，因此从这一意义上讲，A 的"自我理解"先于"第一表达"；然后才有 B 的第一理解，再产生第二表达。所以，我们可以说，理解是表达的源泉，或者说，表达是理解的必然结果。

表达者只有有意或无意地预设了另一个与自己相同的"我"，并认为另一个"我"能理解自己运用的语言工具及其所传输的信息时，这个人才可能进行表达。也就是说，表达者在表达以前首先是一个理解者，是自己所要表达内容的理解者，把自己作为可交际的对象，才有可能进入语言交际。

不仅第二表达以对第一表达的理解为基础，而且第一表达也以说话者对要表达的内容的理解为前提，因此，通过建立语言理解论，才能更好地反思和解释我们为什么这样研究语法形式、语义结构和语用规则而不是那样做，才能深刻地认识我们目前语法研究的局限和不足之处，从而客观地评价我们基于自身对语言的理解得出的结论，掌握了"理解"这个认知工具的特点和效能才能有效地探讨语言交际的规律，从而为语言表达论打下坚实的基础。

从另外一个角度看，人们仅仅理解了外在事物及其活动还不能表达，只有理解并掌握了自己用于理解和表达的工具——语言——才能表达已经理解的内容。应该说，只有保证对语言的准确理解才能保证准确地运用语言表达思想、交际感情，也才能正确地认识语义结构、语法规则、语用特点等，从而正确地描写、分析和阐释语言现象。因此，从表

---

① 阎立钦. 语文教育学引论. 北京：高等教育出版社，1996.219

达的形式和内容看，理解都先于表达。这一过程可以用下面的交际结构示意图来表示：

二、语言理解的层次和特性

从语言理解论的角度看，理解是理解者在一定的语境中，根据自己的知识结构、心理状态、兴趣爱好等自身要素透过语言的物质形式——语音和文字——了解语言表层的字面意义；还可以进一步把握语言内在的概念、判断和推理，形成深层的语义结构；甚至在参照语言外的非语言要素（仪表、眼神、表情、动作、手势、沉默等）的情况下形成对表达者内在情绪情感、心理意向或潜意识动机的综合掌握的心理活动。"为了理解另一个人的言语，单单了解他的词语是不够的——我们还必须了解他的思想。但是，甚至这样做也是不够的——我们还必须了解他的动机。"① 简单地说，理解就是理解者通过语言形式（语音和文字）探询形式所负载的表层和深层意义以及表达者的主观动机的心理调节活动。即使考虑到人的主观因素，还须要进一步结合语境来进行理解，语境，包括狭义环境，以及广义语境，任何一项因素的改变都会对理解产生影响。

首先，我们把理解程度分成不同的层次。从本质上说，理解作为一种心理活动是不可以切割的，但是为了便于理解和说明，我们把理解活动分成从语言的表层到语言的深层和从语言的内层到语言的外层这样相互衔接交叉的四个层次，这些层次间的界限是延续的、逐步过渡的。例如：在电影《大红灯笼高高挂》里，有一个场景，三太太和别人一起打

---

① ［俄］列夫·谢苗诺维奇·维果茨基. 思维与语言. 杭州：浙江教育出版社，1997. 166

麻将的时候，医生来询问她病情。他们的对话，不了解情况的人只能理解字面意思——讨论三太太的病情、吃药和看病的时间，而知道他们关系的人可以理解他们对话的深层含义和心理动机——实际上是在商定幽会的时间和地点。

其次，理解过程中始终渗透着理解者与表达者间知识、情感、动机的交际、碰撞和融合，因此，一方面，理解活动把语言作为对象，必然受到语言客观意义及其逻辑力量的影响而有意或无意地接受对方的描述或观点，使理解活动带有客观性，甚至受到听者的鼓动、劝告、威胁、训斥、警告等，使理解带有某种强制性；另一方面，理解又总是以理解者的知识、情感、兴趣等主观要素为依托的，"所有这种理解最终都是自我理解（Sichverstehen）"①，从而使理解活动又具有一定的主观性，此外，人们还可能根据自己已有的知识进行发挥，进行推测，从而使得表达还具有一定创造性。因此，理解是这些客观性、被动性、主观性以及创造性多种因素综合作用的结果。要特别强调指出的是：理解并不是对对方表达的一种被动的、简单的复制过程，而是一种复杂的创造过程。由于人与人存在着种种差异，所以对同一个言语也会产生不同的理解。比如，同样欣赏《红楼梦》，道学家、社会学家、美学家和建筑学家等会看到不同的方面。再比如，语法学家能体会出"修路"是有歧义的：一是结果宾语，没有路修出一条路来；二是受事宾语，原先有路，只是把路修理好。一般的人，就不大理会这里的歧义，这是不同的知识背景在起作用；同一个人（杜甫）既有"感时花溅泪，恨别鸟惊心"的伤感，又有"晓看红湿处，花重锦官城"的喜悦，同样赏花，不同的心境，就会吟出不同的诗句。阿Q由于头秃，所以他对任何与光、亮、无毛等有关的东西都很忌讳，谁如果在他面前提到这样的字眼，他就认为是有意讽刺他，显然这是他的心理状态在作祟。

再次，理解本身具有对话（交际）的性质，无论与自己、他人或作者，理解者都试图发现语言的意义和表达者的个性、心理动机以及世界观。在理解者与表达者（借助话语）的碰撞中，理解活动不允许理解者站在交际主题之外，而是为论题牵引、推动，在主题及其逻辑的指示下

---

① ［德］加达默尔. 真理与方法. 上海：上海译文出版社，1999.335

（可能是一种诱导或强制）探询语言的意义和表达者的意向，能够调动自己所有的知识背景积极地去加以理解，这样就能推动理解的深化，提高理解的层次。

最后，理解者与表达者之间达成理解是有条件的。（1）语音和文字形式上的可理解性和可辨别性，发音清楚、字迹清晰、文通字顺；（2）语言内容上的指向性，或陈述外在对象、行为活动，或描述内在情感、心理状态；（3）表达者与理解者在主观动机上的交际性，以便坦诚地敞开心扉，真诚地聆听陈述；（4）文化背景的共通性或常规性，谈论的主题和意义在理解者的思维能力之内。

言语内外	理解的媒介	理解的层次
言内	语音/文字	表层结构——字面意义
	概念/判断/推理	深层结构——语义结构
言外	表情/动作/眼神等	言外意向——心理动机
	狭义语境/广义语境	文化意义——语境制约

语言理解层次示意图

可见，理解具有客观性、强制性、主观性和创造性，这样在研究对象上，理解语言学应该研究语音、文字（字、词、短语、句子、句群和语篇等）作为物质形式在理解活动中的作用；研究理解中语音与听觉、文字与视觉的关系；研究理解者的记忆力、思维能力、心理状态、图式结构等要素在理解活动中的作用机制；研究表达者的语气、语速以及非语言要素对理解的影响等。在心理机制上，以意义是如何连接起来组建内语境的、非语言要素作为一种信息源是如何激活与语境相关信息的而排除无关信息的、语义连贯在理解中处于什么地位等为探讨内容。理解本质上属于对信息进行加工吸收的内在心理活动。

三、语言理解的机制

理解是理解者对语言信息的一种心理加工活动，那么，理解活动的基本单位是什么？它是如何由语言的表层意义深入到深层语义，并整合形成对语义和表达者动机的完整理解的呢？自 Chomsky（1957）在语言学理论上提出短语结构语法以后，心理学家 Fordor 和 Bever（1965）和 Johnson（1966）分别通过声音位移实验和短时记忆研究在心理学上证实了短语结构存在的真实性。这就为理解的单位提供了理论和事实的依据，目前较为一致的观点是：理解的基本单位在句法形式上是短语结构，在语义结构上是命题。理解者在视听上看到了短语结构而心理上形成命题。比如："穿黑衣服的女孩儿∥走出了∥明亮的教室"为三个短语在理解心理上为三个命题：女孩儿穿着黑衣服∥走出了∥教室明亮。在对外汉语教学中也可以证明这一点。例如：留学生常常把"我觉得天气很热"分成两个语义命题复述成"我感觉∥天气真热，我感到∥天气好热，我感受∥天气比较热"一些意义关联语义差别不大的句子（可能不太符合汉语语法）。可见理解尽管借助于表层的语音和文字，深层的却是非离散性的"语义结构群"。

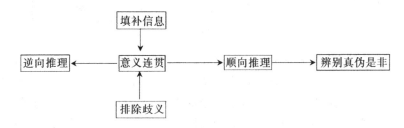

理解的内在机制示意图

一般认为，一个短语结构对应一个命题，但不是每个命题都有短语对应。语言的理解活动以命题意义间的连贯性为核心，形成判断，进行推理，在推理过程中为保证命题间意义的连贯性、逻辑的严密性和信息的完整性，就需要运用当下记忆和长久记忆里的各种信息源（语言理解构建的内语境、自身的已有知识、非语言的相关因素、广义语境等）排除歧义，补充信息，因此形成了理解的四个主要内在机制：推理、排歧、填补和辨伪。

1. 理解的推理机制

推理是理解者在一定的语境下根据语言的意义和自身的已有知识背景，按照语义结构的连贯性，由已知信息推知未知信息的心理加工活动。根据思维逻辑的方向，推理可以分成两种：顺向推理和逆向推理。前者是指能从当前语义结构的发展倾向推知尚未读到或听到的部分信息。比如：天气好的话，我们就去旅行；要是天气不好，……我们可以根据已有信息推出尚未说出的意思：不去旅行。后者是指根据逻辑和有关的信息推测当前的语义结果所需要的前提条件和原因。比如：王欣领女儿去上学的时候，在马路上……我们可以知道王欣已经结婚并有一个至少七岁的女儿。

推理不仅包括两个命题间的关系推断，更多地是多个命题组成的命题链，共同推动语义的连贯。比如：司机喝酒——头脑不清醒——开车/在家睡觉——发生交通事故，四个命题组成一个因果顺列，从而排除了"在家睡觉"这个命题而选择"开车"那个命题。在理解过程中，推理所能参照的信息源很多，如果当前话语中出现与前后有关系的照应词，照应词就会激活短时记忆和长时记忆里的语义信息，以把各个命题贯穿起来，形成一个逻辑顺畅的"意义结构流"。此外，交际的语境和主题、理解者的知识背景和语感、说话者的语气和神态、手势等因素都会为推理的顺利进行提供信息，当然，由于理解受理解者认知图式、情感图式和意志图式的影响，使理解具有一定的主观性，因此很可能出现脱离语义逻辑的联想。

近十几年来，很多心理学家针对理解推理机制问题做了大量实验以验证提出的理论和假说，其中 Graesser（1994）等人提出了结构主义模式，根据理解中和理解后，推理分为在线推理（on－line）和下线推理（off－line），前者根据理解目标、话题、指称、因果、角色、合理的情绪反应等，后者根据状态、语用、工具等进行推理。目前对理解推理机制的研究还存在很多争议和有待研究的问题，比如自动推理和策略推理的机制。

2. 理解的排除歧义机制

歧义是一种消极语言现象，以句子为理解单位，造成歧义句的原因可能是同音词、多义词和语法语义组合。如果仅仅给出一个句子而没有任何语境限制，我们就会在语音和文字信息的刺激下，根据自己的语感，激活知识背景中与句子使用频率和场景相关的意义不同的语境，从而判定这个句子是歧义句。反过来，在对话和阅读中，确定的语境，特别是篇内语境，就会排除别的语境的可能性，从而抑制与别的语境协调一致的意义，以激活并提取与上下文意义连贯的语义和命题。

例如：

宋丹丹：我年轻的时候，那绝对不是吹，柳叶弯眉樱桃口，谁见了我都乐意瞅。俺们隔壁的吴老二，瞅我一眼就浑身发抖。

赵本山：拉倒吧，吴老二脑血栓，他看谁都哆嗦。（小品《昨天、今天、明天》）

"他看谁都哆嗦"是一个歧义句，有"他看谁，他都哆嗦"和"他看谁，谁都哆嗦"两个意义，这是由于"哆嗦"在语义上可以同时指向"他"和"谁"。但是由吴老二是脑血栓构建的条件语境（得脑血栓的人容易哆嗦），激活了"吴老二哆嗦"语义而抑制"谁都哆嗦"意义进入意识领域。

理解是以意义的连贯为主线，以语境为过滤器，与语境和意义一致的信息容易被激活、提取，而关联性不大的信息被激活的水平和程度就很低，甚至受到抑制，不能进入意识阈，从而使理解具有一定的排歧机制。

3. 理解的填补信息机制

在理解活动中，语篇所能提供的信息可能不足以形成意义完整的理解，而理解者总是自觉或不自觉地根据自己的知识背景来填补缺失的意义。人所掌握的知识在长时记忆里是以图式的形式储存的。图式（schema）是康德1957年提出的概念，后来经过理性主义的格式塔心理学和经验主义心理学的理论创新，逐步形成了现代图式理论，即认为图式是在大脑里存储的知识信息的结构，这种结构是由以概念为基础的节点和概念间的关系组成的网络。我们可以把图式分成认知、情感和意志三种图式。在理解活动中，我们可以根据认知图式填补省略的信息。例如一部小说中有这样一个情节：主人公到澳门狂赌，输得一干二净，有人想请他赞助慈善事业，知情者说："他刚从澳门回来，没钱了！"听话人就可以根据语感、语境和认知图式填补"从澳门回来"和"没钱了"之间的信息空缺，即澳门是赌城，主人公去那儿赌博了，结果运气不好全输了，从而使意义得以连贯。

在一般情况下，更多地是根据情感图式和意志图式填补出缺少的感受信息和反应信息。例如：王朔写的《无人喝彩》中有一段，妻子肖科平一边用匙子搅着玻璃杯里的奶粉，一边跟正忙着玩儿游戏的丈夫李缅宇商量事儿：

"我妈说了，这星期天让咱们回去一趟，我弟弟要结婚了，有些事要跟咱们商量。"李缅宇继续全神贯注地玩。"……我弟弟他们想把我们家那房子装修一下……哎，我说话你听见没有？"肖科平把匙子"当啷"一声扔到茶儿的玻璃面上。

从妻子跟丈夫商量事儿而丈夫却只顾玩儿游戏，到妻子把匙子扔到茶儿的玻璃面上，就会激活我们情感图式以填补没有说出的感受信息——丈夫置若罔闻，妻子非常生气。一般来说，理解活动填补的是人类在常理下的共通的内在情绪、情感、动机、意图等心理信息。

4. 理解的辨别真伪是非的机制

除了尽力捕捉信息以外，理解者还要根据语境、逻辑、图式，并参照说话者的非语言要素，对语言传递的信息和说话者本人进行真伪与是非的甄别、判定。例如《组织部来了个年轻人》中有这么一段描写：刘世吾……缓慢地说："最近在《译文》上看了《被开垦的处女地》第二部的片段，人家写得真好，活得很……""您常看小说？"林震真不大相信。林震在理解刘世吾说的话同时，针对话语内容的真实性产生了怀疑。

有时候理解者还会对说话人的行为和态度作出判断、评价。在《青春之歌》里，余永泽想让林道静跟他一起生活，就劝说道："静，听我的话，咱们搬到一块儿吧！……现成的幸福道路你不走，却喜欢这样任性胡闹，为什么一定要闹得东奔西走、寄人篱下呢？……"林道静对其说话行为的反应就是："不要说了！"后来他又劝林道静说："静，听我一次话，不要去吧。听说外面常捕人。……救国的事还可说，可是

'三一八'算个什么纪念日？万一……静，安静一点！天有不测风云，谁知道哪一块云彩下雨……"林道静对他态度的评价是："不行！谁都像你这样胆小，掉下个树叶也怕砸死你！"

总的来说，理解活动主要包括以上四个机制，理解活动以意义的连贯性为核心，在信息材料自下而上的不断为语境和意义提供素材过程中，在话题自上而下的逻辑推延中，理解者会激活各种内外信息和图式，形成对话语内容和对说话者的真善美的评价。

四、语言理解的程度

口头（书面）交际活动主要由说话者（作者）、语言、理解者和交际语境构成，因此，讨论影响理解程度相关的因素也主要从这四个方面来看。

1. 交际语言。（1）语音、字形和句子的长度等会影响理解活动。（2）古汉语、方言和外来语、生僻词等，主要是由于这些词的语音和语义都比较生疏。（3）母语还是外语。一般来说，对母语理解起来，即使语音不太清晰，也能听懂；如果是外语，理解起来就比较费劲。比如，韩国人问："这里有没有汉语学院？"一般中国人都以为是指大学内的一级的单位，其实在韩国，"学院"是指"私立学校"。（4）话语在形式上的衔接、照应与意义上的连贯性。例如：

我说："不能白看，你们应该买票。"我们下车以后，我准备和小王一起去看看，我一次也没有到过中国农村，孩子们听了哈哈大笑起来。很多中国孩子像看动物园的猴子似的看着我。

上面这篇短文属于意义不连贯、逻辑关系不清，不太容易理解，调整以后的语序，就显得条理清楚，易于理解：

我一次也没有到过中国农村，我准备和小王一起去看看，我们下车以后，很多中国孩子像看动物园的猴子似的看着我。我说："不能白看，你们应该买票。"孩子们听了哈哈大笑起来。

2. 表达者。（1）语气、语调、语速、节奏等语言要素和表情（微笑、皱眉等）、眼神、视线、沉默、叹气、动作变化等非语言要素能在一定层面和角度反映或暴露说话者的心理状态、交际目的，便于理解者把握对方话语的真伪和心理动机。Hochett 说过："人类成员的任何行为，只要能被他人——或被行为人自己——的感官察觉到，就都是交际性的。"[①] 所谓交际性就是能反映表达者的某些信息并且被理解者所感觉到，进而影响理解活动。当语速越来越快时，理解者会意识到说话者可能很激动，很着急。而当一个人一边说话，一边打哈欠，视线游移不定时，说明他对话题不感兴趣而厌倦了继续谈话，所以他说的话也就可能敷衍了事（不是真心话），心不在焉。（2）表达者的知识背景、人生阅历、思维能力、表达能力和性格等能通过说话表现出来，在一定程度上决定了话语的思想性、连贯性、知识性和逻辑性等，从而影响了理解的深度。

3. 理解者。（1）生理上的视觉、听觉等能力和心理上的注意力、精神状态、心理状态、兴趣、记忆力和思维能力等也直接影响了理解。注意力不集中、精神不好、对话题不感兴趣等可能造成消极地理解信息，这样很难激活记忆库里的相关知识信息；逻辑思维能力对理解的深度产生直接的影响，逻辑性强的人就能梳理清楚话语的逻辑关系和推理过程，掌握表达的意义和动机。比如我们阅读理论著作，其中所用概念的内涵非常抽象，不是我们具体的可视可触的东西（像桌子、汽车等），而是一些只可思考的观念，所以我们应该首先把握每个概念所指的意义，然后弄清概念间意义连贯形成的判断，最后把握根据逻辑推出的结论。（2）知识结构与人生阅历作为知识储备，为理解者进行推理、排歧、填补和辨别奠定信息基础。比如如果我们没有学过计算机原理和技术，即使碰到硬件、软件、界面、卸载、回车、文本等词语，虽然每个字似乎都认识，但是就是理解不了它的真实含义。（3）语感在一定程度上影响了理解水平。从语感形成的意义上说，"语感就是语言形式及其负载意义的内化"[②]。从组成角度看，"感觉、无意识、情感、直觉四种

---

① C. F. Hockett. The View From Language. Athens，Georgia：University of Georgia Press. 1977. 115

② 赵春利. 言语行为中语感的逻辑界定. 长江学术，2002（1）

成分是密切配合、协同工作的。我们认为，语感是思维并不直接参与作用而由无意识替代的在感觉层面进行言语活动的能力"①。语感既具有民族共同性，又有个性。共性保证了互相理解的可能，个性造成了理解的偏差。比如：在语法感上，日本学生说，"刮风大的时候，……"，有人认为这样说对，有人认为不对，这就是语感的个性差异造成的理解偏差。后来我们发现了规律，能用在"的时候"前边的成分必须是自由短语，不能是黏着短语。"刮风、刮大风、风大"都可成句，而"刮风大"却不可以独立成句，所以不仅"刮风大的时候"不可以说，"他吃了饭""一边走"这样的黏着短语也都不能进入这个框架。另外，语音感（重音、语调、语气强弱等）、语义感（特别是带有感情色彩的词）等都会影响对话语的理解。

4. 语境。无论是狭义语境还是广义语境，语境是影响理解程度的重要因素。德国心理语言学家恩格尔坎普说过："词义和句义以及对词和句子的理解有赖于词与句子产生的语境和听这些词和句子的人。句子理解是谈话双方，尤其是听话者实现句义的过程，因此，只有联系语境才能真正理解句子的意义。"② 比如：

姑娘：你吃饭了吗？

小伙子：我不喝水。

从上下文的内语境看，问与答并没有连贯性。但是如果我们虚拟一个语境，小伙子第一次与姑娘见面，男的心里紧张，不知所措，所以对姑娘的提问，表现出答非所问，因此我们就可以理解小伙子的心理。这就是语境效应，它在语篇整体、歧义句、语义和逻辑不连贯句、暗喻句的理解中可以起到预测、推理、连接语义、消除歧义等作用。

总之，按照影响理解程度的因素由浅到深来说，影响字面意义理解的主要是语音、文字、句子的长度等；影响深层语义理解的主要是母语、外语、方言、古汉语、语篇的衔接与连贯、知识背景等；影响对说话者心理动机把握的是语气、非语言要素、语感等；影响文化意义的则

---

① 王尚文. 语感论. 上海：上海教育出版社，2000. 35

② 约翰内斯·恩格尔坎普. 心理语言学. 上海：上海译文出版社，1997. 114

主要是语境，特别是社会文化语境。

五、语言理解的类型

语言理解的类型，可以从不同的角度进行不同层次的分类：首先是从肯定与否定角度可以把理解分成两大类：确解和不解。确解内部按照信息量的多少可以分成欠解和增解；不解内部也可以按照理解者主观的有意与无意分成曲解和误解。

理解类型分类			
确　解		不　解	
欠　解	增　解	曲　解	误　解

1. 确解。就是准确地理解了话语的意思和表达者的动机，不多也不少。例如：

A："你能把窗户打开吗？"

B："好！是该透透空气。"

B 就正确地理解了 A 的意图，即打开窗户使空气流通。

（1）欠解。是指只理解了对方话语的部分信息，在理解上有所欠缺。例如：

法官问："生日？"

犯罪嫌疑人回答："7 月。"

犯罪嫌疑人明显没有把握法官要问的全部信息，回答时缺少了哪年和哪日。

（2）增解。是指理解超出了表达者所要传递的信息，出现了多余的理解。例如：

A："你什么时候来的？"

B："我是昨天坐火车来的。"

显然 B 的回答中"坐火车"超出了 A 所需要的信息。

2. 不解。就是对话语的语言形式、内容及说话者的动机不明白。比如，一个人问你："Wie geht es Ihnen？"你不知所措，就是不懂语言形式及其内容。一个过路的陌生人突然对你说："你要给我一千元。"你的第一反应就是"为什么"。显然，这就是最典型的不解。或者对对方的心理动机不能体会，即只抓住了对方话语的字面意义或虽然理解了深层语义，却没有理解说话者的心理动机。例如：

　　孩子问："妈妈，蛋糕上的花真漂亮！"

　　妈妈说："漂亮，但不是真的花。"

　　显然，这里妈妈只理解了孩子的字面意思，没有抓住孩子想吃蛋糕的心理动机。

　　3. 曲解。是听话者故意错误地理解说话者的意思和动机。例如电影《老油坊》中，一个寡妇说："这太糟蹋东西了，这么短的绳子还有什么用？"村民说："是啊，只能当扎腰带。"寡妇说："把这根给你当腰带吧！"村民的老婆说："你这个臭不要脸的！怎么？熬不住了，你还是把自己的腰先系好吧。"这里，寡妇本来是想通过说这么短的绳子没有用顺势送人，以示对村民们分割绳子行为的不满和气愤。然而村民的老婆却借腰带之喻故意当面羞臊寡妇，完全是故意曲解了寡妇的意思。当然，曲解主要来自理解者的成见和不良心理动机，但是也有可能是一种善意的曲解，带有开玩笑的性质。

　　4. 误解。是指无意地错误理解了话语的意思和说话者的动机。比如话剧《日出》中陈白露对顾八奶奶的话产生了误解。

　　顾八奶奶：你看快天亮了。他的魂也没见一个……进了电影公司两天，越学越不正经干。我非死了不可！露露，你的安眠药我都拿去了。

　　陈白露：怎么，你要……

　　顾八奶奶：我非吃了不可。

　　陈白露：那你又何必呢？你还给我。（伸手）

　　顾八奶奶：不，我非吃了不可，我得回家睡觉去。我睡一场好觉，气就消了。

　　陈白露把顾八奶奶要被气死了所以吃安眠药睡觉以消气误解为因为生气所以吃安眠药去死。误解主要是由于理解者与说话者之间的语境、心理意向等的偏差或不一致。

　　理解的类型当然不止这些，还有故意不解、反解、合解、分解等等。研究理解的类型将有助于我们对理解的机制以及作用的认识。

六、小 结

"语言理解论"是把"理解"这个认知工具作为研究语言问题的新视角，一方面，有利于把认知语言学、心理语言学、神经语言学、学习策略和习得机制等方面的科学研究成果整合起来，又有利于为交际语言学、计算语言学（句子的自动理解和生成）、社会语言学、文化语言学等提供科学的理论依据，从而把自然科学与人文科学有机地结合起来；另一方面，打开"语言理解"这个黑箱为各个学科的研究奠定基础，使我们深层次地反思各学派在语言研究中所运用理论的背景、层面、关注点、研究局限，实事求是地评价所得结论的条件性、局限性，认清目前尚未解决的问题，进一步推动语言动态研究的进程。

合作者：赵春利（中国海洋大学）

（原载《修辞学习》2004 年第 1 期）

参考文献

[1] 陆俭明，沈阳．汉语和汉语研究十五讲．北京：北京大学出版社，2003

[2] 鲁忠义，彭聃龄．语篇理解研究．北京：北京语言文化大学出版社，1957

[3] 吕叔湘．中国文法要略．北京：商务印书馆，1956

[4] 邵敬敏．说"言外之意"．华东师范大学学报，1990（4）

[5] 邵敬敏．现代汉语通论．上海：上海教育出版社，2001

[6] 石毓智．语法的认知语义基础．南昌：江西教育出版社，2000

[7] 邢福义．汉语语法学．长春：东北师范大学出版社，2000

[8] 朱德熙．现代汉语语法研究．北京：商务印书馆，1980

[9] Chomsky，Noam. Syntactic Structure. The Hague：Mouton，1957

[10] A. C. Graesser，M. Singer & T. Trabasso. Constructing inferences during narrative text comprehension. *Psychological Review*，1994

论汉语话语话题

所谓"话题"（topic）是同"述题"（comment）相对而言的。"话题"不同于从结构关系考虑的"主语"，也不同于从语义关系考虑的"施事"，它是从交际关系考虑的。换言之，离开了交际过程，离开了语境条件，离开了言语主体和言语客体，便无所谓话题，因此，话题不是语言的，而是话语的，它是属于语用学的一个基本概念。

一、汉语话题的性质和理解

按作用范围大小，话题可以分为两类：

1. 语句话题：即一串话语链中某个具体句子的话题。它又可以分为复句话题和分句话题。

2. 语段话题：即某串话语链共同的话题。这个话语链如果是一个篇章，则该话题即为该篇章的中心议题。

按照各个语句话题在话题链中所起的作用，话题又可以分为"中心话题"和"辅助话题"。在话题链中，各句的话题可能各不相同，但它们不是杂乱地凑合在一起，而是紧紧围绕着一个中心来组织的，因此，在一串话语链中，某一个语句话题就可能升级为中心话题，同时也形成了语段话题。

话题有三个属性是得到普遍承认的：第一，话题是陈述的对象（被述性）；第二，话题是确知的信息（确指性）；第三，话题是交谈的起点（句首性）。话题的三性影响了交际客体对交际主体所说话语的话题的理解，这包括不解、同解、误解和曲解。

1. 话题的不解：在交际过程中，话题必须是双方"约定"的，即话题不仅仅对说话者来说是确指的，而且对听话者来讲，也必须是确指的，否则，交际便无法进行下去，如果发生这种情况，那就是对话题的不理解。例如：

（1）王福升："谁盖的，反正给有钱的人盖的吧。是给大丰银行盖的，给潘四爷盖的，大概连（指左边屋内）在屋里的顾八奶奶也有份……"

方达生："顾八奶奶？你说的是不是那个满脸擦胭脂粉的老女人？"

王福升："对了，就是她！……"

2. 话题的同解：只有当话题对说话者与听话者来讲都是确指的条件下，交际才得以顺利进行。下例便是从听话者对话题从不解到同解的交际过程：

（2）胡四："她呢？"

陈白露："谁？"

胡四：（还是那一副不动感情的嘴脸）："老妖精！"

陈白露："不知道。"

3. 话题的误解：有时，说话者的话题尽管是确指的，但听话者由于身份地位、观察角度、文化水平、背景知识以及语境条件等原因，对话题可能产生不同的理解。这种话题的误解是听话者无意识造成的。例如：

（3）小东西（仿佛很懂事地）："我上哪儿去？我不认识人，我没有钱。"

陈白露："你妈妈呢？"

小东西："在楼上。"

陈白露："不是，我说你的亲妈妈，生你的妈妈。"

小东西："她？（眼眶含满了泪）她早死了。"

4. 话题的曲解：听话者有时为了某种目的而故意对说话者的话题进行曲解，使交际能按照自己的意愿转移方向进行下去。这不同于由于客观因素而造成的误解，而是主观上有意识地使话题的理解偷偷地发生了变化。下例中陈白露就故意对方达生的话题"这"作了曲解：

（4）陈白露："好，你领着方先生去睡吧，要是方先生看着不合适，告诉我，我把我的房子让给他。"

王福升："是，陈小姐。"（等在门口）

方达生（红了脸）："可是，竹均，这不像话……"

陈白露："这个地方不像话的事情多得很。只要你多住几天，多看看就像话了。"

综上所述，影响听话者对话题理解的因素主要有以下四个方面：

1. 合作态度：当听话者对话题也是确知时，主观上是否采取合作态度将决定对话题的"同解"或"曲解"。

2. 背景知识：有共同的背景知识才有可能对话题产生同解，否则，将可能产生"不解"或"误解"。

3. 语境条件：语境提供正确理解话题的必要条件，同时也可能为误解话题提供某种条件。

4. 话题词语：话题本身必须是明确而无歧义的词语，否则，就可能导致误解或不解。

二、话题的结构与变化

旧话题结束，谈话直接转入新话题，这叫话题转移。它主要有以下四种变化方式：

1. 话题的暗联：从 A 话题到 B 话题，表面上似乎互不相干，实际上却有着某种内在上联系，因此形式上话题转移了，实质上却暗暗相联。

2. 话题的递接：在"A 话题——A 述题"结构中，A 述题中部分词语又成为 B 话题，从而形成层层递接的结构形式，从理论上讲，这种话题递接可以是无穷尽的。

3. 话题的交叉：A，B 两个话题，甚至可以是三个以上话题，在交际过程中交叉进行。即 A－B－C 的话题交织在一起构成一个话题链。

4. 话题的总分：A 话题是总的，然后分别讨论 B，C，D 等分话题。在语义上，B，C，D 等话题都包含在 A 这个总话题中，因此，A 话题也是中心话题。

　　旧话题在交际过程中并没有真正结束而发生中断的现象叫话题中断。这有两种情况：

　　1. 自然中断：即由于外界某种因素的作用或某种新情况出现而导致旧话题暂停，并转入以新出现事物或情况为新话题的交际。

　　2. 人为中断：即交际中的某一方不愿继续旧话题，故意提出别的事情来作为新的话题，从而避免了旧话题的讨论。要引起注意的是：有时导入的新话题实际上只是一个"过渡话题"，这种话题，目的是为引进真正的新话题起牵线搭桥的作用；而且这种过渡话题可以相继出现几个，因此，这种话题结构可描写为："旧话题→过渡话题（n≥1）→新话题"。还有一种情况是：A 话题打断后便转入 B 话题，当 B 话题告一段落时，A 话题又重新续上，这种 B 话题叫做"插入话题"，而且可以不止一个，因此，这种话题结构可以描写为："旧话题→插入话题（n≥1）→旧话题"。

　　话题在话题链中在一定条件下可以省略。话题的省略有两种：

　　一种是上下文语义制约省略。例如：

　　（1）方达生："是的，我也许要跟金八打打交道，（　　　）也许要为着小东西跑跑，（　　　）也许为那小录事一类人做点事，（　　　）都难说。我只是想有许多事可做的。"
其中空括号内都可以根据上下文语义解出话题来。

　　另一种是语境制约省略。例如：

　　（2）陈白露（走了两步，回首向门）："进来吧！……"

　　凡是话题省略，我们称为零形式话题。陆俭明先生曾指出，"这些句子（见下面四例）虽然是主谓句，但其主语也不是话题"，并由此推论："汉语句的句子可以只有陈述，而不出现话题。"①

　　（1）电话联系吧。

　　（2）大碗盛。

　　（3）盆儿装吧。

　　（4）一个人干。

---

　　① 陆俭明．周遍性主语句及其他．中国语文，1986（3）

如果把这些句子放到一定的语境中去，便可以发现它们都属于话题省略：

(1) 我们怎么联系啊？（　　　）电话联系吧。

(2) 这菜用什么碗盛？（　　　）大碗盛。

(3) 这点心用盆儿装，还是用纸包？（　　　）盆儿装吧。

(4) 这活儿几个人干？（　　　）一个人干。

三、话题的标志与确定

话题最容易同主语发生纠葛，这主要有两个原因：一是长期以来对汉语主语的理解偏重于交际角度，实际上已同话题混为一谈了，有的语法学家甚至于干脆把它们两个合而为一；二是汉语话题缺乏形式标志，不易辨别。

寻找话题的形式标志，是区别话题与主语以确定话题的关键。我们认为这种形式标志主要有三个：

1. 话题必定居于句首，不能在句中或句尾；而主语则可能处于句首、句中或句尾。例如：

(1) 金八这个家伙背景复杂。

(2) 可怜，你这个书呆子。

例（1）"背景"是主语但不是话题，例（2）"你这个书呆子"是倒装主语，但也不是话题。只有例（1）"金八这个家伙"既是主语又是话题。这是因为主谓结构，只有当它直接进入交际场合，主语才有可能成为话题，不能或没有直接进入交际场合的主语，则只能是句法结构关系中的主语；至于主语倒装，本身就是语用的一种移位，倒装后，语用义发生了变化，从而失去了充当话题的资格，因为它不再是谈话的起点，而仅仅是一种补充。

2. 话题必定不是句重音所在，包括自然重音以及强调重音。从"话题——述题"结构来讲，自然重音总是落在述题上的；从信息结构来讲，强调重音总是落在新的未知信息上，总是落在焦点上的。因此，反过来讲，凡是重音所在必然是焦点，是新信息，这与话题必然是确定的旧信息相悖，因而证明焦点不可能是话题。陆俭明先生提出下面三类句子的主语都不是话题[①]：

(1) 谁去？/哪一位要红茶？

(2) 老李去。(回答"谁去")/我要红茶。(回答"哪一位要红茶")

(3) 什么人都可以进去看看。/一个人也不休息。/家家都用上了煤气炉。

第（1）类由疑问词做主语的特指问句以及第（2）类针对上述提问作出回答的句子容易理解，疑问词表示的是疑问焦点，针对回答的"老李"以及"我"是回答焦点，都是句重音所在，因此不可能是话题。第（3）类是周遍性主语句，句重音也落在这类主语上，因而也是焦点，不可能成为话题。其实，即使本来是可以成为话题的句首主语，当强调重音落在他上面，他就失去了话题的资格。试比较：

A. 杯子他摔´破了。～B. ´杯子他摔破了。

A 中的"杯子"是话题，焦点为"破"；而 B 句中焦点为"杯子"，意思是他摔破的是杯子而不是其他，这时，句子便只有陈述而没有话题了。

3. 话题前面可以加上"至于"、"说到"，后面可以加语气词"嘛"，并停顿。换言之，居于句首，非重音所在，并且能进入"至于/说到……嘛"格式中的词语即为话题。

汉语的话题按显性标志的有无可以分为"无标志话题"和"有标志话题"。这种显性标志主要是部分介词"在"、"对"、"关于"等。例如：

(1) 在外国有许多这样的民间团体。

(2) 对这件事我们有不同的看法。

(3) 关于戏剧创作，大家发表了很多建设性的意见。

此外，就是语气词"嘛"。《现代汉语八百词》指出"嘛"的第三个义项（a）是"用在主语后，强调主语，有'论到'或'至于说'的意思"（338 页）。如果把其中的"主语"改为"话题"，说法便比较确切了。例如：

---

① 陆俭明. 周遍性主语句及其他. 中国语文，1986（3）

（1）科学嘛，就得讲实事求是。

（2）这个问题嘛，很简单。

汉语的"无标志话题"，原则上都可以变成为"有标志话题"。

根据上述三个标准，我们认为下列主语不能兼做话题：

1. 句平面以下层次的主谓词组的主语。

2. 倒装的句子主语。

3. 特指疑问句的句首疑问词主语。

4. 针对句首疑问词主语回答的句子的主语。

5. 处于句首的周遍性主语。

6. 重音所在的句首主语。

（原载《语文论文集》，百家出版社 1989 年）

话语的失误及其补正

口语交际不同于书面语的表达，由于时间的制约，话语往往是"脱口而出"，以至于常常容易出现某些失误。从内容上讲，失误可以分为三类：

1. 语言规范失误，简称"失约"。例如：

（1）"……他哭啥？哭他的黑主子彭德怀，这完全说明，郭全泰和彭德怀早就是一丘之各！"

"嘘——，hè——貉，是一丘之貉，不是各……"陈煜认真地纠正他。（李存葆《山中，那十九座坟茔》）

（2）向银行借钱，还他娘的挺难，开证明，打公章，调查我的信仰。（"不是信仰，是信誉！"她丈夫讲。）（张辛欣、桑晔《北京人》）例（1）是读音错误，例（2）是用词不当。"失约"大部分是由于说话者文化知识结构缺陷或者认识水平不高而造成的，属于认识上的原因。

2. 语义表达失误，简称"失义"。例如：

（3）挤劲儿甭提了，把人挤得和照片似的，我的意思是人全扁了。（张辛欣、桑晔《北京人》）

（4）我们交"梁山"的三成利，算是"盘子钱"，相当于现在的会费。不，可不是我瞎说！不好比哟！（张辛欣、桑晔《北京人》）例（3）是补充性失误，即原话含义不够明确、完整，可能会让人产生误解；例（4）是修正性失误，即原话语义有明显的表达错误。这是由于说话时匆忙，没有考虑周全，或者是说话者主观认识前后发生变化而造成的，属于心理上的原因。

3. 语境条件失误，简答"失言"。例如：

（5）要论物价，那得瞧瞧你怎么说。在早先，除了洋布、粮食、洋油——现在叫煤油，其他东西很便宜。（张辛欣、桑晔《北京人》）

（6）避风的船太多，共方，不——你们大陆方面，对不起——接待不完。（张辛欣、桑晔《北京人》）

这些都是由于说话者没有充分考虑到外界各种客观条件就说话，因而不能符合特定语境要求而造成的失误。语境条件包括说话者和听话者的身份、时代、地点、情景等因素，属于社会上的原因。

当交际中出现了失误，要进行补正时，一般有三种情况，也可以说是三种补正机制：

1. 主体自动补正：特点是说话人（主体）在说话的同时不断地进行内部信息和外部信息的综合反馈，并从多侧面进行比较和反思，从而及时觉察到话语中的不足与错误，并主动作出相应的补正。这可以分为两种类型。

A. 掩饰性补正。有时，已经说出的半截子话已预示下面的话语可能要失误，对此，说话人也已意识到并及时中断了语流，这时，如果说话者不想再继续说下去，就保持沉默，补正说话采取零形式。例如：

（7）"一个新兵，胡……"发觉是当着老张的面，杜林把"来"字咽下去了。（刘兆林《雪国热闹镇》）

有时，尽管说话者已意识到自己的话语有某种失误，但又不愿意作公开补正，于是便故意改变话题，试图以此来转移对方的注意力，掩饰自己的失误。例如：

（8）周繁漪（忽然恨起来）谁要你劝我？倒掉！（自己觉得失了身份）这次老爷回来，我听老妈子说他瘦了。（曹禺《雷雨》）

有时，说话者及时觉察自己的话语已经失误或马上要失误，但不愿让对方知道自己的失误，就急中生智，尽可能地利用语音、词汇等各种手段试图不露痕迹地暗中予以补正。例如：

（9）鲁侍萍（大哭）：这真是一群强盗！（走至周萍面前）你是萍，……凭——凭什么打我的儿子？（曹禺《雷雨》）

B. 公开性补正。当话语出现失误，说话者马上中断语流，并作出公开的补正。有时，这种补正是直接进行的，往往连同原话中没失误的前言后语一起出现。例如：

（10）王福升（气得失了神）：啊？谁！……是金八，金八爷。（曹禺《日出》）

有时，说话者在中断语流的同时，发出"哦"、"嗯"等叹词，表示醒悟、斟酌，为补正起一种缓冲作用。例如：

（11）李石清……我怕金八说不定就要提款。……好极了，——哦，糟极了。（曹禺《日出》）

有时说话者发现失误后，马上明确表示自己对失误话语的否定态度，并随之作出补正。例如：

（12）是的，是您，您没有变样，走在街上，我也能认出您……不，您大变样了，您完全像……（王蒙《惶惑》）

有时，在中断语流后，说话者直接用话来表明自己对失误话语的态度，并作出补正。例如：

（13）"她叫沈萍，我们是在船上认识的。"顿了顿，他忽然苦笑起来，"其实，算什么'认识'呢，不过是——我记住了她……"（陈建功《飘逝的花头巾》）

2. 提醒被动补正：特点是说话者没能发现自己话语中有什么失误，而听话者则感觉到了，但出于礼貌或其他原因，不愿自己直接去补正，而是发出某种信号去提醒说话者，以促使说话者自己去补正，这种补正对说话者来讲不是主动的而是被动的。它也可以分为两种类型：

A. 非言语提醒。即利用眼神、手势、笑声、咳嗽等非言语手段去提醒说话者予以补正。当然，这种补正有时也可能采用零形式。例如：

（14）"1976 年五四运动（笑），四五运动。"（陈建民《汉语口语》）

B. 言语提醒。即针对失误之处提出疑问来提醒说话者予以补正。一种是用叹词疑问句，另一种则用一般疑问句。例如：

（15）"美美，上我家去。"

"嗯?!"美美蹙起眉恼怒地看着我。

"哦——是我们的家。"美美警告过我多次了，我家就是她家，我俩是一家。（王小鹰《一片深情》）

（16）甲：先说小麦吧，这都是高产的，——有"东方红 3 号儿"，

"北京 8 号儿"——磨出来又白又香又好吃；还有农大 139，140，155，141，4875……

　　乙：4875 是什么品种？

　　甲：这是我们队的电话号码。（侯宝林相声选）

　　也有说话者尚未把失误的话说出，听话者已感到对方即将失误，因而预先提醒的。例如：

　　（17）方达生：竹均，怎么你现在会变得这样——

　　陈白露：（口快地）这样什么？（话被她顶回去）

　　方达生：呃，呃，这样地好客，——这样地爽快。（曹禺《日出》）

　　3. 客体代为补正。特点是听话者认为没有必要去提醒对方，或者提醒信号不起作用时，这时，便由听话人（客体）代替说话者进行补正。这也有两种类型：

　　A. 主动代为补正。例如：

　　（18）天热了，村里不知怎么的，流行起泥巴壶来，反正都发财了，瞎闹。（"不是泥巴壶，是宜兴泥壶，有名的。"她丈夫老得替她更正。）（张辛欣、桑晔《北京人》）这种情况一般是听话者估计提醒对方也不会起什么作用，或者因为当时条件限制，无法进行提醒，因而直接采取主动代为补正。

　　B. 被动代为补正。例如：

　　（19）甲：对了，我小时候，要娶媳妇儿的都是坐轿子，像你母亲结婚的时候就是坐轿子。

　　乙：是呀！

　　甲：那时候你还小呢！

　　乙：呵，什么？怎么我母亲结婚的时候我还小呢？

　　甲：嗷，你记不清了。

　　乙：什么话，那阵儿还没有我呢。

　　甲：嗷，那是我记不清了。（侯宝林、郭启儒表演相声选）

这是听话者发出要求对方补正的提醒信号，而对方仍没能补正时，在不得已情况下，由听话者被动代为补正。

　　最后要特别指出的是，一般的话语失误都是无意识造成的，但有时为了某种特殊需要，也可以故意失误并作出补正，或者原话并不一定是失误然而故意把它当做失误而作出补正，从而产生一种特别的修辞效果，表达一种特殊的情趣。这可称为"故意失误补正"。例如：

（20）节目主持人：（向观众）刚才，×××为我们下了一场小雨，哦，不，为我们演唱了一首《小雨》。（中央电视台 1987 年 3 月 28 日晚电视猜谜竞赛决赛实况转播）

（21）这是一种什么样的梨呵！它不是梨，简直是糖葫芦；不，糖葫芦又怎么能比得上它呢！（峻青《海燕》）

（原载《中国语文天地》1989 年第 1 期）

吕叔湘语言风格初探

　　吕叔湘先生是我国著名的语言学家，他的学术地位是国内外人所公认的。他的一系列的著作、论文、讲话确确实实是我国语言学宝库中的珍品。人们对吕先生的学术观点及其影响已经作了很多阐述和评论，但是，对他的"语言"却几乎没有进行过什么认真的探索。世界上的事情往往就是这么不可思议：语言学家研究过多少形形色色作品的语言风格，概括出多少不同语体的风格特点，可就没人去研究一下语言学家自身的语言风格。也许，人们会以为语言学的著作总是比较枯燥无味的，语言学家的语言也是干巴巴的。其实，这不能不说是一种不符合实际的成见。不信？那就请你仔细去读一读吕先生的论著吧！请注意，是读一读，而不只是看一看，因为吕先生的文章大多数是可以上口的。读完以后，我们不禁掩卷深思：为什么吕先生讲的道理是如此深刻、严密而又有创见，而表达却又那么浅近、明快和朴实？……这一切不能不使我们深深感到：吕先生不仅是位语言研究的大师，而且还是位驾驭语言的高手。

　　吕先生讲过："风格的要素虽然也不外乎字法、句法和章法，但是跟语法研究的角度不同，方法也就不会一样。语法研究主要从排比入手，而词章的研究则需要更敏锐的'风格感'，需要更多的想象力，虽然排比之功也不可废，甚至统计工作也有一定的用处。"（《吕叔湘语文论集》，23）风格是整个语言成品给人们的一个总体印象，它通过具体的字、句、章表现出来，可它又不等于具体的字、句、章。如果说字、句、章是它附丽的驱干、实体，那么，风格就是它们的灵魂、精神。我们抱着学习的态度，试图和大家一起去探求贯串吕先生全部论著之中的那种"风格感"。

一、亲切感

吕先生是著名学者，又是语言学的前辈，可他从不倚老卖老摆架子，也可以说他最反对这种做法。在给一位青年同志的信中便明确表示了这样的态度："初学写作论文的同志最容易犯的毛病有四种。第一种毛病，也是最容易引起读者反感的毛病，是摆架子。"吕先生最喜欢采取"谈心"的方式。促膝谈心，知无不言，言无不尽。《汉字和拼音字的比较——汉字改革一夕谈》采用的形式就是主客二人"就着这巴山夜雨，烹茶剪烛，作竟夕之谈"。有一次吕先生应邀参加一个会议，他开门见山便宣布："刚才，主席已经声明了，我这个不是报告，是讲话。我想也不是讲话，是谈话或者谈心。我是代表中的一员，跟大家一起来谈谈心。"（《吕叔湘语文论集》，354）正由于吕先生始终如一地把自己看做群众中的一员，采取平易近人的态度，所以读他的文章或听他的讲话，就会产生一种强烈的"亲切感"。

在语言形式上，作者经常采取两种方式：

1. 喜欢用第一人称的复数包括式"咱们"，而不大用排除式"我们"。虽说只有一字之差，可是，用了"咱们"，就把读者（听众）和作者合成一体了。例如：

（1）咱们汉人第一次接触西方语言的时候，多半会有这么一种感想："哟，怎么这么别扭啊！写信就写信了，干吗非得交代是在写一封信啊还是写几封信啊？同样是说话，干吗你说、我说、他说还得分三种说法呀？"想不通。（《吕叔湘语文论集》，46）

（2）不过熟语是可畏而不可畏的，只要咱们不掉以轻心，就不会不发现问题，而手头有一部较好的字典，也就不怕不能解决问题。（《吕叔湘语文论集》，278）

（3）这样咱们就换一条路线来跟高先生谈。先请问高先生……（《汉语语法论文集》，232）

（4）咱们不能忘了，词这个东西，不光是语法单位，也是词汇单位。（《汉语语法分析问题》，21）

第（1）（2）例为一类：是读者包括了作者。"想不通"的只是读者，可是一用上"咱们"，仿佛作者跟读者都想到一块去了，一下子便缩短了作者和读者之间的心理距离。第（3）（4）例为另一类：是作者包括了读者，实际上讲的是作者的主观认识，可用上"咱们"，似乎读者也参加进来了，跟作者一起去探索，作者和读者的思想感情便息息相通了。

2. 经常使用第二人称代词"你"或"您"。似乎读者就在眼前，一用"你"（您），让对方身临其境，设身处地，这样就更具有说服力和感染力。例如：

（5）读者同志，您欣赏不欣赏这一段"佳作"？我是非常抱歉，一点不能欣赏。（《吕叔湘语文论集》，301）

（6）你说一个老师，拿四五十元钱一个月，到城里进修两次得花三五元钱的路费，花得起吗？（《吕叔湘语文论集》，364）

二、幽默感

亲切和幽默是很难截然分开的。板起脸来写文章，只能使人敬而远之，而要使读者跟你真正亲切起来，"幽默"是一种最好的纽带。幽默使人轻松愉快，让人情不自禁地发出会心的微笑，跟作者一起产生思想上的共鸣。在笑声中，作者和读者之间的一堵无形的墙就融化了，消失了。吕先生的文章越是近期的，幽默感越是明显，这充分显示出作者的自信和乐观。吕先生对幽默一向是很重视的，他主张"寓开导于谐趣之中，发人深省"。换言之，不是为了逗乐才来点幽默的语言，而是通过幽默的语言，达到"开导"的作用。因此，幽默不是一种"调味品"，它是一种气质，一种渗透于整篇文章的某种乐观向上的感情。

众所周知，吕先生对词语选择的能力是很出色的。有时只用了一两个现成的词语，因为用得恰到好处，这种"幽默感"便自然而然地流露出来了。例如：

（7）……这个难，那个难，还有许多难处。刚才罗竹风同志讲了，我们对待困难采取什么态度，还是看看不对，溜之乎也？不能溜之乎也。（《吕叔湘语文论集》，183）

　　（8）不要认为大词典编完出齐之后，我们编纂处就大功告成，就各归洞府。（《吕叔湘语文论集》，187）

例（7）成段的口语中突然冒出来这么一句"溜之乎也"，立时勾画出一个开小差临阵逃脱惟妙惟肖的懦夫形象，显得十分俏皮；例（8）套用了神话小说中的惯用语"各归洞府"，似乎各处编者都是神通广大的神仙，是打算功成告退。诙谐风趣，开了个小小的无伤大雅的玩笑。

　　幽默还常常跟其他修辞方式结合起来使用。跟比拟结合，往往起到"情理之中，意料之外"的艺术效果。例如：

　　（9）书面语经常从方言里吸取营养，书面语不能脱离口语"一意孤行"，上面已经说过。（《吕叔湘语文论集》，43）

　　（10）今天上海市教育局吕副局长在这里，我正式建议，在上海搞试点，先办起来，试试看有没有"销路"。有"销路"，就多办两个。（《吕叔湘语文论集》，368）

例（9）讲书面语"一意孤行"是拟人，好像孤家寡人，独来独往；例（10）讲培养文书人才，用的却是商业上的时髦用语"销路"，这是拟物。

　　幽默有时和夸张相结合，使人忍俊不禁。例如：

　　（11）声音符号和形象符号比较，有两点较胜。一、使用较快。画一个人的形象多慢，说一个"人"字多快！……（又如说"千军万马"，那得画多少时？）（《吕叔湘语文论集》，63）

　　幽默跟讽喻相结合，也会收到出奇制胜的效果：

　　（12）并且，堂而皇之，一人一行，不像《辞海》那样，一页里边挤上几百人，像春节前的火车车厢。（《吕叔湘语文论集》，190）

三、平易感

　　吕先生曾经讲过，"孔夫子说'辞达而已矣'。'达'这个字可以作种种解释，不但要让人看懂，还要让人不费力而就能看懂。人家看不懂还不是文章白写了"（《吕叔湘语文论集》，13）。不仅看懂，而且要不费力就能看懂。这个要求不正体现了吕先生对读者高度负责的精神？所谓

"平易"，就是希望文章，尤其是学术论文具有"可读性"。所以，吕先生再三强调"写学术论文要平易，平易，第三个还是平易"（《吕叔湘语文论集》，372）。

　　吕先生自己就是处处如此"身体力行"的。他曾经写过一篇文章专门谈文风问题，"本来想用'文风识小'做题目，一想，不对，这'识小'二字对好些读者是费解的"（《吕叔湘语文论集》，294），后来就改用比较通俗明白的"文风偶记"做题目。为了使文章好读好懂，吕先生特别注重口语的运用，尽可能地从口语中吸取有用的成分，包括口语词以及口语句式。例如：

　　（13）科学先进的国家的科学家，尽管本国文的科学文献已经很丰富，还是一般都会两三种外语，有的懂五六种，至不济也有一种能用。（《吕叔湘语文论集》，338）

　　（14）如果按汉语、俄语这样的单位来算，大概也短不了千儿八百吧。（《吕叔湘语文论集》，34）

　　（15）为什么会有这种偏向？我想，这是因为搞理论可以得到一种美学上的满足，用通俗的话来说就是"过瘾"。你看，化学元素周期表，原子核模型，美不美？美得很啊！语法体系不是也可以搞得很美吗？观察呀，实验啊，既零碎，又枯燥，腻味死了！（《吕叔湘语文论集》，6）

　　（16）后来过了两年，大跃进的时期，要跃进嘛，在订语言所计划的时候，同志们就要求大词典快点上马。哎呀，那个大跃进时期的浮夸风真厉害，大词典要上马，并且要在什么三年、五年里头就完工。语言所就那么几个人，做不了，好容易混了过去。（《吕叔湘语文论集》，181）

　　例（13）（14）中的"至不济"、"短不了千儿八百"都是典型的口语词；例（15）（16）整段整段的口语化了，句式短促、有力，语气词丰富，口语词"过瘾"、"腻味"、"上马"、"混"都是相当精彩的。不仅一般文章如此，即使正经八百的学术著作也可以不时发现这些口语的"痕迹"。

　　（17）"我姑姑送一枝钢笔给我"，送的动作起于"姑姑"，止于"钢笔"，可是没有完全停止，拐个 弯儿又到了我的身上，"我"也可算是止词不是？（《中国文法要略》，44）

（18）这篇文章的初稿的题目是"国语里的主语、宾语和它们的位置"，目的是要把这两个句子成分的各种位置和与此相关的条件分别说一说。写着写着，困难就来了，有些句子里的某一位置上的某一个语词，到底是主语呀还是宾语，颇难确定。（《汉语语法论文集》，445）

吕先生有时还使用群众所喜闻乐见的谚语、歇后语，甚至于从方言里吸取某些有表现力的成分。例如：

（19）卖瓜的人夸瓜甜，我是个搞语法的人，很抱歉，我不得不说，别的瓜是甜的，这一个瓜不甜。（《语文杂记》，51）

（20）有些作品不分析还能感动人，一分析倒不行了。叫七宝楼台，拆下来不成片段。（《吕叔湘语文论集》，344）

（21）这是因为现在有很多问题表面上是新问题，骨子里还是老问题。（《吕叔湘语文论集》，309）

（22）他们又编了同样是一本头的《袖珍牛津词典》，那篇幅呢，只有一半，编法上有些不同，有点新花样。（《吕叔湘语文论集》，189）

例（19）（20）用的成语、歇后语一清二楚；例（21）不说"实际上"，而改说"骨子里"（吴方言），显得更为确切、深刻，例（22）不说"一本一套"、"点子"，而改说"一本头"、"花样"（吴方言）似乎更有表现力，尤其这个"头"，是吴方言的特殊用法，表示以该数为一个整体的计量单位，这是普通话里所没有的。

讲"平易"，就要把一些比较难懂的道理讲得浅显、通俗，让人一听就懂，但同时又不能违背原意，或者把复杂的问题简单化，这就是平时常说的"深入而浅出"。真正做到这一点确实不容易，不仅要对所讲道理真正吃透，而且还要善于表达，而这正是能看出一个人"功力"的时候。吕先生常常举一些通俗简单的例子来说明比较深奥的道理。例如：

（23）语汇的情况更加明显：英语的 book 等于汉语的"书"，这应该没有问题了吧？然而不然，英语的 book one 是汉语的"卷一"。一个语言是一个体系，没有两个体系是完全一样的。（《吕叔湘语文论集》，49）

（24）比如你去调查一个地方的方言，不要跟他说"你们管西瓜叫什么"。这样问，哪怕那个方言里边不叫西瓜而叫什么别的，他也会回答你"就叫西瓜"，因为他怕说出土名来招笑话。你可以对他说："有一种瓜，圆圆的，外面是青皮或者花皮，里边是红瓤或者黄瓤，有很多小瓜子儿，味道很甜，你们管它叫什么瓜？"这样才能得到你要得到的名称。（《吕叔湘语文论集》，7）

例（23）用一个例词引出一个深刻的道理，例（24）则举了一个实例通俗而生动地介绍了一种调查的方法。

吕先生还非常善于给一些做法起"小名"。这些"小名"，因通俗上口，顿时便在语言学界广泛流传了，以至于逐渐成为某种专用语了。例如下面句中的"中间站"、"向上看"和"向下看"等等：

（25）把短语定为词（或者语素）和句子之间的中间站，对于汉语好像特别合适。（《汉语语法分析问题》，64）

（26）"向下看"的意思是看这个单位是怎么由下级单位组成的……这叫做按结构分类。"向上看"则相反，是看这个单位在上级单位里担任什么角色……这叫做按功能分类，也就是一般所说的分词类。（《汉语语法分析问题》，32）

四、流畅感

吕先生十分推崇两种风格："写文章有两个理想：一是谨严，一个字不能加，一个字不能减，一个字不能换；一是流畅，像吃鸭儿梨，又甜又爽口。这两种美德，有人长于此，有人长于彼；当然也可以兼而有之，但是不容易。"（《吕叔湘语文论集》，13）可以这样说，吕先生的语言风格就是谨严和流畅"兼而有之"的，特别是后者，在同辈学者中更是佼佼者。疙里疙瘩的文章那是没法子流畅的。吕先生在写《汉语语法分析问题》时，本来准备采用一些字母做代号（例 N——名词，V——动词），考虑到部分读者不大喜欢这种代号，就舍弃不用了。同时，"为了让读者能痛痛快快地读下去"，"把一些补充的材料，一些枝节的话，都写在附注里，并且放在全书之后"（《汉语语法分析问题》，7）。可以毫不夸张地说，为了使文章流畅，吕先生是费尽了心血的。

为了达到流畅的最佳效果，吕先生特别喜爱使用设问和反问的手法。通过问句，诱导深入，展开议题，犹如箭在弦上，有不得不发之势。这里采用的就是欲疏先堵，随堵随疏的手法。例如：

（27）今天讲的题目是"怎样学习语法"。要回答这个问题，必得先回答"谁学习语法"、"为什么学习语法"甚至"要不要学习语法"、"什么叫语法"这样一系列问题。（《吕叔湘语文论集》，153）

（28）"咬文"我还不大会讲。这个"文"到底是文章的"文"呢，还是"说文解字"的那个"文"？又怎么咬它一口？"嚼字"我觉得好讲。一个字是要细细地咀嚼，嚼一嚼是什么味道。那就是说，一个字眼，用在什么地方合适，用在什么地方就不对头？在一句里头的某一处，有几个字眼供你选择的时候，选哪一个？（《吕叔湘语文论集》，206）

要使文章真正流畅，必须扫除可能出现的障碍物。吕先生是一等的除礁好手。他不是回避矛盾绕过去，而是积极地采用各种手法把暗礁消除掉。他最经常使用的手法就是打比方。吕先生的比喻最突出的一点就是不仅通俗易懂，而且妥帖准确。取材都是我们日常生活中的平凡而又平凡的事情，但又不落俗套，赋予了它崭新的含义。例如：

（29）从原则上讲，语法讲的是对和不对，修辞讲的是好和不好；前者研究的是有没有这种说法，后者研究的是哪些说法比较好。……好有一比：我们的衣服，上衣得像个上衣，裤子得像个裤子，帽子得像个帽子。上衣有两个袖子，背心没有袖子，如果只有一个袖子，那就既不是上衣，又不是背心，是个"四不像"。这可以比喻语法。修辞呢，好比穿衣服。人体有高矮肥瘦，衣服要称身；季节有春夏秋冬，衣服要当令；男女老少，衣服的材料花色不尽相同。总之是各有所宜。修辞就是讲究这个"各有所宜"。至于修辞格，只好比做领子或袖口上滚一道花边，或者在胸前别个纪念章什么的，是锦上添花的性质。（《吕叔湘语文论集》，129）

（30）这替换的可能性似乎也是有条件的。比如说你要看京剧，当然不能用话剧或越剧来替换，可是所有京剧剧目都可以互相替换，因为你没指定要看哪一出。如果你指定要看青衣戏，那就只有《玉堂春》、《宇宙锋》这些戏可以互相替换，《空城计》、《将相和》这些戏就不能拿来替换了。如果你指定要看《玉堂春》，那么杜近芳、张君秋或者别的演员，无论谁演都成。可如果你指定要看杜近芳的《玉堂春》，那就完

全没有替换的可能了。在检验语言单位的同一性的时候，是不是也有各种各样的替换可能性呢？（《汉语语法论文集》，390）

这两例都是成套的比喻，可是我们读完并不觉得它长。只感到它比得有道理，使人有恍然大悟之感。比喻，在这里，已不是什么"锦上添花"的小玩意儿，而是文章有机的组成部分，是消除读者阅读障碍的极为有效的手段。

五、谨严感

谨严跟流畅似乎是一对矛盾，其实不然，"这两种风格也可以说各有适用的场合，都能产生好文章"（《吕叔湘语文论集》，13）。当然，如果两者兼而有之，则为上品。但一般地说，专业性、学术性强的论文更要求谨严一些。

谨严是科学研究的先决条件。它首先要求立论准确，不产生歧义。例如：

（31）"咱们"和"我们"的分别是："我们"包括我和其他人，你不在内；"咱们"包括我和你（或你们），有没有第三者在内，没有关系。（《中国文法要略》，158）

（32）比较起来，用语素好些，因为语素的划分可以先于词的划分，词素的划分必得后于词的划分，而汉语的词的划分是问题比较多的。（这里说的'先'和'后'指逻辑上的先后，不是历史上的先后。）（《汉语语法分析问题》，15）

例（31）关于"咱们"和"我们"的区别如此准确、清晰，以至于早已成为汉语语法学界所公认的观点；例（32）关于"先"、"后"的补充避免了歧义的产生。

谨严还包括推理严密，逻辑性强。例如：

（33）同类事物之间，总是既有共性，又有个性。个体与个体不同，是因为有个性；作为类的成员又相同，是因为这个时候只计及其共性而不计及其个性。可见类的同一性和个体的同一性是不同性质的同一性。为避免混淆起见，下文把"同一性"限制在个体上，把类的同一性改称

为"同类性"。(《汉语语法论文集》，396)

（34）必须有相同的部分，又有相异的部分，才能同中见异，或异中见同，才能有比较关系：同中见异，如"昨天热，今天更热"（高下）；异中见同，如"你姓张，我也姓张"（类同）。(《中国文法要略》，351)

例（33）运用个性和共性原理分辨个体的"同一性"与同类的"同一性"，指出它们不属于同一层次上的"同一性"，因而严格地说后者应改为"同类性"。叙述准确而严密，使人无懈可击。

即使是普及性文章，或一般的叙述，准确性也往往关系到文章的科学性。例如：

（35）别的动物都吃生的，只有人类会烧熟了吃。(《语文常谈》，1)

这段话照一般说法，完全可能说成"别的动物都吃生的，只有人类吃熟的"。但这样讲显然不能准确地揭示人类跟其他动物的根本区别在于"会把食物烧熟"这一点。

六、简练感

所谓"简练"，就是简洁、精练。一般地说，谨严的文章都是比较简练的。它要求不说废话，字字句句都有着落。吕先生一向主张"竭力把文章写得简要"(《吕叔湘语文论集》，372)，当然这必须在"内容允许的条件下"。换言之，真正达到"简练"必须全面地辩证地考虑到以下两点：第一，用尽可能少的语言表达尽可能多的内容，即干净利落；第二，该简则简，该繁还须繁，一切都要从内容需要出发。所以吕先生一向反对"绕脖子"、"车轱辘话"。他的《汉语语法分析问题》一书可以说是语言简练的一个典型代表。它是作者几十年来从事汉语语法研究的一个概括小结，对许多重大理论问题和疑难问题进行了分析、比较、探源，言简而意赅。虽然字数才六万多，但它的内涵完全顶得上一本语法巨著，怪不得有人认为：里面每一小节，甚至每一段话，都可以成为一篇硕士或博士研究生的论文题目。例如：

（36）比起西方语言来，汉语的语法分析引起意见分歧的地方特别多，为什么？根本原因是汉语缺少严格意义的形态变化。一般地说，有两个半东西可以做语法分析的依据：形态和功能是两个，意义是半个，——遇到三者不一致的时候，或者结论可此可彼的时候，以形态为准。（《汉语语法分析问题》，11）

（37）研究句子的复杂化和多样化，可以说是在静态研究的基础上进行动态的研究，是不仅仅满足于找出一些静止的格式，而是要进一步观察这些格式结合和变化的规律。怎样用有限的格式去说明繁简多方、变化无尽的语句，这应该是语法分析的最终目的，也应该是对于学习的人更为有用的工作。（《汉语语法分析》，91）

例（36）提出的划分词类的两个半标准，例（37）提出的静态研究与动态研究相结合，这些都是十分重要的课题。然而话却说得干脆利落，绝不拖泥带水；同时，它又非常含蓄，高度凝练，要细细体会才能真正揣摩其中的滋味。

简练就要求文章能开门见山，而不是绕脖子说话，说了半天还没接触到主题；或者戴帽穿靴，开头结尾都要说上一大堆可有可无的废话。这方面，吕先生的文章是很有特色的。有的一开头便摆出事实：

（38）现代汉语里有许多词，如小型，慢性，现行，亲生，上好，首要等等，它们的词性很难确定。（《汉语语法分析问题》，349）

有的提出讨论中心：

（39）本文打算对最近若干年来中国学者对"什么是汉语里的词"这个问题的讨论作简短的叙述。（《汉语语法论文集》，359）

有的则提出问题：

（40）什么叫"语言"？语言就是人们说的话。（《吕叔湘语文论集》，34）

当然，简练并不等于说越简越好，如果因为片面追求"简练"效果，而引起读者误解或费解，那就是"过犹不及"了。其实，只要需要，吕先生有时也会不厌其烦地加以说明的。例如：

（41）垫到底是什么意思，一起头觉得很简单，就是在底下垫个东西；现在一看，不但底下可以垫，上头也可以垫。作用也不一样：有的不平叫它平，有的不稳叫它稳，有的是叫它别受潮，有的是叫它别受伤，这样看，垫的意思很不简单，用处很大。还有，比方说，你买东西没有钱，我说，我给你垫一垫。这个垫，同桌子底下垫砖头大概有关系，但这个意思怎么转过来的，值得研究。还有，演戏的时候，正戏没开场，前面垫一出小戏也叫垫。那就不是垫在上头，垫在下头，是当中有个空当垫一垫。垫字有这么多用法，能不能归纳出一个共同的意思，还是说要分出几项，很可以研究。（《吕叔湘语文论集》，208）

作者通过各种例句才有可能说明一个简单而朴实的道理："有些字眼，细细琢磨，意思是复杂的，不是那么简单的"。如果只是三言两语说一说，简则简矣，可是要说明问题让读者信服恐怕就不那么简单了。

有时作者还故意重复使用某些词语，这种重复有其特殊的修辞作用，恐怕也不能说是"繁冗"了。例如：

（42）可是据我所知，这里边的作者没有一位不是把这个讲座当做一项重要任务，认认真真地作准备，认认真真地讲，……认认真真地加以修改的。（《语文杂记》，144）

这三个"认认真真"并不使人感到累赘，反而突出了"作者们"对这个"讲座"高度重视的态度。如果只用一个"认认真真"是绝对达不到这个修辞效果的。

七、余　论

关于语言风格的研究，我们认为至少还涉及以下三个理论问题：

1. 静态研究与动态研究

正如吕先生所提醒的："静态研究很重要，是根本，但是不应当到此为止，用一堵墙把自己圈起来。"（吕 8）不论语法研究，还是修辞研究，都应提倡在静态研究基础上进行动态的研究。语言风格的动态研究，起码应考虑以下四种变化：（1）时代的变化；（2）环境的变化；（3）内容的变化；（4）对象的变化。

纵观吕先生的论著，大致可以分为三个历史阶段：（1）解放前。由于时代、环境等条件限制，行文以谨严为主，同时也不失平易之感。这一点在《中国文法要略》一书中表现最为突出。但由于当时"研究所的主持人的主张"，1944 年以前的论文基本上是采用文言写成的，因而另外形成了一种古雅的风格。例如《释您、俺、咱、喒、附论们字》、《论毋与勿》等等。(2)新中国成立后。这一段基本上是以现代汉语书面语从事写作，注意吸取口语成分，书面语和口语相互渗透，形成谨严与流畅相结合的语言风格。(3)"文革"后。吕先生驾驭语言的能力已达到炉火纯青、得心应手、出神入化的地步。语言进一步口语化，在谨严、简练、平易、流畅的基础上，又增添了新的亲切、幽默之感。

　　从涉及的内容及对象看，也大体上可以分为三类：(1)学术论文。专业程度较强，对象多为专家和专业工作者，有较高科学价值，因而显得格外准确、严密、简洁、逻辑性强。其中部分文章研究对象就是文言，所以文风也显得古雅一些，例如《〈资治通鉴〉标点斠例》、《标点古书二题》等。(2)学术性文章或报告。对象为一般的语文工作者，因而在注意科学性同时，更加注重语言的流畅、明快，并运用了不少口语成分。(3)普及性文章或讲话。对象是一般群众，语言更加深入浅出，平易近人。

　　用这种变化的眼光来分析，才可能得出比较全面的看法。即吕先生的语言风格也不是一成不变的，也不是风格单一的。

　　2. 文理自然与姿态横生

　　这是吕先生对语言风格的辩证观点。首先要求自然，不是矫揉造作。其次要求变化，不是呆板滞涩。风格本身无所谓高低之别，平易也好，藻丽也好，谨严也好，流畅也好，各有各的特点，各有各的用处。问题在于要做到"各得其所"。正如吕先生所说的："有一个原则贯穿于一切风格之中，也可以说是凌驾于一切风格之上。这个原则可以叫做'适度'，只有'适度'，才能不让藻丽变成花哨，平实变成呆板，明快变成草率，含蓄变成晦涩，繁丰变成冗杂，简洁变成干枯。这个原则又可以叫做'恰当'，那就是该藻丽的地方藻丽，该平实的地方平实，……不让一篇文章执著于一种风格。综合这两个方面，用一个字眼来概括，就是'自然'，就是一切恰到好处。……文理自然而又姿态横生，这个境界不是随随便便就能达到的，是要经过长时间的锻炼才能接近的。"(《汉语修辞学》序)这段话起码包含了四层意思：

　　(1)"自然"，即一切都恰到好处。这是衡量风格好坏的最高标准。

而"自然"则包含两方面内容："适度"和"恰当"。

（2）"适度"。即某种风格发挥不能过头，过了头，优点也可能变成缺点，长处也可能变成短处。"恰当"则要求某种风格该发挥时便应不拘一格充分发挥。

（3）语言风格文理自然而又姿态横生，这才是达到了高超的境界。

（4）各种风格不是相互对立排斥的，而是相互补充衬托的，因而不仅一篇文章往往是多种风格的综合体，而且一个人的语言风格也呈现出多样性。

3. 风格多样与核心风格

一篇优秀文章的语言往往呈现出风格的多样化，在这里可能是平易，在那里则可能是幽默，在开头可能是谨严，在结尾则可能是简练；也可能在这篇文章的某一段话中，同时交融了好几种风格感，既幽默又亲切，既谨严又流畅。如果硬要把这种复杂的多侧面的风格感硬用固定的简单的模式去套，那是徒劳无益的。同样道理，在某位作家跟某种风格之间画上个等号这种做法也是无助于语言风格的研究的。这样做事实上是抹杀了语言风格的多样性。请看下面一段话：

（43）你写文章是要人看的。你摆下八阵图，把许多读者吓退了，你就达不到你写文章的目的。有少数好奇的读者硬着头皮钻进去，居然钻到阵图的中心，一看，原来没有什么稀罕儿，只有一个类似"二加二等于四"的东西，他不骂你才怪呢！（《吕叔湘语文论集》，373）

这段话平易而流畅，又亲切又幽默，用了不少口语词和口语句式，还运用了比喻、夸张等修辞手法。你难道能用某一种风格的标签一贴了事吗？

当然，另一方面，我们也不否认这多样化的语言风格中，往往有一种或两种起着主导作用，它贯穿始终，而又有其独特的个性，以区别于其他文章或其他作者。这种起主导作用的风格可称为"核心风格"。作为学者，吕先生语言风格的最可贵之处是"平易近人"，这不只是一种语言风格，而且是一种处世的风格。这一核心风格贯穿于吕先生的全部论著之中，也体现在吕先生的一生为人之中。

（原载《语言教学与研究》1987年第3期）

上海店名文化心理分析

人们的文化心理追求是多层次、多侧面的，这种文化心理的追求在商店的命名上留下了深刻的痕迹，它涉及社会学、文化学、心理学以及语言学等各个领域，研究一下店名的构成及其文化心理背景是一个饶有兴趣的课题。

一般店名总是由四项组成，例如"上海第一百货商店"，它分别由A（地名），B（区别名），C（行业名），D（通名）组成。但在实际使用时，大部分商店往往省去A项，因为通常在某个城市提到某某商店，不言而喻，指的必定是本市，只有在特指别的城市某某商店时才须加上A项，如"北京国际饭店"以区列于"上海国际饭店"，因此，B，C，D三项相对更为重要。要注意的是，有的貌似地名，但实质上不是A项而是B项，例如"北京饭店"，不是指北京的饭店，事实上，北京有个北京饭店，上海也有个北京饭店，这里的"北京"只是个区别名；有的饭店以地名来命名，如"扬州饭店、四川饭店、安徽饭店、宁波饭店"，是表明该店供应的菜肴属于哪一菜系，当然也不是A项，而是B项。有时，C，D两项可以合并为一项E，这时便只剩下B，E两项了；有时甚至E项也可以省去，只剩下B项，例如"杏花楼"（上海著名的粤帮饭店）、"朵云轩"（上海著名的书画商店）。当然，这种情况下，B项的知名度都比较高，而且在所有的行业中都没有重名的。因此，就店名的各部分而论，最重要的是B项和C或E项，特别是B项。

商业，从本质上讲，总是涉及三个方面：第一，买者，即顾客；第二，卖者，即商店；第三，被卖者，即商品或服务项目。所以，B项和E项的选择往往总是同这三者休戚相关的。我们着重调查了上海百货、饮食、旅馆等若干种行业的店名，从中发现了一些颇为有趣的现象。

一、B 项分析

B 项是同行业中这店区别于那店的主要标志，B 项的选择，首先是从为顾客着想，这无非是两条，一是出于方便顾客的心理，让顾客方便最重要的就是要在偌大一个上海市里可以毫不费力地找到它，因此以它所处的地名、路名来命名虽然缺乏特色，然而简便、实用，尤其是用一些重要地名来命名的，例如以驰名中外的游乐场所"大世界"来命名的就有食品商店、百货商店、眼镜商店、钟表商店、医药商店、彩扩中心、旅社等。这一命名法几乎所有的行业都采用了，有的还相当普遍。全市菜场 205 家，其中 202 家是以它所在的地名（包括路名、地点名、新村名）来命名的，占 99％，例如"曲阳、大境路、小车门、十八间"等；全市副食品商店 104 家以地名来命名的有 54 家，占 52％，例如"巨鹿、天潼路、日晖、江湾镇"等；全市浴室 106 家，以地名来命名的有 42 家，占 40％，例如"四平、大兴、广灵、东昌"等；旅馆业 589 家，有 250 家以地名来命名，占 42％，例如"万春、万航、大统、水域"等。其他行业以地名来命名的也不少，但大多不超过总数的 40％，尤其是专业商店由于它的性质决定往往较少采用这一方法来命名，例如自行车商店 75 家中只有 13 家，占总数的 17％，电视无线电商店 49 家只有 5 家，占总数的 10％。

二是出于缩短商店与顾客心理距离的动机。顾客与商店构成了矛盾的统一体，让顾客消除对商店的"防范"心理，把顾客吸引到自己的商店来，一直是商店努力的目标。反映在起名上就尽可能地使店名更加平易近人，处处显示自己是热心为顾客服务的，希望以此来打消顾客的对立情绪和畏惧心理，这一点在医药、百货、饮食、旅馆四个行业上表现比较突出。医药业有 47 家，占总数的 13％，例如"健民、爱民、为群、强民、卫众、为民"等；百货业有 41 家，占总数的 8％，例如"爱群、卫群、利众、利民、向民、益民"等；饮食业 37 家，占总数的 5％，例如"工农、人民、群益、卫民、大众、民众"等；旅馆业 25

家，占总数的 4％，例如"群众、大众、向群、健民、为群、利民"等。其他行业虽然也有这样命名的，但所占比例都很少。

其次，从商店或服务项目的特色出发，就要使店名与它所经营的特色相协调，并尽可能在店名上就能让顾客了解它的特色。例如上海共有106 家浴室，店名与水有关的便有 43 家，占总数的 41％，它包括"东泉、西泉、南泉、清泉、天泉、沪泉、浴德池、逍遥池、珑池、长江、内江、浦江、沪江、渡江、金沙江、东海、西海、四海、海浪、西湖、洪湖、南洋、太平洋"；另外还有一些与地名双关的，如"江浦、江湾、吉江、吴泾、宜川、丽水、徐汇、海宁、控江、淮海、舟山、龙华、漕河泾"等。

除浴室外，还有一些专业商店的店名也颇有特色。

刀剪商店 14 家中有 8 家以"锋"、"利"命名，占 57％，例如"直锋、华锋、先锋、坚锋、青锋、锋光、锋利、锐利"。

电视、无线电商店 49 家中 38 家以"声"、"歌"或以电波覆盖范围来命名的，占 78％，例如"百声、金声、乐声、佳音、美声、明声、群音、红歌、凯波、波红、春歌、高歌、康歌、新歌、赞歌、长虹、美虹、五洋、申华、红华、宇宙、国际、星际、新华"等。

自行车商店 75 家中有 39 家的店名同"骑行"、"距离"有关，占52％，例如"飞达、飞利、飞轮、飞虹、飞速、飞翔、长风、长征、永久、环球、星球、万星、上游、车轮、天马、青方、春风、顺风、乘风、新轮、永进、向前、交通、进益、利达、前进、顺达"等。

眼镜商店的店名往往与"光"、"明"有关，而钟表商店的店名则往往同"时"、"声"有关，全市 114 家眼镜钟表商店中有 37 家如此命名，占 32％，例如"红光、红星、光芒、光仪、光明、光新、视力、虹光、新光"，"时声、华声、时准、长准、时新、金声、时鸣"等。

另一方面，则以其服务所达到的目标来命名，这对顾客也是很有吸引力的。比较突出的是医药业和理发业。

医药业往往以"健康"、"长寿"为号召，355 家中有 117 家如此命名，占 33％，例如"康乐、康宁、康健、常青、普康、青春、保健、益寿、万寿、长青、长春、健春、永安、永强、永新、永青"（以上为中药店）"葆青、青春、迎春、万年青、安福、复康、健美、泰康、保健、健康、万青、长青、回春"（以上为西药房）等。还有取象征性意义的商名，例如"劲松、松鹤、松年、青松、苍松"等。

理发业的店名也很有意思，全市 144 家中有 49 家如此命名，占 34%。不仅有直接以"新雅、葆春、洁美、洁客、美丽、美容、绝美、露美、新新"来命名的，更有趣的是以花卉来命名，具有一种象征性含义，例如"白牡丹、白玫瑰、红玫瑰、菊花、芙蓉、牡丹、紫罗兰"等。

第三，从商店本身来命名，集中表现为店名追求吉利、美雅，以迎合顾客的心理并显示自身的价值。这一点在饮食业中反映最明显。例如"大富贵、大鸿远、五福、庆丰、功德林、美心"等。上海的点心店，除少数几家之外，几乎都是三字招牌，而且多与古典诗词、名胜古迹相联系，显得特别古朴典雅，另有一番情趣，例如"又一村、沁园春、满园春、杏花村、春江、春园、古漪园、沧浪亭、万阳春、五芳斋、桂花厅、乔家栅、味香斋"等。上海的饭店、酒家也有不少称做"楼、馆、园、居、厅、阁、斋、村"的，例如"杏花楼、五峰楼、庆源楼、振华楼、得意楼、鸿远楼、景华楼、岳阳楼、松元楼、松月楼、松鹤楼、燕方楼、龙园楼、荣华楼、回风楼、状元楼、迎宾楼、新和馆、东兴馆、同兴馆、同馥馆、五味斋、天香斋、花园村、淞花村、天鹅阁、叙贤居、远香居、绿波廊"等。这类店名共有 385 家，占总数的 52%。

旅馆业用这种方法命名的也有 273 家，占总数的 46%，例如"蓝天鹅、丽园、吴宫、杨柳青、枫树、银星"等；百货业用这种方法命名的也有 187 家，占总数的 36%，例如"春江、凤翔、丽华、锦艺、灿烂、吉丽"等。

除此之外，近年来还表现出两种相反的然而又是明显的趋势。一是出于一种尊重古老传统的怀旧心理，以"历史悠久"为荣。现在有不少有百年历史的中药店纷纷恢复旧招牌，例如"九和堂药店、京都达仁堂药店、胡庆余堂药号、童涵春堂国药号、蔡同德药店"等。饮食业也很突出，上海拥有十三家以"老"自称的饭店、酒楼，例如"老半斋、老四茹、老正兴、老协兴、老同藏、老松盛、老隆兴、老人和、老广东、老公兴、老饭店"等。其他行业如"张小泉刀剪商店、王大隆刀剪商店、王星记扇庄、老日升织补店、协大祥绸布商店、老大房食品商店"等。二是出于一种赶时髦、求时尚的趋新心理，起了一批洋味儿较浓的店名，这主要是近十年来的情况，比较明显的是西餐馆的命名，例如"新利查、红房子、凯乐、美雅、蕾茜、蓝村、海虹"等，还有"巴尔扎克快餐厅、奥林匹克餐厅"，那洋味儿更足了。

下面一些图表的数字也许不那么准确，即店名应归入哪一类个别的可能有出入，但它已能反映出上海若干行业店名的文化心理分布的一种趋向：

行 业	总 数	地	名	平 易	特	色	美	雅	政 治
菜场	205	202	99%	3					
副食品	104	54	52%	5	11	11%	30	29%	4
浴室	106	42	40%	6	31	29%	24	23%	3
无线电	49	5	10%	2	38	78%	4	8%	
自行车	75	13	17%	2	39	52%	13	17%	3
钟表眼镜	114	24	21%	5	37	32%	28	25%	10
理发	144	41	28%	5	49	34%	44	31%	5
医药	355	101	28%	47	117	33%	60	17%	30
旅馆	589	250	42%	25	29	5%	273	46%	9
饮食	734	238	32%	37	62	8%	385	52%	12
百货	515	151	29%	41	115	22%	187	36%	21
总 计	2990	1121	37%	178	528	18%	1051	35%	97

从上表我们可以看到：1. 与市民日常生活密切相关，并主要为周围居民服务的行业以地名来命名店名为主，如菜场、副食品商店、浴室等；2. 旅馆、饮食、百货三大行业是商业系统三大支柱，数量最多，关系到群众的住、吃、用，因此，它以商店角度求吉利、美雅命名为主，同时也较多地用地名命名；3. 专业性强的商店以特色命名为主；4. 从总体看，以地名命名最多，占37%；以特色命名较少，占18%。

二、E 项分析

一般人总以为店名中 B 项是关键，E 项似乎无足轻重，其实不然，同一行业中，E 项的不同选择正反映出一定的心理态势，也是这店区别于那店的第二位标志。分析 E 项的区别，可以看出三种文化心理状态。

一是习惯心理。同一行业 E 项不同，反映了传统分工的一种习惯心理，有的几乎从不相混。我们发现，凡叫"××药房"或"××医药商店"的都只经营西药，但在 E 项前从不冠以"西"字；而凡叫"药店"的则必冠以"中"字，而且必定只经营中药，凡叫"药号"的一般不冠以"中"字（有的冠以"国"字），也经营中药，而凡 B 项是"××堂"的，不论有无 E 项，一概经营中药。这一选择如此严格，不能不说是一种牢固的习惯心理在起作用。

二是等级观念。商店有大有小，有高级、中级或低级之分，这在饮食业、旅馆业选用 E 项时反映最明显。饮食业一共 626 家，其中食堂 124 家，点心店 119 家，饮食店 162 家，饭店 132 家，酒店（楼）36 家，菜馆 28 家，餐厅 25 家。这里的 E 项大体上可以分为两个等级，食堂、点心店、饮食店一般花费较少，属低档；而饭店、酒店（楼）、菜馆、餐厅则属中高档。这两种等级的差异可以从下边比较中清楚地看出：

四川饭店～四川食堂　　　长风餐厅～长风食堂

长城饭店～长城饮食店　　太湖饭店～太湖点心店

旅馆业一共 699 家，其中旅社（馆、店）447 家，招待所 79 家，饭店 40 家，酒家 4 家，宾馆 25 家。旅社和招待所属中低档，旅馆业的"饭店、酒家"是指高级旅馆兼营餐厅业务的，如"国际饭店、锦江饭店、龙柏饭店、金沙江大酒家"等，同宾馆、大厦都属于高档。这两种等级的差异也可以从下边的比较中清楚地看出：

华亭宾馆～华亭旅社　　　和平饭店～和平招待所

北京饭店～北京旅社　　　虹桥宾馆～虹桥招待所

三是趋新意识。这在 E 项选择上也起很大作用。例如现在新开或新装修的理发店，如果比较高级一点的，大多改为"美发厅"、"理发厅"，如"大都会美发厅、施美美容厅、斯为美理发厅、南京美发公司"。如果档次较低的，多为个体户所开，不少叫"发屋"，如"珍珍发屋、蓓蕾发屋"等等。

又如饮食业，许多个体户开的小饭店，如叫"饮食店"嫌太土，叫"饭店"嫌太俗，叫"酒楼"又名不副实，于是便选择了可上可下可大可中，文质彬彬又带洋味儿的"餐厅"，所以现在是"餐厅"处处可见，什么"芳芳餐厅"、"美味餐厅"，其实大多只是一开间门面，十来个座位，根本无"厅"可言。

三、余　论

这些年来，许多商店改用新店名，以适应时代发展的潮流，这是十分自然和正常的。但是，仍然有不少店名深深地打上了时代的烙印，保留着历史的陈迹。尤其是十年动乱中，许多商店被迫纷纷改名，大多改用政治色彩浓厚的店名，这反映了那个时代在政治上寻求保险的一种变态心理。例如"红卫理发店、大寨食品商店、跃进烟杂商店"等。这在百货业、医药业中表现最明显，例如：

百货业以"红"字打头的有20家：红武、红炬、红星、红雷、红缨、红霞、红旗、红松、红胜、红跃、红云……

医药业：大庆、光辉、上游、卫星、东风、长征、劲风、春雷、星火……

店名的重名现象，在上海也是一个十分突出的问题。这反映了命名时过多考虑共性而缺乏个性的表现。例如饮食业以"新风"命名的有8家，"立新"5家，"东风"4家，"大众"、"大新"、"春园"各3家，"工农"、"人民"、"长城"、"长风"各2家。旅馆业"建新"5家，"前进"、"朝阳"、"虹桥"各3家，"长征"、"长江"、"东方"、"北京"、"北海"、"申江"、"沪江"、"和平"、"华亭"、"新光"、"新沪"、"海光"、"喻江"、"淮海"、"桥"各2家。同行业店名B项相同，这就给顾客带了不小麻烦，以至于常常发生搞错情况。因此在条件许可时应对这种店名进行必要的整顿。

商店的名称有不少是独具匠心的，不仅与商店特色、宗旨相符，而且双关、含蓄、耐人寻味，例如"彩虹绒线商店、晴雨伞店、一新百货修配商店、三毛儿童用品商店"。但也存在一些不妥帖的店名。例如"钢铁饭店"让人望而生畏，大倒胃口。又如一家小饭店起名"羴蠢犇"，也许主人认为三只羊，三条鱼，加上三头牛更能显示它所经营的特色，其实不然，"蠢"是"鲜"的古异体字，尚符合饭店性质，然而"羴"却是"膻"的异体字，即羊身上那股难闻的膻味，"犇"是"奔"的异体字，同饭店是风马牛不相及的。有的商店名过分追求典雅，又省去 E 项，结果令人费解。例如一家店名叫"秋霞阁"，人们还以为正同"丽云阁"一样经营字画工艺的，其实是家饭店，此外有的店名会引起歧义，例如中山公园附设有个"长影招待所"，不少人误以为是"长春电影制片厂"在上海开设的招待所，其实是"长宁电影院"附设的招待所。这种情况也应避免。

总之，对商店命名进行研究是一件很有意义的工作，扩大来说，对商品牌号、校名、路名、杂志名、人名都应该进行深入、系统的研究，从中可以发现不少深邃而又朴素的道理。

（原载《现代语言学》，延边大学出版社 1988 年）

第三部分
修辞研究

辞格研究之我见

一、从唐钺的《修辞格》开始，辞格研究一直是中国修辞学界的热门课题。但是，辞格研究并不如大家所期待的那么卓有成效，其症结主要有两个：第一是修辞学界对辞格的看法存在着两种偏激的倾向：一是"辞格中心论"，似乎辞格是修辞学研究的一切，或者起码说是最重要的，由此导致多姿多彩的修辞手段动辄被纳入辞格的框架之中；二是"辞格取消论"，也许是出于一种逆反心理，有人走向另一极端，即试图取消辞格的独立存在价值，把辞格同其他修辞手段混为一谈，似乎只有取消了辞格才能保证修辞学的正常发展。这两种倾向从左右两个方面干扰了辞格乃至于整个修辞学的研究，至今仍有一定市场，因而我们必须保持清醒的认识。第二是以往的辞格研究往往偏重于个别的、微观的、描写性的研究，而缺乏系统的、客观的、理论性的研究。因而就一个个辞格来讲，可能分析得很细致甚至于相当深入，然而对辞格的总体认识却始终处于一种朦胧的状态。例如：到底什么是辞格？它形成的心理、逻辑、语言基础是什么？辞格的内涵与外延，它的本质特征与非本质特征，它同一般修辞手段的联系与区别，辞格的分类标准及其理论依据，等等，都没能形成某种比较有说服力的看法。

二、从80年代初开始出现了新的转机，一批修辞学家力图在辞格研究方面迈出新的步子，他们研究的成果集中反映在辞格总体分类及其标准上。比较系统地提出辞格分类标准的有四家：一是吴士文，他主张以"辞格的特定结构"为分类依据[1]；二是刘焕辉，他主张以"语言形式的特殊运用"为分类依据[2]；三是潘晓东，他建议以"在形式上和内容上的本质特点或显著特征"为依据[3]；四是李济中，他提出从"表达效果的角度"进行分类[4]。其中，吴氏的分类是最富有启发性的。他有一个总的出发点，即试图给辞格建立起一个"严密而有序的网络"，并在理论上提出四点具体要求：（1）在范围上要有"全异性"；（2）在标准上要有"同一性"；（3）在命名上要有"一贯性"；（4）在层次上要有"平面性"。这一理论的提出，在当时产生了积极的影响，并促进了辞格理论研究的深入。

　　三、语音、词汇、语法都有完整的体系，辞格是不是也应建立一个严密而有序的网络系统呢？我认为辞格同语音、词汇、语法是完全不同性质的问题，恐怕不能作简单的类比。辞格的外延是模糊的，它的形成条件是多元的，它们之间的关系是离散的，因而事实上，辞格根本不存在这么一个严密而有序的网络。主张"严密而有序的网络"，实质上就是把辞格看成一个单一的、整齐的、明确的、按规则排列的系统，这一看法比起把辞格看成一群互不相干、杂乱无章的乌合之众是一大进步，但是，问题的关键在于：辞格只是语言运用过程中所形成的某些特殊的修辞手段，语言的运用千姿百态，千变万化，修辞手段所依据的条件也是形形色色、数不胜数的，这就从根本上决定了辞格并不是按照某种单一的标准有规则地、有顺序地编制出来的。从这个意义上讲，辞格有点儿类似于句法中的"句式"[5]，句式不同于句型或句类，后两者都有严密而有序的系统，而句式则是具有某种特殊标志或特别作用的句子格式，例如"把"字句、"被"字句和存现句、比较句、否定句等等，显然，它们也不是按照同一标准分出来的类别。曾经有不少人作过种种努力，试图用同一标准给辞格分类，但由于这仅仅是一种良好的愿望而恰

---

①　吴士文．修辞格的定义及其他．见：修辞学论文集第 2 集
②　刘焕辉．关于辞格的实质及科学体系之管见．见：修辞学研究第 2 辑
③　潘晓东．辞格大类划分刍议．见：修辞学研究第 2 辑
④　李济中．关于修辞方式的分类与处理．见：修辞学论文集第 1 集
⑤　这一看法得益于同濮侃先生的谈话，谨志谢意。

恰违背了辞格的客观规律，因此结果只能事与愿违。我们认为：辞格是一个多元的、离散的、模糊的类聚系统，并相应提出四项原则：（1）在范围上具有"模糊性"，这不仅指辞格与辞格的界限是交融的，而且指辞格与非辞格的界限也是不清晰的；（2）在标准上具有"多元性"，即根据每个辞格区别性特征的共性归纳出多元的标准，从而形成不同的类聚，而不是用某一相同的标准去硬套所有的辞格；（3）在关系上具有"离散性"，即某一类聚内部的各辞格之间的关系是离散的而不是有序的；（4）在层次上具有"交叉性"，即每个辞格内部有多种层次，如结构特点、语言形式、表达效果等，不同辞格在不同层次上完全可能交叉。这四点中，前两点最重要，是本质性的。

　　四、"模糊性"与"多元性"会不会导致分出来的辞格相互包含、部分重合呢？我看不会。因为辞格是以类相聚的，"类"实质上就是反映了辞格形成的带区别性的本质特征。虽然在其他特征方面，这一辞格与那一辞格可能相通，相融；这也就是为什么在语言运用中常常会出现"兼格"的现象。然而，多元的标准正是建立在这带区别性的本质特征之上的，因而它们将分别聚集在不同的类型周围。按我们的理解，辞格是指在特定的语境中，运用有特征的语言，显示特别的言外之意，表达特殊的效果，并已形成一定模式的修辞手段。这一理解的关键是如何解释"运用有特征的语言"，即指跟一般的语言交际形式相比具有明显的或者潜在的区别性特征。我们分析了若干重要辞格的本质特点，找出它们各自的区别性特征，并对这些特征进行了综合比较分析，概括出其共性，即形成类的依据，从而归纳出辞格的三大基本类型：

　　A. 特定结构型：即具有明显的识别标志作用的词语、词序、格式，这些标志可以称为"显性标志"。例如：顶真、回环、对偶、排比、同语等。

　　B. 超常组合型：即在常规组合的基础上所派生出来的超常规组合，它以常规组合的存在为前提，因而与常规组合相比较而成为其重要的识别标志。这种标志可以是显性的，例如拈连；也可以是隐性的，例如比拟、夸张；也可以有时是显性的有时则是隐性，例如析字、析词、仿造。

C. 言外替代型：即在言语之外客观上存在着另一被替代对象，而在言语中则只出现替代词语，如果有必要，被替代对象的词语可以出现在替代词语的位置上，因而被替代对象的词语实践上也可以充当一种隐性标志。它又可以分为：异形同指，如借代、委婉、易色、降用、反语；同形异指，如双关；借形正指，如飞白。

五、对这三种辞格类型的分析，我感到有两个明显的特点：第一是三种类型分别着眼于结构特点、词语组合以及词语与客观事物的联系。其分类标准显然是多元的，而且是具有区别性特征的。第二是不论哪一种类型，都强调了鉴别的形式标志，A 型是显性标志，B 型有显性也有隐性标志，C 型则只有隐性标志。这就意味着，如果没有这种形式标志，任何修辞手段都无法进入辞格的这三大类型，因而也就不成为其辞格。

形式标志，对辞格的确定来讲是至关紧要的，否则，只是在语义上估测，那必然带有极大的主观任意性，实际上也就是取消了辞格。但是我们对形式标志作广义的理解，而不要为欧美语言的形态标志所束缚。

这三大类型不是我们主观上的设想，而是对重要辞格作分析后归纳出来的。使我们十分感兴趣的是，某种最常用最有特色的传统修辞的内部类型恰恰分别归属于这三大类型。几乎所有的修辞学著作都把比喻分为明喻、暗喻、借喻。明喻因为有"像……（似的）"这样明显的结构标志，显然应归入 A 型；暗喻则往往表现为判断句式或偏正、补充关系，属于超常组合，应归入 B 型；借喻由于直接用喻体替代了同指异形的对象，应归入 C 型。因此，比喻正好是辞格类聚系统的一个缩影。

六、有人曾经统计过，说有 78 种辞格[①]。此外还不断有人声称发现了新辞格，据说已达近百种。这种问题，应该慎重对待。我认为修辞手段是多种多样的，并不是说所有修辞手段都是辞格。在辞格与非辞格之间存在着一个中间过渡地带，处于该过渡地带修辞手段带有辞格的某些特点，但又有所区别。我们正是从辞格与非辞格之间的界限是模糊的这一基本认识出发试图建立起"辞式/辞则/辞格"三级模式。辞式，即

---

① 黄民裕．辞格汇编．长沙：湖南人民出版社，1984

一般的修辞手段；辞格，即特殊的修辞手段；辞则，即修辞规则，处于辞格与辞式之间的过渡地带。为了便于区分，我们提出三个条件作为区别标准：

（1）具备 A，B，C 三种类型中任何一种的区别性类聚特征；

（2）产生特别的言外之意；

（3）已形成一定的模式，并为广大群众所理解与运用。

凡符合（1）（2）（3）三条的为辞格，凡符合（1）而不符合（2）或（3）的为辞则，凡符合（2）（3）而不符合（1）的为辞式。第（1）条是形式标准，第（2）条是意义标准，第（3）条是习惯标准。其中显然第（1）条最重要。根据以上标准，我们初步测定：反复、引用（符合 A 型），倒装、藏词（符合 B 型），节缩、互文（符合 C 型）等为辞则；而换算、释词、错综、摹绘、精细、省略、呼告、跳脱、排除、否定、别解等为辞式。以"对比（包括映衬）"为例，它不符合 A，B，C 三型，只表现为语义上的差异，因此只能算是辞式。可见，语义的、美学的、心理的、逻辑的、交际效果的等等因素都不能成为确定辞格的根本条件。

七、这里所谈的只是一个粗线条的轮廓，还只是一种理论的设想。不少传统辞格需要重新衡量，更多新的辞格要进行慎重鉴定。同时在这个过程中，对总体构想予以进一步的验证、充实、修正。但有一点我们是坚信不疑的，那就是辞格研究必须抛弃传统格局的束缚，用全新的思路去重新研究，只有这样，辞格研究才能获取新的生命。

（原载《修辞学习》1991 年第 2 期）

"同语"式探讨

　　主语和表语同形的判断句，由于在修辞上产生某种特殊的表达作用，很早就引起了人们的注意，陈望道先生曾把这种修辞现象归入"复叠"修辞格。语法上最早注意到这种句式的大约是吕叔湘先生，他在《中国文法要略》中曾作过一些有启发性的分析。然而，正式命名为"同语"式，并从修辞特点方面专门作了论述的当推张弓先生。他给"同语"下了一个简明的定义：

　　主语、表语同一词语，构成压缩性的判断句，叫做同语式。最近，我们读到薛育明的《同语和释词》（载《语文研究》1984 年第 2 期），颇有启发，但也感到不少问题尚需进一步探讨。这里，我们准备讨论以下两个问题：

　　1. "同语"式的修辞特点究竟是什么？

　　2. "同语"式的变式究竟有哪几种？

　　为便于讨论，设"同语"式中主语为 X_1，表语为 X_2。基本格式为：肯定式——X_1 是 X_2；否定式——X_1 不是 X_2。

一、"同语"式的修辞特点

　　一般判断句的作用不外乎"解释事物的涵义"和"申辩事物的是非"，而且这两种作用也是息息相通的。吕叔湘先生精辟地指出：凡否定的判断句都是申辩是非的，肯定的判断句却可以有解释和申辩两种作用。事实上，这种肯定性判断句的解释作用是显性的，而申辩作用却是隐性的。

　　"同语"式的语法形式既然也是判断句，当然也兼有"解释"和"申辩"两种作用。但由于主语和表语同形，这种解释作用就变成隐性的了，而申辩作用却成为显性了。这一点正是肯定性"同语"式和一般判断句在表达作用上的最大区别。例如：

　　（1）连长是军队中一个连的指挥官。

　　（2）可连长毕竟是连长，脸色由红变紫，由紫变黄，黄中泛青，嘴唇哆嗦着，可就是没吼起来。（简嘉《女炊事班长》）

例（1）的解释作用是显而易见的；而例（2）则着重申明连长不是一般战士，毕竟担负着"连长"的职务，是个领导。在这里，申辩作用是十分明显的，然而，解释作用从表面上看来却不是那么明显。又如：

　　（3）钱在她手里是钱，到了穷人手里是祸。（老舍《善人》）

　　（4）丫环就是丫环，叫她"自由"也没用，天生下来的不知好歹。（老舍《善人》）

　　（5）车长杰就是车长杰呗，还能是谁？（杨朔《三千里江山》）

　　（6）露丝安还是露丝安，和平常没有什么不同。（唐正秋等译《蓝天一方》）

"同语"式中系词"是"之前常常带着一些表语气或范围的副词，如"就、只、总、还、毕竟、到底"等，以加强这种申辩作用。

　　同样，否定性"同语"式的申辩作用也是显性的，它和否定性一般判断句（申辩作用也是显性的）区别在于：后者没有隐性的解释作用，而前者却有隐性的解释作用。

　　（7）家早不是家了。（杨朔《三千里江山》）

　　（8）废话，文章不就是文章嘛！（苏叔阳《丹心谱》）

　　如果说在申辩作用上，肯定性"同语"式和一般判断句的差异主要还只是在于显性和隐性，那么，在隐性解释作用方面，"同语"式更显示出其特殊的修辞作用。让我们先看下面一个例句：

　　（9）"他是谁？"这样问也许不太合适，可匆忙之中，我脱口而出了。

　　"他就是他呀！"妹妹"咯咯咯"地笑起来。从他俩亲昵的态度中，我终于下了判断，他就是我未来的妹夫。（《新民晚报》，1984-06-02）

问话要求对方有个明确答复，而答语表面上却似乎只是一种申辩，然而，从妹妹甜蜜的笑声中，"从他俩亲昵的态度中"，"我"也终于理解了"他"的真正含义。这时，"我"的判断和"妹妹"的言下之意便吻合了。在"他$_1$就是他$_2$呀"这个"同语"式中，"他$_1$"是一般的第三人称代词，而"他$_2$"的含义却十分丰富，一些姑娘或妇女在与第三者谈论她们的对象或丈夫时就喜爱用这个词语。例如：

（10）（庄济生满面春风，提着大包、小包上）……

方静淑（走到里屋门边）：妈，他来了！（苏叔阳《丹心谱》）

庄济生是方静淑的丈夫，方静淑对妈说"他来了"，这个"他"便不只是具有指称作用，而且具有理性意义。在例（9）中，"他$_1$"是作为一个命题提出来的，它仅仅只是一个"名"，更重要的是"他$_2$"才体现了说话者对"他$_1$"的认识和理解。张弓先生曾指出：主语、表语辞面虽然相同，而意义实在不一样。表语的含义实际比主语更复杂些，能引起听众读者的深刻思考，耐人寻味。实际上，X_1表示的只是一种指称意义，而X_2才具有X这个事物的理性意义，而且这种理性意义不是对X全面的解释，而是带有强烈的主观评价色彩。正因为有主观色彩，同样一个"X_1是X_2"，离开一定语境，不同的人便可以有不同理解。例如：

（11）现在我气都消了，爸爸到底是爸爸。（老舍《骆驼祥子》）

如果说话者是爸爸，那么，"爸爸$_2$"就意味着自己应担当起教育、抚养、帮助子女的义务和责任；如果说话者是子女，那么"爸爸$_2$"就意味着自己有赡养、照顾老人的义务和责任；而在原作品中，虎妞说这句话，"爸爸$_2$"则意味着"他有钱，咱们正当正派地承受过来，一点没有不合理的地方"。可见，不论哪种情况，X_1都只代表了在"爸爸——子女"中的长辈一方，而X_2则明显地带上了主观评价色彩。"同语"式的隐性解释作用的特点就表现在这种解释是内含的，是主观的，是可变的，强调的是客观的X_1之"名"符合主观的X_2之"实"，即"名符其实"。

在通常情况下，我们要说明某事物，总是采用直接描述的方法，这是必要的，也是最主要的。但是在某些特定场合中，或出于某种特殊需要，有意要把话说得简单、模糊，目的在于调动对方（或读者）的主观能动性去思考，去比较，去理解，从而产生思想上的共鸣，以达到发人深省、言简意赅的修辞效果。例（9）中，如果妹妹直接回答说："他就是我爱人。"那就大煞风景，情趣索然。而采用"同语"式，则不仅传神地显示出妹妹娇羞之态，而且显得情趣盎然，耐人寻味。这说明，在一定条件下，我们要对某一事物作出最恰当的解释不是别的，而恰恰是它本身。因为任何复杂的解释终究不能囊括它的全部特性（其实也无此必要），而"同语"式则以简驭繁，显得深沉而含蓄，充满了"潜台词"，提供了让对方发挥想象的空间。

当然，"同语"式不是在任何场合都可以随便运用的。它受到一定条件的限制。这个条件主要指语境条件。例如：

（12）李元初毕竟是李元初。同知识分子打了几十年的交道，秦越日益懂得了他们的脾气。（达理《路障》）

李元初是作品中写到的一个城建规划专家，他热爱祖国，真诚坦率，又才华横溢，在蒙受了二十多年冤屈之后，他对祖国和事业仍然忠贞不贰。如果作品还是采用一般判断句，说李元初毕竟是个什么什么的优秀知识分子，反而使人感到浅薄，语完而意尽。但是，如果作品没有对李元初的经历和品质作必要的交代，没有秦越同知识分子几十年的交往，对李元初深刻的了解，就贸然使用"同语"式，则只能使人如坠迷雾之中，反而起不到应有的修辞效果。因此，语境和上下文是采用"同语"式的极为重要的条件。

二、"同语"式的各种变式

"X₁是X₂"和"X₁不是X₂"是"同语"式的基本式。在具体运用时，它还产生出多种变式：

1. X₁或X₂带着一个同位成分，这个同位成分或是代词，或是指量词组。例如：

（13）你瞧，这些东西哪是个东西呀！（曹禺《北京人》）

（14）我暴躁，我胡说，我已经不是我自己了。（老舍《月牙儿》）

（15）哦，家，这就是家。他，漂流十年终于到家了。（王安忆《本

次列车终点》)

(16) 两块钱到底是两块钱。(老舍《骆驼祥子》)

X₁ 或 X₂ 增添了同位成分后，在意义上并没有增加或减少什么，修辞作用不变，所以，虽然在形式上稍有不同，仍应属于"同语"式，可称为"同位式同语"。

2. 谓语中心词采用准系词"像、成、为、做"等。例如：

(17) 父子俩全然不像父子！(张天民《末流演员》)

(18) 我不管你们在我背后闹些什么，反正这个家已不成一个家。(曹禺《北京人》)

(19) 他都过五十的人了，还家没个家，日子不像日子。(杨朔《三千里江山》)

吕叔湘先生认为这类动词"性质在普通动词与纯粹系词（白话的'是'，文言的'非'）之间"，"我们称这类句子为'准判断句'，这几个动词为'准系词'"。由于以上各例中，主语和表语同形，动词性质又接近判断词"是"，修辞作用也不变，所以也应属于"同语"式，可称为"准系词同语"。以上是前人不曾注意到的两种变式。下面讨论几种有争议的变式：

3. "X₁ 是 X₂，Y₁ 是 Y₂。"有人称为"对举式"。例如：

(20) 朋友是朋友，事情是事情，为小福子的事，她得把屋子收拾得好好的，既须劳作，也得多花些钱，难道置买笤帚簸箕什么的不得花钱么？(老舍《骆驼祥子》)

(21) 他也晓得疼女人，从不要青青上山打柴禾，木屋门口的劈柴总是堆是堆，垛是垛。(古华《爬满青藤的木屋》)

(22) 大奶奶，您别说笑话了，就说是奶妈，也奴是奴，主是主，哪有叫快四十，都有儿媳妇的老爷给我——(曹禺《北京人》)

(23) 诸位放心，从此，她是她，我是我，再也不吵嘴。(老舍《骆驼祥子》)

X 句和 Y 句相提并论，实际是放在一起作比较，或指出 X 和 Y 不能混为一谈，如例 (20) (21) (22)，或表示 X 和 Y 不再发生联系，如例

（23），因此，这类句式有强调 X 和 Y 区别的附加修辞义。薛文认为它们"虽具有同语的形式，却没有同语的实质"，理由是"这类句型中的'是'不是纯粹的判断句，却带有行为、动作的趋向"，可以理解为"省去了'属于'二字，也可理解为'承认'"，"主语和表语的含义没有变化，含义上无甚区别"。

这里的"是"确实有"属于"的含义。请看下例：

（24）没有意义，即没有对事物的反映，那么声音归声音，现实现象归现实现象，相互之间无从建立联系。（叶蜚声、徐通锵《语言学纲要》）

（25）当初归当初，现在归现在；他是他，咱是咱。（王润滋《内当家》）

例（24）可以用"是"去代替"归"，例（25）"是"与"归"并存，而且可以互换。但不能因此而认为"是"已不是系词而变成一般动词了。更重要的是，对举式中，无论 X 句还是 Y 句，X_1 和 Y_1 都只表示指称意义，而 X_2 和 Y_2 则都具有评价理性意义。例如"朋友是朋友，事情是事情"中，"朋友$_2$"才指虎妞心目中的朋友只是"以为她（小福子）既嫁过了军官，总得算见过了世面"；"事情$_2$"才指虎妞认为既然她让了房子又出了力花了钱，必须得有报酬。"朋友$_1$"和"事情$_1$"都只是客观名称，"朋友$_2$"和"事情$_2$"则带有主观色彩，具有评价理性义。因此说对举式中，主语和表语含义"没有变化"、"无甚区别"是不符事实的。

让我们再看同一作者写的另外两个"同语"式：

（26）知道我的厉害呀，别找上门来！事情是事情。他们父子虽不这么明说，可确是这么股子劲儿。（老舍《柳屯儿》）

（27）算了吧！我不赶尽杀绝，朋友是朋友。"（老舍《骆驼祥子》）

例（26）是说夏家父子做任何事情从不顾及乡邻情谊，极为"刻薄"，言下之意，他们信奉的原则是：乡邻是乡邻，事情是事情。和例（20）相比：区别只在于没有把被比较的对象（"乡邻"）明确说出来罢了。同样的"事情是事情"，申辩作用都是显性的，解释作用都是隐性的，例

（26）和例（20）又有什么本质区别呢？例（27）亦然。

"对举式同语"其实可以不止两项：例如：

（28）这孩子写毛笔字，点是点，捺是捺，横是横，竖是竖，写得还真不赖。

（29）咱没见，这叫啥屋子呀！地不是地，坑不是坑，门不是门，窗不是窗，一脚都能踹塌了。（杨朔《三千里江山》）

要注意"对举式同语"和"同语"式连用的区别：

（30）梁生宝不自量，等碰破了脑袋以后，他才知道铁是铁，石头是石头。（柳青《创业史》）

（31）狼总是狼，帝国主义总是帝国主义。（转引于张弓《现代汉语修辞学》）

区别在于：以上两例"同语"式连用的 X 句和 Y 句没有强调 X 和 Y 区别的附加修辞义，X 和 Y 是说明同一事理的。

4. "X_1 是 X_2，可是……"有人称为"转折式"。例如：

（32）美国兵是美国兵，可不像头回那么威风了。（杨朔《三千里江山》）

（33）回家，家毕竟是家，就因为太贫困了，才会有这些不和。（王安忆《本次列车终点》）

这类格式中，X 除名词外，还可以是动词或形容词：

（34）在是在。可不知怎么着，这半年，他身子骨忽地一下子，拉下来了。（韩少华《红点颏儿》）

（35）两人吵是吵，从来不动真火。（杨朔《三千里江山》）

（36）现在，真倒是真了，可惜好景不长。（丁隆炎《冬夜》）

（37）吴天宝乏是乏，通身上下可舒畅得不行。（杨朔《三千里江山》）

薛文认为这种格式也非"同语"式，"前一分句只是转折句的铺垫，其中的'是'在整个转折复句中，可看成一个连词，也不是纯粹的判断词，主语和表语的意义更毫无二致，与上述的对举式相同。"其实，这种格式正如吕叔湘先生分析的那样，表示"要论什么，确实是什么，可是……"的口气，Y_1 是命题，"是"表示"确实是"，仍是系词。其所以会有转折语气，那是因为前一分句与后一分句有转折关系，并有连词"可是"等照应。马真在《说"也"》一文中曾指出：在虚词研究中切忌将含有某个虚词的某种句子格式所表示的语法意义硬归到格式中所包含的这个虚词身上去。这一原则也同样适用于对"是"的分析。我们不能把转折复句的语法意义硬归到分句中某个动词身上去。有人认为这种格式的"是"可以用"虽然"来替换，以此证明"是"已变成"连词"。但这种论证方法是不妥当的。因为：第一，系词"是"在汉语中可省略是极普通的现象；第二，一般判断句也可构成转折复句，如"他嘴是厉害，可心地善良。"第三，加了"虽然"，"是"仍然可以存在，如"虽然好是好，可是……"，"好虽然好，可是……"。至于例（36）有让步义，那是因为"是"受副词"倒"的修饰，"倒"常常表示转折或让步义。这类句式具有"同语"式一切修辞特点，试比较例（33）的"家毕竟是家"和例（2）的"连长毕竟是连长"，又有什么本质区别？因此，我们没有理由因为它作为分句用在转折复句中，便否认它的"同语"式资格。

5. X_1 或 X_2 受定语（标为 A 或 B）的修饰，这个定语不是同位性的，而是领属性或描写性的。这里出现四种情况，须要分别处理：

甲："AX_1 是 X_2"。

（38）……老爷吃蟹真是内行，吃得非常干净。所以陈妈妈说："老爷吃下来的蟹壳，真是蟹壳。"（丰子恺《忆儿时》）

（39）有伤斑的雅梨，毕竟是雅梨。完好的木梨，也终究是木梨。（《解放日报》1984-08-23）

（40）只有这样的小河仿佛才能算是河，这样的树、麦子、荷叶、桥梁，才能算是树、麦子、荷叶与桥梁。因为它们都属于北平。（老舍《骆驼祥子》）

（41）二爷是个好人，不错；可究竟是个主人。多么好的主人也还是主人，不能肩膀齐为弟兄。（老舍《黑白李》）

乙："X_1 是 AX_2"。

（42）天宝，还是她原来的天宝，从里到外透亮透亮，一道痕没有。天宝又不是她原来的天宝了。他刚从中国来，在她眼里，这就变成个完全不同的新人，好像满身都是新东西。（杨朔《三千里江山》）

（43）日子回到当年，他又是年轻的他了。（杨朔《三千里江山》）

（44）他感到秦越已经不是二十三年前的秦越了。（达理《路障》）

（45）可罗汉，再也不是原来的罗汉了……（秦培春、崔京生《留在旷野的口哨》）

丙："A_1X_1 是 A_2X_2"。

（46）红的花只是红的花，绿的叶只是绿的叶，我看见些不同的颜色，只是一点颜色。（老舍《月牙儿》）

（47）咱们的张书记真是咱们的张书记，他没哪回没点中我的。（转引于张弓《现代汉语修辞学》）

丁："AX_1 是 BX_2"。

（48）是的，质量问题也是个路线问题。（崔德志《报春花》）

（49）人不能昧着良心说话，我那老婆可是好老婆。（杨朔《三千里江山》）

甲式中，AX_1 和 X_2 不是全部同形，只是主语中心语和表语同形，虽然 AX_1 和 X_2 是类属关系，但由于 AX_1 的外延小，内涵大，X_2 的外延大、内涵小，用 X_2 去解释 AX_1 是不合理的，事实上，该句式强调的是 AX_1 之名符合 X_2 之实，AX_1 只有指称义，而 X_2 则具有评价理性义，这正是同语式的特点，所以它可以称为"前修饰同语"。

乙式中，主语和表语的中心语同形，表面上似乎和甲式差不多，X_1 和 AX_2 也有类属关系，但是由于 X_1 的外延大、内涵小，AX_2 的外延小、内涵大，用 AX_2 去解释 X_1 是符合常理的，该句式并不强调 X_1 之名符合 AX_2 之实，只是普通的解释，是显性的，并不具备同语式的一切修辞特点，所以只是一般判断句。

丙式由于定语和中心语全部同形，自然是同语式无疑。

丁式中，X_1 和 X_2 各有不同定语修饰，由于和乙式同样的理由，它属于一般判断句。薛文认为："由于同语的复现，又由于判断词的相连，使不同的修辞成分在这里带上一种临时性的同属关系，表意深刻。"这样的理由带有较大的主观任意性。事实上，该句式既无明显的申辩作用，也没有隐性的解释作用，而只有明显的解释作用，因而不能算做同语式。

归纳起来，"同语"的变式有五种：同位式同语；准系词同语；对举式同语；转折式同语；前修饰同语。

三、余　论

"同语"式除上述主要特点之外，还有几点值得我们注意：

1. "同语"式在一定上下文中有省略式。例如：

（50）到底是上海，一切都是井井有条，在这样的环境里，由不得也要认真起来。（王安忆《本次列车终点》）

（51）虽然还是挤，胸口紧贴着一个背，背上又紧贴着一个胸脯。但究竟能站稳脚了。（王安忆《本次列车终点》）

（52）纸老虎不是别的，就只是纸老虎，在台湾海峡不是进一步现了原形？（转引于张弓《现代汉语修辞学》）

在汉语中，处于一定语境或上下文，主语往往可以承前蒙后省。以上三例都可以补出同形主语而语义不变，而且补出后又符合同语式一切特点，所以可以认为它们是"同语"的省略式。

2. "准系词同语"中的谓语中心词由于是准系词，它同时又具有某些一般动词特点，所以，"准系词同语"有时还可以出现在"把"字句中。例如：

（53）不把钱做钱看，不把人做人看。（转引王还《"把"字句和"被"字句》）

（54）瑞宣，在李四爷身后，决定要和四爷学，把一就看成一，二看成二。（老舍《四世同堂》）

3. "同语"修辞方式还可以同其他修辞方式结合起来使用。例如：

（55）铁柱就是铁柱嘛。……真像一根铁柱立在这地球上了。（马识

途《夜谭十记》)

　　(56) 这小马可真是小马，谁喊便蹦到谁面前。(陆文夫《围墙》)

　　(57) 珍珠可真像珍珠了，出息得多么好哇！(老舍《方珍珠》)

例 (55) 中，"铁柱$_1$"指作品中主人公，而"铁柱$_2$"则是双关语，既指铁柱其人，又指铁打的柱子。此外，例 (3) 和对比相结合，例 (20) ～ (23) 和对偶相结合，例 (30)(31) 和比喻相结合也都属于这类情况。

(原载《语文研究》1986 年第 1 期)

谈比喻引申句在语义上的双关性

比喻一般可分为明喻、暗喻和借喻三种。而从句子结构上讲，则可分为简单式和复杂式两种。

简单式比喻直接把本体比喻做喻体，后面不再作进一步的说明或描写。如：

(1) 上野的樱花烂漫的时节，望去确也像绯红的轻云。（鲁迅《藤野先生》）

复杂式比喻则除了本体、喻体之外，后面还紧接着一个或几个分句——被称为"比喻引申句"——对前面的比喻作进一步的说明或描写。如：

(2) 瞧他那眉目神气，就像秋天的高空一样，又清朗，又深沉。（杨朔《雪浪花》）

简单式比喻只要抓住本体和喻体在形式或内容上确有相似之处，注意比喻本身是否合理、贴切、新鲜，一般不大容易出错。而复杂式比喻则不但要注意比喻本身，而且要特别重视比喻引申句在语义上是否和本体以及喻体都保持一致关系，即不但能充分显示本体所固有的特征，而且能紧密地和喻体的特征相吻合。这种语义上的双关性，则是复杂式比喻最主要最显著的特点之一。

精彩的复杂式比喻中，这种语义的双关总是十分巧妙、妥帖的。如：

(3) 夜仿佛纸浸透了油，变成半透明体。（钱钟书《围城》）

(4) 瞧瞧那漓水，碧碧绿绿的，绿得像最醇的青梅名酒，看一眼也叫人心醉。（杨朔《画山绣水》）

有时，引申句在字面上语义似乎只顺接喻体而来，但实质上却和本体所要提示的特征遥相呼应，这样的比喻也是比较出色的。如：

（5）月光如流水一般，静静地泻在这一片叶子和花上。（朱自清《荷塘月色》）

（6）年轻人的心好像春天的泥土，撒什么种，发什么芽。（杨朔《三千里江山》）

有时，引申句在字面上语义似乎跳过喻体，直接和本体相衔接，但仔细推敲起来，仍可体会出喻体的某些特征，这样的比喻也还是不错的。如：

（7）就中有个小朱……活像只小家雀，顶不饶人。（杨朔《三千里江山》）

（8）这人身量很矮，两只眼睛跟龙灯似的，滴溜骨碌透活。（杨朔《三千里江山》）

在运用复杂式比喻时，要特别警惕的是比喻引申句在语义上不顾及喻体的特点，而只考虑与本体保持一致，因而造成语义双关上的裂痕。如：

（9）千里长江来到这里，仿佛变成了一个温情脉脉的姑娘，在崇明岛轻轻掠过，汩汩入海。（《新民晚报》1982-04-14）

（10）大河造船厂的团员、青年们，个个像增添了双翼，沐浴着春天的阳光，飞驰在辽阔的海洋上。（《浙江日报》1978-05-04）

（11）他的思路，飞奔在走了十五个年头的"五九"批示的光辉大道上。（《浙江日报》1978-05-08）

（12）他精彩的演说，就好像滔滔不绝的流水，生动，活泼，雄辩，引人入胜。

例（9）"长江"可以说是"汩汩入海"，而"姑娘"则无法用"汩汩"来形容。例（10）"青年们"既然已添了"双翼"，只能是"飞翔"，而不能再用"飞驰"了。例（11）"思路"本身就是用借喻造成的词语，可以用"通往"、"通向"，而不能用"飞奔"。例（12）"演说"固然可以是"生动，活泼，雄辩"，"流水"却不能如此描写了。

同样，如果比喻引申句在语义上只注意和喻体的一致，而忽略了和本体的内在联系，那么，也可能产生语义双关上的裂痕。如：

（13）他的脸蛋像一只苹果，又红润又鲜艳又可口。

（14）他此时的心情，像喝醉了酒，又兴奋又难过，满脸通红，双目发呆。

例（13）"脸蛋"当然不能说是"可口"。例（14）"满脸通红，双目发呆"可以形容喝醉了酒，却不能形容"心情"。

总之，复杂式比喻必须特别注意在语义上比喻引申句同本体、喻体之间的双关性。

（原载《修辞学习》1983 年第 4 期）

标点符号的修辞活用
——摹拟特殊的感情、语气

　　现在书面上通行的标点符号虽然可以表示若干种常用语气，但是它受到使用范围的限制和具体使用规则的束缚，不可能传神地表现那些比较特殊的语气和情感。标点符号的活用是人们在不断实践过程中找到的办法之一，即把听觉所能获得的有声语气和内心所能领受到的感情这种信息转换成视觉能见到的形体标志这种信息。近几十年来，在书面语中，尤其是在文艺作品中，大家越来越重视这种修辞手法，力图用它来摹拟种种生动活泼的特殊语气和变化多端的特殊感情。

　　1. 叠用感叹号"！！"、"！！！"，表示极其强烈的感叹、惊讶、激愤等感情、语气。例如：

　　（1）敬爱的周总理，我们将用鲜血和生命誓死捍卫您！！！（《人民日报》1978-11-18）

　　（2）你尽弄尽弄，回头弄坏了！！！（赵元任《汉语口语、语法》）

　　第（1）例是1976年清明节天安门前悼念周总理的一幅标语。在这里，如果只用一个感叹号，显然不足以充分表达广大群众对周总理极为深沉、真挚的爱，对"四人帮"无比的仇恨。正是用了这个"！！！"，才把人们誓与"四人帮"反党集团斗争到底的决心淋漓尽致地表现出来了。一般地说，用"！！"为相当强烈语气，用"！！！"则为最最强烈的语气。

　　2. 连用"！"、"！！"、"！！！"，表示这种感情、语气逐步递增、加剧，并强调达到了极点。例如：

（3）爸爸再也不愿这样忍辱偷生，永远沉默下去了！宁为玉碎，不为瓦全，他要揭发！要控诉!! 要以死作最后的抗争!!!（邓云《回忆我的爸爸邓拓》，《光明日报》1979-05-18）

（4）祝贺，祝贺！祝贺!!（夏衍一篇文章的标题，《文汇报》1978-08-19）

第（3）例讲邓拓决心起来斗争，从"揭发"到"控诉"，再到"以死作最后的抗争"，认识的程度一层比一层加深，斗争的态度也一步比一步坚决，连续使用"！"、"!!"、"!!!"正恰如其分地反映出这种感情的递进。第（4）例也很有趣，从"，"到"！"到"!!"，生动地表现了作者从一般的祝贺进到热烈祝贺，再进到更热烈的祝贺，修辞语都省去了，而采用这种阶梯式的标点符号可谓"言简而意赅"了。

3. 叠用问号"??"、"???"，表示极为强烈的怀疑心理、语气。例如：

（5）"感冒。"这回答多离奇。小学生也知道，感冒和精神错乱没有丝毫牵扯。"什么什么什么???""感冒。"（林斤澜《肋巴条》）

（6）因为他是个热爱篮球，为体育事业献身，"真正理解她"（???）"事实上她也离不开的人!!"（山大柏《事业和爱情的冲突》，《文汇报》1982-4-20）

第（5）例中，问话人根本不相信"感冒"会引起精神错乱，所以一连串地问"什么什么什么"，这里用"???"正是突出问话者极端怀疑的语气。第（6）例用括号中三个"?"来表示笔者对"真正理解她"这一说法的疑问。

4. 连用"?"、"??"，表示疑问语气的逐步升级。例如：

（7）她，她？她??（黄宗英《大雁情》）

这样的例子十分罕见，但确实存在。上例是散文《大雁情》中的三个小标题，简单明了地反映了作者对所采访的女主人公的行为的怀疑一步步加剧，很有吸引力。此时的一个标点符号简直胜过了千言万语，紧紧抓住了读者的思路，收到了出色的修辞效果。

5. "?!"或"!?"

A. 表示有一定怀疑又有点儿惊奇、恐惧等心理、语气。例如：

（8）该死！真的还是假的？真的?!跳江里去算啦！（陈建功《飘逝的花头巾》）

（9）"写什么?!"我对落笔更害怕。（陆文夫《小贩世家》）

例（8）中，"真的还是假的？"是选择问句，当她从他的表情中得知确是事实时，内心既不相信又感到出乎意料之外的惊恐，如果只用一个"？"或"！"便无法贴切地表现这种惊疑搀半的心理和语气。例（9）亦然。如只用"？"是一般地问对方写什么，用"?!"则在问话语气中含有害怕的心理因素了。

B. 表示不疑而问，并不要求对方回答，是种反问语气。例如：

（10）他看出来了？那他为什么嘴里迸不出一个字来？他是木人?!死人?!（贾平凹《七巧儿》）

（11）千古奇冤，江南一叶；同室操戈，相煎何急!?（周恩来《为江南死国难者致哀》）

例（10）中，前两句是一般问句，后两句气话，根本不要对方回答。如果都用"？"，这种差异在书面上便不明显了。

现在这种用法有"?!"［例（10）］和"!?"［例（11）］两种写法，一种意见认为可以合并为"?!"，我们认为 A 型是有疑有惊，应用"?!"，B 型无疑而问，可以用"!?"，这样分工明确。

6. "、"、"，"、"——"，表示特殊语气的短暂停顿。例如：

（12）"热、烈、欢、迎！"她一字一顿地说，伸出手来。（简嘉《女炊事班长》）

（13）黑脸会计气得脸色变紫又变青，指着白脸队长，像打冷枪，半天才蹦出一个个单字："他，他，他，又，又，又说你，批，批，批的我。"（乔典运《黑与白》）

（14）女孩挪着小胖腿走回来，一字一顿地说："谢——谢——叔——叔。"（孔捷生《短篇三章》）

这几种标点符号本来就表示句中停顿，但那是指词语之间的间歇，例如最低一级的顿号"表示句中比较短的并列词语之间的停顿"（引自黄伯荣、廖序东主编《现代汉语》），而这里却是它的活用，是表示一个音节一个音节之间的特殊的短暂停顿，这是超出标点符号使用规则之外的用法。

7. "——"，表示某个字音的语气延长。例如：

（15）"中——国——伟——大"，"山——河——美——丽——"晶晶站在望海礁上迎着东方的彩霞，反复地练着字头、字腹、字尾的发音，声波合着海风，在海边袅袅回旋。（吕雷《海风轻轻吹》）

（16）县城的街上有卖冰棍的，拖长了嗓子喊着："冰——棍！冰——棍！"（张贤亮《灵与肉》）

8. "……"，表示沉吟或间断语气。例如：

（17）"你能不能找个借口，帮我推托一下？我……我最近还不想去见他。"（陈建功《飘逝的花头巾》）

（18）班长急了，憋红了脸嚷："肖海……这个……太……根本……吭吭……"（简嘉《女炊事班长》）

破折号"——"和省略号"……"的这种用法实际上也已超出了该符号法定的使用规则，只不过因为它使用得比较普遍，所以已经形成了一种约定俗成，大家已不那么注意它的修辞色彩罢了。至于前面几种用法，有人一直持不同意见，其实，这些已不属于规范的标点符号的使用范围了，而是一种修辞手法。我们也必须承认标点符号这种活用的目的在于摹拟特殊感情、语气的一种修辞手法。

这种修辞手法，不仅中国有，外国也有。例如：

（20）"思想史"——"语言史？？？"（列宁《黑格尔〈逻辑学〉一书摘要》）

（21）"给《化装舞会》之宝的持有者：谢谢！！！到此结束。"（劳狄《英国的"寻宝热"》）

可见，这种修辞手法是书面语在健康发展过程中的一种必然产物。正确的态度应该承认它，研究它，并给以必要的指导。当然，正如任何一种修辞手法也都不能滥用一样，对待标点符号活用也应持慎重、严肃的态度，使之有效地发挥其特殊的作用。

（原载《修辞学习》1983 年第 4 期）

拟声词的修辞特色

自然界的声音极为丰富，人们用语言形式对这些不表示具体意义、也不表示感叹呼唤应答的纯粹的声音加以摹拟，就成为拟声词（或称象声词）。本文着重讨论现代汉语拟声词的修辞特色。为叙述方便，我们把单音节拟声词写做 A，双音节拟声词写做 AB。

一、拟声词的选用

1. 因人而异。同类拟声词的选用，对词义的表达和人物、情景的刻画都有十分重要的作用。首先要注意不同的人物对象，要充分体现不同人的个性特征。例如描写人们说话，不同年龄、不同性别、不同性格的人往往采用不同的拟声词：

（1）电话里有好几个孩子在哇啦哇啦。（《他们和我们》）

（2）有几个妇女还叽叽喳喳地说：……（《韩梅梅》）

（3）说着，盘起腿，拿起剪子，嘟嘟囔囔，又裁嫁衣去了。（《三千里江山》）

孩子抢着说话，声音又响又直，所以用"哇啦哇啦"；妇女说话，声音又尖又脆，故而用"叽叽喳喳"；老太太说话啰嗦，用"嘟嘟囔囔"挺合适。

2. 因情而异。拟声词对人物感情的描绘有其独特的作用，例如人们的笑声就可以分好多种，有微笑、欢笑、大笑、讥笑、冷笑、苦笑等等，运用不同的拟声词便能惟妙惟肖、准确传神地把这些带有不同感情色彩的笑描拟出来：

（1）我俩眯眯笑起来。（《骆驼上的笑声》）

（2）看着看着，一个人会嗤嗤笑起来。（《三千里江山》）

（3）（腊月）停顿了一忽儿，呵呵笑道：……（《新结识的伙伴》）

（4）田燕一愣，立刻格格地笑了。（《春雷》）

（5）秀兰推了推东山，吃吃地笑着说。（《不能走那条路》）

（6）她说自己哈哈大笑起来。（《耕云记》）

（7）"嗬！咱们的女秀才烤焦了。嘻嘻……"（《韩梅梅》）

（8）老蔡嘿嘿嘿地冷笑。（《新儿女英雄传》）

"眯眯"是微微含笑，"嗤嗤"是独自会心抿着嘴笑，"呵呵"是表示友谊真诚的笑，"格格"是发自内心欢快的笑，"吃吃"是暗自得意而又勉强控制的笑，"哈哈"则是痛快大笑，"嘻嘻"在这里是嘲笑，"嘿嘿嘿"在这里为冷笑。选用了这些具有强烈感情色彩的拟声词，一般不需要对这些"笑"再加补充说明，人们通过这些拟声词便能体会捉摸出其中的"实意"，不仅使人如闻其声，而且能深感其情。

3. 因境而异。周围客观环境（包括时、地）的变化也是选用拟声词时要密切注意的因素，否则便不可能真实地反映出这种变化。例如流水声在不同条件下会发出不同的声响：

（1）水在草底下潺潺地流着。（《黎明的河边》）

（2）雨越下越大，不到一个钟头，窗前廊下居然有了荷荷的流水声。（《从镰仓带回的照片》）

（3）村子里，渠道里的流水淙淙地在流。（《戈壁水长流》）

（4）耳朵边上哗哗哗哗，响得挺欢，地面上定准有股小水流。（《三千里江山》）

（5）水有了！它在土地的血管里汩汩地流，不分昼夜地流。（《戈壁水长流》）

（6）你听，"哇——哇——"，秋水下来时就是这么响。（《黎明的河边》）

（7）（渭河）像一头脱缰的蛮牛，嚯嚯地吼叫着向东冲驰。（《严重的时刻》）

似乎是同样的流水，在作者的笔下，它们是多么有个性啊！平稳的细流是"潺潺"的，细小的急流是"荷荷"的；"淙淙"是流水碰击卵石时发出的声响，清越动听；"哗哗"是水流畅通无阻的声响，欢愉轻快；"汩汩"往往形容暗流，受阻滞重，声音较为沉闷；"哇哇"则是急冲冲的大水在叫唤；"曜曜"就是洪水在怒吼了。

二、拟声词的移用

1. 听觉移用。人们的听觉和内心感觉、视觉、触觉乃至嗅觉都是息息相通的。拟声词的本用是为听觉服务，但在实际使用时，也常常移来描写其他种种感觉，有人把这种修辞用法称为"通感"。

不少拟声词，往往有自己的"专职"，即专门用来摹拟某一种（或几种）声音。有时，由于比喻（包括明喻、暗喻）的需要，临时把它移来描拟其他声音，这称为"听觉移用"。例如：

(1) 他一句，我一句，叮叮当当把老头子说得生了气。（《惠嫂》）

(2) 坎儿井呜咽地流了千百个年头……（《戈壁水长流》）

(3) 蛾眉也回到西屋，关上门，淅淅沥沥哭得像六月连阴雨。（《蛾眉》）

(4) 枪响得哗哗地像下着大雨。（《铺草》）

例（1）（2）是暗喻，"叮叮当当"是指人们用言语"敲打"（即批评）老头子，在"敲打"这一意义上两者有相似之处；"呜咽"形容坎儿井的流水似眼泪一样流淌了千百个年头，在"流淌"和"悲伤"这两点上两者也有相似之处。"听觉移用"能引起人们丰富的联想。例（3）(4）是明喻，"淅淅沥沥"和"哗哗"的语义双关便更明确了。

2. 内心感觉移用。用拟声词把纯属内心的感受描绘出来，使实际无声的东西变得似乎有声了，不仅增强了形象感，而且带有一定的夸张意味。例如：

(1) 这一阵飞跑呵，骨头肉都咕咚散了。（《三千里江山》）

(2) 她脑袋嗡嗡响，匆匆瞥一眼那封信。（《三角梅》）

(3) 她不知怎么一下子提出这样的问题，全身突突突地燥热。（《三角梅》）

（4）姚长庚的心只觉一个劲忽搭忽搭蹦。（《三千里江山》）

例（1）（2）属于夸张的一类，跑得再累骨头肉也不可能散了，受到打击再大，脑袋里也不可能发出声响，"咕咚"、"嗡嗡"是进一步加强夸张的修辞效果；例（3）（4）则是运用拟声词达到夸张的效果，全身会"燥热"，心也会"蹦"，然而，"突突突地燥热"、"忽搭忽搭蹦"却完全是一种夸张。

3. 视觉移用。用听觉的声响把视觉的形象描绘出来，从而避免了一般的正面描写，起到了勾起种种联想的艺术效果。例如：

（1）闪电，在辽远的西北天空里，在破棉絮似的黑云上，呼啦呼啦地燃烧着。（《黎明的河边》）

（2）我的脸"腾"地红到耳根。（《煎饼花儿》）

（3）天黑了，楼房噼噼啪啪亮起一方一方灯光。（《飘逝的花头巾》）

（4）小陈的眼泪涮涮地淌下来了。（《黎明的河边》）

例（1）（2）中的拟声词表示的想象中的声响，虽说也是由视觉形象引起对某种声响的联想，但实际上这种声响是虚构的、不存在的；例（3）（4）稍有不同，"噼噼啪啪"和"涮涮"是联想产生的声响，但在事实上是可能存在的。换言之，前者是完全凭借想象，后者则是在现实基础上所产生的联想。

4. 触觉、味觉、嗅觉移用。某些触觉、味觉也可以用拟声词描绘，只是这类例子比较少。例如：

（1）我拉着他，只觉他的全身都在得得得地颤抖。（《老水牛爷爷》）

（2）舌头底下，"刷"地一下涌满了唾液，四双眼睛跟着那只面包滴溜溜地转。（《八百米深处》）

嗅觉移用的例子我们没有找到，但并不是不能说，例如：那烟味儿呼呼地扑过来了。

三、拟声词的活用

1. 活用做动词。拟声词最常见的用法是做状语（A 必须带"的"）和定语（有一定条件限制），但 A，AB 以及部分重叠式可以活用做动词，即发出某种声音的动做动词不出现，而直接以拟声词做动词使用。它们可以带"了、着"（不能带"过"），可以带宾语、补语，也可以受否定副词和一些状语修饰。例如：

（1）紧急时，用肥皂擦擦车轴，就不吱呀了。（《铺草》）

（2）虎子唔唔着，服从地蹲了下来。（《黎明的河边》）

（3）小胖子缩手缩腿，睡梦里吧嗒吧嗒嘴。（《三千里江山》）

（4）我娘、我奶奶也嘻得合不上嘴。（《韩梅梅》）

"吱呀"代替了"叫"，"唔唔"代替了"吠"，"吧嗒吧嗒"代替了"咂"，"嘻"代替了"笑"，这样不但节省了笔墨，而且有形有声，使动作的描写更加生动、传神。

有一小部分拟声词，如"叨叨、嘟哝、嘀咕"，由于长期以来经常活用做动词，可以说已进入动词范畴。

2. 活用做名词。拟声词可以直接做某些和声音有关的动词的宾语，这些动词如"叫、喊、响、拍、吹、打、听、见"等，这是拟声词所固有的语法功能，不能认为是活用做名词。例如：

（1）牙齿打着得得……（《红旗谱》）

（2）忽然听见咚咚咚，像擂大鼓似地响。（《三千里江山》）

只有受数量词组修饰，并做一般动词的宾语时，我们才认为这里的拟声词临时活用为名词了。例如：

（1）先生又来了一个"嘻"。（《叶圣陶文集》）

（2）别看腊月是个"呼啦嗨"，她可心细呢。（《新结识的伙伴》）

某些拟声词由于经常做宾语，有的已进入名词范畴，例如："呼噜、哈哈、扑腾"等。

3. 活用做量词。拟声词临时充当量词较少见。例如：

山沟又潮湿，一踩一咕哧冰水。（《三千里江山》）

（原载《修辞学习》1984 年第 4 期）

拟声词的摹拟性与结构义

一、人们完全有能力来摹拟世界上所有的声音，但是，这种摹拟记录下来则必须依据本民族语言的语音系统和使用语言文字的习惯加以适当改造，因此，这种拟声词的音色对本音来讲，只能是近似的，而非完全纪实的。例如：

（1）老霜哼哼地喘着。（《老霜的苦闷》）

（2）"今年花的品种可多啦！"江岸上的人们不禁啧啧称赏。（《花城》）

（3）于是，他张开了巴掌，"叭叭"给每人两耳光。（《八百米深处》）

例（1）描写了一种表示不满的闭嘴鼻音〔hʌŋm〕，汉语普通话语音系统中根本就没有这样的音节，所以只能用"哼"来摹拟，而英语则另用 humph 来表示。例（2）是描写赞赏时咂嘴发出的一种吸气音。例（3）是描写打耳光声，应更近似于〔pia〕，但同样道理，也只能用"啧"和"叭"来摹拟。从这个意义上讲，所有用人类语言来摹拟的声音都只能是一种近似音，即是虚拟，而非实拟。

人们对声音的感受并不相同，摹拟时不免带上主观色彩，再加上即使相同的声音在不同的外界条件中也会有若干变化，因而导致了两种情况出现：①

一是同物发出声音却用不同的拟声词来描写。例如：

---

① 邵敬敏．拟声词的修辞特色．修辞学习，1984（4）

(4) 头顶上，子弹唰唰地直飞。(《新儿女英雄传》)

(5) 对面，枪声响了，子弹嗞嗞嗞地从头顶上飞过。(《新儿女英雄传》)

(6) 走快嘛！听！子弹吱吱叫哩！(《延安人》)

(7) 子弹嘤嘤地叫着……(《黎明的河边》)

(8) 子弹像蝗虫似的在我们身边扑扑地乱飞。(《黎明的河边》)

二是不同物体发出的声音，只要音色有相近之处，即采用相同的拟声词来描写。例如：

(9) 孩子们用手捧着左边脸朵子，哇哇地哭个不停。(《张满贞》)

(10) 双喜喉咙里很腥气，哇哇地吐了几口血。(《新儿女英雄传》)

(11) 浪涛……发出了哇哇的响声。(《黎明的河边》)

(12) 一片掌声，一片呼喊，又是一片欢笑，哇哇哇哇，海啸一般震天响。(《三千里江山》)

(13) 半空中哇哇哇哇，子弹像泼水一样扫。(《三千里江山》)

二、除了音色，拟声词的音节数也有虚与实的问题。实拟即对声音数目如实的记录，一声就是一声，两声就是两声。下例都是有具体数字照应的：

(14) 田燕再也忍不住眼泪，哇地一声号啕哭了起来。(《春雷》)

(15) 刘永久听着这个年轻媳妇的话意儿，也没好意思再说话，只“啊，啊”了两声出来了。(《春笋》)

(16) 噌噌噌！一连三步，从王老尚手中夺过缰绳，拉着大青驴扭身就走。(《卖驴》)

拟声词只重在拟声而不在记数，只是列举而不是全都重现，即为虚拟。例如：

(17) 灯光一闪，噌噌噌不断有红火球飞到天上。(《三千里江山》)

(18) 那两匹马看见有人过来，还昂起了头，咴咴地叫了两声。(《两匹瘦马》)

凡单用A，AB做状语，不论是否标明“一声”、“一响”，都是实拟；凡单用A，AB做定语则为虚拟。例如：

(19) 他嗖地趴到地上。(《延安人》)

（20）双双听他这样说，卟哧笑了。（《李双双小传》）

（21）雨声跟小溪里、越口里的流水的哗哗声相应和。（《张满贞》）

（22）水面上跃起了浪花，响起了"劈啪"响的击水声。（《老海怪》）

凡采用 A，AB 的重叠式，而后面又无具体数字照应的，不论做什么成分均为虚拟。例如：

（23）风呼呼地怪叫着。（《耕云记》）

（24）锅里"吐突吐突"在煮着什么。（《惠嫂》）

（25）只听得哔哔剥剥的鞭炮。（《祝福》）

（26）一会儿，老杨就打起了呼噜呼噜的鼾睡声。（《黎明的河边》）

三、现代汉语拟声词的基本形式只有两种：单音节 A 式和双音节 AB 式。A 的重叠式比较简单，AA，AAA 或 AAAA 都表示 A 这一声音的反复出现，体现出一种连续性含义。而 AB 的重叠式则比较复杂，而且还有重叠变式，① 当用 AB 的各种重叠式或重叠变式来摹拟声音时，还分别产生一些附带的特殊含义。

AB 的重叠式有以下四种：

第一，ABAB（双重叠式）：扑通扑通　　叮当叮当

第二，AABB（单重叠式）：叽叽喳喳　　叮叮当当

第三，ABB（后重叠式）：哗啦啦　　咔喳喳

第四，AAB（前重叠式）：叮叮咚　　乒乒乓

AB 的重叠变式有以下三种：

第一，CDAB（叠韵重叠变式）：稀里哗啦　　滴里嘟噜

第二，ACBD（双声重叠变式）：乒零乓啷　　劈里啪啦

第三，CBAB（音节重叠变式）：咭吱咯吱　　唧啦喳啦

试比较下面两例：

（27）舢舨上年青的碰子都围拢在老碰子的身边，瞅着那滴哒滴哒的怀表。（《老海怪》）

（28）老万刚把炉子端进船舱，急骤的雨点就在船篷上滴滴嗒嗒地

①　邵敬敏．拟声词初探．语言教学与研究，1981（4）

跳起舞来。(《栀子花开的时候》)

ABAB 往往表示比较整齐、单调而有节奏的声响，而 AABB 则表示不太整齐、无节奏而杂乱的声响。

再比较下面两例：

(29) 水车在叮叮当当地响着。(《一盏抗旱灯下》)

(30) 铁器碰得叮零咚啷响，热闹得不行。(《三千里江山》)

AABB 与 ACBD (包括 CDAB) 都表示杂乱的声音，但相对来说，后者更显得杂乱无章，即体现出声响的复杂性与综合性，因而这类声音是多变化的，而前者的杂乱是单纯的。

再比较下面两例：

(31) 日本人……滴哩嘟噜地说着话儿。(《新儿女英雄传》)

(32) 小朱说话特别快，嘟噜噜噜一大串。(《三千里江山》)

ACBD 与 CDAB 表示杂乱无章，而 ABBB 则着重表示声音的连贯性与众多性，即这种声音似乎没完没了，数也数不清。

再比较下面两例：

(33) 几个人跟着跑下堤，扑通扑通地跳到水里去了。(《新儿女英雄传》)

(34) 四外踢通扑通乱响，炸弹落了一地。(《三千里江山》)

ABAB 表示有节奏的声音，而且是 AB 重复出现，而 CBAB 则表示杂乱的声音，但杂乱之中，这些声音仍有相近之处，因此，它既不同于 AABB，又不同于 CDAB 与 ACBD。

AB 的这些重叠式与变式中，最有特色的是 CDAB 与 ACBD，因为这四个音节中，1.3 与 2.4 为双声关系，1.2 与 3.4 为叠韵关系，它们摹拟的声音具有更为强烈的乐感。

(35) 大水……忽然听见后面枪响，和一阵咪哩麻啦的声音。(《新儿女英雄传》)

(36) 跳哇跳的，就乞里刮哒一阵响，又拼成了一个葫芦。(《宝葫芦的秘密》)

(37) 单说"除夕"吧，鞭炮咕咚咣当，噼哩啪啦，远远近近地一夜未断。(《拜年》)

（38）今天晚上——好像就不那么十分保险似的，说不定有人要叽哩咕噜。（《他们和我们》）

拟声词的摹拟性有实拟与虚拟的区别，它包含两重含义：一指音色的实与虚，分别取决于该语言的语音系统制约以及人们主观色彩和外界客观条件的影响；二指音数的实与虚，它取决于拟声词的内部结构特点以及充当句子成分的功能。当拟声词摹拟某种声音时，往往产生一些附带意义，这是由拟声词的结构形式所决定的，因而拟声词总是带有强烈的描绘色彩。

（原载《逻辑与语言学习》1989 年第 5 期）

毛茸茸的感性与下意识的力量
——《红高粱》心理描写语言分析

《红高粱》的文学语言能独树一帜，最引人注目的一点就是作者莫言在对下意识心理活动的描写上，充分调动了第一性感觉的魅力，从而使作品显得特别有血有肉，有声有色，有情有感，形成了一种原始的、朦胧的、神秘的、立体的语言风格。

一、充满朦胧感觉的大千世界

对客观世界的认识，是从感觉开始的，感觉是粗糙的、真实的、充满活力的，而又常转瞬即逝，不易捉摸，难以用语言传神地表达。莫言之所以使人惊叹，并不在于他发现了这种感觉，而在于他善于捕捉这瞬间感觉，在那短短的一刹那把它圈进了语言的牢笼，并给它蒙上了一层薄薄的面纱。例如：

（1）河里的水流到灯影里，黄得像杏子一样可爱。但可爱一霎霎，就流过去了。

（2）这一笑神秘莫测，这一笑像烙铁一样，在父亲的记忆里，烫出一个马蹄状的烙印。

杏子的黄，神秘的笑，虽然它们（的生命）如此短促，却更显示出价值的可贵。这种下意识的感觉，好像雾里看花，若有若无，好像隔岸听乐，飘飘渺渺。作者的高明之处正在于他写出了这种朦胧的美感。

例如：

（3）高粱挺拔的秆子，排成密集的栅栏，模模糊糊地隐藏在气体的背后，穿过一排又一排，排排无尽头。

（4）枪声响得那么遥远，一切都隔着一层厚重的烟雾。

无论视觉、听觉，还是其他感觉，都处于一种迷茫之中，从而造成一种独特的意境，正因为这样，感觉才更加显得真实、可信、感人。好比一个高明的画家画头发，总是朦胧的一片，而决不会一根一根去描绘。

人的感觉可以分两大类：一类为外部感觉，如视觉、听觉、嗅觉、味觉和肤觉；另一类为内部感觉，如动觉、静觉、肌体觉和触摸觉。其中色彩视觉是最明显、最刺激、最强烈的，特别是作品通过一个孩子的目光去观察这大千世界，那种感觉必定格外深刻。例如：

（5）夜色灰葡萄，金风串河道，宝蓝色的天空深邃无比，绿色的星辰格外明亮。

（6）墨河水由暗红渐渐燃烧成金红，满河流金溢彩。水边有棵孤独的水芍，黄叶低垂，曾经煊赫过的蚕虫状花序枯萎苍白地挂在树枝间。灰蒙蒙的夜色，金风吹拂着，宝蓝色的天宇，绿色的星辰，多么和谐地配合在一起，交织成一幅恬静、幽美的画面；从暗红到金红的河水似乎在燃烧，充满着活力，相映之下，低垂的黄叶、枯萎的白花，显得格外孤独和萧条，暗示着生命的垂危。多种色彩的交叉、映射、反差构成一种凸起的质感。

全文尽管五光十色，却贯穿着一个基调——"红"色，它不仅在标题中已赫然点明了，而且处处铺染着这"红"。在作者笔下，红色显得多么活跃，出现了许许多多的变色：紫红、暗红、粉红、金红、艳红、鲜红、乌红、赤红、火红、深红等等。这些色彩有时是那么亲密地组合在一起，相得益彰；可有时又那么尖锐地矛盾在一起，构成对比。例如：

（7）天亮了，从东边的高粱地里，露出了一弧血红的朝阳，阳光正正地照着罗汉大爷半张着的黑洞洞的嘴。

（8）父亲也不知道在高粱阴影遮掩着的黑土上，曾经躺过奶奶洁白如玉的光滑肉体，我也知道。

红与黑、黑与白……对比色组合在一起，强烈地刺激着人们的视觉，留下了极为深刻的反差感，而这正是作者所要追求的语言效果。

描写这种第一性感觉可以有两条途径，一是直接描写，例如：

（9）罗汉大爷搬起一块桥石，刚走了几步，就听到背后响起一阵利飕的小风，随即有一道长长的灼痛落到了他的背上。

不说长长的鞭子，而直接点出这种痛感的形状；然而更多的是采用非常规的词语搭配，构思奇特的比喻和有潜在联系的通感这些修辞手法来间接描写。

（10）奶奶像岸愈离愈远，雾像海水愈近愈汹涌。父亲抓住余司令，就像抓住条船舷。

（11）刚刚进屋，就听到从东南方向传来一阵浪潮般的喧闹，紧接着响了一枪，枪声非常尖锐，像一柄利刃，把挺刮的绸缎豁破了。

不直接写父亲随余司令离去，而是用奶奶像岸似乎远去进行反衬来写一种动感；在一阵喧闹的背景中，尖锐的枪声突兀而起，像"一柄利刃"豁破了挺刮的绸缎。这种种感觉的描写都贯穿了一条线，即跳过理性的认识，凭借着下意识来再现，强调一种原始的、朦胧的、毛茸茸的感受。

二、带神秘感的下意识本能行为

下意识是人自身没有意识到的心理活动。这是一种本能冲动在暗中支持着意识，它是心理活动的源泉和基本活动。人们对它不能认识，不能预期，不能操纵，但它却永远支配着人。因此，人们对它总是感到难以捉摸，也难以描写，它必然产生一种不可思议的神秘感。莫言的可贵之处正是在于揭示了毛茸茸感觉同下意识行为之间潜在的血肉联系。

1. 预 感

即人凭着以往的经验和知识，对即将发生的事情往往会产生一种朦胧的估测。这是一种下意识心理活动的特殊形态，凭着本能在心灵深处进行的行为。例如：

（1）父亲靠着某种神秘力量的启示，在大家都目不转睛地盯着缓缓逼近的汽车时，他往西一歪头，看到奶奶像鲜红的大蝴蝶一样款款地飞过来。

由于预感不是有意识的推理，只是下意识的估测，因而带有明显的模糊性、神秘性。这种预感最常见的形式是表现为心理上的温度感。温度感有两种，一种是生理的，靠肤觉来感受。例如：

（2）父亲伸手摸去，触了一手黏腻发烫的液体。

另一种是心理的，靠下意识来感受。当心理上紧张、恐惧、担忧，或预感到某种不祥之事即将发生时，便会情不自禁地产生冷感；反之，当心理上兴奋、激动、喜悦、幸福，或预感到某种吉祥之事即将发生时，便会自然而然地产生热感。例如：

（3）父亲把头使劲缩着，一种从未有过的冰冷从脚底上升到腹部，在腹部集合成团，产生强大压力，父亲感到尿急……

（4）玲玲觉得任副官俊俏的外壳里，有一股通人的灼热，烧燎得她坐立不安。

作者紧紧抓住这种分别因临战紧张和相思爱慕而产生的心理上的冷感和热感，把预感写活了。

2. 幻　觉

这是指人在不很清醒然而也没有全昏迷的状态下，受到某种刺激而产生的种种下意识感觉。幻觉是现实生活中根本不存在的，因而显得怪诞、神奇、不可思议。幻觉有两种，一是外向幻觉，例如：

（5）她也听到了死的声音，嗅到了死的气息，看到了死神的高粱般深红的嘴唇和玉米般金黄的笑脸。

另一种是内向幻觉，例如：

（6）奶奶躺着，沐浴着高粱地里清丽的温暖，她感到自己轻捷如燕，贴着高粱穗子潇洒地滑行。

或者采用强烈的对比，急剧的变化，或者运用奇特的色彩，立体的构思，或者采取物化的手法、超人的行为，描绘这形形色色的幻觉。但不管用什么方法，基本的一条就是充分发挥第一性视、听、嗅等感觉的能力。

3. 梦　境

人在以往的生活经验中，接受各种刺激，并在大脑中留下一定的痕迹。在睡梦中，第一信号系统的兴奋增强，过去的刺激痕迹就能再现，但由于不受第二信号系统的制约，所以梦大多是凌乱、怪诞和虚幻的。例如：

（7）（罗汉大爷）梦中觉得头上扎着尖刀，手里握着烙铁。

罗汉大爷白天受了伤，这种痛感在梦中具体地化为"尖刀"和"烙铁"让人联想起烫痛。梦往往歪曲地反映了客观世界的主观世界，这种下意识的心理活动也是通过具体的第一性感觉反映出来的。

三、下意识对感觉的立体渗透

意识的活动绵绵不绝，形成意识流。意识流中，上意识和下意识相互交叉、相互转化，也相互影响。它们变化多端又错综复杂。下意识的威力是无穷的，它无时无地不影响着人们对客观世界的认识，作者清醒地看到了这一点，并努力把它的影响及其效果表现出来。

1. 情绪对感觉的投射

人的下意识情绪投射到客观对象之中并与之融为一体，以致人的正常感情发生了奇妙的变异。例如：

（1）奶奶欣慰地微笑着，看着湛蓝的深不可测的天空，看着宽容温暖，慈母般的高粱。

（2）他嗅到我家那西头大黑骡子亲切的味道，他看到了我家那西头大黑骡子熟悉的身影。

高粱"慈母般"、"宽容温暖"，骡子的味道"亲切"，无论视觉、听觉、嗅觉，无不打上了观察者下意识情绪的烙印。不仅如此，这种情绪有时还能改变人们对这些印象的受原始感，以致出现"错觉"。例如：

（3）奶奶的血把父亲的手染红了，又染绿了；奶奶洁白的胸脯被自己的血染绿了，又染红了。

（4）奶奶背上，有两个翻边的弹洞，一股新鲜的高粱酒的味道，从那洞里涌出来。

鲜红的血忽然看上去发绿了；鲜血居然能只闻到"一股新鲜的高粱酒的味道"。显然，这一切都是下意识情绪的影响所造成的。

2. 联想对感觉的依赖

联想有两种：一种是有目的、有步骤、能动地由此及彼、由表及里的上意识思维活动；另一种则是在外界事物刺激下，受到某种内在联系的暗示，不由自主地产生的一种下意识联想。后一种联想往往要依赖于第一性的感觉。例如：

（5）过去的一切像一颗香馥郁的果子，箭矢般坠落在地，而未来的一切，奶奶只能模模糊糊地看到一些稍纵即逝的光圈，只是短暂的又黏又滑的现在，奶奶还拼命抓住不放。

"过去"用散发香气的果子来显示，"未来"像充满光明却又很难抓住的光圈，只有"现在"像鲜血一样又黏又滑，多么宝贵却又马上要从手指缝里流走，通过嗅觉、视觉、触觉，把过去、将来和现在的联想立体化了。

3. 下意识形象的建立

下意识心理活动本身就难以捉摸，它的形象就更加不可言喻。作者的笔大胆地触及了这一敏感而神秘的领域，运用第一性感觉建立起下意识的形象。

（6）一股紫红色的火焰，这时，也在他空白的脑子里缓缓地亮起来。

（7）她的缩得只如一只拳头那么大的思维空间里，盛着满溢的快乐、宁静、温暖、舒适，愤怒感像"紫红色的火焰"；快乐、宁静、温暖、舒适就如液体。

这些抽象的、无形的下意识活动，运用第一性的感觉，具体化、形象化了。

（原载《修辞学习》1988 年第 3 期）

外师造化　中得心源

——《始得西山宴游记》赏析

　　全文只有两大段落，层次井然，浓淡相宜，简洁俊逸。作者先用一系列顶针修辞手法泛言游"是州之山水有异态者"，文笔一气贯底，环环紧扣，不到一百字，便极其概括地追述了历次出游的情景，这是"淡写"、"侧写"。随之，笔锋陡然一转，似平地突兀而起，用"而未始知西山怪特"顺势勾出下面一大段西山之游的正文。前文的"淡写"、"侧写"正是为下文的"浓写"、"正写"作必要的铺垫，以群峦之"奇异"来烘托西山之"怪特"，从而更凸现出西山别致的情貌。上文铺写的"漫漫而游"，似乎也在"游"，在"宴"，但那只不过是一种"形游"，目的是为了陪衬下文真正的"游"，即作者深得其中三昧的"神游"，从而使上下两段形成强烈而鲜明的映照。

　　作者浓墨抒写西山，确有传神之笔。似乎不是在用文字描写，而是用水墨在绘画。唐朝时山水画大盛，并形成了一整套绘画理论。著名的绘画大师、水墨山水画的创始者张璪有一句名言："外师造化，中得心源。"就是讲作画时，外形上师法自然界，内容上则要从内心获得情感的源泉，即要求客观外界与主观内心有机地融为一体。柳宗元描绘西山并不刻意追求形体上细腻准确的工笔，而是大笔抒写，泼墨渲染，特重写势态、写质感、写意境。景中寓情，情寄于景；山拟为人，人溶于山；情与景融为一体，形与神相得益彰。

　　中国传统山水画重要特点之一就是散点透视。作者虽身居西山之巅，描写时却不断变换观察角度，或俯视，或鸟瞰，或眺望，故能运笔潇洒自如，大起大落，变化多端。"其高下之势，岈然洼然，若垤若穴。"从高高的顶岩上俯视，山谷纵深岈然，溪谷低凹洼然；西山昂首诸峰之上，巍峨的群峦看下去似乎像土堆那样矮小，深陷的峰谷也好像变得如洞穴那么狭小；这就用"一览众山小"的对比来反衬西山特立、挺拔和峻峭。"尺寸千里，攒蹙累积，莫得遁隐。"从西山绝顶鸟瞰，千里之地似乎都浓缩在这尺寸之间，山川草木仿佛也都层层叠叠拥挤堆积到作者眼前，自然界万物一览无余，视野是何等的开阔！这里运用的是"咫尺千里之遥"的视差来勾勒出包揽万物、总领天下的壮观场面。"萦青缭白，外与天际，四望如一。"茫茫大地，青山白水；浩浩天宇，青天白云。远处，黛青色的山与天连成一片，银白色的水和云溶为一色。极目四眺，大地与天宇紧紧吻接，根本分辨不出它们的分界线在何处，只见混沌一片。"远岫与云容交接，遥天共山色交光。"《山水论》中的这两句画龙点睛式的评语说的不正是这种给人无际无涯、悠哉悠哉的情趣吗?! 宋代著名的绘画理论家郭熙曾说过："自山下而仰山颠谓之高远，自山前而窥山后谓之深远，自近山而望远山谓之平远。……高远之势突兀，深远之意重叠，平远之意神融而缥缥缈缈。"(《林泉高致》) 把这段话移来形容柳宗元对西山的刻画那真是再恰当不过了。作者从高下纵深、高远大小、平远眺望三个角度来描绘西山，构成了一幅立体感极强的画面，整个画面疏密相间，虚实相合，有力地显示了西山独特的气势和骨质。

不仅如此，作者还十分注意用笔和用墨的技巧。用笔，是指笔法灵活生动，不拘一格。作者先淡淡一笔，勾出个轮廓："望西山，始指异之。"接着用一串排比句，跳跃性地简述攀登西山之难，点出西山为人迹罕至、极为幽深之去处："遂命仆人，过湘江，缘染溪，斫榛莽，焚茅茷，穷山之高而止。"然后才饱蘸浓墨重描西山："则凡数州之土壤，皆在衽席之下。"最后又回到写人，写作者自己深有所悟，尽欢而醉："引觞满酌，颓然就醉……"山、人，人、山，相互交叉映衬，却又各得其妙。用墨，是指色彩的丰富与变化。"萦青缭白"，妙语双关，山亦青来天亦青，水也白来云也白；色不在多，而在于精。一"萦"一"缭"，动态毕现，把那种如青丝玉带飘逸环绕之势点染得恰到好处，使人仿佛身临其境；接着又进一步写景色之变化，落日后，"苍然暮色，自远而至，至无所见"，把暮色苍茫，逐渐浸润潜入，夜幕冉冉而降，夜色似乎层层套染那种微秒而细腻的变化出神入化地再现出来。

　　柳氏撰写"永州八记"时，刚在政治上受到封建豪门保守势力的严重打击，贬官穷乡僻壤，并随时可能遭到更严厉的惩罚，因而心情十分压抑，并掺杂着惊惧之感，所以，"居是州，恒惴栗"，即使是游山玩水，也是"施施而行，漫漫而游"，一副灰心丧气、落落寡欢、漫不经心的神态，并且借酒浇愁，以梦代醒，追求感官上的刺激，希冀以此来冲淡内心的痛苦。可是到了登上西山，领略到西山那种险峻、高兀、特立的气势，感受到了"是山之特立，不与培□为类"那种不同流合污、昂首天外的气质，精神上豁然开朗。作者的思绪与大自然的浩浩正气一起追溯、探求着西山的来龙去脉——"悠悠乎与颢气俱，而莫得其涯"，同时又伴随着自然界的主宰遨游，访寻，揣测西山的源头边界——"洋洋乎与造物者游，而不知其所穷"。时间是如此悠悠漫长、无穷无尽，空间又是那么宽广博大、无边无际，超越时间和空间的束缚，作者在精神上获得一种解脱，形成了一个质的飞跃："心凝形释，与万化冥合。"心神是如此凝聚、专一，心神赖以寄托的躯体、形壳也似乎消溶冰释，与大自然的万物暗暗融为一体，达到了一种物我不分、彻底忘我的逍遥境界。

　　这种形（体）和神（心）对立而统一的看法从庄子起便粗具雏形，所谓"彼方且与造物者为人，而游乎天地之一气"（《大宗师》）讲的就是这个道理；以后陶渊明说"寓形宇内复几时，曷不委心任去留"（《归去来辞》）又有进一步发挥；到柳宗元"心凝形释，与万化冥合"实为一脉相承。历来封建社会文人当遭到政治上挫折而失意时，往往在老庄哲学中寻求精神上的寄托和安慰。柳文中流露出那种超脱忘我的倾向，虽然有一定消极因素，但在当时，坚持独立不羁的人格，不与腐朽的当权者同流合污，还是应该给予肯定的。读到这里，我们不得不赞叹西山被写活了，似乎有了呼吸，有了神韵，有了感情。这不仅仅是一种简单的拟人手法，而且包含着深刻的象征意味。

　　从"恒惴栗"到"心凝形释"，作者情绪经历了一个急剧的变化，

这和西山之 游给予作者的启示显然有着密切的内在联系。于是作者深有感触地叹道："然后知吾向之未始游，游于是乎始。"这句话实质上就是否定了以往的游，因为那只是"形游"，而这次西山之游，才是真正的游，即"神游"，是类似于庄子"逍遥游"的游，从而点破了作者寓于该篇游记中的真情实意。因而，全文的重点不在"始得西山"，而在于"始游"。

（原载《中文自学指导》1992 年第 1 期）

第四部分
序言与后记

《汉语语法的立体研究》自序

1966 年我就从北京大学中文系汉语专业毕业，但是由于众所周知的原因，直到 1978 年我才作为"文革"以后第一届的研究生跨进了杭州大学（现在的浙江大学）的大门。1981 年我获得硕士学位，回到了阔别了二十年的上海，开始在华东师范大学中文系任教。

20 世纪 80 年代的上海语言学界生机勃勃，当时上海的学术空气在全国来讲是最宽松的，也是中国语言学界年轻人最活跃的地方。主要是因为聚集了一批雄心勃勃的以新毕业的研究生为主体的年轻人。我们成立了国内第一个民间的沙龙性质的语言学学术团体"现代语言学讨论会"（简称 X Y）。最早的成员有陆丙甫、陆致极和我。稍后，钱乃荣、谢天蔚、余志鸿和林立也相继加入，这就是俗称上海语言学界的"七君子"。20 世纪 80 年代是 X Y 最兴旺的时期，我们自费油印出版了《现代语言学》杂志，其中不少论文被正式语言学杂志刊用，有的文章还产生了巨大影响。每个月的第一个星期的星期天下午，是雷打不动的讨论日，每次都有专题报告，与会的少则十几人多则几十人，不少访问或路过上海的学者都参加过这类讨论，在全国产生了巨大而深远的影响，也带动了许多地方成立了类似的语言学小组。这是 X Y 的全盛时期，后来主要成员有了变化：有的出国深造，如陆丙甫、陆致极、谢天蔚；有的主要从商；也有的继续从事汉语研究。应该承认，上海老一辈的语法学家，例如胡裕树（复旦）、张斌（上海师范大学）和林祥楣（华东师范大学）几位教授，对年轻人，包括我在内，都非常关心。他们在学术上是相当开明的，因而我们很少受条条框框的束缚，各种学术流派、各种研究思想都可以占据一席之地，这就大大地促进了上海的语法研究向纵深发展。

　　上海是一个具有海派特色的国际大都市，在汉语研究的风格上，它善于吐故纳新，包容百川，它机敏聪慧，长于出新；但是它也有它的不足，这主要就是有时比较浅薄，不大肯下苦工夫，总希望用小本钱做大买卖。相对地说，北京就显得比较严谨凝重，扎实稳健。但是它的缺点是比较笨拙拘谨，有时候甚至于会显得保守古板。打个比方：北京好像是座大山，雄伟高耸；上海好像条流水，轻盈悠长。我一直认为，有山有水，才有好风景。也许正是因为我在上海长大，在北京接受的本科基础教育，在杭州读的研究生，又回到上海工作。我亲身体会到北方学者和南方学者的长处，也相当熟悉他们的短处，所以在汉语研究方面，我全力鼓吹"京海融合论"，即只有取长补短才可能开创一个新的境界。显然，拘泥于老京派或者老海派，那都是没有什么出路的。

　　从 1986 年起，我一方面应邀参加了以中年学者为骨干的"现代汉语语法讨论会"，另一方面又参加并组织了以青年学者为主体的"现代汉语语法研讨会"。这是中国汉语学界最重要的两个有衔接关系的语法会议，对推动和促进汉语语法研究起到了积极的不可估量的作用。这些年来，我参加过大大小小近百个学术会议，也有幸结识了语言学界老老少少上百位朋友，从中，我吸取了丰富的营养，开拓了思路，受益无穷。应该承认，20 世纪最后这二十年，中国语言学界为我们提供了一个学术发展的最佳时机，我非常幸运地赶上了这一辉煌的年代。

　　二十年来，在从事现代汉语语法研究的过程中，我逐渐形成了自己的一些看法。我认为，语法是个复杂的立体的开放的系统网络，语法研究要允许各种理论方法并存，每一种理论方法都只能解决局部问题，都不可能包打天下。所以我主张采取一种宽容的态度，主张多元的研究，主张立体的研究。无论是形式语法理论也好，认知语法理论也好，功能语法理论也好，只要你能够解释某些汉语事实，我都承认你的地位和作用。至于那些"空对空"的理论，不能解决汉语问题的，即使说得天花乱坠，听起来很迷人，很动听，我们也是不能接受的。

　　我历来主张我们应该建立具有中国特色的语法理论。我不反对研究语言的共性，但是，我们的立足点必须是研究汉语的个性，并且只有在研究汉语，包括汉族语系个性的基础上才有可能对语言共性的研究作出我们应有的贡献。我非常同意我们的研究要跟国际接轨，但是，这种接轨，不能是只有进口没有出口的"单向输出"，而必须是既有进口又有出口的"双向循环"。我们一方面要高举"建立具有中国特色语法理论"的大旗，另一方面要全面引进国外最新的语法理论，在挖掘汉语个性的同时进而研究语言的共性。只有这样，我们的语言学事业才大有希望。

我在 1995 年曾经提出过一个新的理论解释框架——"双向解释语法"，后来进一步把这个理论框架正式定名为"双向语法"。所谓"双向"，其主要的哲学背景就是坚持"两点论"，而不是偏激的"一点论"。两点论就是：既看到事物的正面，也看到它的反面；既看到事物的这一面，也看到它的那一面。这主要包括以下几个方面：

形式和意义的双向研究；静态和动态的双向研究；本体和功能的双向研究；个性和共性的双向研究；微观和宏观的双向研究；历时和共时的双向研究；共同语和方言的双向研究。

其中，语法本体结构的形式和意义的双向研究是最基本最重要的，这将是 21 世纪汉语语法已定的主攻方向。我们主张：

第一，语法是形式和意义的统一体，语法研究既可以从形式入手，也可以从意义入手。对汉语来讲，由于缺乏严格意义的形态变化，所以从意义入手显得更为方便、直接，这是由汉语特点所决定的。问题的关键是：在研究语法形式的时候不要忘记意义的解释，在研究意义的时候不要忘记形式上的验证，二者缺一不可。因此，对任何一种语法现象，都必须进行双向的研究。形式和意义可以互为起点和终点，也就是说是个"双通道"，而且往往是多次双向，反复双向，不要试图一次验证就会解决问题。因此，重要的不是研究从哪一点出发，而在于相互交叉渗透性的研究，即你中有我，我中有你，真正达到水乳交融的境界。为此，我运用"双向选择"的理论对名量词和动量词作了有效的研究。不仅如此，而且应该允许语法形式研究相对的独立性，同时允许语法意义研究相对的独立性，特别是当一时找不到形式的验证时。对语法形式和语法意义内涵的理解要扩大，不必拘泥于国外语言学理论的定义，一切要从汉语的语言实际出发。

　　第二，句法结构中的语义研究，已经成为现代汉语语法研究的重要课题。这包括语义特征、语义角色、语义指向、语义范畴、语义关系、语义层面、语义结构、语义指称、语义配价、语义选择等等。其中，语义特征、语义角色以及语义指向的研究更具中国特色。为此，我提出了"句法项"和"语义价"的理论构想；对歧义结构，提出了新的分化方法；对"把"字句及其相关变换句式作了比较深入的探讨；就副词的语义指向，提出了"指"、"项"、"联"几个重要的观念以及具体的分析方法。

　　第三，语法是一个复杂的立体的系统网络，几乎每一个语法现象都会涉及语法、语义和语用这三个平面。因此，必须进行三个平面的交叉研究。对三个平面目前有多种解释，为此，我提出了一个"立体交叉模式"，即让"词汇平面"、"句法平面"跟"语用平面"相对，指研究的范围；每个平面分别以"词语"、"结构"和"句子"作为研究的实体，它们各有自己的词语意义和词语形式、结构意义和结构形式、语用意义和语用形式。语法研究就要把这几个方面有机地结合起来，形成立体交叉的研究思路。

　　第四，语法研究中如何在静态研究的基础上进行动态研究，是一个很具有方法论意义的研究课题。为此，我通过语素、词语、格式以及句子等（例如"ABB 式形容词"、"非 X 不 Y"结构、各类疑问句）若干课题的研究，来探讨这一变化过程。有的着眼于普通话与方言的比较研究，有的着眼于历史到现状的演变，也有的着眼于汉语跟英语的异同对比。事实证明，有没有动态的观念，对语法研究是至关紧要的。

　　21 世纪即将来临，现代汉语语法研究正面临挑战。这种挑战，有的来自计算机学界，有的来自教育界以及对外汉语学界，也有的来自语言学界本身。怎样重视语法学的基础研究和应用研究，重视理论研究和事实研究，重视本体研究和比较研究，重视共时研究和历时研究，都是迫切需要我们去解决的重大课题。我愿为现代汉语语法研究继续贡献出我菲薄的力量。

（原载《汉语语法的立体研究》，商务印书馆 2000 年）

《著名中年语言学家自选集
——邵敬敏卷》跋

我能从事汉语研究，尤其是现代汉语语法研究，可以说是一个历史的误会。

我从小就喜欢文学，中学时第一志愿填的是向往已久的北京大学中文系，一心一意想当一名作家。没想到一跨进北大校门，当作家的美梦就被无情的现实惊醒了。我是稀里糊涂地被分到汉语专业的，所以常常不无自嘲地说：我是误上"贼船"，并不是心甘情愿的。

幸运的是我碰上了一批出类拔萃的老师，其中不少是著名的语言学大师和权威，例如王力、高名凯、袁家骅、岑麒祥、朱德熙、林焘、唐作藩、郭锡良、裘锡圭、叶蜚声、徐通锵、石安石、陆俭明等。他们的为人和治学之道都让我受益无穷。至今我还清晰地记得在全系的迎新大会上，王力先生得意洋洋地说："集天下之英才而教之，不亦悦乎？"

很快我就对汉语研究入了迷，尤其让我倾心的是现代汉语语法，这不能不说是深受朱德熙先生的影响。他那新颖的视角、严密的推理、雄辩的语言，都让我心动。我决定报考他的研究生，但是我的研究生之梦很快就被"十年动乱"的浩劫扑灭了。我差一点又跟汉语研究擦肩而过，因为我分配在中央文化部，后来又下放到一个县文化馆去搞文艺创作。庆幸的是1978年国家开始恢复招收研究生，我决心圆了研究生之梦，报考了杭州大学（现并入浙江大学）中文系，做了王维贤先生的研究生。西湖之畔短短三年的研究生生活给我留下许多美好而动人的回忆。我们如饥似渴地学习，那种精神，那种动力，那种渴求，是现在的年轻人很难想象的。

　　研究生毕业，幸运之神又一次光临于我，我回到了上海，进了风景如画的华东师范大学，这对我的事业的发展是至关紧要的。我深切地体会到：一个人除了他自己的能力之外，还需要有一个可供他发挥能力的舞台。上海就是这样一个可以让我一展身手的广阔天地。80 年代初的上海语言学界一派生机勃勃，当时上海的学术空气在全国来讲是最宽松的，也是中国语言学界年轻人最活跃的地方，主要是因为聚集了一批雄心勃勃的以新毕业的研究生为主体的年轻人，我们成立了国内第一个民间的沙龙性质的语言学学术团体"现代语言学讨论会"（简称 XY）。上海老一辈的语法学家，例如胡裕树（复旦大学）、张斌（上海师范大学）和林祥楣（华东师范大学）几位教授，对年轻人，包括我在内，都非常关心。他们在学术上是相当开明的，因而我们很少受条条框框的束缚，各种学术流派、各种研究思想都可以占据一席之地，这对我的学术思想的成熟起到了催化剂的作用。

　　上海是一个国际性大都市，在汉语研究的风格上，它善于吐故纳新，包容百川，它机敏聪慧，长于出新；但是它也有它的不足，这就是有时显得比较浅薄，不大肯下苦工夫，总希望用小本钱做大买卖。相对地说，北京就显得比较深厚凝重，扎实稳健。但是它的缺点是比较笨拙拘谨，有时候甚至于会显得保守古板。打个比方，北京好像是座大山，上海好像条流水。我一直认为，有山有水，才有好风景。也许正是因为我是喝黄浦江水长大的，在北京接受的本科教育，在杭州读的研究生，又回到上海发展，我亲身体会到北京和上海的长处，也相当熟悉它们的短处，所以在汉语研究方面，我全力鼓吹"京海融合论"，即拘泥于老京派或者老海派都是没有什么出路的，只有取长补短才可能开创一个新的境界。

　　1986 年是对我的语法研究生涯具有极为重要的意义的一年。从这一年起，我参加了（中年）语法讨论会（第四届），并且成为其中的主要成员；也是在这一年，我又参加了第一届（青年）现代汉语语法研讨会，并且后来成为这一研讨会的主要组织者。经历了十几年的风风雨雨，每两年举办一次的这两个学术会议为我提供了一个讲台，也为我提供了一个再学习的课堂，这对我的汉语语法研究能够登堂入室无疑起到了不可替代的促进作用。

从 1981 年发表第一篇语法论文《拟声词初探》起，到 1999 年底，我一共发表了 200 多篇文章，同时还出版了《汉语语法学史稿》、《中国理论语言学史》（跟方经民合作）、《现代汉语疑问句研究》、《广告实用写作》、《广告语创作透视》、《现代汉语自学考试必读》、《上海方言语法研究》（跟徐烈炯合作）、《汉语语法浅说》、《标点符号要诀》、《汉语语法的立体研究》等，并且主编了《现代汉语自学要点与方法》、《九十年代的语法思考》、《语法研究与语法应用》、《句法结构中的语义问题》、《文化语言学中国潮》、《HSK 对外汉语水平考试词典》、《学好教好普通话资料集》、《沪港商务普通话教学探索》和《继承与创新》等，并参与编审了香港中小学《学好普通话》从小学一年级到中学五年级的 11 本教科书。其中《汉语语法学史稿》曾获国家教委、华东地区和上海市的嘉奖。

我从事语言研究的兴趣爱好比较广泛，汉语语法是我的主攻方向，它包括三方面：语法规律的研究，语法理论的研究以及方言语法的研究。除了语法研究，还兼顾了三个侧面：一是语言学史和语言学评论，这属于宏观的研究；二是关于文化语言学、交际语言学、广告语言学，这属于语言学的分支学科的研究；三是汉语教学，包括对外汉语教学，这是应用性的研究。

这本《自选集》，自然以语法研究的论文为主，共有 15 篇，其中现代汉语疑问句研究已经单独出了专著，这里只收录有代表性的两篇；上海方言语法研究是跟徐烈炯先生合写的，也已经出了专著，这里也只选了两篇作为代表。此外，第一侧面和第二侧面，分别选了三篇和四篇。只有第三侧面，因为文章比较多，而篇幅有限，这里就不选了。还须要说明一点，有一篇关于"动词重叠"的论文是跟我的研究生吴吟合写的。

我的语法研究所取的是"博采众长"的态度，其中对我影响最深的学者是吕叔湘先生、朱德熙先生、胡裕树先生、张斌先生、王维贤先生、胡明扬先生、陆俭明先生和邢福义先生等。积二十来年的现代汉语语法的研究，我逐渐形成了自己的看法。我认为，语法是个复杂的立体的系统网络，语法研究要允许各种理论方法并存，每一种理论方法都只能解决局部问题，都不可能包打天下。所以我主张采取一种宽容的态度，主张多元的研究，主张立体的研究。无论是形式语法理论也好，是认知语法理论也好，是功能语法理论也好，只要你能够解释某些汉语事实，我都承认你的地位和作用。但是，我们更不要忘记根据汉语语法研究的丰硕成果，努力建立起具有中国特色的语言研究理论。

　　21世纪已经来临，现代汉语研究正面临着各种挑战。这种挑战，有的来自计算机界，有的来自教育界以及对外汉语学界，有的来自语言学界本身。怎样重视现代汉语的基础研究和应用研究，重视理论研究和事实研究，重视本体研究和比较研究，都是迫切需要我们去解决的重大课题。我愿为现代汉语的研究，特别是现代汉语语法的研究继续贡献出我菲薄的力量。

　　最后，我要衷心地感谢安徽教育出版社，感谢为这套自选集的编辑和出版洒落辛勤汗水的朋友们。

（原载《著名中年语言学家自选集——邵敬敏卷》，

安徽教育出版社 2002 年）

《沪港商务普通话教学探索》前言

一、由 来

1995年春天，素有"花园大学"之称的上海华东师范大学，迎来了一批香港客人：香港科技大学语言中心的唐世陶先生、谭成珠老师和潘慧仪小姐。华东师范大学中文系的巢宗祺主任、邵敬敏、颜逸明和朱川教授以及华东师范大学国际交流处热情地接待了他们，经过充分的友好的协商，达成了一个共识：在适当的时候由两校共同举办"沪港商务普通话学术研讨会"。

1996年9月，邵敬敏教授应邀到香港城市大学进行合作研究，而后又到香港商务印书馆担任编审，在此期间，他跟香港科技大学语言中心唐世陶先生就研讨会的一系列具体问题多次洽商。经过几年辛勤的筹备，终于于1998年6月胜利召开了这一次研讨会。

二、背 景

1997年7月1日香港回归祖国前后，香港跟祖国内地的交往日趋频繁，香港居民要求学习普通话的热情日益高涨，无论政治、经济，还是教育、文化、科技各个领域，都在竞相进行普通话教学，特别是工商界更是如火如荼。"商务普通话"这一命题正是在这样一个特定的背景下提出来的，它符合历史发展的需要，适应时代的需求，是国内外学者普遍关心的课题。

三、性　质

　　所谓的"商务普通话"，并不是说有一类专门用于商务活动的特殊的普通话，而是指普通话在商务活动中的运用。因为它交际的对象、方式、语境、目的跟一般的普通话的使用有所不同，显示出某些特点，存在着一些特殊的规律，在具体的教学时，也应该有一些特别的方法和手段，所以非常值得深入研究。

四、特　色

　　香港和上海都是国际著名的大都市，金融、贸易、地产、旅游、航运、工业等等都非常发达，特别是各种商务活动格外繁忙。而且一个以讲粤语为主，一个以讲吴语为主，同处方言区，两地的工商业界人事都面临着学习普通话的艰巨任务。共同的需求把两地从事普通话教学和研究的学者紧紧地联系在一起了。这个研讨会首创了一会两开的新颖的形式，即先在香港开两天，再飞到上海开两天。这样做的好处是：第一，可以使更多的朋友参与这一活动；第二，可以使与会的代表具体感受到两地学习普通话的气氛。

五、会　议

　　1998 年 6 月 8 日，"沪港商务普通话研讨会"在香港科技大学开幕，大会筹备委员会主席谭成珠女士宣布会议开始，香港科技大学语言中心主任詹恪礼先生致开幕词，科大副校长孔宪铎先生致欢迎词。开幕式上发言的还有新华社香港分社主礼嘉宾金晓军先生，华东师范大学代表邵敬敏教授，科技大学社科院院长丁邦新教授、语言中心副主任唐世陶先生。会议期间，尽管遇到"红色"暴风雨的袭击，但气氛相当热烈，会议开得相当成功。香港几家大出版社在会议上举办了书展，还举行了工商机构、出版机构以及大专院校的座谈会。10 日，会议代表移师北上，在华东师范大学继续开两天会，上海会议还特地邀请了上海对外服务公司、上海医药股份有限公司、上海国脉公司、上海华联商厦、上海金沙江大酒店等企业代表来作介绍，引起与会代表极大的兴趣。12日的闭幕式上，华东师范大学副校长俞立中教授作了热情洋溢的讲话，对这一次研讨会作了充分的肯定。

六、论　文

会议一共收到论文40篇，其中上海以及内地的代表提交20篇，香港以及海外的代表提交20篇。这些论文，有的在理论上对"商务普通话"作探讨，有的是总结商务普通话教学经验的，也有的是就商务普通话教学过程中的某些具体问题作比较深入探讨的，充分体现了多元研究的特色。会议决定选编并出版一本论文集。浙江教育出版社编审潘晓东先生对此提供了多方面的帮助，并倾注了极大的热情。由于篇幅有限，我们不可能把全部论文收入集子，在此对所有参加会议并提交论文的代表表示衷心的感谢。

七、鸣　谢

"沪港商务普通话"的召开，得到了两地汉语学界的学者和广大普通话教师的大力支持。尤其使我们深为感动的是香港不少企业公司对这个会议的关怀和支持，他们慷慨资助，使会议得以顺利进行，使我们可以邀请更多的内地学者到香港参加会议，会议以后还能够筛选出优秀论文结集出版。在此，我们向下列公司表示真诚的谢意：

艾迪生·维斯理·朗文出版社

迪威多媒体有限公司

迪志文化有限公司

麦美伦出版社

商务印书馆（香港）有限公司

招商局集团

中南银行

此外，我们还要感谢华东师范大学科研处、华东师范大学出版社的资助和帮助。

为了开好这个研讨会，沪港两地的许多老师花费了大量的精力和时间，我们特别要感谢香港科技大学语言中心的谭成珠老师，感谢她无私的奉献；感谢潘慧仪小姐、刘艺、姜美莉、莫华等老师。我们还要感谢华东师范大学中文系的袁根娣副主任、孔卫彪先生和两位研究生吴吟、王伟丽小姐热情周到的后勤工作。

合作者：唐世陶（香港科技大学）

（原载《沪港商务普通话教学探索》，
浙江教育出版社 2000 年）

《汉语语言学评论集》后记

汉语语言学评论和汉语语言学史一起构成了汉语语言学的"史评学",并成为汉语语言学的有机组成部分。我一直认为:衡量一个学科是否成熟,其重要标志之一,就是看它的史评学是不是已经建立起来了。

相对而言,文学评论要发达得多,人强马壮;而汉语语言学评论的繁荣,还是最近20年以来的事。我有幸赶上了这一时代,并因为能够为它的建立和发展贡献一份力量而感到骄傲。

那是1985年春,当时杭州大学中文系主办的杂志《语文战线》改刊为《语文导报》,语言版编辑吴土法先生来上海找我组稿,可能是他认为我是杭州大学毕业的研究生,为母校的事情理当尽力。当时上海语言学界的年轻人特别活跃,我们组织了全国第一个语言学学术沙龙"现代语言学"讨论会,简称"XY",这批年轻人雄心勃勃,摩拳擦掌,想在汉语语言学这块阵地上大干一场。《语文导报》的约稿,正好为我们提供了一次难得的机会。吴土法和我们相聚在南京西路著名的"上海咖啡馆",浓浓的咖啡香,伴随着年轻朋友激昂的思绪在空中飘荡,一个个选题就在这里孕育诞生。

我先后在《语文导报》上发表了五六篇评论文章,坦率地说,我在汉语语言学界引起大家的注意,首先并不是语法本体的研究,而是有关的语法学评论,这可能跟我当时正在撰写一部语法学史有关,因而评述中往往带有"史"的眼光。

在20世纪80年代下半期和90年代上半期,我先后出版了《汉语语法学史稿》和《中国理论语言学史》(跟方经民合作),同时我几乎成了汉语语言学评论的专业户，涉足述评、专评、书评、史评等各个分支领域。在内容上当然最主要的是语法学，此外，还有文化语言学以及对外汉语教学等。

大概是因为写"史"的缘故，过若干年，我总是自觉不自觉地要对刚刚过去的有关研究作一番小结，看看在汉语语言学研究上有什么新的特点，存在什么问题或不足，有什么新的趋势或发展的苗头。20 世纪 90 年代初，先是国家对外汉语办公室举行了一次影响深远的"语法座谈会"，邀请了十几位学者参加，我很荣幸参与了讨论；到了 20 世纪 90 年代末，面临新旧世纪的交替，我们理所当然要对 20 世纪的汉语研究进行梳理，特别是汉语语法学建立 100 年，更是需要加以总结。我的这几篇史论，就是在这样的背景下写出来的。

翻阅有关评论时，也许会发现，我的观点或者某些提法前后并不一致，其实，这并不奇怪，因为事物是在发展的，我们的认识也在不断地深化，这时，我们就须要作出必要的调整。为了保持历史的原貌，对这些我们一般不作改动。

有人以为，述评很好写，只要把发表过的论著找来看一遍，自然就写得出了。这其实是个很大的误解。凡是写过述评的朋友都明白，材料仅仅只是第一步，更为重要的是能够从中提炼出观点和看法，用一条主线把它们串起来，即发掘出发展的线索。写述评，是个很有用的基本功训练，所以，我从招收研究生起，所布置的第一次作业往往是出个题目，让他们写篇述评或书评，因而有好几篇文章是跟我的研究生合作的。事实证明，这是个培养研究生眼光和写作能力的好办法。范开泰先生对这个办法就曾经大加赞赏。

有几篇是属于论战性质的，主要是针对申小龙先生某些观点的。我对他的评价是三七开，三分成绩是：第一，高举起"文化语言学"的旗帜，为中国文化语言学的建立摇旗呐喊；第二，引起语言学界以外的人士的重视，即扩大了汉语语言学的影响；第三，尖锐地指出汉语语法研究存在的问题。但是，他的基本观点，我是不能同意的。他好像是一个不高明的医生，指出汉语语法的一些弊病，这没错，但是他开出来的药方却是毒药。为此，除了在好几次研讨会上跟他公开辩论之外，还写了文章批评这种观点。我认为，批评与反批评，是繁荣学术重要的手段。可惜的是，现在离这一理想的境界还差得很远。

　　比较难写的是书评，因为都是老朋友，说好话没问题（当然也有个到位的问题），批评的话就不好说了，或者人家不愿意听了。1986 年在武汉的首届现代汉语语法研讨会（青年）上，《中国语文》编辑部的饶长溶先生约我为《语法研究和探索（二）》写篇评论，我提出了两个要求：第一，要能够写一些自己的看法；第二，要允许我进行批评。饶先生非常爽快地就答应了。这两个要求，实际上也反映了我写评论的基本思想：要能够提出新的见解，要能够发表不同意见。当然，真正检查起来，我做得还是很不够的，因为很难避免"应酬之作"，有时也不免说些"吹捧之辞"。我想，我公开承认这一点，大家还是可以理解的。

　　我在《说新崛起的汉语语言学史评学》一文中说过：写评论文章，必须做到三点："求实、求真、求信"。为此，就要求我们"无私、无畏、无忌"。只有这样，我们的评述才能够经得起历史的检验，经得起事实的鉴别，经得起群众的检测。我希望，这几点能够与从事汉语语言学评论的朋友共勉之。

　　　　　　　　　　（原载《汉语语言学评论集》，浙江教育出版社 2003 年）

《现代汉语比较范畴的
语义认知基础》序言

1999 年我在华东师范大学招收了第一届现代汉语语法学方向的博士生三名：周有斌、税昌锡和刘焱。刘焱是唯——一个女的，她虽然年龄最小，但是功底扎实，思路敏捷，除了她自己的天赋和后天的努力之外，还要归功于她的母校——徐州师范大学的精心培养。

徐州师范大学中文系的语言学研究，历史悠久，人才辈出。老一辈的廖序东先生，一直是我非常敬仰的语法学家，由于他的言传身教，那里不断培养出一批又一批的语言学家。刘焱的硕士研究生导师张爱民就是其中的佼佼者。她也是我的老朋友了，不但自己学问做得好，而且培养研究生也很有一套经验。许多次，在各类语言学的学术研讨会上，都可以看到张爱民教授忙碌的身影，她带着自己的弟子在认真地聆听，讨论，拜访，座谈……现在许多很有实力、非常活跃的青年语法学家当年都是她的学生。

在这样的学术氛围中，刘焱一定受益匪浅。所以她对平平常常、普普通通的语法现象，表现出一种很好的语感，一种特别的悟性。她年轻聪慧，勤于思索，再加上学习刻苦，博士生阶段的进步是很让我欣慰的。

20 世纪和 21 世纪之交，汉语语法研究呈现出一种"多元"的态势，刘焱善于捕捉最新的研究动向。她除了结构主义语法理论的基本训练之外，在语义研究、功能研究以及认知研究方面都下过大工夫，也可以这样说，她已经初步具备了把这些研究理论融合起来的优势。所以当她决定选取"比较"这个语法语义范畴作为博士论文题目时，我以为她是有独到眼光的。

"比较"，首先是个哲学范畴，世界上万物之间，只要有一定联系，就可以构成比较的关系。"比较"，也是个认知范畴，我们认识世界，认识人类，认识自己，都需要运用比较这个最基本的方法，在比较中显示异同，在比较中发现真伪，在比较中进行选择。"比较"，当然也是一个重要的语法范畴，是语法意义和语法形式相结合的有机的统一体。当我们需要把"比较"的观念、行为和结果，用语言表现出来的时候，就必须借助于"比较"这一特殊的表达形式。可见，从语法学角度来说，"比较"确实是个极为重要的研究课题。

最近若干年来，我的语法研究思想有了比较大的变化，或者说深化。随着研究的深入，我越来越感到语义在汉语语法研究中具有特殊的重要性。我认为，要建立具有中国特色的语法理论，那就必须把语义作为语法研究的出发点和重点。我主张，语法研究的最终目的不是单一性的，而应该是复合性的，即应该致力于探求语义的决定性、句法的强制性、语用的选择性和认知的解释性。形式和意义是密不可分的，但是由于汉语的特点，汉语的语法形式比较隐蔽，语法形式往往是隐性的，所以尽管语法研究既可以从形式入手，也可以从意义入手，但对汉语来讲，似乎从语义入手更为合适。语义语法的研究内涵极为丰富，包括语义范畴研究、语义角色研究、语义关系研究、语义特征研究、语义指向研究、语义结构研究、语气研究、语态研究等等。刘焱的有关"比较"范畴的研究，在实践这一理论方面交出了一份让人比较满意的答卷。

该书从语义和认知的新角度对比较范畴进行了比较深入的研究，具有重要的理论意义和应用价值。她从描写入手，寻求语义在句法形式上的映射，并力求做到描写和解释相结合；在进行解释时，力求挖掘语用功能背后的认知心理的作用。作者提出"比较"是"语义·句法"范畴，重点分析了比较句的比较项、比较点、比较结果、比较差值等比较范畴的主要构成成分，归纳出了比较范畴的基本语义特征，继而对比较范畴的典型代表——"比"字句和"也"字句、"有"字句进行了全面考察。其中，关于"比"字句谓语项的强制性语义要求、比较项省略与隐含和"也"字句的像似性等问题的探讨尤为出色，不仅开拓了研究的视野，而且具有比较强的解释力。总之，该书运用语义分析和认知理论的研究方法，提出了判断"比较"的语义和形式标准，构建了一个以语义为纲、句法为载体的比较系统，并进行了细致的句法、语义、语用和认知分析，有不少独到的见解，具有研究的前沿性。而且对母语教学、对外汉语教学、中文信息处理等均有一定的指导作用和实践价值。当然这本书稿也还存在一些不足之处：例如对不带比较标记的"比较句"如何进行"语义·句法"的分析尚可作进一步的探讨。

我以为，任何一部学术专著，具体的学术成果固然重要，但更为重要的是在研究方法论上的启示。该书在方法论上告诉我们：

第一，语法研究可以从语义语法范畴入手，结合形式标志对语法规律进行探索。

第二，把同属一个语义范畴的句式联系起来进行综合性的比较研究是切实可行的。

第三，以语义探求形式，就能够比较准确地寻找出句式变化的内在原因。

第四，致力于认知的解释，因此可以得出一些与众不同的深层次的结论。

我非常高兴地看到刘焱的博士论文能够修订后正式出版，我也很乐意为她写下这篇序言。不过，我须要特别叮嘱刘焱的是：希望能够在不远的将来，看到她有新的成果问世。博士毕业，仅仅意味着刚刚踏进学术的殿堂，前面的路还很长很长，需要我们付出毕生的心血和精力。"不断学习，不断研究，不断创新。"这是我的赠言，也是我的期望。

（原载刘焱《现代汉语比较范畴的语义认知基础》，
学林出版社 2004 年）

《现代汉语选择范畴研究》序

有斌冒着酷暑，专程从淮北赶到上海，给我送来了他在博士论文基础上修改补充而成的书稿《现代汉语选择范畴研究》，抚摩着这本即将诞生的专著，我比任何人都清楚其中的分量、其中的甘苦和其中蕴含的希望。

有斌既是我的第一届硕士研究生，又是我的第一届博士研究生。两个第一届，真是巧极了！用佛教的话来解释，不能不承认这的确是"有缘"。

有斌的专业基础也许不能说是最好的，因为，他实际上只是大专毕业，当年是按照同等学力考取的，在众多考生中能够脱颖而出，这已经是相当不容易了。短短的三年华东师范大学硕士研究生的学习，使他跨上了一个全新的台阶；因为是定向生，1994年毕业以后就回到安徽淮北煤炭师范学院中文系教书，但是他没有安于现状，而是积极准备条件向更高层次冲击。1999年他一听说我开始招收博士生了，马上就报了名，并且顺利地被录取。

有斌有个显著的特点，就是执著。对理想，对事业的执著追求，促使他一旦认准了一个目标，就孜孜不倦地去努力，去拼搏，去争取，不达到目的，决不罢休。他的这股韧劲，了解他的人是没有一个不佩服的。他从对语言学一知半解到现在成为一名语言学博士、一名副教授，应该说付出的代价是巨大的，但是很值。古话说：十年磨一剑，现在他这把宝剑开始初露锋芒了。

有斌还有个特点，就是勤奋。论基础，他并不比人家好多少，但是他肯下工夫，肯吃苦，肯比人家花更多的时间、更多的精力。这种钻劲也是他的朋友和同学们所佩服的。记得二年级下学期末，他们一届三个博士生进行开题报告，就他的博士论文选题没有马上通过，参加评议的几位教授提出了一些问题，他急得汗都出来了，好几天吃不下，睡不着，几次打电话或上门跟我谈他自己的新设想。他废寝忘食，另起炉灶，硬是在那个学期结束之前，把论文新选题和提纲确定下来，并且获得教授们一致好评。

我自从招收博士研究生以来，有个心愿，就是希望让我的博士生们能够把汉语语法中的语义范畴脚踏实地、一个一个地做出来。当年吕叔湘先生的《中国文法要略》开创了汉语语法研究从语义到形式的先河，提出一系列的"语义范畴"和"语义关系"，并且进行了开创性的探讨。现在过去了半个多世纪，我们理应在前人的基础上运用新的理论和方法把"语义范畴"和"语义关系"重新再做一遍，做得更深，做得更好。"选择范畴"就是其中非常重要的一个语义范畴。一个人，除了不能选择自己的出生，一辈子几乎无时无刻不在进行选择。可以毫不夸张地说：人的一生是不断选择的结果。而选择，不仅在语法意义上会有许多类型，而且在形式上也会有许多相对应的表现。对这些，我们还缺乏足够的了解和认识。所以，我非常支持有斌来做这个很有意义的选题。

有斌的研究有新的构想，他跳出以往有关研究不是从"选择复句"入手，就是从"疑问选择"着眼的传统做法，改为从语义入手，先寻找句法上的标志，分析其语义上的差别，并且联系上下文语境进行语用分析，进而在认知上作出某些解释。他把选择范畴分为"强势选择"、"中势选择"和"弱势选择"，从而第一次建立了现代汉语的选择范畴系统。并且集中对"宁可A，也不B"、"与其A，不如B"、"不是A，就是B"、"或者"、"要么"以及"是A，还是B"等主要格式进行了细腻的分析和比较。这一研究既是对吕叔湘先生从语义到形式研究的继承，又是对当前语义语法研究以及认知语法研究的认同。

从1999年到2001年，我先后招收了三批博士研究生，也许是受我的影响，他们的博士论文选题，几乎都跟句法结构中的语义研究有着密切的关系。1999级的三位，除了周有斌之外，税昌锡做的是"论汉语语义指向论稿"，刘焱做的是"现代汉语比较范畴的语义认知基础"；

2000 级的三位，周静做的是"现代汉语递进范畴研究"，徐默凡做的是"现代汉语工具范畴的认知研究"，朱彦做的是"汉语复合词语义构词法研究"；2001 级的三位，马清华的选题是"并列范畴"，刘雪春决定做"等同范畴"，周红则选择了"指使范畴"。今年我在暨南大学又招收了 4 个博士生，我希望他们，包括以后的博士研究生也能够沿着这条路走下去。我认为，这是一个非常值得做的研究系列课题，这是座金山、银山，值得挖掘，值得献身。近年来，许多朋友，包括外校不少研究生，对语义范畴和语义关系的研究很有兴趣，并且已经取得若干成果，例如华中师范大学邢福义先生那里，他的好几位博士生就研究了量范畴、方所范畴、工具范畴、时间范畴等等。用一句套话来说，这也许可以叫做"英雄所见略同"。我们要谈理论，要建立理想的语法体系，但是不要忘记，另一方面更要做实际的调查研究，做一些扎扎实实的研究课题。我相信，经过若干年的共同努力，我们一定会把汉语里极为复杂的语义范畴和语义关系梳理清楚的。我很高兴，有斌迈出了扎实的这一步，为语义范畴这一研究系列添上了一块砖。

　　有斌他既然已经选择了语言学作为自己的终身事业，那么，就必须义无返顾地、坚定不移地走下去。这本专著应该说开了个好头。我希望，不久的将来能够看到他的第二部、第三部专著陆续问世。

（原载周有斌《现代汉语选择范畴研究》，
广西师范大学出版社 2004 年）

《汉语语义指向论稿》序言

这些年来，我一直在鼓吹要建立有中国特色的语法学理论。有的朋友很不以为然，责难我说：那么，你举个例子说说看，哪些语法学理论是具有中国特色的？我马上就举了"语义指向"这个例子。那位朋友反驳说，这个语义指向其实外国人早就分析过了，可不是中国人的发现！我的回答是：世界上各种语言里实际上都存在着语义指向，所以，如果外国人在他们的著作里也提到过这样的语言事实，这完全不奇怪。但是，事实的存在与分析跟理论与方法的提出毕竟不是一回事，如果说外国人仅仅提到过这样的语言事实，也叫理论，那么，吕叔湘先生早在20世纪40年代就提出了句式的变换，能不能就说变换理论是我们中国人的发现呢？关于语义指向的道理同样如此。现在我们有些人往往带有一种潜在的自卑感，即使是我们自己的发现，也要在外国人那里寻找源头，把首创权拱手相让。说实话，这让我感到很可悲。一些朋友热衷于搞"普遍语法"，这我并不反对，而且很支持。如果真的有那么多的普遍语法可以套用在汉语上，那我们何乐而不为呢？但是，我也请这些朋友不要反对我们搞一些个性语法，挖掘出一些具有中国特色的理论和方法来。"多元"的态势对理论的发展无疑是有利的，"一言堂"最终埋葬的恰恰是自己。我们现在大力倡导"语义语法"，就是提倡汉语语法研究从语义入手去寻找形式的验证，并且以语义作为我们语法研究的重点。这样，语义指向跟语义特征、语义角色、语义结构、语义组合、语义范畴、语义关系等一起构成了汉语句法语义研究的重要组成部分。

我认为：语义指向的理论和方法确实是我们中国学者首先提出来的，并且逐渐形成了自己系统的理论观。这跟我国语法研究历来特别重视语义分析的传统是息息相关的。根据现有材料，可以肯定是吕叔湘先生第一个在 1979 年使用了"在语义上 A 指向 C"的说法，1982 年胡树鲜的硕士论文提到了"作用点"，尽管她没有使用"语义指向"这个名称；1983 年沈开木有关副词"不"和"也"的研究开始充分运用"指向"这一术语，1984 年刘宁生把这正式命名为"语义指向"。1985 年我在《汉语语法研究现状述略》中就充分肯定了对"副词语义指向规律"的探讨，1987 年在《80 年代副词研究的新突破》中更是有意识地把语义指向提到一个非常重要的位置上来认识，指出："由于副词的语义指向变化而产生的歧义特点及其形成条件、分化的方法，是一个十分吸引人的研究课题。"20 世纪 90 年代初期，我又一次对这一课题进行了初步的理论探索，发表了《副词在句法结构中语义指向初探》一文，把语义指向归纳为"指"、"项"和"联"，并且运用这一理论和方法对副词"又"以及"比字句"进行有效的分析。至于运用这一理论来分析状语、补语、定语等句法成分的语义指向的论文那就更多了。进入 20 世纪 90 年代以后，又有陆俭明、周刚、马庆株、詹人凤等从理论上对语义指向从各个方面进行阐述。事实雄辩地证明：语义指向是我们中国学者提出来的，而且是我们中国学者发展并完善了这一理论。这是一个非常有用的理论，对汉语语法的研究有重要的现实指导意义。

当年我建议税昌锡把语义指向研究作为他的博士论文题目，是经过深思熟虑的。因为，我觉得，语义指向的运用虽然比较普遍，但是对这一方法从理论上全面而系统地加以总结和发展是摆在我们面前非常迫切的任务，急需有心人来完成这一历史使命。税昌锡博士比较出色地完成了这一使命，他在前人研究的基础上，创造性地开展了有关研究。他总结了我国汉语语法研究历史上关于语义指向从朦胧阶段到萌芽状态，一直到自觉的多侧面探索的全过程；他对语义指向的定义、性质及其内涵进行了比较全面的阐述；更为重要的是他系统地梳理出语义指向的十组结构模式：前指和后指，顺指和逆指，邻指和隔指，专指和兼指，强指和弱指，单指和多指，显指和潜指，内指和外指，独指和复指，同指和异指。他还进一步讨论了语义指向的歧义指数，显然这些都是前人从没有涉及过的专题。在理论探讨的基础上，他运用这一方法详尽地讨论了

"从属述谓型语义指向及其相关句式"、"降级述谓型语义指向及其相关句式"、"约束限制型语义指向及相关问题"、"语义联项和潜隐关联型语义指向"、"领属关涉型语义指向及相关句式"以及"同义指称型语义指向",对一些汉语句式中的难点进行新的解释。最后他还引入"语境",讨论了"语义指向的语境分类",这实际上涉及语义指向的新品种,具有很强的解释力和发散力。

毫无疑问,税昌锡博士的这部关于语义指向的专著,在我国汉语语法研究历史上是第一部,有着开拓性的效果。但是我们也必须承认,关于语义指向的研究,还只是刚刚起步,后面的路还很长。这表现为三个方面:第一,语义指向本身还有许多问题没有搞清楚,仅仅指句法成分之间的语义联系,还是也包括语素之间、义素之间、语义特征之间?第二,语义指向本身还需要进一步完善,也就是说,还必须结合语义特征、语义角色、语义结构等把研究引向深入,例如在一些超常规的组合中,语义指向是怎么发挥作用的?第三,语义指向需要跟其他相关理论相结合,正如税昌锡博士自己在"余论"里所提及的:语义指向跟层次分析、变换分析、语境篇章分析、认知功能解释等到底存在着什么式样的关系?

据说,现在国内还有好几所高校在从事语义指向的专门研究,至于涉及语义指向的论文那就更多了,因此,从这个角度讲,税昌锡的这部书只能够说是一块"砖",不过是一块掷地有声的好砖,也许可以引来好几块闪闪发光的"玉"。

我在华东师范大学工作期间招收的第一届和第二届一共6个博士生都已经顺利毕业。记得在他们入学时,我就提出了一个比较高的目标:博士论文要求写20万字左右的一部专著。我以为,博士论文可以用三年的时间来撰写,也许是一辈子里最花心血的研究,为什么不写得更好一点?如果一开始就确定一个比较高的目标,学习和研究起来,才会有压力和动力。结果,学生们没有辜负我的期望,6个人写出了6部书:第一届的周有斌和刘焱分别写的是选择范畴和比较范畴,税昌锡写的是语义指向;第二届周静和徐默凡分别写的是递进范畴和工具范畴,朱彦写的是语义构词法。现在这6部专著经过修改和润色,都即将正式出版。我由衷地为他们感到高兴。

税昌锡博士，大学读的是英语，还在一个县城中学里当了多年的英语教师，硕士研究生却改读汉语史，毕业论文写的是《马氏文通》，这就跟汉语语法挂上了一点钩；博士研究生再次转向，搞的是现代汉语语法。应该说，他的知识结构比较完整，懂外语又懂汉语，懂古代汉语又懂现代汉语，确实挺不容易的。他为人谦逊，话语不多，却勤于思索，对理论有一种偏好，往往能够提出一些很有见地的看法。语义指向这部书能够写到现在这样的水平，可以看出他是花了工夫的。当年论文答辩时，张斌先生是答辩委员会主席，委员是范晓、戴耀晶、范开泰和刘大为4位先生，他们一致认为这是一篇优秀的博士论文。后来华东师范大学研究生院还准备推荐该文参加角逐"全国优秀博士论文100篇"，只是因为申报的经费问题没有落实而自动放弃。他抽出其中某些章节单独撰写成文，已经在多种学术期刊上发表，被中国人民大学复印资料载数篇，还有一篇在2003年的第二届现代汉语语法国际研讨会上被评为青年优秀论文一等奖（一共两名）。现在他又挥师南下跟我做博士后，我相信他一定会在汉语语法研究上有所建树，特别是他长于理论与方法的思考，应该会有所突破，有所创新。

（原载税昌锡《汉语语义指向论稿》，
东北师范大学出版社2005年）

《汉语复合词语义构词法研究》序言

　　朱彦到北京大学中文系做博士后已经一年了，最近听说她的博士论文得到北京市的有关资助，即将出版了，这个好消息，无论对她本人，还是对我来讲，都值得欣慰。

　　朱彦来自秀丽的漓江之畔，硕士时读的是现代汉语词汇学，导师是黎良军先生。现在再来读现代汉语语法，不算大改行，也算小小的转向吧。她自认为以前对语法下工夫不太多，在为博士论文准备选题时，曾表示希望要写一篇语法论文。但是我考虑到她的专长和实际的需求，却建议她做构词法研究，而且希望她着重分析词语内部的语义结构，以及一个词语是如何从深层的语义结构变成表层特定形式的。为什么我希望朱彦做构词法这一题目呢？一方面，虽然我自己的主攻方向是语法，但对词汇研究一直很感兴趣，还主编过一部《HSK 汉语水平考试词典》。更重要的一方面，坦率地说，目前汉语词汇学的研究问题不小，需要引入新的研究思路，需要开拓新的研究途径，特别是需要借鉴汉语语法研究的某些理论与方法来重新认识词语的构成，重新解释词义的结构。这些年来，我一直致力于汉语语义语法的研究。我认为：在形式与意义这一对范畴中，起决定因素的应该是意义，而不是形式；语法研究虽然既可以从形式入手去寻找意义的验证，也可以从意义入手去寻找形式的验证，但对汉语这样语法形式特殊、形式标志隐蔽的语言来讲，从意义入手也许是更加合适的。在句法结构的语义研究中有大量的课题还没人做，而且非常值得去做，例如语义范畴、语义关系、语义角色、语义特征、语义指向、语义结构等。构词法，既有词汇问题，也有语法问题，更是形式和意义的结合体。以往的研究往往停留在形式层面，似乎指出这是偏正构词，那是动宾构词，问题就解决了；其实那样的认识是很浅薄的。虽然这样的分析不能说对理解词语以及它的作用没有一点点帮助，但那显然是极为有限的。我们须要深入到词语，特别是复合词的内部去挖掘词素与词素到底是如何结合起来的，它们的语义结构到底是如何构成的，在一个复杂的语义结构转化为一个固定的词语形式的过程中，哪些因素起到决定性的作用，哪些条件制约着对词素的选择和最后的词语形成。我相信，只有把这些问题解决了，我们才有可能真正摸索到汉语词语构成的规律，才能揭示出汉语构词法真正的奥秘。

我觉得朱彦初步具备了这样的能力。这不仅因为她已经打下了从事词汇研究以及语法研究坚实的基础，而构词法的研究恰恰需要同时兼有这两方面的知识与能力；而且我认为她很有悟性，有独创的能力，能够把我的这一还是很朦胧的想法付诸实践。朱彦是个听话、懂事而且好学、勤思的好学生，最后，她接受了我的建议，我真的非常高兴，比自己出版了一部专著还高兴。她一头扎进了这个课题的研究，而且初稿一出来，就让我感到起步高，有新意。结果，朱彦的这一博士论文，因为思路新颖，方法独特，结论独到，获得答辩委员会一致好评："总之，该博士论文选题新颖，具有开拓性，理论和方法比较科学，定量和定性分析结合，例证丰富，分析细腻，是一篇优秀的博士论文。答辩委员会一致认为该文已经达到博士学位论文水平，并建议授予博士学位。"

以往的构词法研究往往从两种角度研究词素之间的关系，或者是句法结构角度，或者是语义关系角度，但是缺乏把两者进行必要的沟通。因此这样的研究，其观察与分析的视角只停留在语言的表层，对词素间复杂曲折的语义关系难以详尽描写和解释。朱彦的博士论文从语义的深层出发，在认知的背景上挖掘复合词词素间语义关系曲折复杂的根源，力图描写和解释复合词构成的一系列语义组合过程，找到其间的语义规律，也就是说，从语义结构的角度来重新审视构词法问题。在理论上，主要运用了认知语言学的相关理论作为立论依据，如格语法理论、框架理论、图形/背景理论、目的物/参照物理论等，并运用了心理学的有关研究成果来作为有关观点的实验支持；在方法上，则运用了述谓结构分析方法来描述复合词的深层语义结构，运用了形式化方法来表示构词的语义框架，运用了定量研究方法，对一个相对封闭的语料作了量化统计，在定量的基础上寻找规律。论文最核心的观点是：复合词的语义结构本质上是一种认知场景，可归结为一定的认知框架。复合词是框架（包括基本框架和复合框架）的成分在语言表层的映射。

这篇论文对汉语复合词的语义构词法进行了可贵的探索，在国内同类研究中具有首创性，用以分析汉语构词格式的手段和方法在国内处于领先地位，因此，不仅对研究复合词的语义构词法有理论指导意义，而且对自然语言处理的进一步深化无疑也具有一定的实用价值。

由于朱彦的研究既涉及词汇研究的核心——词义分析，又跟语法研究——词语结构生成息息相关，所以当我得知我的母校北京大学中文系有意物色这样的研究人才去做博士后时，我就毫不犹豫地推荐了她。结果朱彦很幸运，2003年初夏，她跨进了北京大学的大门。短短的一年里，在北京大学这样的学术氛围熏陶中，在陆俭明、沈阳两位导师的指导下，在符淮青、郭锐、詹卫东及其他老师的帮助下，她的学识、她的眼光，她的胸怀，无疑出现了一个飞跃。

2004年6月我赴京参加纪念吕叔湘先生100周年诞辰国际学术研讨会，其间得知朱彦的博士论文获得了北京市提供的出版资助。这是对她以往三年研究的肯定，也是对她今后研究的一种鞭策。

我一直认为：一个人的成功，除了自己的天分，加上后天的努力，还需要机遇。现在朱彦已经具备了这三种条件，因此，我希望朱彦在可以预见的未来，努力成为词汇学界的一位新秀。

在这里我想送给朱彦三句话：

第一，取法其上，就是立足点一定要高，要给自己定下一个比较高的目标，在研究的理论和方法上有所突破，这样才能"领先一步"。

第二，锲而不舍，认准了自己奋斗的方向以及达到目的的途径，就要抓住不放，这样才能"金石可镂"。

第三，细水长流，要不急不躁，就好像广东人煲汤，用的是文火，而不是猛火，这样才能持之以恒，"取得正果"。

（原载朱彦《汉语复合词语义构词法研究》，

北京大学出版社2004年）

《对外汉语教学中的理论
与方法》序言

对外汉语教学，作为一门新兴学科，在 20 世纪最后 20 来年里取得了神奇的进步，这不能不归功于改革开放国策的实施，不能不归功于长期奋战在对外汉语教学第一线的全体教师的辛勤耕耘。我们坚信：这一事业在 21 世纪必将取得更加飞速的发展，这就要求我们必须认真地梳理有关的研究情况，总结取得的成绩，梳理存在的问题，特别是从理论上加以概括，以指导今后的工作。正是在这一意义上，我以为黄锦章教授和刘焱博士主编的《对外汉语教学的理论与方法》具有重要的现实意义。

2004 年盛夏，延边大学，第二届对韩（朝）汉语教学国际研讨会上，上海财经大学国际文化交流学院的黄锦章教授特地告诉我他们的编写计划，并且希望我给这本书写个序。我当即愉快地应承了，这不仅仅是对他们工作的支持，实际上也是还了我的一个心愿。

记得还是在 1985 年，当时我跟范开泰先生都在华东师范大学中文系任教，一起创立了"对外汉语教研室"，范先生任主任，我是副主任。从此跟对外汉语教学结下了不解之缘，不仅多次参加了世界汉语教学研讨会以及中国对外汉语教学研讨会，招收韩国研究生，还在 20 世纪 90 年代中，跟长期从事对外汉语教学的王珏、徐子亮和吴勇毅三位朋友编撰了《HSK 汉语水平考试词典》。应该说，我对这一事业有兴趣，也有感情，只是后来因为人事上的变动，在对外汉语系成立时，我归属到中文系，即使这样，我仍然一直非常关心它的发展和进步。20 世纪 90 年代初，我和方经民先生曾经合作撰写《中国理论语言学史》（华东师范大学出版社，1991），第七章第七节里就有一小节专门讨论"对外汉语教学中的应用语言学理论研究"。可惜，因为篇幅的限制和时间的制约，没有能够充分展开，这也一直是存留在我内心的一个遗憾。现在看到由黄锦章先生和刘焱主编的《对外汉语教学中的理论与方法》一书，感到由衷的欣慰，觉得他们所做的研究也正是我希望做到却未能做好的工作。

　　20世纪80年代初期，我们上海的一些年轻朋友自发组织了"现代语言学讨论会"这样的学术沙龙，每个月都要举行一次学术报告会，有不少人参加，包括一部分在读的研究生，其中就有当时还初出茅庐的黄锦章先生。他先后跟随著名语言学家胡裕树先生和王德春先生攻读硕士和博士，在汉语语法研究方面，特别在格语法研究方面表现出自己独特的见解，还在广告语言学等应用性研究领域，取得了可喜的成绩。近年来由于工作的需要，他在坚持本体研究的同时，对对外汉语教学研究也产生了强烈的兴趣。至于另外一位主编刘焱博士，我就更加了解了，她是我第一届博士生，聪敏好学，而且特别善于吸取新的观念，在理论上有一定的创新意识，他们以及他们年轻的同事们（其中的周红，也是我的博士生）能够在短时间里完成信息量如此巨大的著作，是应该充分肯定的。

　　坦率地说，我国的语言学研究传统，包括应用语言学的研究传统，都是讲究多做少说，或者说是比较重视实践和具体的经验，而比较忽视理论的概括和方法的提取。对外汉语教学方面，经过50多年的发展，特别是近20来年的飞速进步，已经取得举世瞩目的成绩，并且也出现了一些在理论上加以总结的论文，但是始终缺乏一本全面的宏观性的专书，从某种意义上讲，本书稿也就是弥补了这方面研究的不足。

　　这本书稿，实际上是综述性质的理论分析和总结。综述文章，也许有人不大看得起，以为这不过是小儿科。其实不然，根据我多年来撰写和指导研究生写综述的经验，要写好综述，首先需要具备一个大前提，那就是：资料要特别丰富，行情要比较熟悉。一方面，要把能够找得到的有关材料都看一看，绝对不允许有重要的论著遗漏，特别是名家名作不可欠缺。另一方面，对所研究的对象要有纵横两个方面的充分了解，不仅知道它的历史，更了解它的现状和发展趋势，不仅知道它的本体，而且了解它跟周边的关系。当然这还仅仅是必备的第一步。

撰写这样理论性和综述性都比较强的著作，从作者本身来讲，我以为还必须具备几个基本条件：

第一，要有眼光，能够在浩如烟海的材料里筛选出真正有价值的东西来，这就需要拥有"沙里淘金"的本事和手段。材料的取舍，完全取决于作者敏锐的眼光。

第二，要善于概括，也就是要有强烈的理论意识，指出以往研究的得失成败优劣，而不是把一大堆材料罗列在一起，这就需要拥有一定的理论水平和分析能力。

第三，要有前瞻性，也就是对存在的问题有比较清醒的认识，并且能够指出今后发展的方向和途径。一句话，要有独到的见解。

我不敢断言，这本书的编写者都已经具备了这样的条件，但是可以看出他们正在向这个方向努力。总的来看，全书有几个比较明显的特色：

章节的编排比较合理。全书分为"语言理论"、"语言学系统理论"、"语言教学理论"以及"跨文化的交际理论"四个章节，几乎覆盖了对外汉语教学领域中所有范围，这里既有有关的语言本体研究，也有相对的应用研究；既有学习者的方法论，也有教学者的方法论；既考虑了语言的角度，也考虑到跨文化的角度。

专题的论述比较清楚。每个章节内部，按照专题进行分析，例如"课堂教学理论"，分为"课堂教学"、"言语技能教学"、"对外汉语教材建设"、"多媒体语言教学"、"中国汉语水平考试（HSK）"等专题，这样的好处是论述集中，而且可以深入。

观察的角度比较到位。也就是紧紧抓住理论与方法这一条主线，比如关于"语言学习理论"，就包括了"普遍语法理论"、"中介语理论"、"偏误分析理论"、"语言监控理论"、"话语分析理论"等。

从高标准要求来看，该书也还存在一些问题：一是某些部分还比较粗糙，分析不够深入；二是有些章节罗列别人的研究比较多，但理论分析比较少；三是对某些理论问题的发展线索梳理不够，缺少"史"的意识。从这一意义讲，这本书稿的出版，只是标志着这类研究的开始，盼望他们能够以此为契机，再作进一步的开拓性研究。

　　对外汉语教学是一个非常有发展前景的专业，它的历史地位和学术地位已经确立，这不再需要多加讨论，现在我们要做的工作就是，一方面踏踏实实地教学，实现我们自己的理念；另一方面认认真真地总结，创立我们自己的理论。这两方面的事情都做好了，我们的事业就有了希望，而且大有希望。

（原载黄锦章、刘焱主编《对外汉语教学中的理论与方法》，

学林出版社 2004 年）

《南珠集——语言学卷》前言

在庆祝暨南大学（1906－2006）建校一百周年前夕，一部凝聚着我校语言学科全体教师心血的论文集终于杀青付梓了。作为本书的主编，欣喜之余不免浮想联翩，回忆起我们这个学科发展成长的整个历程。

翻开暨南大学的百年校史，多少仁人志士、专家学者曾经在这所华侨学府的校史上谱写过辉煌的篇章。暨南大学的人文社会学科，尤其引人注目。在漫长的岁月里，一大批专家学者为中国的教育事业的振兴和文化建设作出了杰出的贡献。就拿语言文学学科来说，我们只要屈指数数各个历史时期在暨南大学文学院中文系执教过的名家名师，例如陈钟凡、郑振铎、许杰、刘大杰、吴文祺、夏丐尊、龙沐勋、张世禄、方光焘、胡裕树、萧殷、何家槐、秦牧等等，也就不难体会到语言文学学科在暨南大学占有多么重要的分量，在学术界具有多么深远的影响。

在几经曲折磨难，穿越了漫长崎岖的道路以后，进入 20 世纪 80 年代，在改革开放、学术振兴的新时期中，暨南大学的语言学科，继承和发展了前辈学者开创的优良传统，大踏步地向着创建优秀学科、攀登科学高峰、培养高级人才的目标迈进。1984 年获准建立现代汉语硕士点，招收现代汉语语音学、语法学、词汇学、修辞学和方言学几个不同方向的硕士研究生。我们还先后举办了两期"现代汉语助教进修班"。事隔三十载，如今走到祖国东西南北的各个省市，都不难遇见当年有机会进入我们"现代汉语助教进修班"的语言学界人士，他们都已是所在院校的学术骨干，教授或副教授了。在此期间，语言学科的教师们，基于"没有科学研究的支撑就无法提高教学质量"的认识，积极开展研究工作，写出了一批颇有影响的专著和论文，使暨南大学语言学科日益成熟，逐步形成了以汉语方言研究为强项的学科特色。1987－1990 年先后出版的三卷本《珠江三角洲方言调查报告》（詹伯慧主编）在学术界引起了很大的反响，被认为是广东汉语方言研究的空前突破，粤方言研究的重大成果。此外，还有黎运汉《现代汉语语体修辞学》、《汉语风格学》，饶秉才《广州音字典》、《广州话方言词典》等也都颇有影响。1990 年国务院学位办下达文件，批准在全国建立第四批博士学位授权点，其中属于汉语方面的只有两个：其一是设在南京大学的以鲁国尧教授为博士生导师的汉语史博士点，其二就是设在暨南大学的以詹伯慧教授为博士生导师的现代汉语博士点。学位办的文件特别指明暨南大学的现代汉语博士点招收博士生的方向应是汉语方言研究。此前全国只有社会科学院语言研究所可以招收汉语方言方向的博士生，以李荣教授为博士生导师。从 1991 年起，就不断有海内外的学子慕名前来报考暨南大学招收的攻读汉语方言方向的博士研究生，而 1994 年全国第一批攻读汉语方言方向获得博士学位的五位博士中，除社科院语言所现任方言研究室主任的周磊博士外，其余四位都出自暨南大学的现代汉语博士点，他们是：伍巍博士、邵宜博士、张晓山博士和邵慧君博士。

　　进入 21 世纪以后，我们加强了培养硕士研究生和博士研究生的专业方向建设，2003 年还建成博士后流动站。一方面积极从外地引进新的学科带头人，包括来自华东师范大学的汉语语法学家邵敬敏教授和来自南京大学的应用语言学家郭熙教授，另一方面也在校内原有的教授中陆续遴选了王彦坤教授、伍巍教授和彭小川教授为新增博士生导师，使博士生导师一下子增加到六位；招收博士生的方向也从单一的现代汉语方言方向扩展到同时招收汉语方言、汉语语法、汉语史（训诂学）和语言应用研究四个方向，并在积极准备拓展新的方向。与此同时，硕士生导师的队伍也随着高级职称教师队伍的增加进一步得到充实。加上近几年我校华文学院对外汉语系和应用语言学系不断引进年轻有为的语言学博士，这样一来，暨南大学的语言学科，除了拥有几位在语言学界有一定影响的资深学者外，还形成了一支拥有三十多位朝气蓬勃、后劲十足的年轻博士为主体的专业队伍。他们都出自国内的名校名师，汇集到暨南大学这个充满活力的语言学科中来。在这里他们齐心协力，同心同德，各自发挥自己的专长，取长补短，开拓进取，使整个语言学科出现了一个门类日趋齐全，结构日趋合理的欣欣向荣的良好势头。

正是由于我们紧紧抓住人才建设这个关键，从20世纪90年代以来，学科建设就稳步走上可持续发展的轨道上来。在国家启动高等学校"211工程"建设之际，暨南大学一举成为继中山大学和华南理工大学之后广东省第三所"211工程"建设的大学，把具有明显优势的语言学科和另一优势学科"华文教育"整合成为全校七大"211工程"项目之一的"汉语言文字学与华文教育"，开始了一系列卓有成效的学科建设工作。经过几年来"211工程"的建设，一大批在国内外有相当影响的学术研究成果陆续面世，一系列引人注目的学术活动接踵而来，暨南大学语言学科已经无可争议地被公认为全国最重要的语言学研究和教学基地之一了。拿我们的强项方言研究来说，早在1991年就出版了由詹伯慧教授主编，厦门大学李如龙教授、复旦大学许宝华教授和中山大学黄家教教授联合编写、经教育部推荐作为全国高校通用教材的《汉语方言及方言调查》，获评为全国高校优秀教材，多年来一直是海内外许多大学乐于采用的汉语方言学教科书；与此同时，1994年学校把原有的汉语方言研究室提升为汉语方言研究中心。作为省社科"八五"、"九五"重点项目科研成果的《粤北十县市粤方言调查报告》、《粤西十县市粤方言调查报告》和《广东粤方言概要》也相继在1994、1998和2002年出版，进一步奠定了暨南大学在粤方言研究中的领先地位。两年一度的国际粤方言研讨会先后三度在由暨南大学主办（1989、1995、2001），2002年暨南大学汉语方言研究中心又与香港大学语言学系联合开设了"粤方言研究网站"，深受海内外粤语使用者和研究者的欢迎。在汉语语法研究方面，邵敬敏教授的《汉语语法的立体研究》荣获第三届教育部优秀文科著作三等奖，他主编的由13所著名高校参编的高校教材《现代汉语通论》获得普遍好评，被近百所大学所采用。在语言应用研究方面，郭熙教授的《中国社会语言学》产生了比较大的反响；在华文教育方面，由贾益民教授主编的《中文》华语教材成为最受欢迎的同类教材之一，并且创办了《华文教学与研究》在国内外公开发行。如此等等，都显示出暨南大学华文教育的勃勃生机。

　　作为"211 工程"建设的内容之一,这几年我们语言学科在开展学术交流,举办学术研讨会方面也不遗余力地进行。2002 年和 2004 年先后举办过两次"语言学科建设高级专家论坛",2004 年还举办了"应用语言学高级专家论坛",云集了全国一批语言学和应用语言学的权威学者,大家畅所欲言地就我国语言学和应用语言学的发展,高等院校中的语言学科的建设和优化等重大问题作了精辟的论述,在语言学界产生了广泛的影响。此外,我们还主办了"第三届现代汉语语法国际研讨会"(2003)、"华文教育国际研讨会"(2004)以及"第三届现代汉语通论教材教法研讨会"(2004)等,为语言学科的繁荣作出了我们应有的一份贡献。

　　我们语言学科所依托的中文系,1995 年经教育部批准为国家文科人才培养与科学研究基地,1999 和 2001 年两次被教育部评为优秀基地;汉语言文字学更是广东省和国务院侨办的重点学科;现代汉语是广东省和侨办的名牌专业,对外汉语教学是广东省名牌专业。华文学院是国务院侨办的华文教育基地、国家汉办支持周边国家汉语教学的重点院校。据中国管理科学院《中国大学评价》、《中国大学学科综合实力评估》近三年评估,暨南大学文学类二级学科排名,2002 年列全国第十一名,2003 年和 2004 年都荣列全国文学学科第九名,评估成绩均为A+。

　　暨南大学语言学科经过全面整合,成立了"语言研究所",并且下设三个颇具特色的研究中心:语法语义研究中心、汉语方言研究中心和语言应用研究中心。汉语方言研究今后除了继续致力于粤方言研究,并且将在深化方言的共时比较和历时比较方面,在方言语法研究方面开辟新的研究方向,并且在东南亚华语方言研究以及土语研究方面进行深入的调查研究。语法语义研究今后将加强句法语义研究的新思路,包括语义语法的理论探索、新时期语法学史的研究和语言学评论;加强词汇语义的研究,包括训诂学、文献学以及词源学等方面。语言应用研究今后将努力拓展社会语言学研究、修辞和语用学的结合研究,并且在对外汉语教学与华文教育研究方面进行新的突破。目前我们暨南大学的语言学科已经拥有一支结构合理、素质较高、老中青结合、非常有战斗力的学术研究队伍，并且形成了自己的研究特色。可以这样说，现在暨南大学的语言学科呈现出朝气蓬勃、充满活力的发展势头，我们有信心，也有力量让本学科建设更上一层楼。

回顾暨南大学语言学科三十年来走过的道路，特别是"211工程"启动以后学科建设突飞猛进的历程，我们深深体会到：我们学科之所以能够不负国家重托，培养出一大批语言学科建设急需的高级人才，之所以能够在我国语言科学建设中发挥一定的作用，都归功于本学科全体教师。他们能在教学科研双肩挑的情况下积极联系社会实际，联系地方实际，联系侨校实际，以高度的热情持续不断地开展了一系列卓有成效的学术研究工作。这些研究开花了，结果了，我们的学术水平提高了，我们的教学质量和科研成果自然也就提升了，丰富了。

为了反映我们这个学科建设的真实面貌，为了向语言学界的同道们朋友们汇报我们在学术研究中的心得体会，也为了激励我们这支队伍的成员进一步攀登语言学科的高峰，我们从多年来老师们发表的论文中选取了40多篇编成这个集子。集子中的文章内容涵盖语言学科的方方面面，大体上可以代表作者的研究心得和学术素养。当然，这只是一个良好的开端，今后我们还将把这项有意义的工作继续下去，让涓涓之水汇成河流，注入到全国语言学科建设的大海大洋中去。

学术无止境，全靠有心人。继往开来，承前启后是我们这一代人神圣的职责。我们借此机会略述暨南大学语言学科发展的梗概。回顾是为了前进，殷切期望海内外同道专家对我们的工作不吝指教。我们在此真诚地说声：谢谢！谢谢！

合作者：詹伯慧（暨南大学）

（原载《南珠集——语言学卷》，
暨南大学出版社 2005 年）

第五部分
书　　评

现代语言学的现代意识

——读《赵元任语言学论文选》

　　中国语言学的研究历史悠久，渊源深长。但是，具有现代意识的语言学研究，则是从 20 世纪以来，在借鉴了国外语言学理论，尤其是结构主义语言学理论以后，才真正发展起来的。从这个意义讲，赵元任先生作为中国现代语言学的开拓者与奠基者，无疑有其特殊的贡献。最近，由袁毓林主编的《中国现代语言学的开拓和发展 ——赵元任语言学论文选》（清华大学出版社，1992），为我们全面了解赵先生的学术思想提供了一份珍贵的文献。全书按"理论探讨"、"汉语总论"、"方言研究"与"语法分析"四部分精选了 16 篇论文，时间跨度从 1926 年到 1976 年。无论从空间还是从时间来讲，都足以充分反映赵先生语言学研究的最高水平。这也是除《现代吴语研究》、《国语入门》、《语言问题》与《汉语口语语法》等名著之外，国内出版的最有代表性的赵先生语言学论文精选本。这些论文，有的发表距今已有半个多世纪，有的则第一次与大陆读者见面，它们无不以其精辟的分析、深邃的见解、科学的方法，使我们震动，给我们启迪。

　　现代语言学的精髓就在于：强烈的创新意识，即提出与传统迥然不同的新的理论与方法，来重新对种种语言现象作出描写与解释；明确的多元意识，即承认世界的多元性，对同样的语言事实，完全可以从不同角度予以分析，而不必拘泥于某种现成的理论与方法；自觉的开拓意识，即敢于突破传统的研究框架，去寻找新的研究对象、新的研究天地。赵元任先生正是这样一位具有现代意识的国际语言大师。我们要向赵先生学习，首先就要从根本上学习他用现代意识来献身于现代语言学的事业。

现代的汉语方言研究，是赵先生亲手开创的。《北京、苏州、常州语助词的研究》（1926）是汉语方言语法研究的经典之作，也是中国第一篇运用几个方言的材料进行横向对比研究的开创之作。全文以北京话的语助词为纲，引用苏州、常州乃至南京语助词作比较，分别讨论了"de"、"le"等 10 个语助词，从而发现了一些很有价值的规则，例如北京话中读"le"写做"勒"或"了"的语助词实际上有两个，一个是动词词尾（俗称了$_1$），另一个是句或逗的语尾（俗称了$_2$）。相应的，苏州话分别为"tzy 仔"与"tzə 哉"，常州话分别为"tze 则"与"li 哩"。《吴语对比的若干方面》（1967）首先就吴语与官话进行语音、词汇与语法的比较，重点是语音，从而发现"吴语的特点，首先在于具有一些共同的语音特征。最突出而且最典型的，是闭塞音声母按发音方法分为三套，而不是通常的两套"，这"大概是划出吴语的唯一的必要而充分的条件"。显然，这一研究具有重要的方法论意义：第一，密切注意口语活生生的材料，而不局限于书面语言材料；第二，几个方言材料的对比，可以分化同一语法形式所表示的不同语法意义；第三，某方言的一个语助词不一定恰巧跟另一方言的某个语助词相配，而且未必用语助词来表示，也可用声调、副词、连词等别的方法。这些理论与方法，不仅贯串在作者撰写的《现代吴语的研究》（1928）、《钟祥方言记》（1939）以及与人合写的《湖北方言调查报告》（1948）中，而且事实上指导着这近几十年来的汉语方言调查研究。

赵先生的研究历来以"通达"而为人称道。早年他在《音位标音法的多能性》（1934）一文中便指出："音位标音法对于任何语言，不是单答案性的，乃是有多种可能方式的答案的。"因为客观上存在许多不同的影响答案的因子，作者还证明，"在音位答案未拟定以前，非得用纯粹语音学跟它所用的严式音标，才能够做拟音位答案的初步工作"。这一指导思想的重要性，不仅在于对音位标音法的理解，而且对语言研究各方面都有普遍的理论意义。为此，该文得到了著名语言学家裘斯（M. Joos）的高度评价："我们很难想到有比赵元任这篇文章更好的对早期音位学具有指导意义的单篇论文了。"这种多元的思想在赵先生许多论文中体现出来，例如《说清浊》（1960）认为："以清浊的名词来配 Voiceless，Voiced

也只是为求逻辑上的整齐方便，也不是天经地义。"进而推求一般的理论："大凡一种理论求其整齐紧凑就可能只照顾到事实的一部分，一方面；如果求其包括事实的丰富，多方面来照顾，系统就不免会松弛下来。"他在《汉语语法与逻辑杂谈》（1955）中还引用了德布罗意的波粒两象说，"同样一个现象，既可描绘为运动着的粒子，也可以描述为波的传播。两种描述，对于被描述的物质也好，对于物质的这种被描述的物质性也好，都同样是正确的。"这就告诉我们：一种理论，不论如何高明，也只能解决问题的一部分、一个侧面，它总有自己的局限，决不可能尽善尽美。对一种语言现象完全可能有不同角度的解释，从而形成"互补"。如果简单地采取肯定一个否定一个的做法，势必不利于语言科学的健康发展。多元互补的思想在当前具有特别的现实意义。

结构主义语言学历来重视结构的形式分析，在一定程度上对语义分析不够重视。在这一点上，赵先生又一次显示出他与众不同的独到眼光，很早就开拓了形式与意义的关系研究。在《汉语结构各层次间形态与意义的脱节现象》（1956）一文中，他以敏锐的目光，透过结构层次的间隔，发掘出六种形态与意义脱节的情况：Ⅰ. 羡余现象；Ⅱ. 措辞矛盾；Ⅲ. 混杂隐喻；Ⅳ. 语法悖理；Ⅴ. 语义短路；Ⅵ. 背语义分析。在《语言成分里意义有无的程度问题》（1961）则从信息论角度讨论了影响意义有无程度的四种因子：长短；类别；重复度；贝次的频率。特别值得一提的是《汉语中的歧义现象》（1959），该文区别了"歧义"与"模糊"、"笼统"的界限，分别讨论了"词汇歧义和语篇歧义"、"有意歧义和无意歧义"、"程度高的歧义和程度低的歧义"、"语内歧义和语际歧义"、"汉字造成的歧义"、"同音歧义"、"由直接成分造成的歧义"以及"其他形式的结构歧义"。这不仅涉及许多极为有趣的语言现象，而且触及形成歧义的原因以及分化的方法，是研究汉语歧义结构的开创之作，对七八十年代汉语歧义研究产生了深远的影响。通过歧义研究这一窗口，我们可以观察到汉语结构内部许多精细微妙之处，对语言研究方法的改进具有重要的价值。

总之，这些论文所体现出来的科学精神和现代意识，对迈向 21 世纪的中国现代语言学，无疑有着重要的指导作用。

（原载《语文研究》1993 年第 4 期）

面向 21 世纪的语言学

——读《当代跨学科语言学》有感

语言学是一门渊源古老而又青春焕发的学科。它面临即将到来的 21 世纪，正在作极为必要的自我调整与完善，以适应飞速发展的时代与社会的迫切要求。从这个意义上讲，《当代跨学科语言学》（卫志强著，北京语言学院出版社，1992）一书为我们提供了这一重大变革的前奏。

把语言看做封闭的、静态的、自足的系统，这种观点已逐步成昔日黄花，代之而起的是一种崭新观念，即把语言视为开放的、动态的、交叉的，具有生成、变化、扩散机制的立体网络。以往的语言学有意无意地把自己封闭起来，只着眼于语言的结构研究，只满足于对语言系统的描写与分析，而几乎完全无视它对其他各种学科的作用以及其他各种学科对它的反作用。

语言如此复杂多变，因而任何一种理论方法都只能解决某个局部或某个层次的问题，这就从根本上决定了语言学理论的多元性，并导致语言学必须也必然要从其他学科中借鉴，吸取有用的理论方法，反过来，语言又如此神奇活跃，与人类社会生活有千丝万缕的联系，并发挥了巨大的影响，这就决定了语言学有可能也有必要渗透到其他学科中去。正如该书作者所指出的那样："现代科学发展的总趋势是综合和分化的同时进行。任何一门学科的发展都离不开其他学科的知识和方法；任何一门学科的研究成果都会对其他学科的发展产生重大影响。"语言学同社会科学、自然科学的交叉渗透，产生了一系列新兴的边缘交叉学科。

如果把语言本体研究称为"内部语言学"或"微观语言学"，那么这些研究可称为"外部语言学"或"宏观语言学"。两者对立互补，相辅相成。尽管由于种种原因，这些新兴的边缘交叉学科发展并不平衡，但都已呈现出强大的生命力与发散力，目前这一发展趋势正在向纵深推进，即一方面由表层的交叉演变为多向交叉，例如已有人提出要建立"神经心理语言学"、"社会文化语言学"等；另一方面由表层的交叉演变为深层的交叉，即同相互作用与影响发展为在研究理论与方法上创新。

　　跨学科语言学的兴起，首先是为语言学研究注射了新鲜活力，视野开拓了，影响扩大了，从别的学科那儿吸取了营养，从而丰富了自己，也刺激了语言学本体的研究。其次是为语言学的应用开辟了一条条新的途径，语言学的有关理论、方法和成果在其他学科中大显身手，为之作出了独特的贡献，在贡献中，语言学自身的价值也得到了实现，该书正是紧紧把握了这一变革开放的发展趋势，用深入浅出的简明扼要的语言全面而系统地介绍了这些交叉边缘语言学的形成背景，发展概况、研究对象，理论方法、应用价值等等，为我们展现了一个新的广阔天地。

　　无疑，这些新兴的跨学科语言学的建立与发展有着极为可观的理论意义和应用价值，如果说，它们在 20 世纪末还只是一棵棵生机勃勃的新苗，那么到了 21 世纪，它们必将成长为硕果累累的大树。谁能领先一步认识到这一点，谁将成为 21 世纪学术研究的弄潮儿；谁能自觉地去开拓这一片片处女地，谁就将在 21 世纪获取丰硕的成果。因此，这本书不仅对直接从事语言学研究的人有价值，而且对从事其他学科研究的有识之士也有重要的启迪意义。

（原载《语言学通讯》1993 年 3—4 期）

打开语言学宝库的金钥匙

——评《现代语言学方法论》

回顾近百年来汉语研究的历史，我们不难发现：每当研究取得比较显著的成果，汉语语言学有了长足的发展，从根本上讲，都是由于在研究的理论与方法上有所更新，有所突破，近十多年的研究现状更是雄辩地证明了这一点。从另外一个角度讲，一个人要想在语言研究上能超越前人，除了占有丰富的语言材料之外，关键还在于掌握了比较先进、比较科学的研究理论与方法。我们在牢记前辈关于"务实"教导的同时，更应重视"创新"所带来的质的飞跃，这是打开语言学宝库的一把金钥匙。

理论与方法，两者相辅相成。任何方法都是有一定的理论支撑的，而任何理论都必须通过一定的方法来实现。如果说前者是建筑的设计思想，那么后者就是具体的设计手段。集中对现代语言学的方法论进行综合比较评述，无疑是一项很有意义的工作，它不仅可以帮助我们进一步了解现代语言学各学派的精髓，而且对汉语研究的深入有着重要的借鉴作用。我们十分欣喜地看到了方经民君撰写的《现代语言学方法论》（河南人民出版社，1993）一书在这一方面作了有益的尝试。作者以简洁而准确的语言有重点地评述了那些对汉语研究产生过重大影响的现代语言学的各种方法论，全书内容扎实，评述得当，条理清晰，是一本紧密联系汉语研究实际，又有一定理论深度的专著，对有志于语言学研究的青年朋友来讲也是一本很有参考价值的入门辅导书。

现代语言学从索绪尔《普通语言学教程》（1916）出版算起，已有近百年的历史，各种学派、各种理论层出不穷，从方法论角度切入进行梳理归纳，删繁就简，比较鉴别，综合评述，不失为一条事半功倍的好途径。

作者首先阐述"现代语言学方法论基础"，从"语言和言语"、"微观和宏观"、"共时和历时"、"内在和外在"四个角度入手，然后再列举"现代语言学方法论原则"，集中分析了"形式和意义"、"组合和聚合"、"规则和原则"、"功能和变异"这四组重要范畴及其关系。在此基础上，着重从共时、微观的角度分别讨论了各分支学科的具体研究方法，包括"语音"、"语义"、"语法"、"语用"以及"跨语言研究"等五个方面。现代语言学各学派的研究方法有对立也有互补，有继承也有发展，作者胸有全局，第一次构拟了一个语言研究方法论的理论框架，这不能不说是一个值得肯定的创举。

综观全书，可以发现有几个特点是颇引人注目的：

第一，注意沟通各种观点之间的内在联系，即加强了纵向的历史发展比较。例如索绪尔曾提出"内部语言学"与"外部语言学"，方君则指出它们跟"微观语言学"与"宏观语言学"的相承关系。

第二，强化了横向对比，在比较中揭示不同学派在方法论上的特征与差异，例如哈里斯的"变换"与乔姆斯基的"转换"，两者虽然有继承、发展的关系，但区别也是明显的。作者指出："变换联系的是相同词类构成的相关句式或句子集合，这是同一层次两种不同结构（表层结构）之间的关系；转换联系的则是同一句子两个不同层次的结构，转换规律在句子生成过程中作用于句子的一个抽象表达，并把它变成另一个抽象表达。"

第三，作者的评述比较客观、比较公正。例如关于索绪尔区分"共时语言学"与"历时语言学"，并强调共时语言学的研究更为重要这一点，作者既肯定了"这在方法论上是一个重大转折"，同时又指出"也给现代语言学研究带来一些消极的影响，导致了把断代描写和历史研究截然分开的倾向"，并认为"探索将共时对比和历时比较结合起来的新的研究方向"，"具有重要的方法论意义"。

第四，作者比较注意吸收国内汉语学界的研究成果，特别是汉语语法界的。例如朱德熙先生提出的"变换分析中的平行性原则",吴竞存、侯学超二先生关于层次切分的"结构、功能、意义三原则"等都有所反映。

　　第五,述评结合,分析有一定的理论高度,并提出不少独到的见解。例如关于"语言和言语"以及"内在语言(语言能力)和外在语言(语言行为)"的区分及其作用,关于"关系功能"、"交际功能"、"社会功能"三种对"功能"不同的理解,关于现代语言学三个发展趋势的看法,等等,都相当精彩。

　　如果说有什么不足的地方,主要是联系汉语研究的力度不够。汉语研究,尤其是语法研究在方法论上已总结出不少有特色的规律,例如关于"语义指向"、"语义特征"的研究,关于"形式与意义"的理解及其关系的研究,关于语义、语法、语用三个平面的区别及其联系的研究,都未能给以足够的阐述。此外,有些章节过于简略,如关于"蒙太古语法的语义研究方法",以至于无法了解其真谛,个别章节前后有重复之嫌。

　　方经民君是上海"现代语言学研究会"的主要成员之一,多年来一直致力于语言学理论的研究,并卓有建树,特别在变换理论研究方面曾作过深入的探讨。当年我们曾合作撰写《中国理论语言学史》,他对真理的执著追求,对理论问题的深入思考,都给我留下深刻的印象。方君的这本方法论专著,正反映了他长期以来刻苦钻研的成果。鉴于国内语言学理论的研究一直是个薄弱环节,我们十分欢迎这一类著作出版,并殷切地期待着专门总结汉语语言学研究方法论的专著问世。

(原载《汉语学习》1994 年第 3 期)

简评梅立崇《汉语与汉语教学探究》

承蒙梅立崇先生相赠他的论文精选本《汉语和汉语教学探究》，这些论文以前虽然不少曾经拜读过，但是这次有机会从头到尾集中研读，印象更为深刻。其中突出的两点感觉是：一、论题实在；二、结论新鲜。所谓"论题实在"，就是所讨论的课题都是实实在在的，是语言学界普遍关心的，因而也就具有较强的应用价值，而不是那种云里来雾里去的"空对空"导弹，对汉语教学，尤其是对对外汉语教学有现实的指导作用。所谓"结论新鲜"，就是努力运用新的语言理论，从新的视角来分析一些重大或者有争议的课题，并得出某些新颖的、有独到见解的结论。如果有一两篇文章给人这种印象，也许并不稀罕，然而，这一特色能贯串整个儿论文集，这说明作者心目中有一杆"秤"，有明确的追求，从而使自己的研究能独树一帜，形成与众不同的风格。

能真正在自己的研究中做到既"实在"又"新鲜"，实际上并不是一件轻而易举的事情。我们认为这本论文集之所以能取得如此明显的成绩，主要归功于以下四个"密切联系"：

一、密切联系汉语研究中有争议的重大问题来进行探索

汉语研究中确实有一些长期有争议的问题，往往是公说公有理，婆说婆有理，而且因为长期得不到解决，还会使人产生一种"逆反"心理，觉得反正一时解决不了，干脆回避。要去碰它，就要有一种啃硬骨头的精神。例如"同义词"和"词性"的关系，历来存在两种截然对立的观点，作者指出："它们之间有统一性的一面，也有矛盾性的一面"，

但是"词义指的是词汇意义，词性是词的语法属性"，"词义上的基本共同性是构成同义词的基础，确定同义词的依据只能是词义上的基本共同性，而不是词性上的共同性"。由于作者曾长期从事同义词词典的编纂工作，积累了丰富的实践经验，所以能言之有物，又能切中时弊。他的一组《试论同义词的性质和范围》、《同义词词典编纂散论》、《再谈汉语词的同义聚合与词性的关系问题》等论文正是这一研究的产物。特别值得一提的是他还运用"模糊理论"来重新审视同义词和词性的关系，认为对这一问题必须进行"柔性处理"，而反对"刚性处理"。又如关于"连……也/都……"格式中的"连"属于何种词性的看法，也颇具特色。

二、密切联系汉民族的文化和汉族人的思维特点来研究汉语

　　作者对于汉民族文化对汉语各个方面的影响的研究相当全面深刻，有关语言文化理论研究，他多有创见。其中最精彩的是《从汉民族具象思维的角度对汉语进行审视》一文。他认为"汉族人习惯于通过经验直觉即观物取象来形成概念"，"汉族人用词语将概念固定时，常常从直觉感受体验出发，运用形象进行具象化，从内容与形式的有机统一所产生的感受上整体地把握事物的特征，形成一种具象思维的性格"；并从语法、词汇、汉字等三方面进行了具体、生动而富有说服力的解释。这一理论上的探讨还表现在两个方面：1. 在"交际文化理论框架"内，首次提出"语表文化"、"语里文化"和"语值文化"三个新的概念，并对其构成的特点进行了讨论；2. 从认知科学的新角度阐述了对"陈述性文化知识"和"程序性文化知识"的理解，认为前者不仅包括"知识文化"、"语构文化"和"语义文化"，还包括"交际文化"、"语用文化"中的一部分内容；而后者是指由"陈述性文化知识转化而来的一种文化能力，这种文化能力的获得要有一个过程"，"一般说来要经历三个阶段，即：前接受阶段，接受阶段，后接受阶段"。在研究语言和文化的具体关系方面，作者着重讨论了"汉文化类别"同"汉语国俗词类别"

之间的对应关系，"汉语熟语的民族性"、"汉语中的谐音双关以及由谐音造成的忌讳和避讳"以及"姓名称说"中所蕴含的丰富而复杂的文化内涵。

三、密切联系语义结构和语义指向来分析句法结构

重视语义在句法结构中的作用和地位，是 80 年代后期汉语语法研究所表现出来的新的趋势。张清常先生在该书的序中，十分有远见地指出："在今天，语义方面的探索研究似乎特别应该提倡。意义理论、意义类型、语义单位、语义关系、成分分析、语义场、语义的精确辨析与模糊含混、语义的普遍性的问题、句子语义的分析与合成、词汇结构化等等，都应该加强探索。"显然，作者在这方面是颇下工夫的。其中最有成就的是三个方面：1. 建立广义的同义句，即指"几组形式上（句法结构、用语）不同而表达的内容基本相同的句子，它们之间便是同义关系，便是同义句"。这可以分为两类：一类是"转换同义关系"，另一类是"词汇同义关系"。"转换同义关系"又可以分为"语序转换"和"删减转换"；"词汇同义关系"则可分为"绝对同义词表现出来"和"相对同义词表现出来"两类词汇同义关系。2. 讨论"补语的表述对象问题"，即指在动结式短语充任谓语的"S—V—R—O"句式中，补语（R）的语义指向。作者发现不同的语义指向跟其句式的述语动词、补语、宾语等成分的语义特点及语义联系密切相关。显然，这是在承认语义指向不同的基础上，进一步寻找其内部的制约因素。3. 分析现代汉语的"即使"假言句，指出：语境中的前项是假设或论断性的，"即使"后的 P 因此也带有虚拟性，这是此类句式得以成立的条件。同时，作者还从前项跟"即使 P，也 Q"之间的语义关系上进行考察，从而概括出六种格式：推论式、结果式、解释式、补充式、复指式和程度式。这种联系上下文对句式进行考察和分类的做法，从加强语义和语用的分析这一角度来讲，无疑是一个相当有效的途径。

四、密切联系对外汉语教学的实际来研究汉语和汉语教学

　　这主要有两个方面的思路：1. 关于对外汉语的教学计划、教学方法、教材编写以及错误分析等有关具体教学的问题。由于作者长期从事对外汉语教学，积累了相当丰富的教学经验，所以提出来的建议都明显地具有可操作性；而同时，又因为作者对有关对外汉语教学理论的不懈追求，所以具有普遍的指导性。2. 在对具体的汉语语言事实的研究中，处处体现出对外汉语教学的需要，这一点尤其表现在阐述文化和汉语的关系上，正因为如此，所以发现一些平时不太为人注意和重视的规律。

　　我们特别要指出的是，这些研究所体现出来的发展趋势应该引起语言学界的高度重视，这也许是该书理论价值之所在。这就是：

　　第一，文化研究如何跟汉语的研究有机地结合起来。

　　近年来，文化语言学成果迭出，已发表了成百上千的论文，但是，无论在理论上还是在实践上，仍有许多问题有待于解决。现在有些文章只是在语言现象上贴上文化的标签，还有些文章更是把文化看做一种万能的胶水，随心所欲地进行解释，从而把文化庸俗化了。我们十分欣喜地看到本书作者在这方面所作的艰苦努力，并在理论上有更高层次的追求。他首次提出了"语表文化"、"语里文化"和"语值文化"，又把"语表文化"分为"句法文化"、"时空顺序文化"、"空间位置文化"和"汉字文化"等，这些都能给人启迪。当然这样的分类是否合理，是否周全，也还是可以讨论的。又如作者提出了"文化能力"，它的内涵、特点和分类也都值得进一步的探讨。

　　第二，语义分析如何跟句法结构的分析结合起来。

　　句法结构中的语义问题研究已越来越引起语法学界的注意，句法分析离不开语义分析，已经成为语法学家的共识。关于语义特征、语义指向、语义结构、语义范畴、语义框架、语义解释等的探讨成为汉语语法研究最新的突破口。本书作者在这方面的研究也是卓有成效的，他所建立的广义的和狭义的同义句关系，所揭示的补语语义指向的内在制约关系，以及"即使"假言句根据前项不同的语义关系所作的分类，无不渗

透着作者强烈的语义决定性的认识。显然，今后的汉语语法研究如果要有比较显著的进展，加强语义分析是必经的途径。

第三，语言理论研究如何跟对外汉语教学相结合。

对外汉语教学作为一门新兴的学科，在最近十几年中有了迅速的发展，而相对地，有关理论研究却远远跟不上这一发展的需要。这包括汉语学习理论，汉语应用理论，以及汉语基础理论和汉语文化理论等。吕必松先生在本书的序里尖锐地指出，"理论上的欠缺限制了教学实践的发展"。本书作者在这一方面也作了有益的尝试，他运用"模糊理论"分析了汉语的同义词和词性的关系，分析了汉语语法研究中的柔性处理；他还运用语用交际理论探讨了在跨文化交际中，如何从"陈述性文化知识"转化为"程序性文化知识"，"文化能力"如何在理解和表达两个方面发挥作用；他还运用语言习得理论来讨论教学方法的改进以及留学生错误的分析。在这些研究中，不但比较好地解决了一些具体的问题，而且丰富了有关的指导理论。

对外汉语教学领域里的汉语研究和汉语教学研究，为我们提出了许多崭新的课题，也为我们打开了思路，这方面的研究是大有可为的，梅立崇先生所取得的研究成果就充分地说明了这一点。

（原载《世界汉语教学》1995 年第 3 期）

漫而有序　博且见深

——谈《中外语言文化漫议》

　　张德鑫先生多年来担任对外汉语教学界学术研究的行政领导工作，在繁忙的工作、教学之余，笔耕不已，发表了数量相当可观的学术论文，现在他把这些论文结集出版（华语教学出版社），让人读来顿时耳目一新之感。这些论文，表面上似乎只是在"漫议"，实际上却始终围绕着"对外汉语教学"这一主题在作深层次的探求；这些论文，内容涉及多个领域，看上去相对独立，实际上却是息息相通，环环相扣，始终致力于英汉语言、中外文化的双重交叉对比研究。

　　全书共收录42篇论文，大致可以分为四个系列。

　　第一系列是中外语言文化对比研究。作者大学时读的是中文系，受过扎实而系统的中国文化的熏陶，后又专攻英文，留学美国，并先后在欧洲、东南亚和澳洲各国任教，丰富的阅历赋予他不同寻常的知识文化背景，从而对中西方文化的差异与特征有着深刻而独到的理解。

　　数字文化是作者潜心研究的一个领域。其代表作是《数字吉凶象征的中外不同文化审美因素窥探》，该文从中外对不同数字的吉凶观，揭示出不同民族文化对语言中数字的深刻影响，这种文化触及宗教、神话、宇宙观以及方法论，从而有助于对数字文化的理解。此外，《数字姓、称、名》和《汉字文化中的序数美》两文也各具特色，前者反映了数字文化中的一种奇特现象，即以数字做姓、代称呼、为名，新奇有趣；后者材料极为丰富，并上升到哲学的高度，指出："讲究这种序数美，它是中华民族追求圆满完整、尽善尽美的传统哲学观、美学观和民俗观的一种反映。"

　　动物文化是作者另一个颇具特色的研究领域。《生肖文化探》一文不仅如数家珍般分析了中国十二生肖的来龙去脉，而且进一步指出："生肖文化是世界文化之海中的一条小溪，中外相通，各臻其妙。"并列举越南、埃及、巴比伦、希腊、印度、墨西哥、欧洲等地的十二生肖或十二星座逐一比较，给人以丰富的联想与深深的启迪。

　　第二系列是翻译中的语言文化问题。由于作者汉语和英语功底俱佳，对翻译中的甘苦深知其三昧，因而评点能切中时弊，分析能言之有物。这一组论文，一部分属于理论性探讨，如《翻译与语言文字应用》，明确指出："翻译是不同语言之间的信息转换，是跨文化的语言沟通。翻译既是科学，又是艺术。"其中最精彩的论文是《汉英词语文化上的不对应》和《貌合神离，似是而非》，作者提出了一个极为重要的命题："学习、翻译、研究另一种语言，重点就是了解、掌握外语跟母语的差异，特别是在文化背景上的差异。"换言之，不同语言的词语之间，"对应"只是相对的、局部的，而"不对应性"则是绝对的、全面的。因为不同语言的词语之间，除了所指对象可能一致外，还往往要受到习俗、心理、感情、地域、时代等多种因素的影响或干扰，从而使该词语的意义或多或少发生了变化，这种不对应性正反映出该种语言的特色。作者特别强调的这种"不对应性"将使我们更清楚地认识外语的特点，对翻译水平的提高有现实的指导作用。

　　另一部分是翻译实例分析，例如《汉英"正反译"例说》一文，就翻译中的"正说反译"或"反说正译"列举大量生动而典型的实例予以阐述，此外还有《汉译取字用词漫品》、《作品译名絮语》、《中国文学名著外译漫话》以及《翻译中的文化透视》等文，从汉译英和英译汉两个相辅相成的角度来论述翻译的技巧，紧扣语言与文化这两大因素，能发人之所未发，言人之所未言。

　　第三系列是汉语特殊词语研究，包括对"正反词"、"颠倒词"、"谐音异体词"以及"外来词"等的研究。其中，尤以"颠倒词"和"外来词"分析最有特色。例如指出颠倒词（假设：甲乙排列为 A，乙甲排列为 B）之间起码存在四种不同情况：$A = B$，$A \neq B$，$A \approx B$，A 存 B 亡。

又如外来词研究，不仅指出它的来源与流向，指出外来词与非外来词的区别，作者还从历史发展的高度，指出当前正面临外来词高度发展的阶段，必须着力解决对外来词进行规范的重大课题。

第四系列是对外汉语教学研究。由于作者既有丰富的实践经验，又有参与这一领域学术研究领导工作的心得体会，因而有可能把宏观与微观、理论与实践有机地结合起来。

德鑫先生的文章，读起来琅琅上口，往往得到理论上的满足，这无疑是因为他对所论述的问题无不经过深思熟虑，而且又巧妙地运用了"对比"的手段，所以能揭示出带规律性的东西。

当然，如果要挑毛病的话，那也不是找不出，例如关于"汉语是人治语言，英语是法治语言"的论断，看来是受到当时某种时髦理论的影响，这一看法已被证明是不科学的。此外，有些文章比较单薄，可能是受篇幅所限，未能畅所欲言。

（原载《语言文字应用》1998 年第 2 期）

评王维贤先生的语言学研究

在中国老一辈语言学家中，有一位德高望重的学者，他既有南派学者强烈的理论意识，又有北派学者扎实的研究学风；他把自己研究的主攻方向自始至终定位在现代汉语语法研究上，同时又不断引进现代数理逻辑学最新的理论和方法密切结合汉语进行研究；他时时关注并积极参与历年来中国语言学界重大专题的讨论，又踏踏实实地几十年如一日地从事语言学的教学和研究。他就是我们敬爱的王维贤先生。

王维贤先生是中国语言学界的著名学者，浙江大学中文系（原杭州大学中文系）教授，曾经担任过中国语言学会常务理事、浙江省语言学会会长、浙江省逻辑学会会长、中国逻辑与语言研究会理事长、中国逻辑与语言大学副校长、杭州大学中文系现代汉语教研室主任。他从事语言学教学与研究已经整整五十年了，对中国现代语言学的发展作出了杰出的贡献。

他的重要贡献主要体现在以下几个方面：

一、在现代语言学的理论研究方面，提出了一些发人深省的见解，具有独创性和普遍的指导意义

早在 60 年代初，他就积极参加当时有关语言学一些重大问题的讨论，例如，就"语言与言语"问题发表了《言语三论》。该文对"言语"这一重要概念从三个角度进行了分析：

1. 分析了言语的本质，提出"广义言语"和"狭义言语"的区分。指出"把言语交际中的言语活动及其情景看做一个不可分割的整体，构

成广义的言语，即言语交际"，"言语交际中的言语活动相对于非语言性的情景来讲，构成一个独立的领域，即所谓狭义的言语或言语活动"。

2. 分析了言语与语言的关系，指出："语言与言语中的语言成分"是"一般与个别、本质与表现的关系"。

3. 分析了言语与语言学对象问题，指出"言语"并不是语言学所要研究的对象，而应该是指"语言及语言的应用"。这是在众多讨论文章中对"言语"分析最深刻的，特别是当时大家对语言的认识比较一致，而对言语还存在着许多模糊的认识，该文对澄清有关概念的作用是显而易见的。

又例如在关于"词义与概念"的讨论中，他发表了《也谈词义和概念的关系》，旗帜鲜明地提出：即使在相当复杂的情况下，"词义也等于概念"。特别值得一提的是《〈马氏文通〉句法理论中的"词"和"次"的学说》一文，该文对汉语语法研究的开山之作《马氏文通》的理论体系进行了实事求是的历史主义的评价，从"词"和"次"这两个重要术语的梳理入手，不仅对"词"（句子成分，如起词、语词、表词、止词、转词、司词、加词、状词等）一一作了清晰而全面的分析，而且特指出"次"实际上来源于拉丁语法，但和"格"又不完全相同。由于文章充分地摆事实讲道理，客观地指出在哪些地方马氏是有所创新的，哪些地方是存在不足的，这就让人看了口服心服。当时中国语言学界由于受到"左"倾思潮的影响，对《马氏文通》一味批判，有的甚至于违背事实，主观臆断。该文充分肯定了该书开创性的理论价值，对消除"左"倾思潮的恶劣影响，扭转歪曲甚至贬低《马氏文通》的不良之风起到了积极的作用，从而成为研究《马氏文通》的重要参考文献之一。

王维贤先生是一个紧跟时代步伐前进的学者，而且有着明显的超前意识。20世纪70年代末，他在给"文革"以后第一、二届研究生上课时，就采用了美国著名语言学家乔姆斯基的成名之作《SYNTACTIC STRUCTURE 句法结构》和标准理论的代表作《ASPECTS OF THE THEORY OF SYNTAX 句法理论的若干问题》的英文原版本作为教材，系统地介绍了转换生成语法理论。这在当时国内，可以说是比较先进的。他还从1985年到1987年在《语文导报》上发表系列综述性文章，如《语言学史上的易卜生》、《描写语言学的宪章》、《音位学和语素音位学》、《直接结构成分与分布》、《所谓乔姆斯基革命》、《转换生成语法的标准理论》和《现代汉语的句法结构、语义结构和语用结构》等，作了深入浅出的又带系统性的介绍。

更为可贵的是，王维贤先生还借鉴乔姆斯基的有关理论结合现代汉语语法作了多角度的研究。其中最有创意的是关于"三个平面"理论的新解释。他首先区分了"语言系统的三个平面"和"句法研究的三个平面"，并且指出：语言研究可以各自以句法、语义或者语用为基础，"但是不管从哪个角度出发，它的最终目的都是研究语言作为一种交际工具，如何通过一定的可以感知的形式来传达意义的"。他这一研究的最大贡献在于：

1. 他指出，一般所谓的句法、语义、语用三个平面，实际上应该叫做"句法平面"、"句法语义平面"、"句法语义语用平面"，而语法则是贯穿这三个平面的统一规律。这一崭新的理解，不同于一般的对三个平面的理解，其独特的魅力就在于他所采用的理论框架就是转换生成语法：从基本短语结构形式（句法平面）插入具体的词汇，就形成了深层结构（句法语义平面），然后 转换到表层结构（句法语义语用平面）。

2. 他还认为：词、短语、句子这些形式，既可以是语言的，也可以是言语的。问题在于它们是否出现在实际的话语中，承担着言语交际的任务。

从对这一理论的理解出发，他对所谓的"省略"提出了非常精辟的见解。

关于"省略"的说法，在汉语语法学界一直非常含混。王维贤先生运用"深层结构"的理论，第一次把"省略"区分为三种不同的"省略"：（1）意念上的省略，即语义省略（即事实上的"背景"）；（2）结构上的省略，即语法省略（即实际上是一种"隐含"）；（3）交际上的省略，即语用省略（即通常所谓的"省略"）。这一区分，把以往笼统的"省略"按照不同平面划分为不同性质的"省略"，对语法研究的深入和对不同性质语法现象的解释，无疑是很有帮助的。

理论研究的另外一个重要方面是方法论的研究。王维贤先生的《现代汉语语法研究的一些方法论问题（论纲）》虽然只是一个提纲性质的东西，但是它实际上体现了作者几十年来从事汉语语法研究的总结。文章提出了七个研究的切入点：1. 口语和书面语；2. 规范和描写；3. 语言和言语；4. 解析和生成；5. 形式和意义；6. 归纳与思辨；7. 训诂与语法。文章充满了辩证的观念和发展的观念，对现代汉语语法研究具有重要的指导意义。例如文章指出了："形式和意义的对立和相互制约是语言的本质"，"现代语言学有语义化的倾向，是指现代语言学重视语义研究及语义对结构的影响"。又如："语言研究的重要方法是归纳法。这是描写语言学的主要的方法论原则。""语言又是成系统的……规律的作用主要是演绎的"，所以，"语言应该是归纳和思辨的综合"。这些精辟的见解对现代汉语语法研究产生了深远的积极的影响。

二、重点对现代汉语语法进行多角度的研究，特别是结合现代数理逻辑着重加强了复句的研究

20 世纪 80 年代初期，王维贤先生跟卢曼云先生合写了《现代汉语语法》一书，该书比较全面地反映了他的语法思想。这本书，在当时所出版的几十本同类教材中是比较有特色的。因为它比较早地全面引进结构主义语法学派的一系列理论和方法，用来分析现代汉语语法事实。20 世纪 80 年代中期所发表的《现代汉语的短语结构和句子结构》是他语法研究的代表作。朱德熙先生的"短语本位"说，给现代汉语语法的研究带来了强大的冲击，而且把有关短语的研究推到了一个新的高度。但是，短语结构是否完全等同于句子结构呢？王维贤先生的这篇论文就明确回答了这一问题。他从"层次和线形"、"短语和句子"、"类型和实例"、"深层和表层"、"语法和词汇"、"孤立和语境"七个角度分析了这两者的区别的理论背景，指出："短语是构成句子的基础，但短语不等于句子。实际存在的句子，都是出现在一定语境中的具有表述功能的言语单位。"并且具体分析了短语和句子的区别点，例如"话题"、"直接引语"、"成分倒置"等。这一见解是对朱德熙先生学说非常重要的补充和修正。

在现代汉语语法研究方面，王维贤先生的研究成果主要体现在：

1. 针对疑难问题，提出自己独特的看法。例如《论现代汉语动词形容词的名物化》一文，对所谓的"名物化"问题，提出了重新认识的

想法，他认为：“单纯地指出处在主宾语位置上的动词形容词是否名物化，或者哪种形式是名物化，哪种形式不是名物化，是不够的，需要具体分析处在这些位置上的这些形式的内在结构和语法功能的差异。”换言之，“打人是不对的”中的“打人”和“夹杂着妇女和孩子们的哭叫”中的“哭叫”，由于形式不同，句法功能也不同，所以在“名物化”问题上也应该相应有不同的处理。

2. 注意口语特点，从而发现特殊的语法规则。例如《“了”字补议》，把通常所谓的“了”分出三个：了1、了2、了3。特别是区别了“了2”和“了3”，指出“了3”的语法意义是表示对某物进行“处置”，并获得某种结果 。例如“我吃了2”表示“某某东西是我吃的”或者“我开始吃某某东西”；“我吃了3”则表示“我把某某东西吃下去”，在语音形式上读做“lou”。

3. 紧密结合现代汉语语法教学实际，解决其中的疑难问题。例如《析句释疑》一文，首先分析了语言结构本身造成析句疑难客观上的原因是“复杂”、“紧缩”、“脱落”、“歧义”、“逸轨”、“省略”，其次指出析句方法上的原因是“粗疏”、“矛盾”、“混淆”。这样就把析句时碰到的笼统的困难分解为客观和主观两个方面的原因，这显然有助于句子分析的深化。

三、引进现代数理逻辑的原理和方法，结合现代语言学进行研究，特别在复句研究方面取得了显著的成果

王维贤先生 20 世纪 40 年代毕业于北京中国大学哲学系，后来又先后就读于清华大学哲学系和燕京大学哲学系，因而在逻辑方面有着很深的造诣。语言和逻辑的结合研究是现代语言学的边缘学科之一，在这方面，王维贤先生的研究可以说一直处于全国的领先地位。20 世纪 60 年代，他就发表了《“种”和“属”的译名问题》一文，在逻辑和语言结合研究方面初露锋芒；20 世纪 80 年代，他又进行了一系列开拓性的研究工作。1980 年他主编了十所高校联合编写的《逻辑学》一书，这是专门为大学中文系学生编写的，试图结合现代汉语语法来讲解普通逻辑的第一本教材，由于处处紧扣汉语的词、短语、单句和复句，密切联系汉语实

际，给人耳目一新之感，所以受到文科学生，特别是中文系学生的欢迎，并获得科研成果奖。此外，他还翻译或校译了《语言学中的逻辑》（［瑞典］詹斯·奥尔伍德等著）和《逻辑和语言》（［美］W. C. 宾门著）。

王维贤先生有关语言和逻辑的结合研究，主要表现在两个方面：

一是在宏观的理论研究上，即探讨语言（语法）与逻辑的关系，他认为语言学和逻辑学的结合研究可以有三个方向："逻辑语言学"、"语言逻辑学"和"逻辑——语言学"。尤其要指出的是，王维贤先生认为现代逻辑的核心是数理逻辑，所以他研究的重点是现代数理逻辑在语法研究中的运用，这比一般运用传统的形式逻辑结合汉语研究显然高了一个层次。他认为首先要把自然语言的语法看做一个形式系统。其次，他指出有关的研究涉及主目、格、价、量词、辖域、二阶谓词与谓词算子、联结词、集合、递归等。他跟别人合作的《语言逻辑引论》受到周礼全先生的高度评价，周先生认为这本书"无疑会对我国的自然语言逻辑的研究起积极的推动作用"。

二是运用数理逻辑的理论和方法比较深入地研究了现代汉语的复句系统。

王维贤先生的现代汉语语法研究，最有特色的成就当推他在复句方面的研究。他曾经发表过《复句和关联词语》、《论"转折"》、《论转折句》和《论因果句》等重要论文，对复句研究的原则、理论和方法作过系统的探讨。其代表作就是由他领衔并跟张学成、卢曼云和程怀友先生合著的《现代汉语复句新解》。该书对复句进行了全方位 的、多角度的详细分析，其主要成就是：

1. 借助于逻辑语义分析，构拟出一个新的复句系统网络。

首先是借助于"逻辑命题"比较合理地解决了单句和复句的划界问题。他指出："复合句不管多么简单，要有两个命题"，因此，"复句是把几个单纯命题按照一定的逻辑语义关系组织成一个句子加以表达的语言形式"。但是，并不是由两个以上命题组成的句子就一定是典型的复句形式，它还必须受到各种其他因素的制约。为此，他提出了两个新的概念："准复句"（指形式上接近单句但意义上接近复句的句子形式）和"准单句"（指形式上接近复句但意义上接近单句的句子形式）。这样不但分清了典型的复句和单句，而且比较好地解释了处于中间状态的情况，体现了语言是一个客观存在的连续的符号系统的思想。

　　其次是抓住逻辑语义分类，建立了一个新的有层次的复句句型系统，即以关联词语所反映的逻辑语义关系为依据，以关联词语为划类标准，层层二分，从而建立起一个以二分为主要特征的复句句型系统。例如根据有无关联词语把复句先分为"意合句"和"形合句"，形合句再分为"单纯句"和"非单纯句"，单纯句再分为"条件句"和"非条件句"……从而得出分布在九个层次上的十八个复句类型。

　　2. 运用三个平面的理论对复句内部各种类别进行了深入的描写。

　　首先是运用表层结构和深层结构的理论，解释复句生成的过程。其次，也是最有特色的是对复句内部的小类进行详尽的分析，即先讨论该句型在句法平面的典型格式和句法特征，再探讨在句法语义平面中各分句之间的逻辑语义关系，并比较各相似句型之间在语义上的细微差别，最后，在句法语义语用平面进行歧义格式的辨析、交际功能的分析。其中有关逻辑语义的分析尤其引人入胜。例如关于"转折句"，先指出在形式上可以分为三类：表让步的表转折的关联词语成对使用；单用表转折的关联词语；不用关联词语的意合句。其次，从逻辑语义关系上分析了"虽然A，但是B"、"即使A，也B"、"A，但是B"三种转折句表达的前后两个分句之间的逻辑关系。最后，再讨论在语用表达上的特点。

　　3. 针对复句研究中的疑难问题，提出了一系列富有启迪意义的见解。

　　复句研究客观上存在着不少疑难问题，王先生提出一系列富有创见的看法。例如：提出要区分"关联词语"和"关联成分"，后者专门指"特定词语的反复、对偶和排比形式"以及某些语音因素，并指出"关联词语"实际上反映了三种语义关系：（1）"客观事物之间的事实上的关系，即事理关系"；（2）"这种事理关系是透过人的认识在语言中加以反映的，即认识关系"；（3）"还反映了人对客观事物或关系的主观态度，即心理关系"。又如提出"复句"也跟单句一样有"语义中心"。还提出"各种复句之间应该有包孕关系"，并进一步提出了一个计算包孕能力的方法，对九种条件复句进行了量化计算。此外，还分析了"意合句"的性质和特点，指出意合句并非汉语的特点，西方语言同样也有意合句，意合句里包括了流水句，等等。

王维贤先生关于现代汉语语法研究的成果集中反映在他的论文集《现代汉语语法理论研究》里。综观他的研究，可以清楚地看出有以下几个特色：

1. 在理论上具有高度的修养，所以，对现代语言学，特别是汉语语法研究中的一系列重大问题，能够提出自己独特而精彩的见解，给人以启迪。

2. 理论研究密切结合汉语语法事实的研究，正如胡明扬先生所指出的那样："在国内，王维贤先生是最早一位运用生成语法的理论和方法来分析和解释汉语语法具体问题的语法学家"，真正做到这一点是很不容易的。

3. 兼顾形式研究和意义研究。他坚持以句法研究为中心，同时也清醒地看到，"语言交际的本质是'意义→形式→意义'"，因而一方面重视形式的描写，另一方面对意义的解释也十分重视。

4. 引进现代数理逻辑，对汉语自然语言的语义，特别是对复句内部的逻辑语义进行了卓有成效的分析。胡明扬先生对此给予高度评价："王维贤先生既是语法学家，又是逻辑学家，在运用当代西方语法理论和方法方面就有天然的优势。"

总之，王维贤先生是一位学术思想活跃、开放、积极进取的学者，在理论与事实，宏观与微观，静态与动态，形式与意义，个性与共性，语言与逻辑等等的结合方面身体力行，作出了表率。

王维贤先生还是一位杰出的教育家。他孜孜不倦地教书、育人，他培养的二十几名语言学研究生，分布在北京大学、复旦大学、华东师范大学、山东大学等全国各高等学府，还有的在美国、加拿大、澳大利亚等地，不少学生已经成为中国语言学界的中坚力量或新生力量。

王维贤先生还是一位优秀的社会活动家，他主持过多个学术社会团体，组织过多次很有影响的学术会议，特别是在沟通语言学界和逻辑学界之间的联系方面发挥了特殊的重要作用。

（原载《继承与创新》，浙江教育出版社 2000 年）

汉语虚词研究的一个新起点

——评《现代汉语虚词研究丛书》

一

　　中国语言学家对语言学理论的贡献之一，就是区分了实词与虚词。这话当然不错，但是我们也不得不看到，这同时也给语言学研究带来了一个个难题：到底什么才是实词，什么才是虚词？虚词到底有什么作用？虚词研究在语言研究中的地位如何？等等。

　　从语言类型学的角度看，汉语属于分析性的语言，它的语法意义主要不借助于严格意义的形态变化，即没有俄、法、德等语言里所具有的形态标志和曲折变化，也没有日、韩、蒙等语言里所具有的黏附形式和变化手段。也就是说，在其他语言中可以通过实词的形态变化所表达的语法意义，在汉语中常常要依赖于各种虚词来完成。因此，跟其他语言相比，汉语的虚词负担了更为繁重的语法任务，也起到了更为重要的语法作用。这也就是为什么我国语言学家一直对虚词研究给予极大关注的深层次原因。

　　语法研究，最基本的，也是最重要的，就是搞清楚语法意义跟语法形式之间复杂的对应关系。这个研究既可以从语法形式入手，也可以从语法意义入手。结构主义语法，乃至后来发展出来的形式语法走的正是从语法形式入手这条路，这对印欧语来讲，也许比较管用，但是对汉语来讲，却未必如此。多年研究的经验与教训告诉我们：从语法意义入手，对汉语研究来讲，可能更加合适。研究虚词，恰恰就是注重于语法意义的研究，注重于相同虚词在不同句法结构中的作用，注重于相同句法结构却运用不同虚词所产生的语法意义微妙的变化，注重于虚词与虚词的照应、替换、区别。近百年来的汉语语法研究的历史已经证明，并且必将继续证明：要想真正深入透彻地揭示汉语的语法规律，离开了虚词的研究必将一事无成。

目前大家公认的中国第一部虚词专书是元代卢以纬的《语助》，到了清代小学鼎盛时期，出现了一大批专门研究虚词的书，最著名的例如袁仁林的《虚字说》、刘淇的《助字辩略》、王引之的《经传释词》等，可见，我国的虚词研究有着优秀的传统。

20世纪80年代以来，汉语的虚词研究进入了一个全盛时期。首先是两本现代汉语的虚词词典相继出版：一是吕叔湘先生主编的《现代汉语八百词》，二是北京大学中文系55级和57级语言班合编的《现代汉语虚词例释》。其次是有关虚词的研究真正科学化了，以陆俭明、马真合写的《现代汉语虚词散论》为代表，学者们先后发表了成千篇虚词研究的专论以及若干专著，其中不乏真知灼见。这些研究不仅仅是对虚词用法进行词典式的一条一条义项的阐述，而是开始注意到这些语法意义之间的沟通，以建立起语法意义的网络系统；不仅仅是对个别虚词作孤立的分析，而是开始注意到类聚虚词或相反虚词的比较综合；不仅仅是单视角地就虚词研究虚词，而是多视角地把虚词跟句法结构、语用功能乃至认知背景等都紧密地联系起来进行研究；也不仅仅是平面地共时地对虚词进行分析，而是历史地、动态地进行语法化的研究。一句话，20世纪80－90年代的汉语虚词研究已经踏上了一条健康发展的征途。最重要的就是打破了传统观念的束缚，在理论上兼收并蓄，方法上博采众长，可以说已经取得了突破性的进展。

毋庸讳言，虚词研究还存在不少问题和不足，主要表现为：微观的单个虚词的研究和分析比较详尽，宏观的整个类别的探讨和理论总结相对简略；对虚词本身的意义和用法的阐述相当深入细致，而结合虚词的句式和格式的分析还略嫌零散薄弱；表层现象和具体义项的归纳分析仍然居多，深层关系和内在联系的探索和解释还嫌不足；运用结构主义的理论和方法比较普遍和纯熟，其他学说和流派的理论和方法还不够熟练和普及。

当前，随着科学技术和对外开发的飞速进展，蓬勃发展的计算语言学和对外汉语教学，对汉语虚词的研究提出许多崭新的问题和特殊的要求。面对新形势和新任务，汉语虚词迫切需要有人作一番承前启后的系统性研究。正是在这样的形势下，由张斌和范开泰两位先生主编的《现代汉语虚词研究丛书》（安徽教育出版社，2003）应运而生。

二

《现代汉语虚词研究丛书》一共有六本，依次是《副词与限定描状功能》（张亚军）、《介词与介引功能》（陈昌来）、《连词与相关问题》（周刚）、《语气词与语气系统》（齐沪扬）、《助词与相关格式》（张谊生）以及《现代汉语虚词研究综述》（齐沪扬、张谊生、陈昌来合编）。该丛书具有三个明显的特色：第一，具有鲜明的时代特色，即反映了20世纪80－90年代以来汉语虚词研究的最新成果，尽可能地吸收了近年来虚词研究中已有定论的最新观点。第二，具有南北交融的互补特色，即体现出既有海派容纳百川、熔为一炉的特点，又有京派扎扎实实、辛勤耕耘的特点。第三，具有研究理论和方法上的创新特色，即三个平面理论为指导，强调句法与语义的结合、静态与动态的结合、共时与历时的结合、描写与解释的结合，在挖掘汉语事实的基础上致力于理论上的创新。

当然，这六本书，由于作者不同，研究对象、侧重点和切入角度的不同，所以各有自己的长处和短处。

1. 副词由于一直是汉语语法研究的热点，本身又是一个大杂烩，所以最难的就是如何摆脱旧说，写出新意。《副词与限定描状功能》紧扣副词的典型类别及其限定、描状功能来研究。该书重点选择范围副词、程度副词、时间副词以及描状副词这四个重要类别，结合句式和篇章，从形式和意义相互验证、共时与历时相互结合的角度进行分析，例如对"更"类、"最"类和"很"类三类程度副词的程度表达方式、句法形式及其虚化历程都作了详尽的考察、描写和解释，对"都"类、"共"类和"只"类三类范围副词的语义指向、概括方式及其语用特征进行了多角度的分析和讨论，从不同的侧面揭示和探讨了汉语时间副词的时间参照、表达手段与动态助词的共现能力。

该书的贡献在于：（1）依据形式标准，基于句法和语用两个不同层面的区别，廓清了汉语副词，尤其是典型副词的范围；（2）将程度副词、范围副词和时间副词看做人类语言具有的普遍重要性的量的特征的表达手段之一，并分析了这三类副词在表量手段上的异同；（3）在共时分析的基础上，又从历时的角度对这三类副词的共时现象作出了解释。

2. 介词因为跟格语法研究息息相关，所以历来引人注目，也是语法研究的重点之一。《介词与介引功能》在前人研究的基础上，重点考察介词的功能，尤其对介词在语义结构中所起的语义功能以及介词的语用价值和篇章功能给予了较为全面的考察，对介词的语法特点，介词的范围和类别，介词跟动词和连词的区分，介词短语的构成和句法功能，介词的分布，介词的内部差异等传统课题也提出了自己独到的见解。为显示现代汉语介词的源流和特点，该书还把现代汉语介词跟古代汉语介词、近代汉语介词、现代汉语方言介词进行了横向和纵向的比较，涉及介词的发展和语法化问题。

该书的贡献在于：（1）立足于三个平面理论，区分出介词的三种功能——句法功能、语义功能和语用功能，从而构成了对介词语法功能的全面认识。（2）从汉语句子语义结构的系统性角度对汉语介词作了全新的分类。（3）具体讨论了每一个介词在句法结构中的分布位置，进而指出现代汉语的介词短语只能充当状语和定语，从而认定介词短语是典型的加词性短语。（4）对由介词构成的"介词框架"给予了详细描写和分析。（5）考察了汉语介词的源流和发展，讨论了介词语法化问题以及语用功能。

3. 连词由于自身的界限不太清楚，以往的研究又往往跟复句的研究纠缠在一起，所以有关研究不仅缺乏独立性，而且没有系统性。可以说，这是汉语语法研究中的一个难题。《连词与相关问题》首先探讨了连词的范围和分类标准，提出了后置连词的新观点，确定了从语义和句法功能划分出连词的小类。然后从命题和真值的角度讨论了与汉语连词有关的语义预设和语用预设，还分析了预设与蕴涵、断言的区别和联系。接着从不同的角度分析了关联连词的套用方式和套用能力，不同分句之间的包孕关系和被包孕关系。再次从句法、语义、语用三个方面详细探讨了关联连词在单句中使用情况，分析了关联连词在单句中的连接功能、表义功能，尤其是语用上的精简功能、题化功能和对比功能。最后，该书还从历时的角度对汉语中的一些连词的虚化发展和形成作了多方面的追溯，并且从类型学的角度将汉语连词同英语和日语的连词进行多角度的比较。

该书的贡献在于：（1）全面而系统地对关联连词在单句中的功能和作用加以概括和说明；（2）首次在汉语连词研究中采用了语义特征分析法，从而对一系列语言现象作出了比较令人信服的分析；（3）从类型学和认知语法的角度，尝试对汉语连词中的不少尚未被充分认识的语言现象作出解释；（4）遵循三个平面的研究原则，运用逻辑语言学、历时语言学和语言类型学等理论从不同的侧面对汉语连词的句法、语义、语用功能进行了比较深入的分析和阐释。

4. 语气词与语气的重要性是没有人怀疑的，但是由于语气词的意义很难掌握，语气对一般人来说，更是只可意会不可言传，所以，这方面的研究历来就是个薄弱环节。《语气词与语气系统》的主要特点就在于强调语气研究的系统性。作者把语气看成语法的一个基本范畴，这一研究思路具有很强的整体观。在此框架下，该书就语气词的意义和功能、位置和配搭诸问题上提出自己的看法；特别对典型语气词"的"、"了"、"呢"、"吧"语法化过程进行了考察，从历时的角度对共时的问题进行合理的解释。这种系统性的研究打破了以往研究中偏重个别语气词，而不注重语气系统整体及个体之间的关系的做法。该书立足于计算机自然语言处理，为意义较虚、难以把握的语气找到尽可能多的形式标记，比如把复杂的语调问题简化为问号、句号和感叹号标记，从而为计算机识别提供了可以明确把握的依据。该书在研究中追求完整，注重深入，例如将语气分类的标准区别为句法层面和词法层面，又在词法层面提出"大语气词"的概念，整合以往零散的跟语气有关的研究。

　　该书的贡献在于：（1）建立了现代汉语的语气系统，提出"功能语气"和"意义语气"两大分类，并讨论了语气系统的结构成分和各种相关的语气成分；（2）系统地考察了与语气表达相关的语气副词、助动词、叹词等语气成分，并对它们的功能进行了全面的描写和解释。（3）对语气研究的形式化进行了多角度的探索；（4）在研究汉语语气词和语气系统的方法上作了多角度的探索和大胆的创新，给人耳目一新之感。

　　5.助词，特别是典型的时态助词与结构助词，是出现频率最高的虚词，其作用自然非同小可。助词研究的难度也是最大的，这不仅因为助词个性极强，无法类推，更难于类比，而且在于助词的语法意义和语法作用相当复杂而精细，即使体会出来了也很难精确表达。《助词与相关格式》重点对时态、时制、结构、比况、表数、列举、限定等七类助词及相关格式进行了多角度的研究，尤其是对一些尚未有人涉及、存在争议较多的助词作了深入的探讨。该书采用总说与分说、略述与详述相结合的方式，先对一类助词作一个提纲挈领式的或详或略的总论，然后再选取其中一两个或几个尚未被充分认识的、具有一定的理论意义问题，进行专题式的深入详尽的探讨。在句法、语义、表达三维研究的总原则的指导下，分别从不同的侧面揭示汉语助词的基本特征和内在规律。该书力求将描写与解释，历时与共时，形式和语义有机地结合起来，尽可能做到以现代语言理论为指导，以广泛的语言实例调查为基础，从而达到共性探索跟个性分析相互印证。

　　该书的贡献主要在于：（1）首次提出"列举助词"与"关联助词"这两个概念，并对它们的成因和篇章功能作了多方面的研究；（2）对方位词"中"和量词"个"虚化为助词的语法化历程和机制，及其在不同历史阶段的句法语义功能作了比较详尽的探讨和解释；（3）在结合句式和篇章的基础上，对"被"、"所"、"连"、"给"、"们"等常用的助词进行了全面、深入的探索。

　　6.综述的目的是：总结以往的研究，梳理取得的成绩，归纳出若干有指导意义的原则，揭示出理论和方法上的突破，并且找出存在的缺点和不足，为今后的发展指出方向或途径。从这一点讲，综述的意义绝对不亚于一般的本体研究。《现代汉语虚词研究综述》一共收录十八篇综述文章，不仅包括副词、介词、连词、助词、语气词等，而且重要的类别还细分出小类或相关课题，例如副词进一步细分为程度副词、范围副词、时间副词、否定副词、情态副词和语气副词等六小类。此外，还有几篇文章是专门论述虚词研究的热点和难点的，包括虚词的性质和范围、虚词和实词的分界、虚词的发展和变化等。

据说，为了撰写这些综述论文，各位撰稿人检索了 20 世纪 70 年代末以来几乎所有的有关的论文索引，查阅了两千多篇/部论著，写下了几十万字的摘要，反复修改，三易其稿。但更为重要的是综述人的眼光，他们由于自己直接从事虚词的研究，有着切身的体会，所以，评论起来就能够一针见血，切中时弊；除了对前人的研究成果加以归纳和总结之外，在许多方面还融入了自己的观点，所以具有一定的参考价值。

三

这套丛书，除了每本书各自特有的研究特色和讨论侧重以外，在写作手法和研究方法上也存在着一些共同点。首先，在写作手法上，该丛书都是以描写为基础，在充分描写的基础上，力求总结出相应的规律，并作出适当的解释。而且这种描写并不局限于一般的、静态的形式描写，而是要尽可能做到形式和意义相验证、个性与共性相联系的描写。其次，在理论方法上，该丛书的追求目标是：1. 理论上采取多元论，在保留结构主义合理内核的基础上，将格语法、转换生成语法、系统功能语法、认知语法等各种语法理论应用于虚词研究；2. 坚持用动态的、发展的，连续的、联系的观点来对汉语虚词及其相关的语言现象进行多角度、多侧面的研究；3. 在虚词研究中，尽可能将句法、语义和语用，共时和历时、共同语和方言等各个方面联系起来研究；4. 力求沟通虚词的各种语法意义之间，尤其是基本义和派生义的内在联系；5. 分别从形式或意义出发，从不同的角度入手互相验证，充分揭示虚词的语法意义和句法形式之间的相互依存相互制约的关系；6. 加强对虚词的语义指向和语义特征，预设、隐含和蕴涵，语境因素和篇章特征，以及由虚词构成的格式和引起的歧义现象的研究。

这套丛书在21世纪初出版，有着特殊的意义。它象征着一个新的起点，汉语语法研究，包括虚词研究，在新世纪里将会有一个质的飞跃，我们的汉语语法研究必将对世界的语言研究作出自己特殊的贡献，这一点是不用怀疑的，而虚词研究正是一个最佳的突破口。

汉语语法研究要想取得真正意义上的突破，就需要有精品问世，这就需要我们屏弃急功近利的短视眼光，埋下身子踏踏实实地去做基础的调查研究工作，对一些重要的专题要组织精兵强将去攻关。上海师范大学中文系在张斌和范开泰先生率领下，集合了一批语法研究的精英，努力制作精品，这种精品意识是值得大家仿效的。

总之，作为第一套，也是到目前为止唯一的一套现代汉语虚词研究丛书，该套丛书的出版，填补了现代汉语虚词研究的一个空白，满足了虚词研究和教学的实际需要，在汉语语法学史上具有独特的价值。

（原载《汉语学习》2003年第4期）

填补空白的力作——《标题语法》

标题"居文之首，勾文之要"，被人们喻为文章的眼睛。随着社会信息化进程的推进，标题逐渐增值，越来越受到人们的普遍重视。然而，长期以来，语言学界对标题的研究，大多集中于标题辞格的使用艺术之类，至于标题语法方面，仅限于某些格式的个案探讨，缺乏全面、系统的研究。尹世超先生的《标题语法》一书，不仅第一次全面、系统地研究了现代汉语的标题语法，填补了这方面研究的空白，而且在内容和方法上独具慧眼，具有无可争辩的独创性。

这本以通俗的问答形式撰写的学术读物，有两大显著特色：一是立足于语用平面，强化语体意识，把句法、语义、语用三个平面有机地结合起来，进行了动态的研究；二是以做到观察、描写和解释都比较充分为追求目标，并娴熟地运用了对比法和统计法。

作者首先对标题语进行定位，指出它属于书面语中比较特殊的言语现象，因此即使跟书面语相比，也有许多差异，这些差异实质上反映了标题语的特点及其价值；其次是提出独特的研究的思路和切入点，全书除了第一章带有"总论"意味外，主要分为两大板块：一是对标题语的分类以及特殊格式类型进行论述；二是就跟标题语有关的若干问题进行分析，从而形成了纵轴与横轴交叉互补的局面。

该书对现代汉语标题语法的研究价值与方法、标题语言的句法分类、标题用词、特殊格式以及标题中标点符号的使用等进行了全方位的研究。其中最具特色之处主要表现于以下几个方面：

1. 划分了现代汉语标题更具实用价值的全新类别

汉语标题的传统分类，一般是从标题的对外关系的角度，按照标题在版式中的位置和作用进行的。一般把标题分为肩题、主题、副题、插

题、提要题以及边题、尾题、栏目题、通栏题等。尹先生《标题语法》
一书，第一次从内外结合的角度出发，对现代汉语标题进行了全新的分
类。为明晰起见，我们把这种分类集中展示于下表：

分类标准	标题类型	标题特点
内部构成	有标记标题	含有标题专用词语或结构
	无标记标题	不含标题专用词语或结构
语法功能	可识别标题	只做标题，不做他用
	不可识别标题	既能做标题，也可独立成句或充当句法成分
表达功用	报道性标题	适宜报道，陈述一件事 能回答"谁/什么怎么样"的问题
	称名性标题	便于称引，标明篇章的名称 不能回答"谁/什么怎么样"的问题

从上表可以看出：有标记标题和无标记标题的划分，是标题内部结
构的分类；可识别标题和不可识别标题以及报道性标题和称名性标题的
划分，是标题外部功能的分类（再分为语法功能和表达功能）。在这种
内外分类的基础上，作者进一步指出：（1）有标记标题大都是可识别标
题，无标记标题都是不可识别标题；（2）报道性标题都是不可识别标
题，称名性标题可以是不可识别标题，也可以是可识别标题；（3）报道
性标题大都是无标记标题，称名性标题可以是有标记标题，也可以是无
标记标题。这种内外结合的标题分类及标题类型间相互关系的探讨，对
于人们认识和选用标题以及计算机对汉语标题的识别和处理，显然更具
指导意义。

2. 展现了现代汉语标题用词的某些重要特点

受标题语体特性的制约，现代汉语中有些词语多用于标题或为标题
所特有，而另外一些词语则不用或罕用于标题。前者为标题专用词，后
者为标题罕用词。

在标题专用词的研究上，该书重点向人们展现了标题专用动词（下
简称"标题动词"）的个性。作者指出：（1）与非标题动词相比，标题动
词具有引人注目的语法、语义、语用特点。具体说来，在语法上，标题

动词是只用于标题的一种黏着动词，它不具备一般动词的许多语法功能，如：前面不能加"不"或"没"否定；后面不能带"了"、"着"、"过"，也不能带补语；除了"说"、"谈"等少数标题动词外，一般不能重叠。至于有些非标题动词所具有的带双宾语、带兼语、用于存现句、带动量词和时量词、后带介词再带名词等语法功能，标题动词也都不具备。语义上，标题动词只表示某种抽象的行为，不表示具体实在的动作。语用上，标题动词大都带有庄重保守的书面语色彩，而且一般不与主语共现。（2）从标题动词在标题中所处位置来看，标题动词中有只能位居标题开头或末尾的单置标题动词，也有既能位于开头也能位于末尾的双置标题动词。当然，从数量统计上看，标题动词在总体上具有后置倾向。

在标题罕用词的研究上，该书主要分析了报道性标题对表示时体范畴的词语的选择特点。作者指出：由于报道性标题多用于新闻语体，因此，各种表示动词时体范畴的词语在报道性标题中多有省略，其中最常被省略的就是动态助词"了"。

这些标题专用词和罕用词特点的揭示，充分体现了作者敏锐的观察能力，它展示了一般人"熟视而未睹"的现代汉语标题语法的一些重要特点。

3. 揭示了现代汉语标题格式的某些重要特征

除了用词上的特色之外，某些特殊句法格式的运用，也是体现现代汉语标题语言语法特点的一个重要方面。该书所提及的现代汉语标题中的特殊格式，主要有以下几类：

（1）与后置标题动词有关的几种标题格式；

（2）由介词结构、方位结构和连词结构等黏着结构充任的标题格式；

（3）由主语加表示时量的数量成分构成的 ST 格式；

（4）"不及物动词＋宾语"、"形容词＋宾语"等常见标题格式。

在这四类格式中，论述最详且尤具特色的当属（2）和（3）。前者着重探讨了介词结构、方位结构和连词结构充任标题时的共同语法特点。作者指出：这些结构在构成上具有虚实性，在功能上具有黏着性，在位置上具有前置性，在语音上具有停顿性，此外，语义上都具有事物性和省略性，语用上都具有标引性和辖制性。至于 ST 格式，该书主要对 S 和 T 的语法构成、语义构成以及 ST 格式作为整体的语义和语用特点进行了探讨。这些颇具标题特色的特殊句法格式及其特点的揭示，对于人们全面了解汉语标题以及提高标题的写作能力，都具有一定的理论和实践意义。

敏锐的观察、可靠的结论、独到的见解，这一切都要依赖于科学的分析方法。在分析方法上，该书也呈现出鲜明的特色与倾向。这主要表现于以下几点：

1. 善于运用对比分析

用对比法进行示差性分析，从差异中发现规律，这是该书在分析方法上呈现的一大鲜明特色。全书对比分析法用得最透彻的，当属第七节。在该节中，作者从表达功能，结构构成，自由和粘着，与标题长短的关系，语气，指代词语的使用，与篇章的对应关系，适用语体以及标点符号的使用等 9 个方面对报道性标题和称名性标题进行了全面的对比研究，并把朱德熙先生在《语法讲义》中提出的"陈述"与"指称"的概念与这里的"报道性"和"称名性"进行了比较。在这种多角度的对比中，报道性标题和称名性标题的特性得以全面展现。就全书来说，这种对比分析也是贯穿始终的。它涉及标题语言和非标题语言之间的对比、标题动词和非标题动词之间的对比、相关标题类型的对比、相关标题格式的对比以及不同报刊对同一消息不同命题的对比等各个方面。可以说，该书对现代汉语标题语言每一语法特点的揭示，都是建立在对比分析的基础之上的。这种对比分析的全面运用，无疑增强了结论的准确性和可靠性，同时也使研究进一步向纵深发展。

2. 注重对语法特点的解释

以现代汉语标题语言语法特点的描写为基础，注重描写基础上的解释，是该书分析方法上的另一大特色。该书主要是从语义和语用两个角度对汉语标题中的一些重要语法现象进行解释的。例如，作者指出，和非标题语言相比，标题中语义角色凸显，语义的制约支撑力度加大。正是由于有了强大的语义支撑，相应地，标题语序相对灵活，语言形式相对简化。而这正是双置标题动词和兼类词在标题中可前可后，以及"形而上学思维方式沉思"一类结构不必引入介词"对"也可充任标题的深层次原因。此外，该书还指出，由于语体特性的制约，标题往往具有标引性、辖制性、言语简练、书面语色彩浓等语用特点。正是这些语用因素，决定了汉语标题的一系列句法表现，如标题特别是称名性标题中动词出现后置倾向；介词结构、连词结构和方位结构等黏着结构能自由地出现于标题位置；报道性标题在大多数情况下省略"了"甚至排斥"了"。显然，这些解释以简驭繁，都是相当精练且颇具说服力的，它使人们对现代汉语标题语法的某些重要特点既知其表，亦知其里，从而更加深刻地体会到标题语特点得以确立的言语认知基础。

3. 关注言语现象之间的动态联系

关注言语现象之间的动态联系，重视静态基础上的动态研究，这是该书分析方法上的第三大特色。例如：在介绍标题（包括报道性标题）简短精练的某些句法表现之后，该书以新闻中对应的相对繁复的语句为参照，对非标题语言向报道性标题转换的过程进行了信而有征的探讨，并由此归纳出相对繁复的正文语句转换为简短精练的报道性标题的六种方法：成分删减法、句式变换法、略语减缩法、同义替代法、文白替换法和标点使用法。此外，该书还对某些词语和格式由非标题语境进入标题语境后的语义变异以及语义选择类型的变化进行了动态研究。这种动态研究，对于人们更好地认识相关现象的内在联系，从而把握标题语的写作，有着重要的实践意义。

总之，该书对现代汉语标题语法的研究，不仅全面而深入，而且新见迭现。正如陆俭明先生在序言中指出的，"作者对现代汉语标题真正做到了较为充分的观察、充分的描写和充分的解释"。形式上它只是一本通俗性读物，但实际上却是一本不可多得的学术性著作。它第一次使人们对汉语标题的语法特点有了全面、科学的认识，其开创之功是不可磨灭的。当然，该书也并非尽善尽美，还留下不少可以继续深挖的余地，例如：第三节中有关标题名词的特色以及第六节中提到的好些格式，都是"引而不发"，没有具体论述；有关问题的量化统计的结果，也没有数字上的出示；对标题语的文化内涵以及跟印欧语标题语的差别还可以进一步展开，这些都让人有一种"不过瘾"的感觉。我们期待着作者在这块丰腴的土地上继续耕耘，并且获得更为丰硕的成果。

合作者：周　娟（暨南大学）

（原载《语文研究》2003年第4期）

第六部分
语 言 教 学

《现代汉语》教材改革向何处去

《现代汉语》课程迫切需要改革，这已成为当前汉语学界日益高涨的呼声。目前高校通行的几套《现代汉语》教材，虽然对改革也作过不同程度的努力，但就其指导思想、基本格局来讲没有明显的令人振奋的突破性进展。因此，编写新格局的《现代汉语》教材这一任务便历史地提到我们的议事日程上来了。据我们所知，各地的一些有识之士正在酝酿着若干种新的方案，例如上海的钱乃荣、游汝杰等同志已经搭建编写班子，并且发表了他们对《现代汉语》教材改革的一些具体设想（《建设新的〈现代汉语〉教材》，《语文建设》1988 年第 3 期）这种锐意改革的精神是难能可贵的，他们的率先行为更是令人赞道。但是，以我从教《现代汉语》这门课程的经验教训看，他们对这门课程的基本估价是不准确的，他们的基本构想是脱离实际的。本着百家争鸣的精神，我们想就钱乃荣、游汝杰二位对新教材的基本构想提出一些不同的看法，以引起争论。

按照他们的框架编写的教材，也许可以适用于汉语专业的学生，或者作为语言专业研究生的参考书，但是，对绝大部分普通高校文科一年级学生来讲，显然是不适宜的。

钱乃荣、游汝杰认为，现行教材的缺陷有三点：第一，实际上使这门课程成为偏重于学习和训练普通话的《普通话教程》；第二，只重训练而不重理论；第三，观点陈旧，知识浅显。其关键是第二条，所以他们主张新教材应"十分重视理论性"。我们认为这一批评尽管有合理因素，却不够公正，而且没有真正指出现行教材的根本缺陷。现行教材除了知识结构不够合理，信息相对陈旧，编写方法不够灵活等不足之外，根本缺陷在于编写的指导思想是以讲授基本知识为主。虽然他们也提出要加强一些基本技能的训练，但那仅仅是一种补充手段，仅仅是为了巩固学到的基本知识而编排的，目的、手段比例都很有限。这一指导思想带来的结果导致：一定程度上重复了中学里、甚至小学里都已学过的基本知识，因而内容缺乏"新鲜感"；过分强调基本知识、基本理论，忽视对独立分析汉语事实方法的培养，客观上促使学生死记硬背，因而学生缺乏"主动性"；理论脱离实际，基本不涉及汉语的应用，因此学生普遍反映学了没用，教材缺乏"实用性"。那么，能不能像钱乃荣、游汝杰所设想的那样来编写新的《现代汉语》教材呢？我们做任何事，都不能光凭主观热情和美好的愿望，而必须从实际出发，编写教材也应如此。高校的实际又是如何呢？

1. 大学文科一年级学生的现状。我们承认他们"在语文知识水平上都有了较大的提高"，但请注意，仅仅是"语文知识水平上"。由于中学教育体制的弊病，为了提高升学率，中学的语文教学确实向中学生灌输了不少"语文知识"，但是"高分低能"的情况正在加剧。他们尽管可以背出一套套术语、概念、定义，可是真正分析和运用语言的能力，近些年来不是提高而是相对下降了，这就是严酷的现实。对此，我们的估计绝对不能过分乐观。如果从一个错误的估计出发，而得出不必在提高他们的能力上下工夫，可以着力于理论的提高这么一个结论，那将是很危险的。

2. 即将毕业的文科大学生的反思。最近，我带一批中文系毕业生去中学搞教学实习。实习生们在教学中暴露出不少问题，充分说明他们的语言文字的基本功还需要有一个较大的提高。他们也很苦恼，感到尽管学过《现代汉语》，可是，语音不会分析，听、说、记的能力都欠缺；词义解释不确切，不会联系、比较；句义解释不确切，不会联系、比较；句法关系讲不大清，句与句的联系更加含糊。一句话：分析和应用的能力太差。95％以上的学生，学习《现代汉语》的目的，不是想深入了解汉语研究的新理论，也不是为了将来从事汉语研究，而是希望掌握一些汉语分析的方法，提高汉语应用的能力，以适应毕业后工作的需要。如果我们置这种95％以上学生的要求而不顾，那么，我们的教材很难说是成功的。

3. 现有高校《现代汉语》课师资水平。教材再好，也离不开教师的讲授。目前文科，尤其是中文系科，在师专、教育学院、教师进修学院中占极大部分。他们的有关教师大多不是语言专业出身，也没有受过严格的、系统的专业培训。如果有一本教材，里面大讲什么"词汇扩散理论"，"普林斯顿假说"，"阿尔泰化假说"，先不说一般学生有无兴趣听这种即使在汉语学界也没太大市场的理论，而教师呢，有几个能真正搞清楚这些高深理论的来龙去脉？以己之昏昏又如何使学生昭昭？我们在编写基础课教材时，永远也不要忘记：简明、易懂、实用这么几条极为有用的原则；同时也不要忘记；被教者的要求和讲授者的水平。

4. 现在高校中文系，除了北京大学、复旦大学，都没有开设汉语专业。占99％以上的高校培养的学生将来是从事教学或一般的语言文字工作的。我们编写的教材当然应以占99％以上的高校的需要为基本出发点，因此我们的目的决不能是"注重培养学生独立研究的能力"，这对外语系、历史系、对外汉语系等其他文科来讲更是不言而喻了。

因此，我们不同意"把《现代汉语》编写成像现代的《心理学》、《社会学》、《人类学》那样专业性强的著作"。《现代汉语》是一门为高校文科一年级开设的公共基础课，它不是一门理论课，也不是一门专业课。从本质上讲，这是一门以讲分析方法为主，应用性很强的课程。如果在这一点上我们能取得一致的看法，那么，钱乃荣、游汝杰的某些提法和设想就应该予以修正：

1. 我们同意教材的内容更新，但是不主张"新教材应广泛采纳七八十年代国内外（包括台港）学者的科研成果"。一是不应该"广泛采纳"，否则教材将变成一个大杂烩；二是不可能"广泛采纳"，因为事实上谁也无法把那些尚在不断变化着的观点大量地塞入教材系统之中。我们主张：有选择地、郑重地吸取近年来国内外汉语研究的新成果，尤其是国内的新成果，例如汉语的社会调查方法、汉语句法结构中的语义指向分析方法等等。

2. 汉语研究，如同其他学科的研究一样，归纳法和演绎法是相辅相成、缺一不可的。归纳是基础，有用的演绎必然是在一定归纳的基础上发展的，纯演绎实际上是不存在的。作为教材，我们当然要求学生首先掌握归纳法，然后再掌握演绎法。片面地强调用"演绎法来研究汉语"是不妥当的。我们在任何时候都要防止从一个极端走向另一极端。

3. "方言"在教材中应该有适当的位置，鉴于现行教材对方言不够重视，我们应适当加强共同语和方言、方言与方言之间的比较分析，尤其在语音部分，这不仅对分析普通话大有帮助，而且有助于现代汉语的全面而深刻的理解。但是，不应该强调到不适当的地位，尤其不能因为编写者本人的偏爱和专长而过分增加它所占的比例。固然，"对语言学研究来说，方言有同样的重要性，有时甚至有更加重要的作用"，但是，教材编写的目的决定了必须坚持以分析普通话为主，这一点是不能动摇的。

我们认为：新教材必须有一个重点转移，不是转到"加强理论性"上去，而是转到"以讲授汉语分析方法为主，并提高汉语应用能力"上去。我们的具体设想有以下几点：

1. 建立三位一体新格局：更新并浓缩基本知识，把它们作为重点讲授的前提来对待；以介绍汉语各种分析方法为纲，在讲授分析方法时适当介绍相关的理论背景；尽可能地结合汉语的应用，以适应社会的需求。

2. 新教材除"绪论"外，可由四部分构成：

（1）语音分析：以北京语音分析为主，配以方言语音的对比分析；强化听音、辨音、记音的能力训练；加强口语语流的动程分析等。

（2）词义分析：以词义的构成、分解、比较、注释为主线，介绍语素分析和义素分析法，介绍词义注释的若干方法，加强义群的比较分析等。

（3）句法分析：不再拘泥于某一种语法体系，重点介绍词的构造分析，确定词性的方法，词组的层次分析，句子成分搭配分析，句型的变换分析，歧义类型分析等。

（4）话语分析：打破传统修辞框架，重视交际行为和交际结果，加强对话题、话题链、前提、焦点、语境、蕴含以及交际中的失误、言外之意等分析。

3. 贯穿"形式与意义"不可分离的原则，即讲形式必须辅以意义的说明；讲意义必须有形式上的验证。因此实际上语义分为语音义、词汇义、语法义和语用义。

4. 突破先下定义再举例说明这种比较固定的模式，提倡生动活泼的写法，例如可以先举汉语事实，通过分析介绍分析方法，并引出相应的规律。

5.编写原则为：信息新鲜，语料有趣、方法实用、写法简明，并配以各种相应的练习。

6.保持与中学语文知识的一致性以及与现行教材的衔接性。这决不是一句空话，我们要尽可能地吸收现行教材的长处，只有继承才能更健康地发展。任何试图完全推倒重来的想法都是很幼稚的。

当然，我们的设想还是粗线条的，真正做起来肯定还要作比较大的补充和修正，但是，有一条我们是必须坚持的，即新教材必须强化分析方法和应用能力，而淡化基本知识和理论色彩。最后我们还想指出一点，钱乃荣、游汝杰二位的设想有不少新颖大胆之处，但是如果不注意同《语言学概论》的分工，不注意同《汉语方言学》、《汉语语法学》等选修课的配合关系，那么它将失去自己的特色，从而可能失去存在的自身价值。

（原载《语文建设》1988年第5期）

现代汉语课教学方法改革刍议

现代汉语课的改革包括两方面的内容：一是教材内容的改革；二是教学方法的改革。教材内容的改革已引起人们的普遍关注，教学方法的改革却始终未受到应有的重视。这两种改革是相辅相成的，从某种意义上说，教学方法的改革更具有应用的价值。现代汉语课的教学效果在很大程度上取决于教师讲课的方法与艺术。一部出色的教材，如果讲得不好，效果不会理想；比较一般的教材，如果教师对内容进行了一定的调整、补充，又讲得精彩，必会使学生受益良多。当普遍反映学生对现代汉语课不感兴趣的时候，有些教师讲的现代汉语课却深受学生欢迎，这不能不引起我们的深思。

从根本上说，当前现代汉语课存在的主要问题是：以讲授基本知识为主，而没有把培养学生分析语言的能力作为主攻方向。例如上海本就明确指出："现代汉语是一门基础课，讲授系统的现代汉语知识。"（见上海本《〈现代汉语〉使用说明》）虽然也提出"必须注意培养学生运用这些知识的能力"，但主次还是很清楚的。因此要改革，首先必须在指导思想上有一个根本转变。我们认为这门课的指导思想应该是：以传授基本知识为前提，以掌握分析方法为主线，以提高运用能力为目的。就语法部分而言，应该紧紧抓住五种基本分析方法：（1）功能分析法，以确定词性；（2）层次分析法，以分析结构；（3）句型分析法，以了解句子的生成；（4）复句画线法，以理解复句的关系；（5）成分简缩法，以修改病句。除此之外，对句式变换法、歧义分化法、比较鉴别法也都应作重点介绍。分析方法要讲深、讲透、讲活。方法的理论背景，可作些适当的交代。当学生能熟练地运用各种方法来分析种种语法现象时，也就掌握了理解、分析汉语的一把钥匙。概念和定义以后可以查教材，不必死记硬背，掌握了分析方法则受益无穷。从这一点说，方法比知识更有用。

在长期教学中我们体会到，进行现代汉语课教学设计时，应注意以下三条基本准则：

第一，以情感人。就是说，对现代汉语教学要热爱，要有激情。只有自己真正感动了，才能使学生投入。现在的教学往往缺乏一种自信心、一种自豪感。而要做到这一步，教师必须下工夫钻进去，这样才能切实感到里面的世界真精彩。

第二，以理服人。现代汉语是一门科学性很强的课，具有真才实学才能让学生佩服，因此要对讲授的内容有充分、深入、全面的了解，对其中的规律乃至分歧的来龙去脉了如指掌。以己昏昏决不能使人昭昭。学生们常有一种误解，以为从小就说现代汉语，学不学这门课都无关紧要。要解决这个问题，办法是先让他困惑，然后再解惑，这样他就会深切感到其中确实大有学问，学习的积极性就会被充分调动起来。

第三，以艺迷人。讲课是一种技巧性很强的艺术，不仅要条理清晰，重点突出，举例生动，分析透彻，而且要善于调动学生的主观能动性，培养他们的参与意识。有的学生有一种偏见，认为现代汉语课远不如文学课有趣，觉得它"面目可憎"。如果我们的讲课能在贴近当前生活、联系语言实际、诱发学生兴趣上多下工夫，是完全可以把课上得生动活泼的。

根据我们的体会，当前现代汉语课在教学方法上应着重注意以下几个方面的问题：

1. 补充新内容，增加信息量。就教材来说，要注意两个问题：一是有的基本知识中学已经讲过，容易炒冷饭；二是教材虽然比较成熟，但内容显得陈旧。针对这两个问题，要抓住"内容更新"这一条。讲课当然不能脱离教材另起炉灶，但也必须跟教材保持一定距离。最好是以书为纲，重点发挥；删旧补新，增加信息。这就要求我们经常修改、丰富教案。新的信息对提高学生学习兴趣、扩大他们的视野以及使学生了解新的研究动态都是十分有益的。教师讲的新鲜内容是课本上没有的，学生就会认真听。如"歧义问题"一般教材介绍很简略，教师补充介绍造成歧义的种种原因，就会引起学生的浓厚兴趣。教学中还应做到课堂信息量大、节奏快，同一内容翻来覆去讲，节奏缓慢，气氛沉闷，学生就兴奋不起来，而且会感到厌倦。

2. 着眼比较，加强辨析。加强辨析是使学生学好知识、获得分析本领的好办法。例如词类部分，我们分三个层次来进行辨析。第一个层次是辨析词类之间的区别，例如名词与动词、动词与形容词、形容词与副词、时间副词与时间名词、动词与介词、介词与连词等；第二个层次是辨析常用词的词性，例如"是"（动词与副词）、"的"（助词与语气词）、"没有"（动词与副词）、"了"（助词与语气词）、"一样"（形容词与助词）等；第三个层次是辨析兼类词与同音词的区别。辨析还应贯穿在整个教学过程中，可以经常举出些例句让学生辨析。例如让学生辨析下面三个例句中"一样"的词性：

（1）孩子跟她一样。

（2）这儿的耗子跟猫一样。

（3）她跟孩子一样。

从而使这种辨析上升到更高的水平上。

3. 调动学生积极性，加强语言实践。现代汉语课应用性很强，不能满堂灌，必须坚持讲练结合的教学方法。在这方面我们的经验有三点：

（1）自己动手编写内容丰富、题型多样的习题。用于课堂提问（作即时性反馈）、课后作业（作经常性反馈）、阶段测验（作小结性反馈）、集中答疑（作主动性反馈）。这些习题对掌握、动用知识发挥了很好的作用。

（2）布置一些带思考性、开拓性的作业让学生课外完成。例如：寻找最近一个月里报刊上的病句并指出症结所在；从最近两个月的报刊、广播、电视中的新广告上摘取新的修辞手法并分析其特色；收集今年以来报刊上出现的新词新语并归纳其构词方式等等。学生对这些作业兴趣浓厚，完成得较好，有的还提出了有创见的看法。

（3）进行小论文写作训练。教师开列出一些小论文题目，如"成语中数字的运用"，"'在……下'格式运用的特点"，"'把'字句的结构特点"等。学生任选一个题目，参考有关研究成果，搜集一定数量的语言材料，总结出一些规律来，写一篇2000字左右的小论文。要求"小题小作"，抓一个问题，选一个角度，尽可能谈得深一点，透一点，力求有新意。小论文写作使得学生阅读了有关的语言学论著，训练了搜集语言材料的基本功，初步培养了分析语言现象、归纳语言规律的能力。这一训练深受学生欢迎，调动了他们学习的积极性。

4. 精心选择课堂用例。典型、精彩的实例胜过许多大道理。因此课堂用例决不能信手拈来，必须精心挑选。例如我们在讲词类辨析时举了"刚刚"与"刚才"、"年青"与"青年"，讲助词"的"时举了"要长胖，吃食堂饭；要减肥，吃食堂的饭"，效果很好。精彩的例子须处处留心、随时补充，经过几年积累，就能使大多数用例较为生动、精当。另外，用例应注意生活化，这会使学生产生亲切感。例如讲"非主谓句"时，有位教师举了一个学生生活中的实例："402 室，张敏，电话！北京长途，快点！"引起了学生的兴趣。

5. 课堂用语要通俗、风趣。复杂的道理可以用通俗的比喻来说明。例如在讲词的形态标志与功能的关系时，我们举了这样一个例子：一个学生戴上校徽，便有了形式标志；不戴校徽时，他的学生"功能"并不因此丧失。学生很快便理解了，教师不能板起脸来上课，应尽可能谈笑风生。流畅、风趣的教学语言对学生很有吸引力。例如讲到"忽然"跟"突然"的区别时可以提出一个有趣的问题："'突然'是不是比'忽然'更突然呢？"讲到形容词"一样"跟助词"一样"时，教师可以得出一个有趣的结论："这两个'一样'确实不一样！"这些幽默、风趣的话语都能给学生留下难忘的印象。

在现代汉语课教学方法方面，许多教师积累了丰富的经验。我们建议，开展一场关于现代汉语课教学方法改革的讨论，以总结经验、交流体会、提出建议、摸索规律，逐步提高教学效果。在继续探索教材改革的同时，进行教学方法上的改革尝试，是很有现实意义的。

（原载《语文建设》1993 年第 9 期）

现代汉语课程教材的改革
与创新意识

一、国内现代汉语课程的现状及存在的问题

"现代汉语"是中文系一年级开设的基础课、必修课。这门课程设立于 20 世纪 50 年代初，据说是全国高校院系调整以后，仿照当时苏联高校开设"现代俄语"的模式建立起来的，并且由于当时中学试行"文学"与"汉语"两门课分家，高校编写的现代汉语教材就有意识地要跟中学的汉语教学接轨。因此，现代汉语课程的设置跟现代汉语教材的编写是息息相关的。

从历史上讲，现代汉语课程有过三次改革浪潮，其集中体现就是教材的改革与更新。

1. 第一次改革浪潮是 20 世纪 50 年代末到 60 年代初。当时各种现代汉语的教材基本上围绕着中学"汉语"课本（包括《中学教学语法暂拟系统》），这显然不利于学术研究的开展，所以大学就希望改变现状，以表现高校的学术探索。代表作有三本：胡裕树主编的教育部统编本（1962），北京大学中文系本（1962），刘世儒的师范本（1963）。其中以北京大学本最有特色，它的前身是 1958 年所编写的三本一套的教材，它第一次旗帜鲜明地提出"三能"的口号："学生要有运用语言的能力，分析语言的能力，鉴赏语言的能力。"后来在这套教材基础上重写的《现代汉语》（林焘、朱德熙执笔），删去了"修辞"和"作品分析"两个部分，但依然保留并发扬了原教材的一些长处，例如语法部分对重要

虚词逐一加以说明，重视句式的选择，总结出修改病句的两种方法，等等。应该承认，这些改革的努力是相当可贵的，"三能"的提法也大体上是正确的，虽然在具体理解上有片面或简单的地方。

2. 第二次改革浪潮发生在 20 世纪 70 年代末 80 年代初。据我们不完全统计，从 1977 年到 1988 年，正式出版的现代汉语教材有 21 种（另外有关汉语语法的教材还有 39 种），其中影响最大也最深远的有两本：一本是胡裕树主编的增订本，由于语法思想比较新颖，在语言学界的评价比较高，缺点是不大像教材，修辞部分体系奇特，比较难教。一本是黄伯荣、廖序东主编的，比较接近《中学教学语法系统提要》，条理清楚，简明实用，适合教学，缺点是观点比较陈旧。除此之外，还有张静主编的郑州本力图体现理论、知识和技能训练并重的思想，张志公主编的电大本注意语义分析和语法表达的构想，也都各有一些特色，但因为存在比较明显的问题，所以影响都不太大。

3. 第三次改革浪潮出现在 20 世纪 80 年代末，并一直延续到整个 90 年代。导火线是史有为的《十字路口的"现代汉语"课》（1987），它一发表，就像刮起了一股强烈的旋风，在汉语学界和高校中文系，引起一系列震荡反馈，促使大家进一步检查和反思。这一时期，各种体现改革新思路的教材纷纷问世，比较有代表性的是两本：钱乃荣主编的上大本（1990）和邢福义主编的师范本（1991）。前者与众不同，新颖别致，但由于定位不准确，跟语言学概论界线不明，教学有相当难度，所以一般只是作教学参考书，很少正式当做教材。后者提出"实中求新，新而不怪"的编写原则，注意吸取最新的研究成果，又考虑跟中学语文教学的衔接，问题在于：方言占据过多的分量，同时又过于突出编者个人的学术见解，例如两个三角和复句的三分法等等，这就不可避免地影响到它的可接受性。

4. 目前正在酝酿着第四次改革浪潮。当前的客观情况是，两本影响最大的教材已经用了 20 年了，虽然作过一些修改增删，但指导思想以及整体框架不可能再作大的变动，跟日新月异的学术界相比，大家都明显地感觉到：体系陈旧、知识老化、信息量不足、结构不合理，尤其是编写的指导思想存在明显的问题，即过分强调"知识性"，而忽略了"能力性"，偏重于形式、描写、静态、微观的讲授，而忽视了意义、解释、动态、宏观的把握。因此，我们认为，第四次改革浪潮已经兴起，现代汉语课程改革，包括现代汉语教材的改革已经成为汉语学界强烈的呼声。

二、《现代汉语通论》的创新意识

当 21 世纪来临之际，现代汉语课程和教材的改革，再一次面临着一个极为有利的时机，因为新世纪在呼唤着新教材。我们的目标是编写一部适应 21 世纪需求的采用新思路新框架的全国高校普遍通用的优秀新教材。我们的编写方针是第一新颖，第二好用。我们编写的总方针是："名牌、精品、畅销"。但是，我们知道，改革，光有热情和勇气是远远不够的。我们必须进行深入的调查研究，针对存在的问题提出一系列的创新思想。只有这样，才能保证我们的新教材适应时代的需要。这主要是指：教学思想创新、学术思想创新以及编写思想创新。

1. 教学创新：强调语言学习的方法论

首先要解决好几个问题：第一，现代汉语这门课程的地位，即课程的性质（包括跟语言学概论以及古代汉语、写作的关系）是什么；第二，该课程教学的最终目标到底是什么；第三，如何正确处理继承与创新，知识与方法，形式与意义，静态与动态，分析与应用，事实与理论，描写与解释，宏观与微观，课内与课外，讲授与练习等一系列的关系。

现代汉语课程是中文系本科最重要的基础课和必修课之一。它既不是一门工具课（非古代汉语），也不是一门实践课（非写作），更不是一门理论课（非语言学概论），但是，实际上它兼有工具、理论和实践三方面的性质。它是一门为高校文科（特别是中文系）一年级学生开设的公共基础课，一方面要讲授大量有关现代汉语最重要的基础知识，另一方面又要强调以分析方法为核心，目标是培养和提高学生的语言能力，使他们具有语言知识和语言能力的必要素质。

以往对现代汉语，有一个很大的误区，以为这门课主要是让学生掌握有关现代汉语的基本知识，因此有的教师就拼命地把各种各样的概念、术语塞给学生，让学生死命地记、背，学生当然非常反感。对此，我们的观念必须有一个根本的改变，这门课程重点要解决学生两个能力：理解、分析现代汉语的能力和表达、应用现代汉语的能力，使他们踏上工作岗位后，能够得心应手地解决工作或者教学中有关现代汉语的基本问题。这里特别要防止两个不切合实际的倾向：第一，以为学习了现代汉语就会大大提高写作水平。这其实是一种不切实际的误解，因为一个人写作水平的提高，涉及许多因素，不能奢望现代汉语一门课程独力承担起来。第二，以为现代汉语的目标主要是培养学生的语言学研究能力。这又是一个误解，我们必须明白这是一门基础课，对象是刚刚从中学升入大学的一年级学生，不要把选修课的任务甚至研究生课程的任务提前让必修基础课来承担。

我们的学生本来就是以汉语为母语的，已经比较好地掌握了汉语这门工具，因此，我们的目标，从另一个角度讲，就是把他们的语感从感性提高到理性高度上来，也就是说，要唤醒他们对汉语的语感。我们提出一个口号："以基础知识为前提，以分析方法为核心，以语言能力为目标。"所谓语言知识，当然非常重要，但这只是我们学习的前提，不是核心，而且即使是知识，也还需要更新。大体上讲，三分之一继承，三分之一修正，三分之一更换。这样才能保证我们的教材比较好地处理继承与创新的问题。

语言学课程是中文系所有课程中跟理科关系最密切，最具科学性的。所以我们特别强调语言的分析方法，这是我们新教材的"重点"，也是我们新教材的"亮点"。我们认为，教给学生最重要的应该是学习和研究的方法：从宏观来说，这主要是归纳法、演绎法和比较法；从微观来说，这种方法论的意识要渗透到每个章节里。概念不必死记硬背，但方法则是必须掌握的，为此我们重点介绍了音节分析法、音位分析法、平仄分析法、功能分析法、层次分析法、画线分析法等等。

所谓语言能力，可以分为三个层面：

第一层面是理解能力和表达能力；

第二层面是思辩能力和分析能力；

第三层面是研究能力和创新能力。

其中第一层面是最基本的，第二层面是提高性的，第三层面是最高要求。对不同的学校、不同的学生，要求也会有所区别。

2. 学术创新：吸收语言研究的新成果

我们要编出一本面向 21 世纪的新教材，就必须在学术上反映出现代汉语各个领域里的研究最新水平。也就是说，在继承的基础上进行创新，一方面是尽可能地保留以往教材优秀的内容，另一方面大胆而谨慎地吸取近二十年来比较成熟的研究成果。但同时，由于这是教材不是专著，所以，我们所吸收采纳的只能是学术界公认的研究成果。有争议的、或者还没有被学术界普遍承认的，我们暂时还不能写到教材里来。

现代汉语涉及的方方面面，都可能有不同的意见或看法，我们主张采取"主流派"的看法。也就是以吕叔湘、朱德熙为代表的主流派的看法。我们反对在教材里过分地宣传编者自己的与众不同的学术观点，这样做实际上没有任何好处。同时我们也不强调体系对立，不卷入学术争论，不故意标新立异。因为这只是一本基础教材，没有必要也没有可能让学生了解学术界的各种争论。

具体的调整与创新体现在下面各个章节：

（1）导论：了解现代汉语的性质、特点、规范化标准等。确定现代汉语的定位，包括历史（古代汉语、近代汉语、现代汉语）、语际（语言的谱系分类和汉语的亲属语言）两个方面。掌握现代汉语的地域变体（各地方言）和社会变体（性别、年龄、行业、阶层）。现代汉语学科的性质以及现代汉语课程的定位，初步掌握学习现代汉语的宏观方法（归纳法、演绎法、比较法）。

（2）语音：明确音节分析的两种分析法：音素（元音辅音）分析法和声韵调分析法；加强音位和音位分析法；增加韵律（停延、轻重、高低、快慢）的分析；讲究语音分析的方法，如"三级标调法"、"四呼分析法"、"平仄确定法"、"韵母熟记法"等；要求部分知识简化，例如"古今语音对比"、"方言声调对比"、"儿化韵分析"，删除部分章节，例如朗诵。该章节不要求在理论或方法论上有什么大的突破，突出应用性和可操作性。

（3）文字：突破现有的旧框架，建立现代汉字的全新框架。传统的汉字分析，例如汉字的形成、字体的演变、六书分析等都从简，归入

"概述"。加强对现代汉字的字形、字音、字义、字量、字序的分析。增加现代汉字的信息处理。

（4）词汇：建立现代汉语的四大词汇系统，包括本体系统（同义词、反义词、多义词、同音词、类义词、上下位词），来源系统（古源词、外来词、方言词、社区词、习用词、新造词），熟语系统（成语、谚语、惯用语、歇后语）以及词义系统（本义、基本义、引申义、固定修辞义、临时语境义以及感情义、色彩义、古今义）。加强词义的分析与描写，引进语素分析法、义素分析法、构词析义法和语义场分析法。

（5）语法：对汉语语法的特点重新认识，重点分析词、短语和句子。加强词类划分的理论与实践，突出词类功能分析法，重建汉语词类三层系统，实词和虚词之下再分为六个系列：主体词（名词、动词、形容词），数代词（数词、量词、代词），修饰词（副词、区别词），声音词（叹词、拟声词），关系词（介词、连词），语助词（助词、语气词）。短语下面分为"词组"（以结构关系命名的八大词组）和"结构"（以词类特征命名的四大结构：数量结构、方位结构、介词结构、的字结构），强化层次分析法。句子建立三个系统：句型（结构系统）、句类（功能系统）、句式（特征系统）。复句取消"联合"和"偏正"这一层次，直接分出 10 个复句类型。增加句法结构里的语义分析（语义角色、语义指向、语义特征），歧义分析和句子的动态分析（移位、省略、插说、追补）。

（6）语用：构拟一个全新的框架，以言语的行为理论为指导，引进合作原则和礼貌原则话语结构和语用意义（吸取部分合理的内容，例如"辞格"及其应用）。大体上包括四个系列：交际结构（话题、篇章、会话），语用意义（预设、准则、语用意义），表达技巧（技巧、言语行为、社会变体）以及交际效果（语体、歧义）。同时保留原修辞部分最精彩的内容，包括语言要素的修辞（语音、词汇、语法），修辞格的语用效果和语体风格。病句修改实际上是语言运用中的综合性的问题，涉及语义、语法和语用个个层面，所以放在这里比较合适。

3. 编写创新：体现"学生为本"的指导思想

我们的教材，不仅应该是一部适应 21 世纪需求的"新颖、好用"的优秀教材，而且还应该是一部全国高校普遍通用的，在市场上占有比较大份额的教材。这样，我们除了教学和学术两方面的创新意识之外，还需要符合市场的需要，使它真正受到广大学生和教师，特别是学生的欢迎。这就需要我们的教材处处、时时体现以"学生为本"的指导思想。编写原则是：理论成熟、观点公允、语料有趣、信息新鲜、方法实用、写法简明、练习丰富。

我们尽量吸取现有各种教材的优点和新思路，并且采取了一些有效的措施：

（1）每节前面列出"学习要点"，并且用黑框标示出来。

（2）章节清楚，尽可能用数字把复杂的内容系列化，

（3）重要概念、定义一律用黑体字，以便醒目。

（4）每节后面有丰富的练习题，这是巩固基础知识、熟悉分析方法、提高语言能力所必须做的。题型特别丰富。

（5）练习题之后还有思考题，这是启发型的，没有标准答案，比较好的学生或者水平比较高的学校可以在教师指导下挑选着做，也可以课堂讨论。

（6）每章后面开列出参考文献，这是为少数对现代汉语特别有兴趣的学生提供的，为进行一些小型的研究铺路。

（7）具体写法，举例生动、典型、有个性，叙述清晰、简明、有条理，定义准确，层次分明，结构合理，强调在对比中显示特点，有比较强的可操作性。

（8）注意段落和章节之间在内容上的逻辑关系。

（9）编写为教材配套服务的《现代汉语通论教学指导》和《现代汉语通论参考文献精选》。

（10）举办《现代汉语通论》教材教法研讨会。

以往的经验告诉我们，凡是个人或某个学校自己编写的教材往往只能够在一个学校或者一个城市或一个地区使用，很难打开局面。我们采取的策略是广泛征求编写合作者，最后是13所著名大学（浙江大学、南京大学、厦门大学、暨南大学、河南大学、华东师范大学、华南师范大学、南京师范大学、安徽师范大学、福建师范大学、河北师范大学、徐州师范大学以及洛阳军事外语学院）的18名教授参加了编写，他们

个个都有着极为丰富的教学经验，所以编写过程中，能够集中各位编写教师在教学实践中摸索出来的宝贵的心得体会，把个人的财富变为了大家的财富。

我们的口号是"三名"（名牌大学、名牌教授、名牌出版社）和"三高"（高水平、高效率、高效益）。所以我们采取的是出版社资助编写，市场竞争的新路子。

三、对教师提出更高的要求

教材是死的，教师是活的。一部出色的教材固然相当重要，而一个优秀的教师则更加重要。因为教材再好，也还要有好的教师去讲解。我们认为，对使用新教材的教师来说，一个优秀的现代汉语教师应该做到以下三点：

第一，以情感人。即对课程要热爱，对所讲授的内容充满感情，有一种自豪感和投入感。

第二，以理服人。即教师有真才实学，对本专业有充分的了解，能够及时地增加新信息，补充新内容。

第三，以艺迷人。即讲究讲课的艺术，条例清楚、重点突出、举例生动、语言幽默、分析透彻。

如果能够做到上述的要求，我们相信，现代汉语必将成为一门深受学生欢迎的课程。

（原载《中国大学教学》2002 年第 12 期）

参考文献

[1] 钱乃荣，游汝杰. 建设新的"现代汉语"教材. 语文建设，1988 (3)

[2] 邵敬敏."现代汉语"教材改革向何处去. 语文建设，1988 (5)

[3] 邵敬敏. 现代汉语课程教学方法改革刍议. 语文建设，1993 (9)

[4] 邵敬敏. 现代汉语通论. 上海：上海教育出版社，2001

[5] 史有为. 十字路口的"现代汉语"课. 语文建设，1987 (1)

谈中学语文课程的目标
以及语言点的设置

一、引　论

编写中学语文课本、讲授中学语文课程，都是吃力不讨好的事情。造成这一种困境的原因大约有三个：

1. 方方面面对语文课的干扰太多。一会儿要为政治服务，一会儿要服从于道德修养的教育，一会儿要提高文化素养，一会儿要突出"语法"的重要性，语文课几乎成了万金油，是大众的"女仆"。

2. 对语文课不切合实际的要求。有人希望学了语文课，文章自然就应该写得好，甚至于成为作家。其实，文章写得好不好，除了语文课之外，还涉及许多其他的因素。

3. 编写者迁就社会各类人、各层次人的批评。因为事实上其他课程都比较专门化，一般的人不大好批评，只有语文课几乎人人都可以指手画脚。结果众说纷纭，头痛医头，脚痛医脚，反而迷失了自己的方向与宗旨。

改革语文课程，已经成为世界上以汉语为交际语言地区的一个共识，也是香港地区教学改革的一项重要任务。为此，最近我们做了三件工作：调查、分析和思考。

二、调　查

主要对各地（主要是中国内地、台湾、香港以及新加坡四地）中学语文教材进行调查。

1. 中国内地语文教材以人民教育出版社（北京）的初中《语文》（顾振彪等主编，1992－1995 年版）为代表

第一阶段（第一学期）：培养一般语文能力，课文按照生活内容分类编排。

第二阶段（第二、三、四学期）：培养记述、说明、论证的能力，课文按照表达方式分成三学期编排。

第三阶段（第五、六学期）：培养运用语文的能力，课文按照文体分类；培养文学欣赏的能力，课文组合方式多样化。

语言知识主要在练习中介绍，分散安排在课文的后面，其分布大致如下：

第一册：形声字、同音字、形似字、多音多义字；多义词、同义词、反义词、词的感情色彩；名词、动词、形容词……

第二册：五种短语，即并列短语、偏正短语、动宾短语、动补短语、主谓短语。

第三册：句子和句子成分，句的主干，四种句类，句子成分的搭配，主动句和被动句，肯定句和否定句。

第四册：复句、复句分句的关系、二重复句。

第五册：消极修辞：简明、得体、连贯。

第六册：语法的应用性。

人民教育出版社的教材有比较明确的理念，通盘的考虑，范文安排多样化。但是，问题也是显而易见的：比较偏重语法，偏重于知识的讲授，缺乏分析和运用；跟课文结合松散；目的也不明确。

2. 中国台湾的语文教材以国立编译馆主编的《国文》（黄锦宏为主任，1999 年 8 月再版）为代表

每本教材的体例一般都分为以下几个部分：（1）题解；（2）作者；

（3）课文；（4）注解；（5）讨论与练习。该教材对语言的讲授，并不特别重视，基本上是分散在练习题中；但是，它也有个特色，即每本教材中间都穿插"语文常识"：

第一册：工具书使用法、标点符号使用法；

第二册：应用文写作法；

第三册：中国文字的构造、练习书法的要点；

第四册：语法上、语法下；

第五册：修辞法上、修辞法下；

第六册：演说辩论法。

全套教材体例划一，语言知识点的理解也比较宽泛，并不特别重视语法。但是问题也是显而易见的，即跟课文缺乏有机的联系，仿佛游离于课文之外。

3. 香港的语文教材以启思（牛津出版社）的《中国语文》（1995年版）和香港教育图书公司的《中国语文》（2000年再版）为代表

（1）启思（牛津出版社）的《中国语文》（1995年版）

"学习重点"明确分为形式和内容，"形式"包括写作技巧、修辞知识、语法知识、标点符号等，"内容"包括文章的内容要和与该课有关的德育以及公民教育。

书后附有"语法指导"和"修辞法简表"。

每一课后面都有"语文运用"：①部首；②字、词、句；③标点符号；④修辞；⑤简短写作。如果是"文言文"，还增加"文言基本知识"和"文言词语"。

其优点在于：讲解语言知识时，往往用课文中的例子。问题是随机性太强，缺乏系统性；而语法又是跟课文割裂的，把"语法"孤立地放在全书后面讲解，而没有跟范文结合。

（2）香港教育图书公司的《中国语文》（2000年再版）

重视阅读、写作、聆听、说话和思维的能力。也分为形式和内容两个方面，内容是指"培养品德情操，引发个人思维的反省"。形式的重点包括"修辞、作法、语法等"，并且声明：所有重点均以语文能力学习为导向。

整体设计：①学习重点；②预习；③作者及题解；④课文及注释；⑤理解与探究；⑥巩固与延伸；⑦插图及照片；⑧附表：每册后面有《学习重点分布图》。

优点是总体构想比较完整，前后衔接不错。问题是有关语文知识往往只体现在注释中（注释一般先注字义，再注文中用法及句意，同时兼及语法。注音方面，粤普并重）。对语言点重视不够，缺乏全局考虑，文字、词汇很少考虑。

4. 新加坡的语文教材以教育部课程规划与发展署主编的《中学高级华文》（梁竞西为主任，教育出版社 1997 年初版）为主

范文以人际关系，社区与国家，外国文化与事物，华族文化及传统价值，想象与幻想，科技天地，自然世界，卫生与个人健康等八大主题编排。

文体涉及记叙文、描写文、说明文、议论文、实用文和相声、诗歌、小说、戏剧等各种文体。

编写原则提出了两个目标，第一就是"训练学生听、说、读、写四种语文技能和思考能力的教学目标"，第二是人生观和价值观。

除了课文之外，还包括：①提示；②汉语拼音；③注解；④活动；⑤附录；⑥练习与评鉴。其中"活动"部分有系统地介绍了语文知识，如语音、语法、标点符号、修辞、写作等。"练习与评鉴"部分提供多样化的语文练习。虽然提出了听、说、读、写四种语文技能和思考能力的目标，但对如何才能达到这个目标却没有能够提出有效的途径。同样，对字、词也不够重视；语法、修辞跟课文没有能够有机地结合。

三、分　析

2000 年 12 月，香港教育署提出了一个《中学中国语文建议学习重点》（香港课程发展议会编订）。学习重点包括两部分：

一是语文基础知识：掌握文字、词汇、语法、修辞、古汉语、文章、文学知识。

二是读写听说：提高阅读、写作、聆听、说话的能力，掌握读写听

说的策略，并培养语文学习的兴趣、良好的学习态度和习惯。

另外，对"中国语文教育"提出了一个体现"中国语文教育课程宗旨"，并且由若干部分组成的"课程架构"。

我们不得不指出存在的问题：

所谓的"课程架构图示"理念混乱。把"阅读、写作、聆听、说话"跟"文学"、"中华文化"、"品德情意"、"思维"、"语文自学"等九个项目并列，缺乏层次观念，缺乏主次区别，好像一个大杂烩，什么都有，什么也不清楚。

对所谓的"语文基础知识"的理解存在着严重的缺陷：

1. 语　法

基本上还停留在 20 世纪 50 年代的水平（大体上相当于内地 1956 年"中学教学语法暂拟系统"），观念远远落后。问题主要有：

（1）词类的设置，例如把副词、叹词、拟声词都还看做虚词。

（2）词的构成忽略了派生词。

（3）完全没有短语的地位。

（4）主谓谓语句说成"主谓句"。

（5）把"独立语"只看做"感叹语"和"拟声语"。

（6）复句应该提及"关联词语"。

（7）忽视句子的变化与应用

（8）完全忽略病句的修改。

2. 词　汇

（1）近义词不必单列一项（归入同义词）。

（2）多义词之外还应该有同音词。

（3）应该介绍外来词、古语词、新造词、方言词和社区词。

（4）应该加强同义词和反义词的应用。

3. 修　辞

（1）应该在词语修辞和句子修辞之外单列"语音修辞"。

（2）辞格应该采取比较严格的定义，像"叠字"、"反问"、"设问"、"双声"、"叠韵"、"用典"、"象征"原则上不应该进入，而"顶真"、"回环"、"拈连"、"移就"则似乎可以进入。（这里不涉及学术上的争

议，而是主流派的通常看法）

（3）应该加强修辞上的错误辨析和修改。

4. 文　字

（1）对六书中的假借和转注，不必学习。

（2）应该学习异体字、异读字、多音多义字。

（3）针对错字和别字，提出防止和纠正的方法。

（古汉语部分从略，实际上也有不少问题）

四、思　考

有关语文教学问题，有个问题必须思考清楚：怎么理解"语文"？中国的文字非常巧妙，这应该是四重含义：

第一，语言与文化；

第二，语言与文学；

第三，语言与文字；

第四，语言与文章。

这说明语言跟"文化"、"文学"、"文字"以及"文章"都是密不可分的。我们的理解是：文化是精神，文学是载体，文字是工具，文章是目的。但是，不论哪一种理解，都离不开语言，因此，语言是贯穿语文课的一条主线。也就是说，语文课程最基本的任务是让每个学生能够熟练地运用汉语，特别是书面语方面的"阅读"与"写作"，同时在香港配合"普通话"课程，加强口语交际方面的"聆听"与"说话"。其他的任务都是在这个任务基础上派生出来的。从这一理解出发，我们的看法是：

语文学习首先要分为"显形目标"与"隐性目标"。"显形目标"又要分为"直接目标"和"间接目标"，"直接目标"实际上是语文课程最主要也是最重要的目标，它应该有三个层面：

1. 语文层面，即培养和提高学生的"理解能力"（书面语的阅读，也包括口语的聆听）和"表达能力"（书面语的写作，也包括口语的说话）。对小学来讲，是"培养"；对中学来讲，是"提高"，因为学生通过小学的学习，已经具备了一定的理解能力和表达能力。这两个能力是最基本的，也是语文课所承担的最重要的任务。如果这两个能力都没有，后面的其他能力都只是一句空话。这要求每个学生都应该达到。

2. 思维层面，即培养学生的"鉴赏能力"（形象思维）和"思辨能力"（抽象思维）。

这两个能力是带有提高性的。理解了，不等于会鉴赏；会表达，也不一定思辨得好。也就是说，深刻地理解，也就是会鉴赏了；表达得好，说明你动了脑筋，思辨过了。这要求大部分的学生能够做得比较好，小部分学生一般即可。

3. 创意层面，即启发学生的"分析能力"和"综合能力"。这实际上就是研究能力，是更加高的要求，也可以说是语文学习的最高境界。我们要鼓励每个学生，特别是一些优秀学生逐步养成会分析和会综合的创新研究能力。这是在前两个层面的基础上进一步的要求。

以上是语文课的直接目标。至于"文学文化"以及"终身的语文自学能力"则应该是贯穿全部语文学习课程的。这也是语文课的目标，但属于"间接目标"。我们一定要把这两种目标区别开来，同时又有机地结合起来。

至于"隐性目标"，是指隐藏在语文课背后的，通过语文的教授体现出来的，即修身的"道德情操"以及积极的健康的"人生观"。因为这个目标实际上也是所有中小学课程共同的目标，所以，无论如何也不应该把它看做只是语文课一家的目标。

五、建　议

由于语文这门课程所承担的特殊任务所决定，它的教学也应该是立体的、多方位的。我们进一步思考的问题是：

1. 语文课程中语言点的地位

一本教材编写的好坏，当然有许多因素，但是从语言这个特定的角度来看，关键是三点：

（1）语言点的理解；

（2）每篇范文中语言点的提取；

（3）语言知识跟语言运用的结合（即讲授与训练）。

2. 范文的选择与编排

教材的范文应该是多层次、多角度、多渠道的。这样，我们安排课文就可以有几种思考的角度，例如：

（1）体裁（散文、小说、诗词、戏剧）；

（2）题材（家庭、学校、社会、国际、世界、科技、自然）；

（3）文类（记述文、说明文、抒情文、议论文、应用文）。

这样，我们的课本才能呈现出多姿多彩的形象，也符合语文实际的情况。好比我们有许多蔬菜，光用一种篮子全部装进去，是困难的。篮子可以有圆的，也可以是方的；可以是大的，也可以是小的；可以是浅的，也可以是深的。课文编排的多样化，将有助于学生对语文多视角的观察与体验。

3. 语言点的理解

语言点不是粘贴在课文后的附加物，而是课文的有机组合体。语言点不是有关文字词汇或语法修辞知识的系统的讲授，而是为语言的理解和表达服务的工具。语言点的理解，要避免看成只是"语言知识点"。知识是重要的，但是更加重要的是对知识的运用。因此，语言点不能脱离课文讲授所谓系统的知识，也不要学生死记硬背术语定义，而要强调理解和表达并重，即一边理解课文中为什么这样运用，另一边则要加强操练，让学生会熟练地运用。因此，我们首先把所谓的"语言点"分解为"语言知识"和"语言运用"，两者不可缺一。

4. 语言点的提取

语言点要有机地跟课文结合起来，切忌孤立地讲授。比较可取的做法应该是从范文中"提取"语言点，再从这个语言点引入相关的知识和练习。当然一篇课文中的语言点可以有若干个，我们的原则是两条：一是提取该课文中最典型最重要的语言点；二是尽量符合语言点系统内部的顺序。要解决的矛盾是范文的顺序跟所提取的语言点的顺序往往是不一致的，这就需要作出适当的调整。在一个组合板块里（包括范文的板块和语言点的板块），可以调整次序。

5. 语言点讲授的方法

语言点要讲究分散的讲述和集中的介绍相结合，即一方面结合课文作分析，另一方面要在课文的最后或单元的最后作简略的总结。语言点的安排，要体现"先易后难"和"反复层染"的原则。文字、词汇、语法和修辞，要四头并进，分段集中。人教本偏重语法的做法是不妥的。但是，启思本把语法独立出来，放在书后的做法也是不合适的。要加强汉字的教学，这是中国语文教学的优秀传统，在小学尤其要加强。词汇，尤其是基本词汇应该是中学语文课讲授的重点。而语法虽然也很重要，但是我们不主张对以汉语为母语的人多讲，可以通过修改病句、句式的变换等方法来进行语法教学。修辞，除了辞格之外，所谓的消极修辞，要跟语音、词汇、语法有机地结合起来。

6. 语言点的设定

至于语言点应该是哪一些，怎么设置，这些都应该邀请专家进行论证，应该反映出时代的进步和学术的发展，应该吸收近些年来学术界比较成熟的成果，再不能抱残守缺了。

7. 数据库的建立

我们建议，可以先建立一个"范文语料库"。比如香港教育署指定了 200 篇范文，可以集中一些专家（比较理想的是语言学家、文学家和中小学语文教育学家以及中小学老师四方面相结合），对这些范文进行各个角度的分析，提出语言、写作、文学等方面的特色，从而形成一个颇具规模的"范文语料库"。教材可以根据不同的学校、不同水平的学生、不同的要求进行编写，甚至于讲课的教师都可以从中作出自己的选择；同时这也可以为指导学生大量的课外阅读提供方便。

（原载《语言理论与语文教学》，香港教育学院 2003 年）

对外汉语教学生成句型系统刍议

近十年来，汉语句型研究受到了前所未有的重视，并取得了相当大的进展。这一研究在对外汉语教学领域内所产生的影响尤为深远。但是，我们必须清醒地认识到：目前的汉语句型研究受印欧语系传统语法的影响，以动词为中心，以主谓格局为基本，不仅缺乏层次观念，而且只限于归纳并描写现成句子的类型，因而整个研究基本上仍然是静态的、分析型的。同时，我们还应特别注意到对外汉语教学的特殊性，它的教学对象是外国学生，这些学生基本上是成年人，他们已熟练地掌握了自己的母语，具有足够的语言生成与运用能力，因而我们不能照搬汉语语法学界现成的研究成果，而必须予以改造与补正。鉴于以上两点原因，我们试图打破现有的句型系统模式，从新的角度对这一问题进行再探讨。

吕叔湘先生在《汉语语法分析问题》一书中早就指出："研究句子的复杂化和多样化，可以说是在静态研究的基础上进行动态的研究，是不仅仅满足于找出一些静止的格式，而是要进一步观察这些格式结合和变化的规律。怎样用有限的格式去说明繁简多方、变化无尽的语句，这应该是语法分析的最终目的，也应该是对于学习的人更为有用的工作。"根据吕先生这一指导思想，我们应该着力建立起汉语的生成句型系统以及汉语的同义句型系统。限于篇幅，本文只讨论汉语生成句型系统的构拟。

我们的研究将尽可能地吸取国内外有关的语法研究成果，这主要是指结构主义语法的层次组合观念、乔姆斯基语法理论的扩展生成思想以及朱德熙先生的"短语本位"理论，同时也参考邢福义先生的"分层向核"观点以及陆丙甫先生的"板块组合"理论。

一、构拟生成句型系统的理论思考

构拟句型的目的，不在于描写、分类，而在于生成、运用。分析只是一种手段，综合才是目的。面对千变万化、难以穷尽的句子世界，我们认为关于句型要着重研究：

1. 最简单的句子是如何构成的？换言之，要研究句子的核心类型。

2. 简单的句子是如何变化成复杂的句子？换言之，要研究句子生成的程序及其扩展类型。

3. 运用构拟出来的核心句型与扩展句型去解释更为复杂的变化句型。

衡量一种句型系统的优劣，关键是看它的解释能力的大小。科学的句型系统应该具备以下五种基本属性：

（1）抽象性。句型是从成千上万具体的合法的个别的句例中通过排比分析归纳出来的，从这个意义上讲，它好比数学上的方程式，反映了句子结构的一般性规律。

（2）有限性。具体的句例是无限的，不可数的；而抽象的句型则是有限的，而且数目不可能太多。这里有两层含义：一是指组成句型的句型成分是有限的；二是指句型的种类也是有限的。前一个有限性决定了后一个有限性。

（3）层次性。句型成分的排列呈线性状态，而实际上的组合却是分层次的；同时，句型与句型的关系也是严密地按层次分布在句型系统的网络之中。前一个层次性反映了句子结构本身的特点，由它决定了后一句型系统的层次性。

（4）序列性。每个句型按句型成分的多少不同形成一定的顺序，这种顺序反映了句子结构从简单到复杂到更复杂的演变过程，从而体现了句型的系统性。

（5）生成性。这不仅仅指掌握了一定的句型及其构成条件，就可以产生出无数合法的句子来，从而体现为演绎性，而且也指句型本身有一个从简单到复杂的生成过程，从而体现为扩展性。

　　构拟句型系统要涉及许多关于词、短语、句子及其关系的理论问题，对此我们首先必须有一个明确的认识。这种种关系可以用下图来表示：

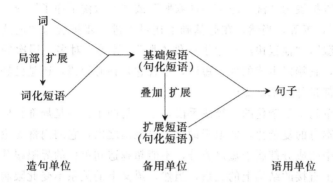

汉语的特点决定了汉语的短语同句子在结构形式上是基本一致的，但是它们毕竟不是同一性质的，因此要严格区别"词化短语"与"句化短语"。前者虽然是短语，但在组句时作为一个造句单位，它的作用只相当于一个实词；后者表面上虽然也是短语，但是只要获得一定的语气、语调，便可以直接进入交际场合成为句子，因此，句化短语是备用单位，而句子则是语用单位。我们在对句子作结构分析时，总是首先排除若干语气词等语用成分，这时分析的对象实际上已不是实际的句子，而是句化短语了。例如"你喜欢她穿连衣裙吗？"这个句子中，"她穿连衣裙"为词化短语，在句中充当"喜欢"的宾语，而去掉语气词"吗"之后的"你喜欢她穿连衣裙"则为句化短语。

　　句型分析与短语分析都是结构分析，但性质却不相同。句型分析的对象实质上是句化短语，分析的结果是句型成分，如果句型成分本身不是一个词，而是一个词化短语，那么对词化短语的分析才是真正的短语分析，分析的结果是短语成分。例如"他非常喜欢听音乐"这个句子中，其中句型成分"听音乐"做"喜欢"的宾语，是个词化短语；进一步对"听音乐"作分析，"听"支配"音乐"，并构成述宾关系，它们都是短语成分。这样的区分便防止了句型分析直到每一个实词为止的弊病，不仅简化了句型分析的步骤，而且有助于看清句子的基本格局。

只有两个实词构成的短语，是一切复杂短语赖以生成的最基本的结构形式，叫核心短语。以核心短语为基础，可以产生出较为复杂的短语，这叫扩展短语。例如"洗干净了"是个述补型核心短语，以它为基础，可以扩展为"洗干净了一件衣服"或"衣服洗干净了"或"很快洗干净了"，等等，当然，在此基础上还可以进一步扩展为"他洗干净了一件衣服"，"他很快洗干净了一件衣服"，等等。对多一层次的扩展短语来讲，它赖以生成的那个短语，不管它是核心短语，还是已经是扩展短语，都是种"基础短语"。

简单句子复杂化的途径或手段，主要是两个：一是局部扩展，即造句单位本身的复杂化，即限于词化短语范围之内，它的内部无论多么复杂，其中的成分都属于短语成分，不能超越造句单位的界限跟其他造句单位发生直接的结构上的关系，当然，语义上的关系不受此限制。二是叠加扩展，即句子结构本身的复杂化，每一层次叠加一个句型成分（该成分本身可以是简单的一个实词，也可以是复杂的一个词化短语），然后层层叠加，但这一叠加扩展是受到限制的。例如 A 和 B 为两个造句单位，首先构成核心短语"AB"，以此为基础叠加造句单位 C，成为扩展短语"（AB）C"，然后再叠加造句单位 D，成为扩展短语"D〔（AB）C〕"，以下依次类推。这两种扩展，表面上似乎一样，都体现了层次组合，但有本质的区别，局部扩展从理论上讲是无限的，它不涉及句型的变化，而叠加扩展则是有限的，并直接影响到句型的变化。

任何句子都是线性排列和层次组合这两种关系的结合体。句型分析就是要透过线性排列揭示出内部的这种句型成分的层次组合关系。事实上，句子中各种造句单位并不是一下子进入句子平面相互结合起来的，而是按层次有序列的叠加扩展生成的。换言之，当一个核心短语以及以它为基础短语而扩展生成的每一层次的扩展短语一旦获得必要的语气、语调，便有可能独立成句。因此，搞清楚核心短语的类型、叠加生成的原则和步骤以及由此而生成的各种扩展短语的类型，就可以建立起"生成句型系统"。这里要特别注意三点：

第一，核心短语所构成的核心句型；

第二，每个层次上结合的句型成分；

第三，每一次扩展生成的扩展句型。

二、汉语生成句型系统

短语本位的核心思想就是认为："由于汉语的句子的构造原则跟词组的构造原则基本一致，我们就有可能在词组的基础上来描写句法，建立一种以词组为基点的语法体系"（朱德熙，1985）。这一思想有其闪光的合理内核，但是仅仅如此要想解释句型及其变化，那是远远不够的。因为短语属于静态单位，而句子属于动态单位，处于词化短语与句子之间的句化短语，属于备用单位，更有其特殊性，因此，我们要建立一个以核心短语为基点的以叠加扩展生成为手段的生成句型系统，以区别于词本位、句本位以及短语本位的语法体系。

首先，我们要确定现代汉语的核心短语类型，它只限于两个实词或词化短语的组合，它反映了汉语的核心句型，一共有十种：

1. 述补　2. 述宾　3. 主述　4. 状心　5. 定心

6. 连述　7. 兼语　8. 并述　9. 并心　10. 独心

说明：（1）一般所说的偏正短语，实际上情况很不相同，尤其反映在句型构成上，根据它们不同的整体功能以及生成句型的能力，可以分为"状心"与"定心"两类。

（2）一般所说的联合短语，情况也不一样，跟上述标准相同，也可以分为"并述"与"并心"两类。

（3）"心语"即指中心语，它不仅对状语、定语这类修饰语而言，即使在联合短语中，由于每一个成分相对独立，谁也不修饰谁，故而形成两个中心。至于单个实词或某些实词与虚词相结合的结构（如"的"字结构、介词结构），可以单独成句，故而也可以作为核心短语的零形式处理，叫做"独心"。

（4）关于"定语"，一般情况下它不是句型成分，而是一个名词性短语的成分，因而不影响句型。但这必然有一定的条件限制，即当这个名词性定心短语充当句中主语、宾语或定语时，不管定语如何复杂，它都只是词化短语的一部分。然而，当这个定心短语直接成句或者充当谓语时，情况就不同了。例如：

A. 王大妈的家　　　　炎热的夏天

B. 他黄头发　　　　　这里三个人

A句中，少了定语，尽管单个词也可以独立成句，但那已是另一种句型；B句中，如少了定语，"他头发"、"这里人"都不能成句。可见，这时，定语是必不可少的句型成分。因此，定语同其他成分补语、宾语、述语等一样，也有两类：一类为句型成分，一类为短语成分。只是区别在：补语、宾语、述语等构成句型较多，因而充当句型成分的机会也较多，而定语则只能构成少数几种句型，因而充当句型成分的机会也就比较少，但这决不是说，定语永远只是一种短语成分。

（5）关于"状语"，也可分为两类，在"他很快读了几本书"这个句子中，"很快"是句型成分，为状语；而在"很快"这个词化短语中，"很"修饰"快"，也是状语，但是个短语成分，而不是句型成分。问题的复杂性在于对"状＋述＋宾/补"结构的分析，这种结构历来有两种切分法：A：状＋（述＋宾/补）；B：（状＋述）＋宾/补。汉语的实际情况比较复杂，起码有以下三种：

① 只能作A切分，不能作B切分，包括介词结构做状语。例如"把他/叫大哥"，"被他/当做典型"，"向山下/扔手榴弹"，"在抽屉里/塞了不少书"等等；粘宾动词带宾语，例如"马上/加以制止"，"确实/姓王"，"立刻/打算动身"，"很快/受到谴责"，"慢慢/觉得不大对头"等等；某些副词、形容词做状语，例如"很/有学问"，"渐渐/走了不少人"，"圆圆地/画了一个圈"，"偏偏/得了头奖"等等；述补短语带状语，例如"比那条/长三尺"，"对她/笑了一下"，"也许/说得不准确"，"从上海/飞回来了"，"把日本队/打败了"等等。以上种种结构中的状语都是句型成分，直接参加了句子的结构组合。

② 只能作B切分，不能作A切分。这主要是部分单音节副词或形容词直接修饰动词性述语，例如"光喝/稀饭"，"高呼/口号"，"净想/好事"，"白吃/一顿饭"，"紧靠/栏杆"，"不打/好人"等等。以上结构中的状语都不是句型成分，只是短语成分，看做"状述"这个词化短语

带了宾语，状语不参加句子的结构组合。

③ 既可作 A 切分，也可作 B 切分。由于语意重点不同，可以作两种切分，例如"A 努力/学习外语"（回答"如何学习外语?"），"B 努力学习/外语"（回答"努力学习什么?"），A 切分中的"努力"是句型成分，是句子的焦点所在，是必不可少的成分；B 切分中的"努力"是短语成分，它的存在不影响句型。类似例句还有："非常喜欢音乐"，"老老实实地回答了问题"，"积极支持这项活动"等等。

如果一概取消状语作为句型成分的资格，将会给我们的句子分析及句型构拟带来许多麻烦。一是无法区别状语作为短语成分与句型成分这两种不同性质不同作用成分的特点。二是无法解释某些结构的合法性，例如"我们要为大家着想"，如缺少状语，其中的动词述语便站不住了；"他把老虎打瞎了一只眼"，如缺了状语，整个句意全变了。三是整个句型系统显得相当简陋，无法反映出汉语丰富多彩的句子现状。因此，我们的态度是对状语作具体分析，承认它在相当多的情况下具有句型成分的资格，但也不排除它在某些情况下只是短语成分的资格。

其次，我们在核心短语基础上再来确定扩展短语类型，从而建立起扩展生成句型：

1. 述补→11 主（述补）→111 状［主（述补）］

　　　　→12 状（述补）→121 主［状（述补）］

　　　　→13（述补）宾→131 主［述（述补）宾］→1311 状｛主［（述补）宾］｝

　　　　　　　　　　　　→132 状［（述补）宾］→1321 主｛状［（述补）宾］｝

　　　　　　　　　　　　→133［（述补）宾］宾→1331 主｛［（述补）宾］宾｝→13311 状/主｛［（述补）宾］宾｝→1332 状｛［（述补）宾］宾｝→13321 主/状｛［（述补）宾］宾｝

2. 述宾→21 主（述补）→211 状［主（述宾）］

　　　　→22 状（述宾）→221 主［状（述宾）］

　　　　→23（述宾）补→231 主［（述宾）补］→2311 状｛主

〔（述宾）补〕｝

→232 状〔（述宾）补〕→2321 主｛状
〔（述宾）补〕｝

→24（述宾）宾→241 主〔（述宾）宾〕→2411 状｛主〔述
宾〕宾｝

→242 状〔（述宾）宾〕→2421 主｛状〔述
宾〕宾｝

3. 状心→引主（状心）

4. 定心→41 主（定心）→411 状〔主（定心）〕

　　→42 状（定心）→421 主〔状（定心）〕

5. 主述→51 状（主述）

6. 连述→61 主（连述）→611 状〔主（连述）〕

　　→62 状（连述）→621 主〔状（连述）〕

7. 兼语→71 主（兼语）→711 状〔主（兼语）〕

　　→72 状（兼语）→721 主〔状（兼语）〕

8. 并述→81 主（并述）→811 状〔主（并述）〕

　　→82 状（并述）→821 主〔状（并述）〕

9. 并心→91 状（并心）→911 主〔状（并心）〕

10. 独心→01 状（独心）→011 主〔状（独心）〕

说明：

（1）单位数为第一层次句型，两位数为第二层次句型，依次类推，最多为五个层次。第一层次 10 个句型，为核心句型，第二层次 19 个句型，第三层次 21 个句型，第四层次 8 个句型，第五层次 2 个句型，均为扩展句型。核心句型和扩展句型相加，为基本句型，共计 60 个句型。句型的分布，呈中间大两头小的状态，这同我们的语感是一致的。

（2）从结构形式讲，补语与宾语永远只出现在述语之后，换言之，在句法结构平面，不存在宾语或补语提前问题，但在句子语用平面，则可以出现宾语或补语移位情况。补语在一个句子中只能有一个，宾语通常也只有一个，但有少数动词，如"卖、送、借、给、教、问"等做述语时，可以再带另一个宾语。

（3）状语虽然从理论上讲，似乎也可以是无限的，但实际上只能涉及时间、地点、方式、对象、目的、关涉、情态与肯否等八种状况，例如"他昨天在院子里为了排水跟弟弟确实用铁锹很快地把沟挖通了"。如果几个状语紧挨着出现在句中，我们把它看做是一种"同步扩展"。但如果几个状语中间有主语隔开，例如"昨天他在院子里挖了一条沟"，则看做是间隔扩展。无论同步扩展，还是间隔扩展，都只属于句型的变化形式，不改变句型归属。

（4）述语前的主语，通常也只有一个，但汉语中也可以同时出现几个主语，例如："面包他吃了"，"面包带馅儿的他吃了"等等，我们把这些都看做"同步扩展"；但如果几个主语之间有状语隔开，例如"面包昨天他吃了"，则看做是"间隔扩展"。同样，无论同步扩展还是间隔扩展，都只属于句型的变化形式，不改变句型归属。

（5）基本句型的种种变化形式，也可以称之为变化句型。从核心句型到扩展句型，再到变化句型，从而形成句型的三大系列。核心句型是句型系统的基点、出发点，扩展句型是句型系统的中坚、主要组成部分，变化句型则是句型系统的外围。由同步扩展与间隔扩展构成的变化句型将合理解释具体句子结构的种种变化规律。我们研究的重点是核心句型与扩展句型，至于变化句型，由于它处于句型系统外围，本身变化有类推性规律，所以不再建立句型系列。

三、与一般句型系统的比较

当前通行的一般句型系统虽然具体的分类各有不同，标准也略有差异，但总的来讲都是深受印欧语系语法的句子观的影响，大体上先分为单句与复句，单句又分为主谓句与非主谓句，再按功能性质分为名词性谓语句、动词性谓语句与形容词性谓语句，有的还单列主谓谓语句。分析重点为动词性谓语句，再分当动宾谓语句、动补谓语句、连动谓语句、兼语谓语句等，至于非主谓句则往往是轻轻一笔带过。

我们构拟的汉语生成句型系统强调的是汉语自身的特点，与一般的句型系统有以下几点本质的区别：

1. 句子观的不同。在我们日常生活中，以主谓形式出现的句子实际上只占少数，而以其他形式，如述补、述宾、状心等出现的句子则占多数。这就根本上摒弃了以主谓形式来衡量句子标准的陈旧观念，从而改为以短语类型来看待句子结构类型的新观念。

2. **核心观的不同。**句子的核心是什么？印欧语语法主张动词中心说，这一理论对汉语语法影响甚为深刻；另外一种观点认为汉语是以名词为中心的，但一直没有能从理论与实践上予以论证。我们认为动词中心说虽有一定的解释力，但在汉语中却无法贯彻始终。一是汉语中不少句子根本没有动词或形容词做述语，无论"定心"、"并心"短语都不可能找到动词中心；二是即使句子中有动词做述语，但有些动词必须带宾语，例如"贪图安逸"、"理了个发"、"进行工作"、"合乎规范"、"作个总结"；有些句子的动词与宾语不能拆开，否则意思全变，例如"他来了个客人"、"小王死了弟弟"；有的句子补语不能缺少，因为述语本身无法与宾语直接结合，例如"他跑断了腿"、"他哭昏了头"；有的句子从意义上讲补语似乎比动词述语更为重要，例如"他气得脸都红了"、"他走得太快了"。可见，动词并不一定是核心成分，或不是它一个充当核心成分。我们主张采用"短语中心说"，即核心短语才是句中最基本、最重要的，是一切句子赖以生成的基础与出发点。

3. 认识观的不同。一般的句型系统是建立在对现成句子的分析之上的，步骤是从整到零，因而适合于听者、读者的理解。生成句型系统则是建立在句型成分的综合之上的，步骤是从零到整，因而适合于说者、写者的生成。表面上似乎只是顺序的颠倒，但实质上反映对句子不同的认识观。

句型分析仅仅是句子分析一个方面，它并不是自足的，却是最基本的。对句子的分析可以从多个角度进行，因此要区别"句型"、"句类"、"句式"与"句模"。句型仅指句子的结构形式类型，句类指句子的语气类型，句式仅指句子具有特殊功用的交际类型，句模则指句子的同义异形类型。语法研究时要把这四者区分开来，具体句子分析时又要把这四者结合起来，这才是完整的句子分析。

就句型本身而言，构拟出句型系统，这也只是句型研究的起步，更重要的工作是深入研究从句型到形成具体句子的种种条件制约，特别要搞清楚哪些词（主要是动词、形容词与名词）可以构成哪种句型，这在对外汉语教学中显得尤为重要。

（原载《语法研究与语法应用》，北京语言学院出版社 1994 年）

参考文献

[1] 吕叔湘．汉语语法分析问题．北京：商务印书馆，1979

[2] 朱德熙．语法答问．北京：商务印书馆，1985

[3] 邢福义．论现代汉语句型系统．语法研究和探索（一），1983

[4] 陆丙甫．语句理解的同步组块过程及其数量描述．中国语文，1986（2）

[5] 邵敬敏．基础短语析句法．杭州大学学报增刊，1982

[6] 邵敬敏．句型的分类及其原则．杭州大学学报增刊，1984

[7] 邵敬敏．汉语句型研究述评．语文导报，1985（4）

语法本体研究与对外汉语语法教学

通常认为，语言学可以分为三大块：第一，理论语言学；第二，本体语言学；第三，应用语言学。我们一直认为：在理论语言学中，共性研究和个性研究都很重要，但是应该向个性语言研究倾斜，也就是说要向汉语的特点倾斜；在本体语言学中，古代研究和现代研究也都很重要，但是应该向现代倾斜，也就是说要向现实的语言生活倾斜；至于在三个语言学之间，理论研究、本体研究和应用研究都很重要，但是我们应该坚决向应用研究倾斜，也就是说要向社会的需求倾斜。这"三个倾斜"归纳起来，就是：向个性倾斜，向现代倾斜，向应用倾斜。这应该成为我们语言学研究的宏观的战略性的方针，只有这样，我们的语言学才能够走出困境，才能够成为受到社会和大众欢迎的富有生命力的学科，也才有可能成为名副其实的"领先学科"。

汉语语法研究属于本体语言学范畴，对外汉语语法教学属于应用语言学范畴，二者各有自己研究的目标、特点、范围和作用，但是它们又是密切相关的，或者说它们之间构成一种双向互动的关系。语法本体研究，说到底要为应用服务，而对外汉语语法教学恰恰是非常重要的一个方面，从这一意义上讲，对外汉语语法教学正是检测汉语语法本体研究是不是做得比较成功的一块试金石；而且，在对外汉语语法教学中还会不断发现新的问题，对汉语本体研究提出新的课题，是推动汉语语法本体研究向纵深发展的主要动力之一。反之，如果对外汉语教学不从语法本体研究中不断吸取营养，那么必将成为一潭死水。

应该说，经过最近二十多年的努力，汉语语法本体研究跟对外汉语语法教学已经建立起一个良性的双向互动格局，并且摸索出一些颇有影响的规律。但是，我们认为：目前的适配的层次和水平还是比较低的。汉语语法本体研究跟对外汉语语法教学，好像还是两张皮，没有能够有机地结合起来，或者更加尖锐一点说，汉语语法本体研究，还没有真正能够从汉语语法的特点出发摸索出一条比较切合对外汉语语法教学需要的研究思路；而反过来看，对外汉语语法教学界也还没有找到如何把汉语语法本体研究的成果转化为自己营养的最佳途径。

汉语语法的本体研究和应用研究息息相关，两者必须相辅相成，本体研究必须考虑到对外汉语语法教学的需要，同时也可以从中发现问题并吸取灵感；后者则必须及时吸取有关的研究成果以丰富自己的教学内容并且开拓教学思路。

我们以为，在汉语语法研究和对外汉语语法教学这一对关联中，前者是主要矛盾，是需要我们花大力气去解决的对象。我们千万不要错误地以为，从事汉语语法研究的人只要管好自己这一段路程，至于如何应用于对外汉语语法教学，那是别人的事情，跟我无关。

汉语语法的本体研究究竟如何才能更好地服务于对外汉语语法教学呢？我们的意见主要是四条：

第一，汉语语法研究必须结合对外汉语语法教学注重句法的语义分析。

第二，汉语语法研究必须从对外汉语语法教学中发现问题并吸取灵感。

第三，对外汉语语法教学需要从汉语语法研究中吸取营养。

第四，对外汉语教学引入语法本体研究成果必须为我所用。

一、必须结合对外汉语语法教学注重句法的语义分析

汉语语法的特点明显区别于其他语言，特别是印欧语言，因此汉语语法研究除了共性之外，更需要考虑自己的特色。那么，汉语语法的最重要的特点是什么呢？通常认为是"缺乏严格意义的形态变化"[①]，这

---

①　吕叔湘．汉语语法分析问题．北京：商务印书馆，1979

一看法实质上还是站在印欧语的立场上来看待汉语，好像凡是语言就一定要有形态变化，你汉语形态变化比较少，就认为你是"缺乏"。其实，站在汉语的立场上看，我们根本不"缺乏"什么。受到印欧语的影响，以往的汉语语法研究，主要从形式入手，按照词类、短语、句子的模式来进行，研究出来的成果，不仅以汉语为母语的学生感觉用处不大，对外国学生来说，也常常有隔靴挠痒的感觉。对外汉语语法教学吸取这些现成的研究成果，当然不能说是完全没有用处，比如把虚词分为介词、助词、连词、语气词，对这些词语逐一进行分析、比较，还是很有意义的。但是，我们也不得不承认，汉语的形式比较隐蔽，比较含蓄，也比较特殊，即使有一定的形式标志，也没有普遍性和强制性。所以，我们需要改换研究的思路，从句法结构的语义出发来进行研究[①]。更为重要的是以往的做法，实际上主要着重于帮助外国学生如何理解语言。而我们的外国学生，大多数是成年人，他们已经具备了一定知识背景，已经能够比较自如地用自己的母语来进行交际，所以，对他们来说，更需要的是从语义表达出发去寻找合适的形式。因此，我们需要从句法语义出发对汉语进行研究，看看在汉语里，有关的语法意义到底是如何表达的，表达某种语法意义时有哪些手段、句式。

在对外汉语语法教学中，最重要的不是教给他们语法的格式及其表示的意义，而应该是揭示隐藏在这些格式背后的制约因素，也就是提供制约这些规则的条件。比如关于副词"太"，通常认为它出现在感叹句里，其实，更为重要的是要指出它主要出现在"评议句"里，即对某个人或事物、某个行为，或者某个事件作出评价和议论，后面常常带着形容词，构成"太 A 了"格式（或者心理动词以及具有程度属性的词语）。

"太"有两个义项：1. "表示程度过头"，"多用于不如意的事情"。2. "表示程度高"[②]。这样的解释应该承认，基本没错，但是对外国学生来讲却基本上没有用处，因为没有指出最为重要的"条件"，即到底

---

① 邵敬敏. 语义语法说略. 暨南学报，2004（1）
② 吕叔湘主编. 现代汉语八百词. 北京：商务印书馆，1980

什么时候"表示程度过头"（贬义），什么时候"表示程度高"（褒义）。比如"太漂亮了"，"太聪明了"就是歧义的，是真心的夸奖（程度高），还是讽刺、批评（程度过头）呢？中国人，自然不会有什么大问题，但是外国学生就搞不清楚了。

事实上，能够进入这一框架的形容词主要有三类：

第一，贬义的，例如：难看、愚蠢、骄傲、渺小、狡猾……

第二，褒义的，例如：漂亮、聪明、谦虚、伟大、老实……

第三，中性的，例如：简单、复杂、长久、短暂、平常、特别、红、白、生、熟、干、湿、烫、热、冷、快、慢、薄、厚、高、矮……

1. 凡是贬义形容词进入该框架，可以不带"了"，也可以带上"了"，重音不管如何移动，意思基本不变，"程度过头"和"程度高"在这里是一致的，即在同一方向上加强，不管如何加强，都还是表示贬义。例如：

（1）军民关系倒挺密切，但太单调，风光绝美的热闹镇就是不热闹。

（2）这儿太寂寞了，缺热闹。

（3）你们都太马虎了。

（4）我太浅薄了。（以上例句引自《北京大学中文系语料库》）

2. 凡是褒义形容词进入该框架，就可能产生歧义。

（1）表示程度过头，是贬义的。因为在中国人看来，"过犹不及"，过了头，即使原来是真的、善的、美的、好的，也变味儿了。可以带"了"，也可以不带。例如：

① 他呀，实在是太聪明了，赔了夫人又折兵。

② 阿芭哈拒绝了他完全是因为他太自信、太粗鲁，太没有耐心。

③ 因为我那时太简单、太纯洁了、太天真了。

④ 女人太漂亮了也是祸害呵！（以上例句引自《北京大学中文系语料库》）

（2）表示程度高，是一种夸奖，沿着褒义的方向前进，比"很"、"非常"、"极其"等副词的程度还要高，属于"超常"级别，而且带有夸张的口吻，所以口语中，必须带上"了"。有的已经成为一种习惯用语，最典型的有"太棒了"、"太好了"、"太可爱了"。例如：

① 素宁，你的诗我看了，写得真好，你的感情太真挚了。

② 阿芭哈太迷人了，棕色头发和眼珠，肤色如罂粟花一样白净。

③ 太精彩了，西藏的服装太漂亮了！

④ 这条绸缎太漂亮了。（以上例句引自《北京大学中文系语料库》）

从认知上解释，作为一种属性，必定有程度，或者作为一种可以用程度来衡量的行为，比如"心理行为"、"意愿行为"（相应的是心理动词、能愿动词），而且人们根据自己的知识背景，都具有一个心目中的标准，凡是超过这一标准，就有两种可能性：一是既然超过，就是不符合标准，那就要否定；二是看做突破原有标准，就是一种积极的评价。

褒义形容词构成的该框架所产生的歧义，由于在形式上没有明显区别，有时候孤立的句子就难以作出判断，如果不小心就会发生误解。因此，要确定说话者的褒贬倾向，必须结合语境，特别是上下文，乃至表情、口气等。例如：

（1）这个小伙子，太聪明了！什么东西，一看就会。

（2）钱先生这人真的是太聪明了，聪明得叫好些人都怕他。

（3）这个人简直就是为了当刑警才到这世界上来的，他干得实在太漂亮了。

（4）海涛长得太漂亮了，干得又太不漂亮了。（例句引自《北京大学中文系语料库》）

同样的"太聪明了"、"太漂亮了"，在上面句子中褒贬倾向却不同，这从上下文语境的制约可以作出判断。例（1）（3）是褒义的，例（2）（4）是贬义的。其实，这两个义项的使用频率并不是对等的，换言之，表示贬义是它的基本语义，即这实际上是一个"准贬义格式"。

如果一定要寻找一个检测的方法，可以看凡是能够使用"太过＋褒义 A"的框架来替代的就是贬义的。例如：

（1）秦干事觉得王景的想法很丰富很全面，就是太过浪漫。

（2）花农们从不在傍晚时采花，说这时花性太过激烈，花貌不能久长。（以上例句引自《北京大学中文系语料库》）

3. 凡是中性形容词，一般情况下，因为描写的是一种客观的属性，一旦用"太"修饰，就表示过头，属于贬义。例如：

（1）你穿这样的不合适，显得太年轻了。

（2）要求应明确具体并因人而异，所提要求也不能太多，太难。

（3）身体的太胖或太瘦，鼻子的太大或太小，脸太宽或太窄等都成了借口。

（4）现在一堂课45分钟对小学生来说当然是太长了，特别是学习内容太难或太容易都会使孩子感到乏味。（以上例句引自《北京大学中文系语料库》）

须要特别指出的是，褒义形容词，如果用"不"来否定，就成为贬义了，例如"不聪明"（愚蠢）、"不谦虚"（骄傲）、"不漂亮"（难看）等等，一旦进入这一格式，同样表示贬义的强化。但是，贬义词语如果受到"不"修饰，贬义消除，却并一定表示褒义。例如"不难看"、"不愚蠢"、"不骄傲"，这时不能够进入"太不A"格式，例如一般不能说"太不难看"、"太不愚蠢"、"太不骄傲"等等。而中性词语，无论肯定还是否定，语义没有倾向性，"长久/不长久"、"红/不红"，肯定式加上"太"。例如"太长久了"、"太红了"，表示的是贬义，可是否定式一般很少说，表示的还是贬义。例如"太不长久了"、"太不红了"。

总之，我们认为，我们汉语语法研究的思路必须进行调整，从以往过分重视形式分析的路子上，转变为重视语句法义的分析。这不仅是对外汉语语法教学的客观需要，也是汉语语法研究发展到现在的一种必然。

二、必须从对外汉语语法教学中发现问题并吸取灵感

语法本体研究需要对外汉语语法教学的支持与协助，并且从中可以发现许多值得深入研究的课题。

例如：在名词与量词组合中，表人名词一般跟"个"或者"位"组合，动物则不同，常见动物，特别是跟人类生活密切相关的动物，量词的专用性就比较强。例如：

一头牛、一只羊、一匹马、一条鱼……

这些量词，我们从来也不会去跟表人的名词组合，我们从来也不说：

一头主人、一只客人、一匹男人、一条朋友……

可是，有一次，一个老外就问：汉语只能说"一条鱼"、"一条虫"，从来也不说"一条人"，可是为什么你们可以说"一条好汉"，好汉是鱼吗？这个问题确实问得好，我们查阅古籍，发现"条"的原始义是指一种"树木"（《诗经·秦风·终南》："终南何有？有条有梅"），引申为"细长的枝条"，然后再抽象为泛指一般的"细长条"。这一语义特征就能够适配动物里的"鱼"、"蛇"、"泥鳅"、"蚯蚓"、"黄鳝"等。可是它一般不修饰人，不能说"一条姑娘"、"一条小伙子"，为什么偏偏可以修饰"好汉"呢？这里涉及的因素就很值得我们研究。也许我们可以这样来解释：中国有一句老话，形容"好汉"叫"赤条条来去无牵挂"，所以，好汉可以用"条"来计量。但是，如果我们进一步考察汉语的方言，就可以发现，例如粤方言就能够用"条"来修饰人的，比如说"条女"、"几条友仔"。所以，我们怀疑"一条好汉"的说法实际上是方言的影响[①]。

再如，"来"和"去"分工明确，以说话人为基点，分别表示靠拢或者离开说话人。但是，一个韩国学生却问：为什么当我们听到有人敲门时，我们回答"来了！来了"，却不能说"去了！去了"。另外，在打电话时，假如对方在上海，我们不大说"我们很快就到上海去"，却常常说"我们很快就到上海来"。再比如我们经常会这样发问：

"我们明天到你们那里去。好吗？"

但是，我们也可以这样发问：

"我们明天到你们那里来。好吗？"

这就启发我们，原来"来"的用法还应该补充一条：在对话中，"来"也可以表示向听话人靠拢，这是一种趋近的心理价值取向，即有意识站在对方立场上看问题，以获得对方的认同和好感。

---

① 黎伟杰. 广州话量词举例. 方言，1988（1）

三、对外汉语语法教学需要从汉语语法研究中吸取营养

近二十年来，汉语语法研究无论是研究的理论和方法，还是具体的成果，都有长足的进步。对外汉语语法教学要关注语法研究的进程，熟悉其研究方法，了解其研究成果，并且从中吸取营养。在具体教学中，切忌孤立地讲解语法规则，而应该通过组合分析、比较分析、语境分析、歧义分析来进行。

1. 通过组合分析来揭示语法规律

我们首先要尊重语言事实，不能让语言事实迁就所谓的语法规律，而应该合理地解释语言事实。例如：我们可以说"别唱"、"别哭"，但是不能说"别下雨"、"别死"，因为"别"是祈使性否定，后面的动词应该具有【＋可控】的语义特征，而"下雨"、"死"的语义特征却是【－可控】。但是我们有时却可以说"外面有滴答滴答的声音，别下雨了"，"小狗都不动了，别死了"。当然，这里表示的只是一种否定性愿望，即不希望某种情况发生或者出现，在这样的格式里，动词无论【＋可控】【－可控】，都可以出现。所以，"别结婚了"实际上就可能有两种理解：或者是否定性的祈使，例如"既然都吵翻了，就别结婚了"；或者是否定性的意愿，例如一个男孩子想跟分手的女友重归于好，可又怕对方已经结婚，就说"都分开好几年了，她可别结婚了"①。

2. 通过比较分析来揭示语法差异

我们总结某些规律性的东西，不要只看典型的例句，而应该在比较中显示其差异。例如：通常认为"也"表示"类同"，即前句和后句之间存在着一定的相似性，其实这种"类同"存在着程度的级差。比较以下几个例句：

（1）时代变了嘛，生活方式也变了嘛。（《北京人》340）

（2）你呢，年纪这么高了；我呢，我也四五十了，咱们应该找活道走，不用往牛犄角里钻。（老舍）

---

① 邵敬敏，罗晓英."别"字句的语法意义及其对否定项的选择.世界汉语教学，2004（4）

（3）外祖母去世了，父亲的差使也交卸了。（《朱自清文集》）

（4）老韩是数学家，他太太也很聪明。（《河之女》）

例（1）的前后句除了主语不同，谓语全部一致，相似性极为明显。例（2）前后句主语虽然不同，谓语也不同，但是词语语义属于同类"年纪大"，相似性也比较显豁。例（3）前后句说的好像是不相关的两件事，但是在语用层面两者都属于"不幸事件"，所以可以建立起某种相似关系，这里的相似性就要差一点了。例（4）的相似性更为隐蔽，前后句之间在结构、语义、语用几个方面都没有相似性，必须通过认知"中介"（通过"数学家是聪明的"这样的推导），才能建立起相似点。通过这四个实例的比较，可以发现，尽管都是"也"字句，其实他们的"相似性"呈现出不同的递减的程度级差①。

3. 通过语境分析来揭示语法变化

不要脱离上下文和语境来讲解语法。例如"好"具有应答功能，但是这种应答功能在不同的语境里的作用是不同的：

（1）甲：你让我猜猜。

　　　乙：好，你猜吧。

（2）甲：你混蛋！

　　　乙：好，我混蛋。

（3）刚才讲的是读音，好，现在我们讲词义。

第一种"好"是应承性的，第二种"好"是礼貌性的，第三种是"过渡性"的。虽然是同一个"好"，其实，在不同的语境中的作用完全不同，这显然只有在一定的上下文里才能理解。

4. 通过歧义来揭示语法内涵

歧义是一个窗口，通过它可以看到许多细微的语法因素，而通过歧义结构的分化，将会给人在方法论上很多启发。例如：

（1）他把钱包丢了。

（2）他把我咳醒了。

以上两个例句都是歧义的：一种意思是主动性的动作，"钱包"和

---

① 邵敬敏，刘焱."也"字句与相似性原则. 见：庆祝中国语文创刊50周年纪念文集. 北京：商务印书馆，2004

"我"都是动作的直接对象（受事），即可以说是一种"处置"；另外一种意思是客观性的行为，"钱包"和"我"都是动作的间接对象，即"钱包"是不小心弄掉了，"我"是不小心咳嗽醒了，这里，显然无法再用"处置"进行解释。从而说明"把"字句不仅仅表示可以表示"处置"，还可以表示"致使"，而这是两种很不相同的语法意义。明白了这一点，我们就可以解释为什么"他把牙齿吃坏了"、"打仗把他的老婆打没了"、"这本书把他的眼睛看瞎了"也能够用把字句来表达了，也能够明白为什么把"把字句"说成"处置式"是不合适的。

四、对外汉语教学引入语法本体研究成果必须为我所用

作为汉语语法的本体研究，可以运用不同的理论和方法，从各个角度进行分析。只要你能够准确地描写，合理地解释，我们都应该承认这一研究是有效的。但是要把这些研究成果引入对外汉语教学，则不能简单地直接导入，而需要在研究与教学之间架起一座桥梁。做好这个转化工作，关键就是必须化繁为简，"为我所用"。因为研究语法，从理论上讲，越细致越有价值，但是作为教学，就必须简明扼要，不能什么都说。

"运用"和"应用"是截然不同的两个概念，掌握语法的规则是为了运用，所以我们分析任何一种句式，除了了解它的结构以及语义之外，还须要把它放到交际场合里去观察，看看有什么变化和特点。比如，汉语的疑问句，我们须要知道它们到底有多少种结构类型，但是这远远不够，我们还须要知道这些疑问句的使用特点和使用条件。

1. 必须指出一般所谓的"疑问"，实际上可以区分为两大范畴："疑惑"和"询问"。这两者既有联系，又有区别；两个因素互相匹配，就可能形成不同的疑问句。

第一，无疑而问：反问和设问。如：难道今天不是星期一吗？什么是语法？语法就是语言结构规律的集合。

第二，有疑不问：猜测。如：晚上大概会下雨。

第三，有疑且问：通常所谓的是非问、特指问、选择问和正反问。

"疑"和"问"必须分开，让外国学生明白这一点，对理解现代汉

语疑问句的内涵，对语言的准确表达非常重要。

2. 我们不能满足于句式结构的传统教学，尽管指出现代汉语的疑问句主要有四类也是必要的：（1）是非问；（2）特指问；（3）选择问；（4）正反问。但是这样的区分缺乏对四种疑问句式内部关系的沟通。我们须要进一步指出：从人的表达来说，疑惑跟选择是息息相关的，因为有疑惑，所以需要对方帮助自己进行有效的选择。因此，这四类疑问句从选择的角度来看，实际上可以划分为两大类：

（1）"是非问"和"正反问"为一类，属于"是非选择"，只不过前者只提出一个命题，后者提出正反两个命题。它们的本质是一样的，正如猜一块银币，要求猜正面一面还是猜正反两面，本质都是一样的。这从答语上就可以看出来，它们的回答都是：是/不是、对/不对、有/没有、去/不去。

（2）"选择问"和"特指问"属于另外一类，都是具体有所指的，只不过，前者列举出两个以上的并列选择项，后者用一个疑问代词来替代所有潜在的选择项。两者实际上也是相通的，例如"甲、乙、丙这三件礼物，你喜欢哪一件"，他们的回答都是针对性的特指某项的，不能仅仅回答"是/不是"或"有/没有"。

3. 既然询问和疑惑不是一回事，那么疑惑有没有强弱之分呢？如果有区别，表达跟句式又有什么联系呢？我们发现，如果把"疑"和"信"作为两个互为消长的因素，那么，它们必然形成一个"疑惑/信度"的可变的连续统。

（1）反问句可以描述为【信 100％，疑 0％】。

（2）特指问可以描述为【信 0％，疑 100％】。

（3）正反问和选择问可以描述为【信 50％，疑 50％】。

（4）"吗"字是非问可以描述为【信 25％，疑 75％】。

（5）"吧"字是非问可以描述为【信 75％，疑 25％】。

前面三类一般没有什么大问题，关于带"吗"和带"吧"的是非问句，疑问程度的差别，最让人感兴趣。这一点，我们可以给出证明："大概/也许/可能/八成"这些表示肯定倾向的估测性词语，可以跟"吧"在疑问句里同现，例如"今天八成是星期一吧"，但是却不能跟"吗"字在疑问句里同现，我们不能说"今天八成是星期一吗"。可见

"吧"字句的肯定程度在八成左右，跟"吗"字句形成对立互补格局[①]。

4. 还有一种相关的"是不是＋VP"句式也很有趣，我们发现这类句式具有明显的肯定性倾向。例如：

(1)"篇幅我觉得过长，是不是请作者压缩一下？"陈主编说，"另外有些小地方再作些修改。"（王朔《编辑部的故事》）

(2)"你在谈恋爱是不是？"他借着幽暗的光线审视我，"一副魂不附体的样子。"（王朔《浮出海面》）

(3) 石静瞅了我一眼，把茶杯放在地上，走回去继续刷墙："你是不是累了？"

"困了。"我说。（王朔《永失我爱》）

"是不是＋VP"句式倾向于肯定这一点从上下文就可以清楚地看出来，显然它的疑惑程度也是介于"50％－0％"之间，可是，"吧"字是非问的疑惑程度也在这一范围之内，那么它们又有什么区别呢？我们进一步观察，发现"吧"字是非问可以使用"大概"、"可能"、"也许"，甚至于"肯定"、"八成"这类表示肯定概率的词语，而"是不是"句式却不可以，这就说明："吧"字是非问的疑惑度是"25％－0％"之间，而"是不是＋VP"句式的疑惑度大概处于"50％－25％"之间[②]。

外国学生一旦掌握了这样一个跟疑问程度的强弱相对应的系统，也就掌握了汉语疑问句运用的窍门了。

总之，汉语语法的本体研究与对外汉语教学这样的双向互动关系，在今后的实践中还需要进一步加强，而且这里确实有着广阔的前景。我们相信：在这两个领域里辛勤耕作的朋友一定会取长补短，互通有无，共同把我们的语法研究及其应用研究推向一个新的层面。

合作者：罗晓英（暨南大学华文学院）

（原载《暨南大学华文学院学报》2005 年第 5 期）

---

① 邵敬敏. 现代汉语疑问句研究. 上海：华东师范大学出版社，1996

② 邵敬敏，朱彦. "是不是 VP"肯定性倾向及其类型学意义. 世界汉语教学，2002（3）

建立以功能点为核心的
普通话三维教学系统

从 1998 年 9 月起，香港的中小学将逐步全面地开设普通话课程，这是一件具有深远历史意义的大事。为此，香港各大出版社纷纷组织精兵强将编写相应的教材。编写从小学一年级到中学五年级这样一套十一本系列性的普通话教材，可以说是个创举；有这么多的出版社如此积极地投入那么多的人力和物力来参与这一工程，也是空前的；集中了香港本地和内地那么多优秀的语言学家和普通话资深导师来参加编写，八仙过海各显神通，并且编写出十几套各具特色的普通话教材，这也打破了以往的记录。

作为有着百年光荣出版传统的香港商务印书馆和几十年如一日推广普通话的核心团体香港普通话研习社联手，编写出版的《学好普通话》教科书已经获得香港教育署的批准，并且被评为 A 级。

作为一个教师，他最关心的是如何把自己承担的这门课教好，所以他迫切地希望拥有一本合适的教材。香港的普通话教师，应该说非常幸运，因为他在挑选教材时可以有多种选择。下面我简要地介绍一下我们在编写《学好普通话》（商务版）教材时的指导思想和该套教材的特色，为广大普通话教师提供一种选择。

一、普通话科的定性

作为一门新建的课程，首先必须为它准确"定性"，换言之，须要划清它跟相邻课程之间的界限。

第一，它不同于中小学现设的"中国语文"课，也不同于大学文科的"现代汉语"课，它是一门培养学生运用普通话来进行交际活动的语言工具课，从这一点讲，它跟"对外汉语"课最为相近。

第二，但是，它也跟以外国成年学生为主的"对外汉语"课不同，因为它的对象是讲粤语的中小学生。这四门课的关系和区别，可以参见下表：

课　程	特　点
中国语文	以提高中国学生的书面语表达水平为主
现代汉语	讲授现代汉语的知识以及有关分析法
对外汉语	以外国成年学生为对象的汉语口语教学
普通话科	以粤方言区中小学生为对象的汉语口语教学

根据以上的比较和分析，我们认为"普通话科"的性质应该是：

它是一门以培养粤方言区中小学生运用普通话来进行交际的系列性的口语能力训练课。

二、编写普通话教材的思路

这些年来，香港和内地编写过不少形形色色的普通话教材。从编写的指导思想来讲，主要采用以下两种：

1. 早期以"语言知识"为纲，大讲 b p m f，以为只要把每个汉字的语音念准了，就算学好普通话了；或者在语音教学的基础上再加上某些常用词语和常用句式的训练，但是也还是脱不开这个知识学习的传统框架。这一类教材基本上已经被淘汰了。

2. 后来则改为以"情景内容"为纲，设计生活的各种场景，以加强听和说的口头训练，这比早期的教材有了明显的改进，但是目的仍然不够明确。譬如有一种教材关于语言训练的介绍是这样的：

听：聆听课外活动的安排。

说：谈论课外活动的情况。

读：阅读有关课外活动的短文。

写：译写有关课外活动的词语。

显然，该教材的"听说读写"一切都是围绕着"课外活动"这一特定情景来进行的。然而人类的生活情景几乎是无穷的，而熟悉某种情景，实际上并不是我们语言学习的最终目标，我们所追求的是掌握语言交际普遍性的规律。

近年来，国际上语言教学的新潮流是"功能教学法"，即以"交际功能"为语言教学的目标。我们的《学好普通话》教材主要就是采用了这一指导思想。

三、以功能点为核心的普通话三维教学系统

我们的目标是建立一个以功能点为核心的普通话三维教学系统。

三维，就好比一个立体的长、宽、高。普通话教学的三维是指：

1. 文化：指中国，包括香港特有的文化，它有两个子系统——"知识文化"和"交际文化"。

2. 结构：指语言的本体结构，包括"语音结构"、"词汇结构"和"句法结构"。

3. 功能：指语言使用时的交际作用，包括"语言表达功能"和"语言交际功能"。

这三者的内涵及其关系，大体上可以描写为：

文化是内容、对象、背景；

结构是工具、手段、载体；

功能是核心、灵魂、目标。

根据渗透中国文化的课文内容，运用语言的各种手段（包括语音、词汇和句法），进行各种"听、说、读、写"的训练，以使学生达到熟练地掌握各种交际功能的目的。

关于"功能"的理解，在学术界有许多不同的看法，按照我们的理解，它应该分为两个子系统：

（1）语言表达功能：指语言结构本身所具有的功能。例如：

否定、肯定、比较、指代、选择、时间、处所、因果、转折、让步、条件、递进、补充……

（2）语言交际功能：指语言在使用时才表现出来的功能。例如：

介绍、请求、问候、请教、询问、同意、拒绝、感谢、赞美、评述、评论、祝贺、鼓励……

这里，要特别注意三点：

第一，情景，例如"打电话"、"上银行"、"去邮局"、"借书"、"看病"、"购物"等等，并不属于功能范畴，它只是提供了某种场景，同一个场景完全可能运用不同的功能，而同一种功能也可能在不同的场景中运用。

第二，两种功能相比较而言，对中小学生来讲，"语言交际功能"的学习更为需要和迫切。而事实上，这两种功能有时也有一定程度的交叉，例如"询问"和"疑问"。到中学阶段以后，可以逐步增加"语言表达功能"的内容。

第三，某种交际功能总是通过某些特定的词语和特定的句式来实现的，同时体现一定的交际文化。这三者实际上是有机地结合在一起的。只是我们的思想必须非常明确，即以"功能"为纲，一切围绕着功能来组织有关的训练。

第四，根据教学的需要，我们必须把"功能"切分为若干个"功能点"。所谓的功能点，要合理安排，贯彻先易后难的原则，最常用的功能点，在小学、中学可以重复出现，但是程度则要加深。

四、以功能点为核心来设计训练

小学和中学不太一样，小学由于内容比较简单，可以直接从功能出发来安排课文的内容，例如小学一年级的单元名称和课文的标题是：

单元一：介绍（1. 我是谁　2. 我的家）

单元二：询问（3. 你的电话号码是多少　4. 你什么时候过生日）

单元三：请求（5. 爸爸、妈妈、我想……　6. 老师，我可不可以……）

单元四：道歉（7. 爸爸、妈妈对不起　8. 请你原谅我）

单元五：朗读舞台（9. 寒冷的冬天　10. 我的身体　11. 奇妙的大自然）

但是，中学不能这样编写，如果也是直接从功能出发，必然是只有骨头没有肉，致使课文内容枯燥乏味。我们的做法是先根据学生丰富多彩、千变万化的日常生活来设计课文，它一般涉及六个层次：

1. 个人　2. 家庭　3. 学校

4. 社会　5. 国家　6. 世界

例如中学四年级的六个单元就是：

余暇生活　缤纷校园　接待友人

关心社会　祖国风情　放眼世界

从这六个层次，又可以派生出许多枝叶来，这就保证了课文生动有趣。然后重点从课文中"提取"出某个功能点，并且根据功能点的需要再对课文作进一步的修正，从而使这一功能点表现得更加集中和充分。原则上，每个课文只提取一个功能点，以使学生可以集中精力解决一个问题，掌握一种功能。多而杂，对语言能力的学习并不有利。

以中学一年级的第一单元"阳光校园"为例：

课　题	语言功能	语言知识
认识新同学	介绍	声调（四声）
中学的学科真有趣	比较	声母 b p m f d t n l
报名去	程度	韵母 a o e i u ü

功能点之外，还要注意文化点和语言点的学习，为此，我们须要精心设计"听、说、读、写"的专项训练。

五、开展"听、说、读、写"分层次全面训练

"听、说、读、写"每项应该有自己的目标，我们提出以"读"或"听"为先导，以"说"为中心，再以"听"或"读"来强化，最后以

"写"作支持。

"听、说、读、写"的每项训练都可以分为"分析型"和"综合型"两个层次，即在分析型训练的基础上再进行综合型的训练，分析型的训练是为综合型的训练服务的。其关系大致如下：

项　目	分析型	综合型
读	读准语音、读准词语	朗读训练，以熟悉各种功能表达方法
说	根据功能点活学表达法	提供新的情景，自由运用各种功能表达法
听	分辨易于混淆的语音和词语	加强全面听力理解，听懂新的短文内容
写	根据拼写规则分项训练	进行双向（汉字、拼音）译写

因此，本教材的特色可以归纳为三点：

第一，以文化、结构、功能三大范畴构成三维立体交叉的普通话教学系统。

第二，以功能点为核心，突出交际能力训练的教学指导思想。

第三，"听、说、读、写"确定各自不同的目标与手段，形成"分析型"与"综合型"双层训练模式。

（原载《香港普通话报》1998 年第 4 期）

试谈香港地区普通话教学中的"儿化"和"轻声"问题

一、香港地区普通话教学可以不涉及"儿化"和"轻声"的内容

随着 1997 年香港主权回归祖国和汉语普通话被确定为香港正式语言，目前香港已形成了一股学习普通话热。这同时也给香港的普通话教学和在香港推广普通话的工作提出了很多新的课题。比如普通话教学中要不要学习"儿化"和"轻声"，就是课题之一。根据我们在内地和香港担任过一些普通话教学课程以及在大学讲授现代汉语语音课程的经验和体会，我们认为，在香港地区目前这样的尚属于起步阶段的基础普通话教学中似乎可以暂不涉及"儿化"和"轻声"。进一步说，考虑到香港作为一个特殊的方言区，即使今后香港推广普通话达到了一定的水准，也都可以考虑不一定要求广大民众必须普遍掌握和使用"儿化"和"轻声"。

我们提出这种看法的理由概括起来说主要有三点：一是作为基础普通话教学的内容应该尽量删繁就简，而学习和掌握"儿化"、"轻声"显然有一定难度；二是作为基础普通话教学的内容应该有统一而严格的标准，而"儿化"和"轻声"的性质和特征则不容易加以规定；三是作为基础普通话教学的内容应该特别注意有效实用，而"儿化"和"轻声"在社会交际中的作用似乎并不是很明显。当然，"儿化"和"轻声"毕

竟是普通话中一种客观存在的语音现象，在香港地区的普通话教学，特别是比较高级的普通话教学中，还是可以讲讲的，但也要考虑采取一些新的办法。以下分别作些简要讨论。

二、从"删繁就简"的原则看，"儿化"和"轻声"不适合作为基础普通话教学的内容

对外汉语教师和普通话教师都知道，对于外国学生或与普通话有差别的方言区学生来说，普通话的语法、词汇和语音（对外国人则还有文字部分）几大块中，语音可能是学习中主要的难点，即使学得非常好的学生，有些错误发音也可能在很长时间里都难以纠正。而相对于普通话的声母、韵母、声调等系统性知识，某些特殊的音变现象许多人就更不容易掌握。一般认为，普通话的特殊音变现象包括"变调"、"儿化"和"轻声"三种情况。其中"变调"实际上是一种条件音变现象，即发音的生理机制和物理性质对这种音变具有强制性。但"儿化"和"轻声"则基本上是自由音变现象：一方面它们不受语音的生理物理条件制约，本身有很大的任意性；另一方面它们甚至也不是纯粹的语音变化，而在很大程度上取决于与某些词语相联系的发音习惯，即实际上"儿化"都表现为儿化词，"轻声"都表现为轻声词。这些错综的因素就使得"儿化"和"轻声"的情况十分复杂，也给教和学都带来不少困难。

由于香港地区特定的历史条件限制，特别是港英政府长期采取排斥中文特别是普通话的语言政策，因而尽管香港语文工作者多年来为提高普通话的地位和水平做了大量工作，但整体上看香港地区民众的普通话水平与内地差距还是很大的。这就造成目前香港地区民众学习普通话存在原有基础差、学习时间短和要求相对低的特点。在这种背景和条件下要求香港的普通话教学一开始就做到系统和全面显然是不切实际的。从这个角度说，目前作为起步阶段的香港地区普通话教学就可以考虑暂时适当降低一些要求。这里所谓降低要求，当然不是指另搞一套教学内容，也不是说可以不教或少教声母、韵母和声调等系统性知识，而主要是指暂不涉及"儿化"和"轻声"这种情况比较复杂、学习难度比较大

的内容。这既是一种实事求是的科学态度，也体现因人施教、循序渐进的教学原则。本学年我们在香港城市大学担任本科一年级零起点普通话教学的短期课程（2课时×13周），受课时限制就没有安排学习"儿化"和"轻声"，并未影响教学效果。据我们了解，实际上香港社会上很多普通话培训课程也都是这样安排教学内容的。我们在香港普通话教师培训班的学员中作的抽样问卷调查显示，香港地区大部分普通话教师不仅不教"儿化"和"轻声"，他们自己甚至也不太懂"儿化"和"轻声"。可见在香港地区的普通话教学中适当删繁就简，暂时不教"儿化"和"轻声"是可行的，也是必要的。

　　上面说在目前香港地区民众的普通话水平普遍较低，而无论是学习者本人还是社会对普通话使用要求都不是很高的情况下，可以考虑在教学中缓教"儿化"和"轻声"这样的复杂内容。其实进一步说，即使到以后香港地区普通话水平和推广程度达到了较高层次，也不一定要所有的香港民众都必须学习和掌握"儿化"和"轻声"。一方面，这与语音系统本身趋向简化的发展规律相一致。比如以北京话为代表的北方方言语音系统（包括声韵调）就差不多是汉语各个方言中最简单的，在北京话基础上经过规范而建立的普通话自然没有理由更复杂化。目前比较严格意义的普通话（如新闻广播中的语言）中出现的"儿化"、"轻声"现象大大低于北京土话中的"儿化"、"轻声"现象就客观上反映了这种简化趋势。另一方面，这也与语言教学要求缩短识字认读过程的要求相一致。我国小学的语文教学中识字认读的过程相对于拼音文字的国家要长得多，客观上也要求在教学内容上作出适当调整。事实上国内一些地区（特别是方言区）的小学就不一定教"儿化"和"轻声"这样的内容，这就可以看做语文教学内容简化的一种尝试。

三、从"标准统一"的原则看，"儿化"和"轻声"不适合作为基础普通话教学的内容

　　换个角度说，即使在普通话教学中需要涉及"儿化"和"轻声"的知识，也应该有一套可供教学参考的标准。像普通话的声母和韵母，尽

管不同的教材中可能分别列出 21—23 个声母和 35—39 个韵母，但至少都有一个基本标准（如汉语拼音方案的声母表和韵母表）作为参照，各自再作出适当取舍（如说明加上哪几个音素或者哪几个音素不算）。但一般的语文课本和汉语普通话教材中虽然都会多少提及"儿化"和"轻声"，也会安排一些练习题（包括口语发音练习和笔头的拼音练习），但究竟怎样才算掌握了"儿化"和"轻声"，则可以说至今没有建立一套可靠的标准。这其中又涉及几个方面的问题。

首先是"儿化"和"轻声"究竟是语音现象还是词汇、语法现象，目前没有统一的性质定义。大多数教材把"儿化"和"轻声"放在语音部分。可是我们知道，除非不考虑"儿化"和"轻声"的构词作用和语法意义，只把它们看成任意的发音特征，否则"儿化"一定体现为特定类型的儿化词，"轻声"一定体现为特定类型的轻声词或功能词（即一部分虚词），后者就是词汇现象或语法现象。"儿化"的例子如"盖/盖儿"，分别是非儿化音节和儿化音节，是不同的语音单位，有语音区别；但同时也是不同的词语，这是词汇区别；而且还有不同词性，这是语法区别。"轻声"的例子如"地道/地－道"，"得/得－"，同样有上述多种性质。

其次是就算把"儿化"和"轻声"只看做语音现象，它们的语音特点目前也没有统一的描写性定义。例如同样是语音现象的普通话声母、韵母和声调，它们内部的区别是非常严格的。像香港地区学生不易掌握的普通话 [ts/tsʻ/s] 和 [tʂ/tʂʻ/ʂ] 两组声母以及 [in/ing] 等韵母，虽然彼此区别特征实际很小，但教学中必须严格区分其中的声母发音部位和韵母、韵尾。普通话的声调及变调，作为一种音质音位特征，教学中也必须在外部与粤语声调，在内部与不同声调，都严格加以区别。上述区别的标准如"舌尖前/舌尖后"，"前鼻（双唇）/后鼻（舌尖）"，"平55/升35/曲214/降51"等等，都可以明确地写进教材中。但"儿化"和"轻声"就没有这样的标准。实际上非儿化韵母与儿化韵母并非简单的成分附加关系，而是不同的韵母系统。又如同样是原韵母的"儿化"，其儿化过程也很不一样，涉及附加、失落、弱化、央化、鼻化等不同情况。这些在大多数普通话教材中都不提及，而一律很不准确地概括为"原韵母＋r"。"轻声"的情况也是如此，目前教材中最多把"轻声"笼统地概括为"用力小点，发音短点"，但究竟"轻声"的调值是多少，"轻声"内部有什么区别和需要什么样的变化条件就都不再说明。

再退一步说，即使不去管"儿化"和"轻声"的严格发音条件和语音特征，那么在什么情况下要"儿化"或"轻声"，即"儿化"或"轻声"与哪些词语有对应关系，目前也没有数量性定义。说到底"儿化"或"轻声"都是与特定词语相联系的。如果教材中能给出儿化词词表和轻声词词表，那么多少对学生了解"儿化"和"轻声"的范围有些用处。可事实上好像任何一本普通话教材都没有这种内容，哪些词语该"儿化"或"轻声"，教师只是凭经验，学生也是凭感觉。碰到考试，最多找几个课文中写出字、注出音，或非常典型的"儿化"或"轻声"的词语。这就势必造成对儿化词和轻声词的认读因人而异、因时而异的情况。

当然对于基础性普及性的语言教学而言，我们不可能要求在教材中对"儿化"和"轻声"一定有科学的描写和数量的严格定义，因为这毕竟是一些理论性较强而又涉及未定论问题的内容。但如同其他语音的、词汇的或语法的现象也有类似的复杂内容而不一定要在基础普通话课程中讲授和学习一样，既然目前尚不能给出统一的可使用的"儿化"和"轻声"的定义和标准，那么在基础普通话教学中当然也就不妨暂不讲授这些内容了。

四、从"有效实用"的原则看，"儿化"和"轻声"也不适合作为基础普通话教学的内容

要不要在基础的普通话教学和推广规范普通话中涉及"儿化"和"轻声"，其实最重要的依据还在于看这样的一些内容对社会生活中的普通话交际是不是必需的和有用的。这一点曾经受到很多质疑。我们觉得，说"儿化"和"轻声"完全没有用可能是言过其实，因为确实有些儿化词、轻声词有特定的词汇、语法作用，而且"轻声"也是部分功能词的基本语音特征。不过因为实际上涉及这些作用的词语非常有限，或

者说即使不掌握"儿化"和"轻声"对社会交际影响也不会太大，所以从这个角度说，在基础普通话教学中不要求一定掌握"儿化"和"轻声"也有其道理。

比如目前各种词典中对"儿化"和"轻声"的标音就很不一致，这说明目前对"儿化"和"轻声"发音并无强制性的要求。我们随机抽查过若干本现代汉语的词典，包括比较权威的《现代汉语词典》、《汉语大词典》、《辞海》等，其中有很多词语在是否"儿化"或"轻声"方面也有不同标音。例如"唱歌/鲜花/树枝/嘴唇"、"修理/西瓜/明天/朋友"等词语就各有不同处理。如果把所有词典均标注的儿化词和轻声词作为一个数量标准，而把非全部但至少有一本词典标注为"儿化"或"轻声"的词语作为另一个数量标准，抽样数据表明前者仅约占后者的五分之一。既然连词典编纂者也吃不准某些词究竟该不该"儿化"或"轻声"，这正说明在很多情况下"儿化"和"轻声"在日常使用中不是非如此不可的。

又如日常词语读音中绝大部分儿化词和非功能词类的轻声词可以不读成"儿化"或"轻声"，说明"儿化"和"轻声"对词义并没有太大影响。事实上普通话中真正对词义有影响的儿化词和轻声词是不多的（比如儿化词仅"天/天儿，头/头儿"之类，轻声词仅"大意/大一意，地道/地一道"之类）。而且"儿化"、"轻声"对词义有影响的词语，即使不念成"儿化"和"轻声"，最多也只是增加几个同音词（事实上普通话中非"儿化"和"轻声"的同音词数量本来就很大），对使用普通话进行社会交际也不会造成困难。我们曾作过两项试验：比如我们曾故意把应该"儿化"或"轻声"的词不念出"儿化"或"轻声"让学生听辨，结果即使是听上去有点别扭的词语，如"脚印/肉馅/河沿/小孩/瓜子/有空"，"凤凰/事情/知识/声音/先生"，几乎都没有出现误解。另外我们还曾在课堂介绍了"儿化"和"轻声"的知识之后，在黑板上写出约 100 个词语要求学生指出是否儿化词和轻声词，学生辨认的结果差别非常大，其中大多数，如"鲜花/信封/帮忙/豆芽/灯泡"、"朋友/干净/待遇/节目/道理"，又几乎都认为"儿化"或"轻声"与否两可。

再如国内有些方言区使用的"兰青官话"，也包括同样以北京音为标准音的台湾"国语"和作为官方语言的新加坡"华语",事实上都不存在"儿化"和"轻声"现象,说明不使用"儿化"和"轻声"可能并不影响交际。比如台湾"国语"中除功能词(如"的/地/得""了/着/过"等)外,作为构词语素的轻声词是几乎没有的。其中比较极端的例子,像在大陆一定发成轻声词的带有"子/头"等后缀的词,如"鞋子/房子/木头/榔头"等,甚至亲属称谓词,如"爸爸/妈妈/奶奶"等,台湾都念成非轻声词。而"儿化"词在台湾日常生活用语中更几乎是听不到的。我们曾拿一些普通话中的儿化词和轻声词问台湾学者在台湾这些词语的读法,结果都不读成儿化词或轻声词。台湾"国语"的读音来源毫无疑问也是北京音,之所以现在作为构词语素的"儿化"和"轻声"现象已经或逐渐消失,我们估计,除了与北京在地理上长期隔绝受影响渐小外,最主要的原因可能就是因为"儿化"和"轻声"在社会交际中的用处并不是很大。国内其他方言区在使用普通话中"儿化"和"轻声"的减少和消失也多少与这种因素有关。

既然"儿化"和"轻声"对发音没有强制发音要求,是否"儿化"、"轻声"对词义没有太大影响,以及不使用"儿化"、"轻声"并不影响社会交际,那么在香港这样刚刚开始学习和使用普通话的地区当然就更没有太多必要学习"儿化"和"轻声"了。

五、在香港地区普通话教学中涉及"儿化"和"轻声"内容需要解决的几个问题

以上我们从是不是需要删繁就简、是不是有统一标准和是不是有效实用三个方面说明在目前香港地区的基础普通话教学中都可以暂不包括"儿化"和"轻声"的内容。但我们也不能不承认,在目前情况下,"儿化"和"轻声"毕竟是一种客观存在的语言现象,作为一种语言形式也还具有一定的词汇作用和语法作用。所以无论是学习普通话还是推广普通话,要求大略知道一些"儿化"和"轻声"这样两种现象和它们的某些特殊作用,也是无可非议的。不过即使要在香港普通话教学中安排"儿化"和"轻声"的内容,也应该采取一些不同的办法。我们提出以

下几点意见:

第一,不把"儿化"和"轻声"作为语音教学的知识点,而是放在词汇部分,即作为特殊构词手段和词汇特征加以说明。由于"儿化"和"轻声"的主要表现形式是构成儿化词和轻声词(包括单独成词的轻声功能词),所以在语音部分只需要简单提及,而主要把它们处理为一种词汇现象更合适。类似于"语素",在词汇部分作为构词成分适当提及,但主要还是处理为语法单位。当然在词汇部分也要兼顾"儿化"和"轻声"的语音表现和语法作用,比如作为轻声词一个主要部分的功能性轻声词,也可以索性在语法部分讲虚词的时候同时说明其语法作用在语音上就表现为"轻声"。这样安排当然也就不必要在语音部分详细说明"儿化"和"轻声"的发音标准,语音教学的内容也就可以大大简化。

第二,不把"儿化"和"轻声"作为类推性的规则,可以只给出附录词表,即只要求学生掌握或知道特定的词语才有这种用法。其实汉语的词语都有自己的构词过程,比如偏正式、支配式、陈述式、重叠式、附加式,等等。但学生记住的只是词语本身,而不是怎样用这种构词方式造词。儿化词和轻声词也可以这样处理:即要求学生知道"儿化"和"轻声"是汉语的两种特殊构词手段,但实际上不需要学生自己去造出儿化词和轻声词,只要求记住教材中列出的词表中的词。鉴于儿化词和轻声词内部又有不同类型,其词汇、语法作用也不完全一样,所以可以考虑参照国家语委关于普通话水平考试的分级标准,在不同程度的普通话教材中给出不同的儿化词和轻声词词表。比如初级教材可以不列儿化词,而轻声词则可以只列具备特定语法作用的功能词词表(如"的/地/得"等结构助词,"了/着/过"等时态助词,"吗/呢/吧"等语气词)。中级教材可以列出由词缀"子/头"构成的附加式轻声词(如"桌子/孩子","木头/前头"等),由动词重叠构成的"轻声"现象(如"看看/试试","打扫打扫/了解了解"等),以及一部分有区别词义作用且经常习惯"儿化"的儿化词(如"信儿/眼儿/盖儿/一块儿"等)。在高级教材中再适当列出其他较常用的儿化词和轻声词,但数量也不会很多。这样,学生学习儿化词和轻声词,不但可以根据需要循序渐进,而且每一层次都有词表可作依据,教和学都有明确的标准和步骤。

　　第三，不把"儿化"和"轻声"列入正式教学内容，可以作为补充和参考材料适当介绍，也就是教学需要学习多少"儿化"和"轻声"的内容可以由教师根据不同的对象和要求灵活掌握。比如教师可以告诉学生，受典型的北京话影响，普通话中少量词语在某些情况下可以读成及可能较多读成儿化词和轻声词；教师也可以要求学生能听懂简单的儿化词和轻声词，知道有时儿化词和轻声词有特定词汇意义和语法作用，但除功能词一类轻声词外，不一定要会说或刻意去说儿化词和轻声词，等等。这样，教师可以避免具体讲解"儿化"和"轻声"的发音标准，也不必作为考试要求；学生也可以根据自己的原有水平和实际需要适当增加自己掌握儿化词和轻声词的词汇量。

　　我们这样处理基础普通话教学中的"儿化"和"轻声"问题，可以大大减轻香港地区广大民众学习普通话的畏难心理负担，提高普通话教学的效率，从而对普通话的普及和推广起到积极的促进作用。

　　合作者：沈阳（北京大学中文系）

（原载《方言》1997 年第 3 期）

借用广告语 巧学普通话

提出"商务普通话"这一名称，并不是说有一种独立的专门用于商业活动的普通话存在，而只是特指在商务活动中使用的普通话，因其交际对象、交际内容和使用的场合有别于一般的交际，在使用的词语和句式方面可能有一些特殊性。

因此，在教学时必须充分重视这一特点，并且相应采取一些跟一般普通话教学不同的方法和手段。

我们认为：借用广告语，利用广告语的特色来进行普通话的教学，不失为一种方便、有趣、有效的好办法。

现在的社会是一个信息化的社会，而广告是一种相当重要也相当有用的信息。可以毫不夸张地断言：广告已经无处不在，无时不有，无孔不入，无人不沾了。而作为广告的主体要素之一的"广告语"，更是如雨后春笋。有些广告语确实写得相当精彩，除了构思新颖、创意独特之外，语言的巧妙以及运用的艺术，也是功不可没的。

在商务普通话的教学过程中，我们有意识地借用广告语，主要出于以下三个原因：

第一，广告语极为丰富，你只要稍微留意一下，便可以发现大量的广告语，如果要作为普通话教学的材料，可以说是取之不尽，用之不竭，而且获取的途径也相当方便。

第二，广告语相当新鲜，几乎每年都会涌现出一批崭新的广告语，新陈代谢的速度是惊人的，或语料新，或手法新，或宣传的商品新。只有新鲜，才能在广告大战中站稳脚跟。

第三，广告语非常有趣。为了树立产品的的品牌形象，为使顾客对广告语留下深刻的印象，广告语的撰写人，可以说是绞尽了脑汁，力图使广告语生动、活泼，有趣，引人入胜。

广告语信息传递的途径可以有多种多样，但是主要无非两条：

一是通过耳朵听到的；二是通过眼睛看到的。听的主要是电台和电视的广告节目；看的主要是报刊的广告栏目。

根据广告语自身的特点，我们设计了一个"广告语三步训练法"：

第一步，聆听、跟念广告语，着重语音的听辨和矫正训练；

第二步，阅读、评议广告语，着重词语和句法的训练以及谬误的鉴别；

第三步，创作、撰写广告语，着重运用普通话来撰写广告语，侧重于单向交际。

一、聆听、跟念广告语

语音的学习，一般地说，比较枯燥和单调，但是广告语中却可以发现许多生动、活泼而有趣的语音现象，应用恰当，可以帮助我们更好地掌握普通话的语音。

1. 普通话学习中的难点之一是区分前后鼻音，广告语里恰恰有同时出现前后鼻音的语句。例如：

（1）买彩电就要买金星，买金星就是买放心（金星彩电）

（2）星星知我心　冰柜数星星（星星冰柜）

这两句广告语流传非常广泛，上下句对称又押韵，铿锵有力，琅琅上口，而且有不少广告语是模仿它写成的。但是事实上它只是在某些不分前后鼻音的方言地区，比如上海、江浙、香港、广东地区才是不押韵的：

"星"　xing　　"心"　xin

一个后鼻音，一个前鼻音，实际上应该严格区别。用这两个广告语，就可以操练前后鼻音的区别。

2. 普通话四声也是学习的难点，在某些广告语的词语中正巧包含了不同的四声。因此，如果可以跟着反复朗读，就有可能发好阴阳上去这四声。例如：

（3）当太阳升起的时候，我们的爱天长地久。（太阳神口服液）

（4）输入千言万语　奏出一片深情（四通打字机）

（5）大德公寓，与您风雨同住

（6）家有三洋　冬暖夏凉（三洋空调）

例（3）"天长地久"和例（4）"千言万语"的声调都是"阴阳去上"，例（5）"风雨同住"的声调是"阴上阳去"，例（6）"冬暖夏凉"的声调是"阴上去阳"。这样，四声不同的变化组合，对听辨声调显然非常有帮助。

3. 轻声的掌握有一定的难度，如果跟着广告语来念，就会驾轻就熟。例如：

（7）看看逛逛其他路　买卖请到四川路

（8）融融你我他，走进千万家

普通话里要念成"轻声"的情况不太少，这两句广告语就包含着三种类型的"轻声"：

第一是动词重叠，后面一个动词必须轻读，例如"看看"、"逛逛"。

第二就是某些词语，"轻声"不"轻声"有区别意义的作用，例如"买卖"，这里是名词，当然应该念成"轻声"。

第三，趋向动词在动词后面做补语时，要读"轻声"，例如"走进"的"进"。

4. 变调。普通话的变调有好多种，主要有两种：

一是"一"、"不"和上声的变调。例如：

（9）早一天使用　多一分青春（上海奥丽斯化妆品）

（10）一店一楼一片情（上海中百一店）

（11）深云传呼、一呼百应、一心体贴、一流设备、一诺千金、一本万利

其中"一天"、"一楼"、"一呼"、"一心"、"一流"、"一本"由于"一"后面的字音是非去声，所以要变为51；而"一分"、"一片"、"一诺"由于"一"后面的字音本来就是去声，所以要变调为35。

二是上声的变调。例如：

（12）你追我赶　共赴前程（奇安特运动鞋）

（13）好人一生平安　好手日日舒畅（明星护手霜）

（12）例"你追我赶"，由于"你"、"我"、"赶"三个字都是上声，因此，上声字的两种变调都出现了。"你"在非上声"追"之前念成211，而"我"在上声"赶"之前就要念成35。（13）例"好人"和"好手"恰恰代表了上声两种不同的变调："好"在"人"（阳平）之前念成35，在"手"（上声）之前念成211。

5. 押韵。押韵对集中学习某类韵母是很有帮助的，而广告语则常常采用押韵的语句，这就提供了许多精彩而有用的素材。例如：

（14）天上彩虹（hong）　地上长虹（hong）

（15）春风伴你（ni）　人生得意（yi）

（16）天大地大（da）　博爱无涯（ya）

（17）家有凯歌（ge）　幸福欢乐（le）

（18）你要身体好（hao）　请用健力宝（bao）

此外，还有一些广告语采用了绕口令的形式，这对语音的训练也是很有帮助的。例如：

（19）为了孩子，为了孩子的一切，为了一切的孩子，一切为了孩子。

（20）我们塑造房屋，房屋塑造我们

（21）习酒是喜酒，喜酒喝习酒

（22）用了蚊不叮，蚊子就不叮

（23）公道不公道，只有我知道

（24）乐必得　得必乐

（25）万家乐　乐万家

（26）长城电扇　电扇长城

还有的广告语采用了数来宝或儿歌的形式，也是颇为有趣的。例如下面的广告语对学习韵母就很有用。

（27）你拍六，我拍六，小霸王出了个"586"；

你拍七，我拍七，新一代的学习机；

你拍八，我拍八，电脑入门顶呱呱；

你拍九，我拍九，二十一世纪在招手。

（28）花香引得蜜蜂来，

蜜蜂味精放异彩，

要使佳肴更鲜美，

请用味精蜜蜂牌。

二、阅读、评议广告语

听广告语，不仅要求听得懂，听得明白，还要能够跟着念，念得好，念得准确。这主要解决学习普通话的语音问题。

在此基础上，还要进一步进行阅读广告语和评议广告语的活动。这主要解决词语和句法的规范问题。

1. 学习同义词语和反义词语。例如：

（1）热心、真心、诚心、爱心献给您（上海时装公司）

（2）新乐　舒乐　欢乐（新艺沙发厂）

（3）不求锦上添花，只为雪中送炭（上海典当行）

2. 学习普通话的祈使句句式。例如：

（4）请喝可口可乐吧！

（5）不要把春天锁起来！（上海精品商厦）

（6）别让孩子太累了！（乐百氏奶）

3. 学习普通话的感叹句句式。例如：

（7）真正的"鳄鱼"来了！

（8）味道好极了！（雀巢咖啡）

（9）戴博士伦舒服极了！（博士伦隐形眼镜）

4. 学习普通话的设问句。设问句大体上有三种类型：

第一，提出某个问题，促使对方思考，虽然并不给以正面的回答，但是，答案显而易见是跟广告语所宣传的产品密切相关的。例如：

（10）人类失去联想，世界将会怎样？（联想集团）

（11）想想今天和昨天的洗发感觉有何不同？（凤凰系列香波）

第二，首先提出问题，紧接着就给以明确的回答。例如：

（12）感冒啦？请服用康泰克。

（13）想跟我一样漂亮？用诗芬吧！

第三，用某种提示性质的设问句，目的是引出早已有了的答案。例如：

（14）你知道吗？春兰牌吸尘机可能是我国最好的。

第四，学习普通话的反问句句式。例如：

（15）为什么不给我力波啤酒？

（16）谁不希望以一点真诚代替千言万语？（泰国航空公司）

其实，我们不但要正面进行学习，而且要从反面学习，即要能够从成千上万的广告语中把有谬误的挑选出来，并且指出它的问题以及造成谬误的原因。

这主要有：

1. 针对普通话学习的特点，注意方言词语的影响。例如：

（17）挺吃不动气（花正餐饮有限公司自助餐）

（18）东岳牌可移式空调，顶格算！顶实惠！

（19）比传说更写意（豪都国际花园）

（20）唔想原地踏步　睇星岛电脑教路（香港星岛日报）

（21）家庭好帮手　压锅新潮流（特福电蒸锅）

（22）借钱易过问人借火（大新银行）

方言区的广告语往往有不少方言成分出现，主要是一些方言词，也有少数方言句法的问题。方言词要彻底杜绝是很难的，因为方言区的人看到用自己方言词语写成的广告语，总有一种亲切感。由于广东和上海的市场经济比较发达，所以广告语中的方言成分主要以粤方言和吴方言为主。以上各例句中的"挺吃"（随便吃）、"格算"（划算）、"写意"（舒服）是上海话，而"睇"、"教路"、"帮手"（助手）则是广东话方言词语，"……易过……"是广东话方言句法。

2. 外来词语的影响。这主要是在广告语中出现一些不符合规范的外来词。例如：

（23）斗秀场擂台赛

（24）日本汽车大割引

其中的"秀"，是台湾和香港常用的外来词，从英文 SHOW（表演）音译过来；至于"割引"则是直接从日文借来，意思是"减价"。当然，像这两个外来词，普通话里是不规范的。

3. 注意鉴别杜撰词。这一类词语，往往似是而非，粗粗一看，意思似乎也明白，但是仔细一想，却是口语里从来也不说的。例如：

（25）跨越百年，尽显彰嵘（延安制药厂）

（26）接触的科技结晶　全在您操控之中

所谓"彰嵘"，显然是"昭彰"和"峥嵘"两个词语随意的浓缩；所谓"操控"则是"操纵"和"控制"两个词语的随意浓缩。

4. 用法不规范，这主要表现为词性不对和搭配不当。例如：

（27）春节节目更好看　东视 5 秒更黄金（电视台）

（28）液晶大画面，变焦高达 200 倍！也就是说，感动极大！极美！（摄像机）

"黄金"是个名词，怎么能够受副词"更"的修饰呢？"感动"是动词和形容词的兼类词，例如"感动了他"（动词），"很感动"（形容词），但是，这里恰恰需要一个名词，所以应该是"动感"。

5. 过分省略。有时候为了追求上下两句字数的一致，以致把不能够省略的字也给省略了。例如：

（29）产必求质　牌必求名　货必求优　效必求高

（30）虎虎有生　声声有情（国脉通信）

"名"是个多义词，"牌必求名"的"名"，在这里显然指的不是"名字"，而应该是指"名气"，但是，当"名"单独使用的时候，它并没有"名气"这一个义项；另外，"虎虎有生"根本就不成话，完整地说应该是"虎虎有生气"，这里也把一个不应该省略的"气"字给省了。

6. 对词义不理解，以至于出现差错。例如：

（31）今天是除夕，灯火阑珊，春意融融……（洗衣机）

（32）天伦之乐（电冰箱）

"阑珊"的意思是指"将尽、衰落"，用在这里显然不妥；"天伦"指的是兄弟、夫妻、父子等等家庭内部的关系，而不是指自然界的情况。

三、创作、撰写广告语

有了以上两个方面的训练，就可以进入运用普通话来创作广告语的阶段了。但是，这里要特别注意：

1. 首先要用普通话的词语和句法来进行创作。

2. 所创作的广告语要能够用普通话来朗读，并且琅琅上口。

3. 更加进一步的要求是广告语有一定的艺术性。

下面，我们就举一些近年来在征求广告语的活动中所涌现出来比较口语化并且好读易记的实例。例如：

（1）大名名不虚传　百货货真价实（大名百货公司）

（2）PICC 保险没问题（中国人民保险公司）

（3）百年老店老介福　洒向人间都是福（老介福商厦）

（4）上海希望城　助您事业成

（5）建造大家小家 难忘汇丽一家（上海汇丽化学建材总厂）

如果我们都来做一个有心人，经常关心广告语的情况，并且参加一些创作，那么，对自己学好普通话，特别是商务普通话也是很有帮助的。

（原载《沪港商务普通话教学探索》，

浙江教育出版社 2000 年）

参考文献

[1] 邵敬敏. 广告实用写作. 上海：华东师范大学出版社，1991

[2] 邵敬敏. 广告语创作透视. 北京：北京语言学院出版社，1996

第七部分
广告语研究

从新的角度研究广告语言

80 年代，广告在神州大地上再次崛起，这就为语言学家们提出了一崭新的课题：广告语言研究。应该承认，这方面的研究已引起了相当的重视，并取得了一定的成绩，发表了数十篇专门的研究文章，也出版了好几本著作，包括拙著《广告实用写作》（华东师范大学出版社，1991）在内。但是，我们不无遗憾地指出：这些研究大多还是在传统语言学的框架中进行的，或从正面分析广告词所用的语言手段，如何从语音、词汇、语法入手，尤其是采用了哪些修辞手法；或从反面指出广告词的语病，如何用词不当、搭配失调等等。虽然这些研究在初创阶段也是不可缺少的，然而，总的来讲，多了点学究气，少了点实用价值，太拘泥于一词一句的语言上的微观得失，而不够重视语言在广告创意上的宏观控制，局限于语言修辞的静态分析，忽略了广告语言深层的社会、文化、心理等因素的动态变化。这种经院式的研究，显然很难激起广告界的热情，而没有广告界的重视与支持，广告语言的研究注定是前途暗淡的。因此，要使广告语言研究跃上一个新的台阶，让它与广告创作紧密结合起来，我们不能不考虑，如何从旧有的分析模式中挣脱出来，变换新的角度来重新研究广告语言。本文试图运用社会语言学、心理语言学、话语语言学、文化语言学、模糊语言学的某些理论与方法对 90 年代的广告语言作一些探索。

一、更为重要的是语境烘托

雀巢咖啡的广告词"味道好极了"一时风靡全国，有时甚至用来表示更广泛的含义。一次，一个朋友正在专心致志地看一本小说，我问他："这本书怎么样？"他微微一笑回答："味道好极了！"我一听也不禁会心地笑了起来。平平淡淡的一句大白话，居然会有如此动人的魅力，确实令人深思。我们发现有相当一批广告词采用了这一"本色"手法。比较著名的有"博士伦"隐形眼镜，它的广告词是："戴博士伦，舒服极了！"这类广告还有：力波啤酒的确与众不同。/每次两片（史克肠虫清）/家里干净多了！（飞妮丝家净系列）。

要特别指出的是，同样是朴实无华的广告词，有的很成功，有的却一般化，其中的奥秘更是发人深省。我们认为，除了广告词的纯朴、平易之外，更为重要的是要为这句广告词的出台创造出一个最佳语境，形成一种气氛，制造一种情调，以保证这些广告词在平易中露真情，从而深深地打动人心。用句俗语来讲，那就是"红花还要绿叶扶"。以雀巢咖啡广告词为例，在电视上推出时，先有一段铺垫性叙述：一个男士出差回家后，略显疲惫，他的妻子立即殷勤地捧上一杯浓香扑鼻的雀巢咖啡，男主人轻轻地抿了一口，精神为之一振，然后情不自禁地称赞道："味道好极了！"这一场景亲切，自然，真实，立即诱发出人们温馨的回忆，并产生也来一杯的渴望。特定的语境烘托使这句极为普通的话语产生出特殊的共鸣效应。

现代广告已充分认识到语境对广告词烘托的重要性，电视广告往往会构思出一个小小的场景。例如有一则电视广告先描述一群青年朋友在津津有味地大喝力波啤酒，结果一个潇洒的男士由于没能喝到有点发急了，于是大声喝问："为什么不给我力波啤酒？"其效果也是很不错的。不仅如此，就是书面广告上也常常把广告词的上下文语境作为正文刊登出来，下面两则广告也是比较有代表性的。

（1）确实好多了！（吗丁啉新型胃动力药）

　　　正文：黄教授出差回家看到儿子坐在桌前对着美味佳肴毫无胃口，询问儿媳妇得知儿子胃病还是没好，便拿出一盒吗丁啉，儿子服后，舒坦地说："确实好多了！"

（2）让生活更有滋味（上海冠生园食品总厂大白兔奶糖）

　　　正文：考试结束了，咱们该找个幽静的地方好好休息了，度夏

令营，带上录音机，选几盘好带子——噢，别忘了，带上大白
兔，让生活更有滋味。

二、广告视点移动带来的变化

广告宣传，通常总是以商品人为视点的主体，因此多数广告都采用
第三人称口吻，把宣传的重点放在商品的价廉物美等等上面，而且在这
方面确实动了脑筋，甚至不惜动用一些最高级的形容词，但随着广告的
泛滥，形容词似乎也用得差不多了，现在出现了一种新的趋势，即开始
选用一些高级名词了。例如：开开衬衫，领袖风采（开开百货公司）/
帝皇的气派，豪华的享受（深圳豪华家具）/声宝歌王（夏普音响）/凯
歌视听王子（凯歌彩电）/新潮流的领导者（领导牌体育系列用品）。广
告当然难免要自赞自赏一番，但这种自诩性广告往往有自吹自擂之嫌，
于是，另一种恭维性广告即应运而生。例如：天才就是您（"小天才"
游戏机）/音乐天才的梦（雅马哈 KB 系列电子琴）。这类广告以顾客为
宣传主体，强调的不再是商品如何如何好，而重点突出顾客的优越性或
将会因此而获得什么好处，这就涉及广告视点从商店转移到顾客的战略
性变化。与之相配，第三人称的口吻也改为第二人称的口吻，这类广告
方兴未艾，并显示了较强的生命力。有一则上海澳隆服饰有限公司的招
聘广告是这样写的："你敢闯澳隆吗？闯进来一定会获得一份成就感。"
由于采用第二人称，就如当面娓娓而谈，厂商与顾客之间的距离无形之
中缩短了。又如：她工作你休息（凯歌全自动洗衣机）/为使您的孩子
更聪明（三星彩色铅笔）/让您的生命永葆青春绿色（生命口服液）/卡
拉 OK，你的私人乐队（SONY 音响）/买衣料到爱建，保证您称心满
意（上海爱建公司）。使用第三人称，往往给人一种商业推销员的感觉，
买方与卖方的关系是十分清楚的，一旦改用第二人称，仿佛老朋友在亲
切交谈，这时商业广告的味道大为削弱，而人情味则大大增加。这类广
告由于主要体现了为顾客利益考虑这样一种新的思路，因而顾客容易产
生一种亲近感、信任感、满足感，从而被感染，产生购买的欲望。

从宣传商品到突出顾客，这是一个很大的变化，然而使用第二人

称，尽管距离缩短了，但毕竟还是隔了一层。现代广告的又一变化是干脆把广告的立足点完全挪到顾客身上来，即采用第一人称，让商品的使用者讲述自己的亲身体会，从而突出商品品质的可靠性与真实性。这类广告最著名的当推"力士"香皂了，国际著名影星娜塔莎•金斯基亲口告诉大家："我只用力士！"这一效果果然极佳，因为各种牌号的香皂多得不计其数，再怎么宣传自己的香皂如何香味纯正、去污力强，都已没有什么新鲜感了，现借助于著名影星的魅力，让她来"现身说法"，自然能出奇制胜。可见，第一人称的广告，如能由名人，包括歌星、影星、球星出面，由于他们在一大批歌迷、影迷、球迷及广大群众中有相当的号召力，就有可能产生轰动效应。又如："金胆"治胆，还我舒坦（金胆片）／瞧，我多神气（背包广告）。从根本上讲，第一人称的使用完全消除了厂商与顾客之间的距离，心理上没有障碍，具有较强的感染力。有的广告同时采用第一、二人称也是颇有特色的。例如：Hi—F高保真立体声陪伴你我共度良宵（东芝音响）／好运伴君度盛夏，露伊情系你我他（露伊化妆品）。

　　话语分析特别讲究角色的变换，第三人称是一种客观者口吻，侧重评价；第二人称是对话者口吻，侧重交流；第一人称是亲历者口吻，侧重体验。这三种视点的移动，并无上下之分，关键是运用恰当，但由于第一、二人称有其特殊的淡化广告意识，缩短乃至消除厂商与顾客之间心理距离的功效，因此现代广告对这种手法相当重视。

三、广告深层的含义——民族文化心理因素

　　弹琴要看对象，在中国做广告，自然要充分研究作为消费主体的汉民族的个体，细心揣摩他们的民族的、文化的、心理的种种因素，针对不同年龄层次、不同文化水准、不同阶层、不同性别、不同嗜好、不同地域、不同季节等等，有的放矢地撰写广告词。尽管作为个体来讲千差万别，但也有一些带普遍性的趋势。

　　首先是一种"趋吉心理"。中国传统的民族心理是喜欢吉祥如意，多听吉利话，多看代表吉祥的事物。例如：红灯闪亮，如意吉祥（上海

无线电二厂）/精品金马八——八，豪士好事一起来（金马杯"豪士恤"）/欢乐家庭拥有"康乐"，"康乐"为您添欢乐（康乐淋浴器）。近来，更有直接以好运气作为广告宣传主题的，这类广告现在几乎天天可见：老庙黄金给您带来好运气（老城隍庙工艺品商店）/万事好白兰地，祝您有好运，万事如意，好事齐来。

其次是"趋雅心理"。中国是个文明之邦，成语、谚语以及许多脍炙人口的名诗佳句比比皆是，广告词就充分利用了这一丰富的语言材料，使经济气息旺盛、商业色彩浓烈的广告宣传显得典雅、含蓄、有时还富有诗情意，从而迎合了人们的趋雅避俗的心理。

一是直接选用相关的成语、谚语，以描绘商品的特色，由于成语、谚语往往含有深层的社会含义，所以言简意赅，作用相当显著。如最近上海第一家典当行开业，它的广告词是"不求锦上添花，只为雪中送炭"，写得实实在在，上下两句各用一成语，又相得益彰。又如：格外出色（SONY摄录一体机）/身价百倍（上海工艺美术服务部）/热气腾腾，蒸蒸日上（三角牌电饭煲）/英雄所见略同（天磁牌强力磁化杯）。

二是对成语、佳句略作改造，以求突出商品的品格。例如上海双鹿牌一种新型单门冰箱的广告词为"不是双门，胜似双门"，套用毛主席诗词中的名句"不是春光，胜似春光"，显得巧妙贴切。又如：百闻不如一尝（健力宝）/尽善净美（上海美霸地毯干洗公司）/书海茫茫疑无路，书讯篇篇可问津（上海《书讯报》）。

三是融入牌号，以求得双关的效果。例如"风光"窗帘的广告词是"'风光'这边独好"，借用了毛主席诗词中"风景这边独好"的名句，又把"风景"改为牌号"风光"，既宣传了商品牌号，又点出了商品的特点，可谓一箭双雕。又如：秋水"伊人"（南安"伊人"制衣有限公司）/"丰华"正茂（丰华圆珠笔）/行空天马，进入万家（天马（7M）系列游戏机）/唯"鹅"独尊（"鹅牌"针织内衣）。

再次是"趋前心理"。人们对新鲜事物总是抱着一种好奇心理，因此广告词如力求新颖，不落俗套，就会给人留下深刻的印象。"今年二十，明年十八。"白丽香皂这一广告词之所以获得极大成功，关键一点就是以新奇取胜，它出人意料，却又透出人们希望越活越年轻的内心追求。

一是有意识地选用新词新语新格式，体现出广告迎击时代潮流的弄潮儿的气质，如上海中百一店服装商场使用了上海青年近年来的一种流行口语"不要太潇洒"，效果就挺不错。

二是广告中引用外文已成为一种时尚，或者是牌号使用英文，以显示其为舶来品或类同于舶来品。例如：今夏流行 Carrot（凯乐特）/Bveera 运动鞋下，步步流行（倍福来）。或者是广告中夹用英文，以显示一种"洋派"风味：请您在掏钱之前，验明正身 OK（南宁黑芝麻糊）/纤维之"冕"——Cashmere 羊绒（开开百货公司）。

三是港台语、粤语在广告词中流行，这是由于南方及港台经济相对比较发达，这一经济现象也已经影响到语词的使用上来了。例如：十八元的拖鞋，十八岁的感受，轻轻拖拍……（仙人牌时装拖鞋）/秋冬时装秀（上海提克服装有限公司）。"拖拍"是港粤的方言词，指穿了拖鞋男女情侣一起去散步，故又指谈恋爱；"秀"是港台的音译词，英文为 show，意思是展示、表演，这一译名也第一次在上海广告舞台上登场亮相了。

此外，还有引用流行歌曲来做广告的，有的配合得巧妙，也很有意思，例如"金牡蛎胶囊"的广告是这样的：长路奉献给远方，玫瑰奉献给爱人，我拿什么奉献给您，我的爹娘？

四、委婉广告与模糊广告

人类社会总有一些东西与行为是禁忌说出口的，尤其是涉及"性"以及与人体排泄物、疾病、死之类有关的，可作为一种有关的商品，既要公开宣传又要回避，这就产生了一种特殊的广告品种——委婉广告。新刊出的"丹碧丝月经棉"的系列广告可以说是相当成功的。它别出心裁采用第一人称的某女士的私人笔记形式，隔周刊登一条，每条广告都围绕一个主题，并构拟一个含蓄、文雅的标题：对付它，只有那条花裙子/多花两元钱，值得/用过丹碧丝，我再也离不开它了/先生好细心/变乖了。"月经"是成年女人正常的生理现象，但一般人总是羞于启齿提及此事，汉语中有不少委婉的代名词，如"倒霉"、"例假"、"老朋友"、"姨妈"等。"丹碧丝"广告就选用了模糊性代词"那个"。举一则广告正文为例：

以前我不懂用丹碧丝，我总是照顾不好"那个"，所以它老是向我开玩笑，再难堪我也要默默忍受。今天闺中密友推荐，我改用了丹碧丝，"那个"变乖了，它可以自己照顾自己了，丹碧丝体贴入微。

这一系列广告写得明白无误又含蓄有致，确为委托广告中的佳作。

懂得使用委婉广告可以赢得顾客的好感，从而避免了一些有刺激性的令人不悦的说法。试比较下面两则广告。

（1）早一天使用，迟一天衰老（扬州美容化妆品厂）

（2）早一天使用，多一份青春（上海奥丽斯化妆品）

两则广告句式完全一样，区别仅仅在于前者直言防老，后者则委婉地表示增青春。相比之下，前者比较刺目，后者较为诱人。

模糊广告是指广告标题本身故意含意不太清楚，促使顾客去思索其中的真实含义，这是种欲擒先纵、欲进先退的策略。例如有两个冰箱广告，一反常规，提出两个十分奇怪令人费解的问题："西瓜与鱼和平共处？（容声冰箱）"，"苹果和梨能长在一棵树上吗？（航天冰箱）"原来容声冰箱安装了"电子除臭装置"，所以使西瓜与鱼放在一起也不会串味儿；而航天冰箱则是"冰冻室间冷"与"冷藏室直冷"两种性能在同一冰箱内并存。由于采用了模糊手法，这两则广告使顾客发生了强烈的兴趣。

模糊广告仅仅指广告标题故意模糊，其目的是诱发顾客的兴趣，因此正文的解释必不可少。如"妙就妙在一进一出"，这是"百龙矿泉壶"的广告标题，正文则标明进的是自来水，出的是矿泉水。又如"最初只是偶然"这一广告标题也很模糊，正文为："说真的，最初只是偶然，但那一身漂亮的服饰令我至今难忘。"原来这是金丽盛服饰有限公司的广告。

（原载《语言学通讯》1993年第1—2期）

论广告语创作的定位策略

80 年代中期以来，随着我国改革开放总形势的深入发展，广告事业也日益繁荣发达，相应的广告语的研究也兴旺起来了。一方面是广告学界的研究，另一方面是语言学界的研究。前者的研究，由于其重点是整个儿的广告业，侧重于广告的策略、创意、手段、市场的调查与信息的反馈，等等，对广告的手段之一——广告语并没有倾注太大的热情。有关的研究，虽然可能很新鲜，也不乏真知灼见，但总的来说，似乎显得比较零散，不成系统。例如上海广告界的老前辈徐百益先生的《徐百益广告文选》，全书 20 万字，只有不到五分之一的篇幅才涉及广告文稿和广告语的创作。而语言学界特别是修辞学界以广告语的研究则经历了一个从不太重视到比较重视这么一个转变过程。应该说，这几年来，广告语的研究是颇受欢迎的，也吸引了不少有志之士，特别是青年学者的关心。但是这些研究，总的来讲，思路还不够开阔，角度还不够新颖，太拘泥于一词一句的得失，缺乏宏观的把握，特别是跟广告学等经济学科的联系还需要大大加强，跟心理学、文化学、社会学、交际学、民俗学的结合也需要进一步密切。

广告语的研究大体上经历了两个阶段。第一阶段是初级阶段，主要从纯语言的微观角度，即从语言的结构，包括语音、文字、词汇、语法各种手段及其修辞手法出发，看它是如何为广告宣传服务的。这主要还是局限于语言本身的研究。第二阶段是中级阶段，研究的视野开阔了，从语言的宏观角度，即从社会语言学、心理语言学、交际语言学、文化语言学等新的角度进行探讨。其间出版了一些有关著作，发表了一定数量的专题研究论文。这两个阶段有一定的交叉，转折期大概在 80 年代末到 90 年代初。

现在面临的是第三阶段，即高级阶段。它要求我们从一个纯语言学家的立场上跳出来，有意识地自觉地结合广告学、传播学、推销学、企业管理学来重新思考广告语的创作。它和前两个阶段有明显的本质的区别，即它研究所依据的理论和方法以及研究的范围和角度，发生了根本的变化。如果说，以前研究的是广告语言，那么，我们现在所关心的是广告语。"广告语言"和"广告语"虽然只有一字之差，却反映了两种研究的不同思路。前者侧重的是"语言"的研究，不过这种语言是用于广告的语言；后者侧重的是"广告"的用语，强调的是它在广告宣传中的地位和作用。我们必须有一个清醒的认识：广告语研究最直接最重要的目的是为企业经营服务，为市场经济服务，为商品促销服务的，而不是主要为语言学科服务的。这是一门广告学、市场学、推销学和创作学、语言学相结合的综合性应用学科，而不是一门基础理论学科。只有深刻地认识到这一点，才能摆正我们的位置，才能找到研究的最佳入口，才能真正使广告语的研究从语言学家的书斋里解放出来。如果把我们的立足点移过来，移到企业经销、市场策略上来，那么这样的广告语研究一定会受到广告学界的热烈欢迎，也必然会受到企业界的高度重视。

广告语的优劣，并不单纯是个"语言技巧"问题，而首先取决于对广告语创作定位策略的深入思考，应该说，这是广告语研究的关键，抓住了它，也就抓住了牛鼻子。事实上我们以前的一些研究，还都只是在一些枝节问题上下工夫，要真正把握广告语创作的本质、特色、走向，就必须对"定位策略"及其有关的问题进行多层次、多角度的研究。它主要包括：

一、品牌定位对广告语创作的指导作用

品牌的定位，对广告的策略来讲，是最根本的。定位如果不当，广告语写得再漂亮，再动人，也好像是对着瞎子做媚眼，无动于衷。英国著名的广告学家艾·里斯和杰·特劳斯指出："定位是你对未来的顾客

的智能下的工夫，也就是把产品定位在你未来的潜在顾客的心目中。"
在当前广告竞争日趋激烈的情况下，要想使你的产品脱颖而出，让消费
者留下难以磨灭的印象，就必须善于抓住一个突破口，使你的产品或企
业的品牌树立起一个"与众不同"的独特形象，而紧随品牌定位而来的
是广告语的定位。例如，啤酒市场上，"青岛"、"力波"、"上海"、"五
星"、"烟台"等等牌号，大约不下上百种，每一种啤酒都在极力宣传自
己的品牌如何如何出色，厦门新推出的"嘉士伯啤酒"做了一个很别致
的广告：

　　也许嘉士伯啤酒是世界上最好的啤酒
这个"也许"用得非常得体含蓄，使人们感到在谦虚背后还流露出一种
自信，使顾客很乐于接受。这个"也许"也是一种诱惑，因为它只是一
种估测，如果你要想证实，唯一的办法就是亲口去尝一尝。这"婉转"
定位策略的成功，是因为它是建立在这样的一个假设上的：消费者已经
听腻了那种把话说得过高过满、形容词艳丽过度的"高级"广告，这
时，你如果比较谦虚，就容易赢得顾客的好感。在这一定位策略思想的
指导下，有不少广告也采用了这一手法。例如：

　　也许是你理想的商品房（泰和新城）

　　您知道吗？春兰牌空调吸尘器可能是我国最好的
又如电视机的广告也是五花八门，争艳斗奇，什么"家有凯歌，幸福欢
乐"，"天上彩虹，地上长虹"，什么"孔雀电视机，现代科技结晶"，
"沈阳电视机，与你共度美好的时光"。这些广告语确实都很有特色，但
是在定位策略上，"金星"电视机似乎更胜一筹，它并不在产品本身的
外形、质量等方面多下工夫，而是比较准确地分析了顾客的心理，提出
了一句非常能打动人心的广告语：

　　买电视就要买金星　买金星就是买放心
这一广告语不但在形式上很有特色，前后对称，上下押韵，结构整齐，
首尾衔接，更重要的是在内容上，针对消费者一心想买彩电却又怕上当
的担心，有的放矢地提出"买金星就是买放心"这么一个承诺。它的定
位策略就是：要让消费者对自己的产品一百个放心，这不仅是指产品质
量高，而且也意味着售后服务到家。于是，这一广告语顿时就风靡全

国，不少广告竞相摹仿，例如：

买窗帘就要买风光　买风光就是买放心

买沙发当然买长虹

买上菱冰箱就是买放心

定位必须建立在对自己企业或产品的准确估计上。过去许多广告宣传特别喜欢一些最高级的词语，什么"最"、"超"、"极"、"第一"、"至尊"、"冠军"等等，人人都王婆卖瓜，致使顾客产生一种"逆反心理"，对这种广告存有不信任感。可是美国有一家企业的广告却心甘情愿自认第二：

艾飞斯（AVIS）在租车行业里只是第二位，

那么为什么租我们的车呢？我们更加努力啊！

这家公司曾连续13年赔钱，然而当他们自认是第二位以后，他们就开始赚钱了。他们所采取的定位策略是：如果不能争第一，那么就要力争第二，而且是紧密联系第一的第二，人们决不会因为他们自认第二而轻视他们。这种定位的策略，现在有的广告也采用了。例如：

母乳第一，贝因美第二（贝因美速食婴幼儿营养米粉）

显然，运用品牌的定位策略思想来重新考察广告语的创作，将会发现许多以前所没有注意到的全新的特点。

二、广告语对品牌形象塑造的作用

在激烈的商业竞争中，厂商已越来越认识到产品品牌的重要性，不仅要创名牌，保名牌，而且要利用名牌，不断发展名牌。例如"英特尔电脑公司"就自豪地宣称："拥有这个标志，电脑必属优质。"这个标志就是"INTEL INSIDE"，这是以名牌自居；"上菱电冰箱厂"的广告语是："日本有三菱，上海是上菱。"言下之意是要与国际著名的三菱集团公司一比高低，实际上也是借"三菱"的名牌来提高"上菱"的知名度；"容声"冰箱创出牌子以后，当它向市场推出"科龙"空调时，就特别声明"科龙容声是一家"，这显然是借老名牌创新名牌。

名牌意识的强化，意味着在广告语的创作中，对品牌名称的"情有

独钟"。品牌形象的树立，关系到能不能创出一个新的名牌这样一些对
企业来说是生命攸关的根本问题。我们来看看最近一些优秀的应征入选
广告语：

霞飞点点　秀色年年（霞飞化妆品）

建造大家小家　难忘汇丽一家（上海汇丽化学建材总厂）

大名名不虚传　百货货真价实（大名百货公司）

美味源家乐　家乐添美味（上海家乐调味食品有限公司）

培罗蒙——半个多世纪的骄傲（培罗蒙西服公司）

宽让三分利　鼎新一品装（宽鼎皮革服饰总公司）

如意吉祥（象）　　名不虚传（船）（象船牌锦花被）

所有的广告语都设法用各种方式把品牌的名称组织进去，或者一语双关
如"霞飞"、"汇丽"、"大名"、"家乐"；或者直接显示，如"培罗蒙"；
或者拆开来分别嵌入广告语中，如"宽鼎"；或者利用谐音手法影射品
牌名称，如"象船"。可见，在现代的广告宣传中，品牌意识已经大大
加强，广告语要自觉地为突出品牌、塑造品牌的形象服务。

　　江苏省的盐城，知名度不高，但是它生产的"燕舞"牌收录机、音
响却风靡全国。在1993年"中国市场组合音响知名度、满意度"调查
中，"燕舞"出人意料地排名在"先锋"、"健伍"、"索尼"等世界名牌
之前，位居"知名度"第一。这除了它的质量有保证外，不能不归功于
它得力的广告宣传。它有一首"燕舞之歌"相当简洁明快、轻松活泼，
"一曲歌来一片情，燕舞音响动人心"，随着电台、电视台的不断播送，
已经飞入了亿万百姓家。此外，它还做了不少相应的广告。例如：

到处莺歌燕舞，带来知音无数

燕舞859，功能样样有

燕舞888，质量顶呱呱

从此，"燕舞"的名气越来越大。

　　在品牌宣传上可以说是八仙过海，各显神通。其方式有双关型的，
例如："生活中离不开那口子"（口子酒），"春风伴你　人生得意"（春
风收录机）；有诠释型的，例如："红心红心　奉献一片丹心"（红心牌
熨斗），"雅蝶——春天里的蝴蝶"（雅蝶羊毛衫公司）；有拆开牌号分别

进入上下两句广告语的，例如："家家获益　事事利民"（益民商厦），"春风得意　兰室温馨"（春兰空调）；有特意把牌号拆开来给以解释的，例如："维多利　维护你的牙齿多有利"（维多利牙膏），"爱特　给你特别的爱"（爱特空调）；也有利用谐音来对品牌的含义进行解释的，例如："吃营多　赢更多"（营多方便面），"皓盛天下　好胜天下"（皓盛电话）；更有利用词序的变化来表现品牌深层含义的，例如："万家乐乐万家"（万家乐电器），"世界舒乐　舒乐世界"（舒乐衬衫）。

三、广告语在出奇制胜战术上的作用

在广告大战中，必须打破常规思维，创新路，出奇兵，这样才有可能取胜。白丽香皂之所以能在众多的香皂中脱颖而出，在很大程度上要归功于它的这一句广告语："今年二十，明年十八。"这句话看似无理，实则反映了人们内心深处对青春的渴望，而它的语言形式正是采用了合理夸张的手法。所谓合理，是指从二十到十八，年龄的距离并不大；但是岁月是不可能倒退的，所以又是夸张。

广告宣传的出奇制胜，大体上有三条思路：

一是广告宣传手法上与众不同。北京有家"肥肥酒楼"，店主是个85公斤多的大胖子，他规定，凡男的超过94公斤或女的超过83公斤的来就餐可以享受八五折优惠，在电视上做了广告以后，结果门庭若市，生意火爆，全是胖子前来捧场。以前有一家企业登过一条别出心裁的广告："我们的维修部正闲得无聊"，从另一个侧面显示自己产品质量高。无独有偶，申菱公司买下《南方日报》1993 年 1 月 5 日头版的整个版面，却几乎全部空白，只在最下侧印了一行小字："申菱空调维修记录"，再加上一只公章，这个广告的潜台词是再清楚不过的了。

二是广告的定位思想上独具匠心。当年在北京的"矿泉壶"大战中，新登场的"百龙"矿泉壶首先面临的是价格比较低廉的矿泉水的挑战，这就决定了它的广告宣传方针必须向消费者灌输一种意识：用矿泉壶喝矿泉水，虽然一次性投资要花费二百多元，但以后只须定期更换矿石过滤和杀菌包，就可以长期使用下去，这样一算，喝一杯瓶装矿泉水要花 6 角钱，而用矿泉壶喝一杯矿泉水只要花二分钱。因此，它拟定的广告语为："花一分钱喝一杯矿泉水。"

定位要善于寻找"空隙"，比如低价位空隙、高价位空隙、性别空隙、年龄空隙等等。上海的商业街最著名的有三条：南京路、淮海路和四川路。南京路以繁华著称，淮海路以高雅闻名，那么四川路呢？商家所采取的方针是寻找定位的空隙，决定与南京路和淮海路的特色不同，主要面向工薪阶层和一般老百姓，以中档、特色为主，提出了一条颇有新意的广告语："看看逛逛其他路，买卖请到四川路。"由于四川路的定位合适，所以这几年发展特别快，营业额成倍增加。当然，南京路也不肯示弱，提出的口号是"中华商业第一街，独领风骚数百年"，打出全国"第一街"的金牌子来吸引海内外顾客。

三是广告语的构思上标新立异。或突发奇问，引人深思。例如：

苹果和梨能长在一棵树上吗？（航天冰箱）

西瓜与鱼和平共处？（容声冰箱）

前者是说这种新的冰箱型号拥有冷冻室的间冷和冷藏室的直冷两种方式；后者是指安装了电子除臭装置，不怕食物串味儿。

或者构思新奇，出人意外。例如：

用第三只眼睛看世界（海鸥 DF—300 相机）

开门第八件事 是买《上海电视》

人有两只眼睛，把照相机比喻为第三只眼睛，确是神来之笔；俗话说开门七件事，突然跑出来一个第八件事，开始不理解，仔细一想，一个是物质粮食，另一个是精神粮食，都是不可缺少的。或者超常搭配，新颖感受。例如：

裁剪春夏秋冬　风行东南西北（上海服装公司）

别让人偷去你的梦　（比利牌牛仔系列服装）

"裁剪"的对象居然是"春夏秋冬"，够别致的；什么东西都可以偷，可是"梦"怎么能够偷呢？这种表面上不合常规的组合，却蕴含着深层次的内涵。

或者故意夸张，造成一种特殊效果。例如：

把太阳摘下来（蓝色沸点太阳眼镜）

　　不要把春天锁起来（上海精品商厦）

第一例的意思是说戴了太阳眼镜，就等于把太阳摘下来了；第二例的真实意思是说让您的宝宝和我们一起步入春天，用春装把孩子打扮得花枝招展。

　　或者以短为长，以退为进。例如：

　　只有一个问题上菱不能回答：什么是霜？（上菱冰箱）

　　环线广场样样好　只有价格不如人（上海房产公司）

表面上似乎自认有缺点，其实"上菱冰箱"的特点就是"无霜"；"环线广场"也是在自夸房价要比别家低廉，却正话反说从而造成一种幽默感。

　　或者淡化广告，推崇自我。例如：

　　也许你不相信广告，但你应该相信自己

　　也许你不相信广告，但你应该相信数据

　　也许你不相信广告，但你应该相信科学

这是"碧纯食用蒸馏水"的系列广告，它能够另辟蹊径，也别具一格。

　　当然，除了"定位策略"的研究之外，有关的研究还有很多，例如：广告语创作的新动向，包括商业味儿淡化的广告、广告视点的转移、广告语的委婉模糊和隐含、广告语的大白话化；文化气息浓郁的广告品种，包括成语广告、名句广告、诗词广告、对联广告等等；以及广告语的特殊心理、广告语的特殊品种、不是广告的广告、广告创作的误区、广告语创作发展的趋势……这些新的课题必将把我国的广告研究推向一个更高的层次。

（原载《语言文字应用》1995 年第 1 期）

广告语创作的误区

广告语创作的"误区",即广告语的创作水平不高,存在这样或那样的问题,不仅妨碍了产品本身的宣传,而且对语言也是一种污染。这大体上有以下几个方面:

1. 模仿风盛行

广告语的撰写是一种创作,特别讲究"出新",最忌模仿、雷同、抄袭。而现在当一个比较出色的广告语传开,几乎马上就会有一大批相同类型的广告"接踵而至",叫原创作者哭笑不得。

例如:"××与您共度美好时光",这类广告语模式曾一度成为大家竞相仿效的对象。后来,又有新的模式出现了:"买 X 就要买 Y,买 Y 就是买放心","XY,还是 Z 好","要 X,找 Y","X 的一天从 Y 开始"或者"X 从 Y 开始"。

至于两两相似的广告语,那就太多了。例如:

愿以十分辛苦,换你一分满意/愿以十分辛苦,换您一分微笑

早一天使用,多一份青春/早一天使用,多一年青春

要特别指出的是,即使是很不错的广告语,也不是万灵药,如果到处乱用也会出毛病的。例如上海制皂厂为"白丽香皂"做的广告"今年二十,明年十八"受到普遍的好评,然而当它为一种"儿童香皂"做广告宣传时,居然也原封不动地采用这个现成的广告语,这就让人不可思议了。

2. 含义不明,令人误解

广告语要求意思明确,让消费者清楚你到底想宣传些什么。出于艺术的考虑,可以有一定的潜台词,但是不能因语义表达不当引起误解。

有一种"太太口服液"的广告：

　　爱迷尔的承诺：每天送您一位新"太太"

　　这个广告大概是想说，服用了"太太口服液"以后，会使您太太的容貌焕然一新，每天都会发生新的变化，这就等于天天拥有一位新太太。可是按照广告的字面意思去理解，好像在鼓励喜新厌旧，在纵容朝三暮四。所以，广告一刊出，马上就遭到了舆论的尖锐批评。下面两个广告尽管不像上面这个广告那么让人难以接受，但也存在一些问题：

　　穿伊人装　做自由人

　　绮丽达洋参魔霜为您着魔

　　什么叫"自由人"？为什么穿了"伊人装"才能做"自由人"？这些让人都不大明白，关键就是"自由人"的语义过于含糊，是不受拘束，还是有特定的含义，专指没受法律惩处的人？至于"着魔"，历来就不是好字眼，意思是说为了什么中了邪魔，已经不太正常了，用在这里，让人实在搞不清它到底想说什么。

　　3. 用词古怪，令人费解

　　广告的用词应该力求通俗易懂，清浅明白，切忌生僻古怪，叫人丈二和尚摸不着头脑。广东有一种"反斗星多营养奶"，花了很多钱大做广告，大标题是：

　　妈妈，我是不是很反斗？

　　几乎所有的消费者都搞不清楚"反斗"到底是什么意思。它其实是粤语词，意思是小孩子调皮活泼。可是从字面上看又不像，即使广告再作解释，恐怕也是无济于事的。下面两个广告同样也有这类性质的问题：

　　地胆旺屋　寸土尺金　诚招客商　共享发展

　　什么叫"地胆旺屋"？"旺屋"也许还能理解个大概的意思，而"地胆"真是不知所云了。

　　4. 以文害义，违背原意

　　有的广告为了形式上整齐，甚至不惜故意删略某个语素，结果使整个句子都不好理解。例如：

　　美丽不打折，漂亮一百分

宇宙之中，生命最贵

第一句大约是说"美丽不打折扣"，第二句可能是说"宇宙之中，生命最贵重"，可是"打折"的"折"是指"折叠"，和"折扣"意思明显不同；同理，"贵"是指"价格高"，而"贵重"则是"价值高、值得重视"的意思，两者显然不能混为一谈。

5. 随意简略，杜撰生造

在我们的语言生活中，简称是经常碰到的，本不足为奇。但这并不等于你可以随心所欲地把两个词合并简略成一个自己创造的新词，这样做，往往会使人看了莫名其妙。例如：

高雅、高贵、高观，舒适极了！

传统酿造玫、加、高，天津出产最地道

"高雅"、"高贵"都可以理解，然而"高观"却是闻所未闻，这大约是仿照前两个词自己生造出来的。"玫、加、高"，只有看了正文才知道是分别指"玫瑰露酒"、"五加皮酒"和"高粱酒"，这样的杜撰简略让人实在不敢恭维。

6. 搭配生硬，违背语法

照理讲，广告语大都经过精心推敲，不应该还出现一些比较低级的语言错误，但是，事实上这类错误还真不少。比如：

令您完美的笑容

祝君美梦

加了海婴宝，宝宝的牛奶更加母爱

"令您……"后面应该是谓词性的成分，或者是"令您怎么样"，或者是"令您干什么"，但是绝对不能跟着一个名词性的成分，像"完美的笑容"之类。"祝君……"后面同样要跟着一个谓词性成分，"美梦"是不能直接连着的。"更加"是个常用程度副词，不能修饰名词"母爱"。

7. 音韵失调，结巴拗口

优秀的广告词，应该是琅琅上口，易读好记，甚至连小朋友也能背得个滚瓜烂熟。而有些广告语，书面上看看好像还过得去，可是只要一上口，就毛病百出，这就叫看着好懂，听着难懂。还有的不讲究平仄，念起来非常别扭。例如：

　　巾帼数风流　　飘鹰申城青（飘鹰皮革服装商店）

　　后一句念出来是："piāo yīng shēn chéng qīng"，五个字都是平声，实在不好念，硬念出来，也很难听。

　　广告的误区是个责任心问题。广告是做给大家看的，这就必须对社会、对顾客负责，不能错误地认为这只不过是"雕虫小技"而不屑一顾。对此，我们应该进行有效的引导。

（原载《语文建设》1995 年第 6 期）

商品牌号宣传的语言技巧

　　牌号是消费者识别同类商品不同品种的主要手段，有经验的顾客购买商品时往往首先认准牌号，许多顾客是"吃牌子"的，即非某某名牌的商品不买。因此，对厂商来讲，"创牌子"是竞争成败的生命线。创出了名牌则一本万利，得益无穷，否则做塌了牌子那就无论花多少钱都无法换回这种损失。比如说，上海生产的洗衣机中，水仙、上海以及申花等都已创出名牌，而当时有一只"海豚牌"套缸全自动洗衣机由于质量不过关，受到报纸点名批评，结果声誉一落千丈，这家厂后来被上海无线电四厂兼并，这一牌号也被取消，经过全面技术改造，重新生产的全自动洗衣机另外命名为"凯歌牌"，随着"她工作您休息"这句著名广告用语的宣传，它的知名度正在上升。

　　牌号的命名历来是很有讲究的。精彩的牌号往往内涵丰富，耐人寻味，而且十分适宜于宣传。上海日化四厂推出男用系列化妆品，取名"伯龙"，具有一种阳刚之美。我国古代兄弟排行为"伯、仲、叔"，而"龙"又是中华民族的象征，以"伯龙"命名，体现了男性的刚毅、意志与力量，同时当它作为外销产品时，"BAREON"在英语中是"男爵"的意思，也颇有气魄。"露美"系列化妆品，含有"似露滋润，美在娇容"的意义，英文译名"RUBY"意思是"红宝石"，也十分有吸引力。其他如"健力宝"、"舒而挺"、"达尔美"、"美多"、"蜂花"、"霞飞"等牌号都富有个性。有的牌号通过谐音还包含另一层意思，例如"鼎铃"电动剃须刀，谐音义为"顶灵"；"蜜蜂"保险箱，谐音义为"密封"；"四一四"毛巾，谐音义为"试一试"。然而，目前国内商品牌号大多是借用其他事物之名，尤其是花草鸟兽之名，这种方法简单易行，有的确实也注意了同商品特点之间的内在联系，例如"墨鱼牌"黑板，"双蝶牌"彩色粉笔，"金杯牌"水球，"雪花牌"儿童绒帽，"猫头鹰牌"红外线入侵探测器、"箭牌"气枪、"飞鸽牌"自行车、"凯歌牌"收录机等等。但大多数这类牌号只起到一种识别标志的作用，同商品性质完全无关，有的甚至可能引起不必要的误解，例如"玉兔"羊毛衫，可能误以为是掺杂了兔毛的羊毛衫。

　　广告宣传的核心就是宣传商品的牌号，要千方百计地让消费者牢牢地记住它，了解它，进而喜爱它。为了扩大牌号的影响，在广告宣传中除使用一般的方式方法外，还采用了一些特殊而有效的语言手段，即在广告用语中对牌号进行了艺术加工，让牌号通过形象生动的语言给顾客留下难以磨灭的印象，从而在心理上产生一种微妙的影响。这些特殊的语言手段主要有：

一、镶嵌其间

　　即把牌号拆开分别镶嵌在广告语中。有的都嵌在句首，例如：
　　星夜中徘徊着优美的歌声
　　浪花里翻腾着激扬的旋律（星浪收录机）
有的都嵌在句尾，例如：
　　浓妆淡施，各尽其美（施美化妆品）
　　优质服务持之以恒
　　繁荣不忘饮水思源
　　恭祝大家如意吉祥（上海恒源祥绒线商店）
有的分别嵌在句子首尾，例如：
　　万户千家必备　现代生活之宝（万宝电器）
或分别嵌在句中，例如：
　　请看：羊毛衫市场上一颗银色的明珠（银珠羊毛衫）
　　八仙过海显神通　蓬莱仙境传美名（过海仙啤酒）
　　同心协力　文明昌盛（上海协昌缝纫机厂）
　　通过多种形式的镶嵌，造成一种艺术情趣，诱发顾客的兴趣与好奇心，同时赋予牌号新的解释，从而使牌号更加深入人心。

二、拆词新解

即把牌号拆开并给以含有深意的解释，这样不仅使牌号的含义豁然明朗，而且往往表现出更进一层的深刻意思，从而加深牌号的印象，增添牌号的光彩。

一是就牌号本身进行解释，例如：

凯歌凯歌　凯旋之歌（凯歌电视机）

乐达乐达　快乐到达（乐达自行车）

大宝大宝　大众美容护肤之宝（大宝系列化妆品）

这种拆词新解，有时还可以多解。如宁波洗衣机厂的"新乐"洗衣机，平时的广告标题是：

新乐新乐　为您带来新的快乐

而到新年前夕在上海所做广告的标题语则临时改为：

新乐　祝上海人民新年快乐

这一新的解释给上海人民带来了新的乐趣和温馨。

有时解释的词语是成语，这时牌号也就十分妥帖自然地镶嵌在成语之中，例如：

如意如意　尽如人意（如意气压式保暖瓶）

锦华锦华　锦上添花（锦华高级羽绒被）

白玉牙膏　使您牙齿洁白如玉（白玉牙膏）

二是利用语音上的联系进行解释，例如：

凯灵凯灵　一开就灵（凯灵电扇）

1090——要灵就灵（T1090型冷光晒图机）

在法国销量第一"伊露姿"，在中国飘香南粤"一路知"（上海第一百货公司）

这种做法用谐音关系寻找同音词语，以显示商品的特性或功能，从而造成一种暗示的情趣。

三、前呼后应

即牌号在标题中前后出现两次，往往前一个代表商品，后一个按词语本义理解，由于所处位置与组合的不同，从而产生新的含义。例如：

中意冰箱　人人中意（长沙电冰箱厂）

大地产品　风靡大地（大地雨衣）

钻石音响　钻石的品质（佛山无线电一厂）

风行沙发席梦思　风行世界（上海篷帆沙发厂）

三元电视机　又中三元（南通电视机厂）

中华铅笔　为中华腾飞绘蓝图（上海铅笔一厂）

快乐牌吸尘器　为千家万户带来无限的快乐（上海吸尘器厂）

春风春风　春风电视机带来春风无限（兰州电视机厂）

东方　东方的风格　东方的情调（上海东方家具厂）

这种前呼后应手法，有时还借用回环或顶针的修辞手法，造成双关情趣，从而显得更有艺术感染力。例如：

益友冰箱　冰箱益友（嘉兴电冰箱厂）

长城电扇　电扇长城（苏州电扇总厂）

上海看天下　天下看上海（上海彩电）

宝岛在海口　海口有宝岛（宝岛三九胃泰冲剂）

生活离不开蝴蝶　蝴蝶缝纫机美化世界（上海协昌缝纫机厂）

四、成语改造

即巧妙地运用为群众所喜闻乐见的成语、谚语形式，适当予以改造，把牌号包孕在内，使顾客产生联想，从而起到一箭双雕的效果。例如：

"丰华"正茂（上海丰华圆珠笔厂）

唯"鹅"独尊（鹅牌针织品）

这种做法正巧把牌号镶嵌在内的情况比较少，更多的是用牌号替换成语或谚语中的某个词。例如：

　　路遥知马力　日久见"跃进"（华东汽车贸易中心）

　　慧眼识"博士伦"（北京隐形眼镜有限公司）

　　宁可食无肉　不可居无"竹叶青"（中国酒业贸易有限公司）

五、一词双关

即利用词的多义性造成语义双关，既可以按字面意思来理解，又可把其中某个词看做商品的代表，从而读起来一语双关，别有一番情趣。例如：

　　奉献一片红心（红心电熨斗）

　　红灯闪亮　如意吉祥（红灯收录机）

　　不尽长江滚滚来（长江计算机集团联合公司）

　　春笋般鲜明的色彩　春笋般柔美的声音（山西无线电厂春笋电器）

　　商品牌号的宣传成功，当然不仅仅是一个语言技巧问题，首先是商品质量是否过硬，其次是宣传的立意是否新颖别致，但是这些都是离不开语言技巧的。从这个意义上看，广告语言的研究是非常有实用价值的。

（原载《中文自学指导》1991年第 1 期）

广告语言正误谈

由于时间和篇幅的限制，广告总是要求用最精练的语言来传达最重要、最诱人、最丰富的信息。这就要求广告语言必须比其他语体的语言更准确，更生动，更凝练。

1. "更准确"是指用词必须有明确的针对性，必须紧紧抓住顾客的心理。这首先要求根据不同的对象有的放矢。一则推销汽车的广告（日产汽车公司）着重宣传的是"安全、舒适、经济、耐久"，而另一则招徕乘客的广告（中国国际轮渡有限公司）则除了"安全、舒适、经济"相同以外，把"耐久"改为"快速"。显然，对买客来说，经久耐用是很重要的；而对乘客来讲，节省时间则显得更为迫切。其次，同义词在不同场合使用确有优劣之分，一定要细致、郑重地筛选最能反映出顾客心理要求的词语。一则宣传新引进 MD—80 客机投入运行的广告（中国民航公司）特地选用了"安全、安静、安适"三词为号召。照理讲，使用"安全、宁静、舒适"也是可以的，然而，由三个"安"字打头的词却使乘客获得了一种充分的安全感，它无疑胜过一杯高效能的镇宁剂，因为对飞机乘客来讲，"安全"是凌驾于其他一切之上的首要因素。此外，像"为了孩子，为了明天"（新华书店"六一"销书）、"机形虽小，功能全面"（casio 计算器）等都能针对不同层次不同需求的顾客的不同心理，广告语言颇具特色。

可惜，有些广告缺乏对顾客心理深入细致的研究，以至于"文不对题"。有一则推销轮胎的广告（正泰橡胶厂）画了哪吒脚踩回力牌轮胎在长跑，后面孙悟空追得气喘吁吁，标题是"休想赶得上我"。乍一看，构思似乎很新鲜，语言也很生动，但仔细一想却似隔靴搔痒，讲不到点子上。汽车轮胎能跑得快的关键在于发动机性能，与轮胎质量基本无关，顾客对轮胎的要求是"耐磨"，而不是"快速"，可见这则广告是失败的。有的广告则更糟糕，由于用词有歧义，产生的作用竟然是使顾客望而却步。例如一则广告推销的居然是"漏电开头"（嘉兴电气控制制造设备厂），这个偏正词组是歧义的，完全可能被理解为开关本身是漏电的，这种危及生命的开关有谁敢问津？当然，事实上这是一种"防漏电开头"，可是由于用词不准确，结果起了反作用，这恐怕是广告撰写人事先根本没有料到的。

2. "更生动"意味着构思要奇巧，语言要新鲜，形式要活泼。广告语言最忌平庸、雷同、浮夸。人云亦云的广告本身就是一种反宣传，是一种慢性自杀。事实证明，谁能出奇就有可能在广告战上取胜。"来自扬子江畔的风……"（安徽滁县电扇总厂）一语双关，因为推销的正是"扬子"牌电风扇，这一富有诗意的用语可以勾起顾客丰富的联想，仿佛扬子江上湿润、清凉、强劲的江风正迎面扑来……"芳草"牙膏之所以能畅销全国，和它的广告语言别具一格是密不可分的："春光明媚处处有芳草，洁齿爽口人人爱芳草。早晨起得早，天天用芳草。芳草牙膏，国内首创，中草药复方，止血脱敏芳草有特效。"由于语言生动，流畅，优美，上口，不少人都能背诵了，这对打开商品的销路自然大为有利。

相形之下，不少广告语言干瘪，面目可惜。或者是陈词滥调，什么"××宗旨，质量第一，用户至上，实行三包"，或者是空话连篇，什么"搞活经济，优质服务，全力四化，誉满全球"。这种"套话"就像张烂膏药，这个广告上能贴，那个广告上也能粘，缺乏个性，缺乏特色，缺乏新鲜感，也就是缺乏广告的生命力。但另一方面，离开了内容一味追求修辞上的新奇，往往也会弄巧成拙。有一个广告，推销的是"卫生杯、药用瓶塞、胶管"等医疗器材（上海新亚医用橡胶厂），居然用了骇人听闻的大标题："生灵的'魔王'"。在传统观念中，"魔王"是人类的克星，是邪恶势力的代表，那么，"生灵"又是指什么呢？人，还是病菌？如果指人，谁还敢买？！如果指病菌，可是下文却又明明白白写着"本厂愿为国内外厂商、顾客提供益寿延年的'魔具'"，这又该作何解释？"魔王"、"魔具"，故作惊人之笔，结果却适得其反。因此，平庸和诡谲都不足取。

3. "更集中"主要体现在突出重点。强调主要信息上。在广告林立的当今世界，要想让您的商品给顾客留下难以忘怀的印象，就必须脱颖而出，而不能淹没在广告的海洋中。这就要求我们紧紧抓住两点：一是主要信息多次反复，以加深刺激；二是关键性特点作重点介绍，以加强刺激。这方面，日本的广告商可谓深得其中三昧。日本 SONY 公司的一则广告就充分利用了"反复"和"设问"等修辞手法，集中宣传"SONY"这一商标名称。广告的通栏标题为："SONY 这是您第一次见到的名字吗?"广告下面用三分之一的篇幅印上巨大的黑体字母：SONY。题头第一句又用黑体："您知道带有 SONY 这四个字母的电器吗?"不仅如此，正文中又一再出现 SONY 字样。整个广告中，大大小小的 SONY 一共反复出现了 23 次之多，这种强化主要信息的作用使 SONY 字样在顾客脑海中深深扎下了根。某些商品的优点或特性当然是多方面的，如果平均使用力量宣传，虽然貌似全面，但给人印象反而淡漠、杂乱。因此，出色的广告往往是抓住最有号召力、最与众不同的关键性特点作重点介绍，从而取得"伤其九指，不如断其一指"的独特效果。这方面，日本夏普公司的系列广告是颇为下工夫的。它们的宣传各有侧重，而中心则围绕着"夏普——优质的联想"，即以高质量为号召。请看他们系列广告的标题："您也不需翻唱片了"（推销可两面自动播放的新唱机）、"喜爱的乐曲想反复地听"（推销各种型号收录机），"夏普设想，不同在此"（推销洗衣机、电冰箱等家用电器），成功的宣传秘诀就在于抓住特点、突出特点。

突出重点，集中宣传决不等于片面宣传。一则为空调机作宣传的广告（宁波家用电器一厂）着力宣传用了他们的空调机，冬天便"温暖如春"，可是，人们（尤其是南方）对空调机的要求主要是希望夏天降温，因此宣传"酷暑胜秋"恐怕比宣传"温暖如春"更有号召力，这样才能更集中地反映出该商品的特色。

（原载《修辞学习》1986 年第 6 期）

广告的语言锤炼

1988年《万花筒》连环画报原先的广告标题是这样的：

为什么中学生喜爱？因为她能陶冶情操，增添乐趣

为什么家长老师放心？因为她能引导阅读，开阔视野

这个标题用了设问句式，写得不错，但有两个不足：一是文字稍嫌拖沓；二是主题不够突出。

后来修改为：

为什么少年喜爱？因为她新奇有趣

为什么家长放心？因为她健康有益

这一改改得好：它更紧密地扣住了服务对象的心理，提出"新奇有趣"和"健康有益"，有的放矢，比原标题提法明确、集中；同时，她的读者对象不仅仅是中学生，故改用"少年"比较准确、概括，而少年儿童订阅杂志必须由家长同意，所以广告抓住了这两点。显然，这一修改是成功的。

对待广告语言，要像艺术家对待自己的艺术珍品一样，精雕细刻，决不能来半点粗枝大叶，如果以为谁都可以轻而易举地写好广告词，那不是误解就是无知。可惜的是，目前不少广告的语言还大有修改加工的余地，即使是一些写得比较好的广告词，仍有进一步锤炼提高的必要。例如：

美好的时代　美好的商店　美好的皮鞋　美好的服务

这是"上海美的皮鞋综合商店"的广告词，用店名"美的"构成双关语，又采用反复、排比等手法，不失为一个比较吸引人的标题。但是，"美好的时代"似嫌空洞，跟商品主题距离甚远，不如改为：

美的皮鞋　　美的艺术　　美的商店　　美的服务

不仅突出了主题，而且"皮鞋"同"艺术"、"商店"同"服务"双双呼应，岂不美哉！

广告的语言锤炼应特别注意以下六点：

1. 要注意准确，避免歧义或误解

准确，主要是指运用词语要准确。例如：

星球商标为您造福（上海向东仪器厂）

照理说应该是"星球"牌什么仪器为您造福，人们很难理解"商标"本身如何造福，这是用词不当。广告语言要特别警惕以辞害义，即为了迁就字数的匀称、结构的整齐而导致歧义。例如：

防晒之王　　今夏之最　　效果特佳　　国内最贵　　高级防晒增白霜

"国内最贵"这句话就可以有不同的理解，是昂贵？贵重、可贵？"贵"的基本义是价格高，而广告的意思显然不是在此。又如：

产必求值　　牌必求名　　货必求优　　效必求高　　造福儿童（南京儿童营养制剂厂）

什么叫"牌必求名?""名"不等于"名牌"，"名"有"名声"的意思，但只有在"出名"、"闻名"、"有名"这些词以及"名、特、优"简称中才保留该义，单用时只有"名字"义，为强求"X必求Y"这种格式，结果造成了用词不当。

这种准确性在商品牌号上显得格外重要，下面这则广告的标题就令人费解：

夏天无疗效骄人（江西余江县制药厂）

初一看，我们马上读为"夏天/无疗效/骄人"，叫人百思不得其解。看了正文才知他们推销的药品牌号叫"夏天无"，这一标题实在难以恭维，何况，"骄人"一说也很不好懂，是让人骄傲，还是对人骄傲？词义、句义都模糊。

2. 要注意新鲜，切忌平庸雷同

当年有一句广告词曾获得普遍好评：

第一流产品　　为足下增光

这是某工厂鞋油广告，"足下"为多义词，一为指代皮鞋，一为尊称对方，"增光"也一语双关，确实是巧妙妥帖，耐人寻味，然而，一批模仿广告马上接踵而至：

与时代同步　为足下增辉（兰溪市兰江皮鞋厂）

长江牌高级女式皮鞋　愿为您足下增辉（安庆市皮鞋厂）

亚洲牌美声牌皮鞋　令女士们足下生辉（上海亚洲皮鞋厂）

现在只要有一句比较好的广告词问世，马上就有一批广告紧追不放。例如推出一句"××是您的理想选择"，马上出现了"××是您的最佳选择"，"××是您的当然选择"，"××是您的唯一选择"等；推出一句"欢迎您加入××大家庭"，同样又有一批"欢迎您加入××行列"，"欢迎您加入××世界""欢迎您成为××家庭中的一员"等。这种模仿之风现在是越刮越烈，有的甚至于完全照抄：

飞跃电话机　两情一线牵

九十年来我们的主要产品是进步

第一例是模仿当年美国贝尔电话公司的广告标题"两情一线牵"，第二例某化妆品广告则是照抄当年美国通用电器公司的广告口号"我们的主要产品是进步"。

3. 要注意精练，避免重复拖沓

广告语言要求高度精练，不仅因为广告费用昂贵，而且没有一个顾客愿意花时间精力，去看或听那种啰唆的广告的，有一则推销高效新颖ZD节能灯具的广告，列举了几条优点，其中两条是：

光效高　每瓦相当于白炽灯四倍

耗电省　光效比普通荧光灯管高 20%

光效高，实际上就是耗电省，这从下一条的解释中也可以清楚地看出，用两种方法来计算，实质上是信息赘余。

语言部分重复也是一种赘余。例如：

妮维雅霜保护和护理你的皮肤……

"护理"一词的意思是"保护管理，使不受损害"。所以"保护"一词可省，或改为"滋润"。

要特别提出的是，必要的反复可以加深刺激，这不等于不必要的重复，尤其是用于牌号宣传时。例如：

五华五华　伞中之花　五华五华　驰名中华（上海五华伞厂）

可蒙使你生活更美　可蒙使你出类拔萃

可蒙可蒙（可蒙化妆品）

4. 要注意恰当，不要夸大出格

每个广告自然都要尽力宣传自己商品的优点，这是无可非议的，所以有一些溢美之词也是可以理解的。但切忌说大话，说得过头，这样反而难以使人信服。有一则联合展销广告就有这种毛病：

展销单位：历史最久　牌子最老　规模最大　设备最新　品种最齐
　　　　　质量最优　销路最广　销量最大

展销期间：特别优惠　特快交件　特色商品　特优服务

一则广告中居然连用八个“最”、四个“特”，实有华而不实、夸夸其谈之嫌，很容易引起反感。

此外，广告语言不要哗众取宠，这样做往往会弄巧成拙。例如：

注意：97.68％成年人脸部都有螨虫感染（扬州美容化妆品厂）

人的脸上可能会有螨虫，但大部分并不感染。可是，居然统计出97.68％这样庞大而精确的数字，反而使人感到危言耸听，客观上其市场效果很糟，许多人都认为这是在摆“噱头”。

“恰当”的含义是很丰富的，它还包括运用修辞手段要恰当。例如海南电子有限公司的一则广告采用了比喻做标题：

椰岛的彗星

“彗星”是指绕着太阳旋转的一种星体，通常在背着太阳的一面拖着一条扫帚状的长尾巴，俗称“扫帚星”。中国的民俗把扫帚星视为不吉之兆，常有人骂对方为扫帚星的，现在广告自称是“椰岛的彗星”。等于是自己骂自己是“椰岛的扫帚星”，这总不会是广告的原意吧！

5. 要注意通俗，避免冷僻艰涩的词语

广告语言面向大众，要使消费者一看就懂，一听就明。有的广告内容可能会涉及一些科技术语，就要想方设法使之通俗化。有一则化妆品的广告标题是：

神奇的天然药物积雪甙　令您的肌肤更清爽

这个“甙”认识的人可能微乎其微。据《现代汉语词典》解释：“甙”读为 dài，意思是“有机化合物的一类，广泛存在于植物体中，由糖类和非糖类的各种有机化合物缩合而成。一般多是白色结晶。也叫配糖物、配糖体或糖苷（gān）”。这类专门术语在广告中完全可以也完全应该回避。

通俗还指要口语化，那种咬文嚼字、故做深奥的做法是不足取的。例如：

值此我厂五秩荣庆之际，感谢广大用户的信任和支持。（上海第九制药厂）

"五秩"这词显然不是一般读者能理解的。"秩"即十年，五秩为五十年，为什么不老老实实用"五十年"而非用"五秩"不可呢？

6. 要注意规范，防止误用并杜绝生造词

（1）防止误用。1988 年除夕，报上有两条广告，其中"阑珊"一词都用错了：

今天是除夕、灯火阑珊，春意融融。（双鹿冰箱）

在除夕晚上的阑珊灯光下，在合家团圆的年夜饭桌上……（申花洗衣机）

"阑珊"的意思是"将尽，衰落"，正如辛弃疾词所描写的："众里寻他千百度，蓦然回首，那人却在灯火阑珊处。"指的正是在灯火已趋残落、消尽时才发现他的情人，显然用它来形容除夕之夜合家团圆时欢乐、明亮的灯光是不适宜的。

（2）杜绝生造词。"三色牌"沙发展销广告词是：

高雅，高贵，高观，舒适极了！

"高雅"、"高贵"都可以理解，可是"高观"是什么意思？这个词显然是为了同前两个"高×"相呼应而杜撰出来的。

（3）避免随意缩写。香港"五丰行"的一则广告词是：

传统酿造玫、加、高　天津出产最地道

什么叫"玫、加、高"？看了照片上的瓶酒商标才明白，原来是"玫瑰露酒"、"五加皮酒"和"高粱酒"的简称，真有点让人哭笑不得。

（原载《汉语学习》1989 年第 4 期）

广告口号的魅力

一、口号的特点

如果说标题是广告的脸面，那么口号就是一双传神的眼睛。就广告的总目标来讲，标题与口号都是一致的，出色的标题经常使用，就有可能变为口号。例如：

走遍天涯海角　人间处处有大宝（北京三露厂）

这本来是标题，后因长期使用而成为"大宝"系列化妆品的广告口号。有的标题，同时也具备了口号的一些基本特点，因而事实上已同口号融为一体了。典型的例子如：

我只用力士（力士香皂）

这句话在"力士"系列广告中，有时做标题，有时做口号，可以说是一身兼二职。

为了宣传的需要，口号有时也可以进入标题，从而使口号更深入人心，例如上海"申花"洗衣机的著名口号是"领先一步"，它的广告新标题是：

以"领先一步"著称的申花洗衣机帮助您领先一步取得成功（上海三菱电器总厂）

口号也有从广告歌曲中选取的，例如"白猫"洗衣粉和"水仙牌"洗衣机都有一首优美动听的广告歌曲，这两首歌可以说是家喻户晓、风靡全国了，广告口号就各选自开头两句和结尾两句歌词："洗衫不用愁，白猫帮你手"，"幸福家有水仙牌　美好生活新开始"。

但是，口号毕竟不同于标题，二者起码有三点不同之处：

1. 反复性

标题经常根据不同情况不同要求而变化，固定不变的标题常常会使消费者感到厌烦，因而标题要富有"刺激性"和"新鲜感"；而口号则要相对稳定，特别是相当成功的口号，有些类似于商标，不宜随便更改，有时一个精彩的口号可以好多年保持不变，从而显示该类广告的连续性，在消费者头脑中留下较为深刻的痕迹，只要一看到或一听到这句口号，马上会产生一种条件反射：这是我的老朋友又在说话了，因而油然而生一种亲切、温暖"的感觉。例如中美合作北京隐形眼镜有限公司做的"博士伦"隐形眼镜系列广告，虽然标题各个不同，然而口号却始终只用一个：

戴"博士伦"舒服极了！

口号只有不断反复，加强刺激，才会产生预期的效果。不变的口号，多变的标题，两者密切配合，这才是广告成功的秘诀。

2. 朴素感

标题要追求新、奇、美，应调动一切语言修辞手段，让顾客一下子被吸引住，并过目难忘，因而标题要别出心裁，花样翻新，出奇制胜；而口号则力求"朴素"、"自然"。前者好像社交场上的姑娘，千姿百态，后者就如推心置腹的老友，坦率诚恳。口号越是朴素无华，越是平凡无奇，就越能引起顾客共鸣，作用也就越显著。而那种华而不实、无病呻吟、哗众取宠的口号往往适得其反。雀巢咖啡的口号之所以获得极大成功，关键一点就是它把享用雀巢咖啡所有的好处浓缩成一句大白话：

味道好极了！

这句口号一出台，便不胫而走，在全国打响。只要一说这句话，马上会使人不由自主地联想起喷香可口的雀巢咖啡，甚至在许多场合，人们也常常用这句话来打趣。

3. 口语化

标题可长可短，复合性标题以及正副标题配合使用的组合性标题一般都比较长，在语言上还有书面化趋向；而口号则力求简短，上口，易记，易诵，这表明口号有明显的口语化趋向。如上述的"味道好极了"

就具有口语化的特点。

简而言之，反复性、朴素感、口语化这三点正是广告口语的最主要特点，也是跟标题不同的最明显区别点。

二、口号的拟写

拟写口号必须注意以下几点：

1. 口号要便于记忆，易于背诵。这就要在语言上下大工夫，精心锤炼。改造现成的成语、谚语不失为一种好方法。因为成语、谚语在群众中广为流传，是群众喜闻乐见的一种形式，稍加改造作为广告口号，确能起到事半功倍的作用。例如：

路遥知马力　日久见"跃进"（华东汽车贸易中心）

宁可食无肉　不可居无竹叶青（中国酒业贸易有限公司）

汉语语汇有双音节化趋向，因而四字格结构特别上口，如果还能押韵，那么读起来不仅有节奏感，而且有韵律感，这样的口号自然会不胫而走了：

家有凯歌　幸福欢乐（上海无线电四厂）

星河音响　不同凡响（佛山星河电子音响总公司）

如意如意　尽如人意（"如意牌"气压式保暖瓶）

2. 口号要符合群众心理，要符合民俗、国情。

上海无线电三厂为"红灯"收录机做广告，口号是：

红灯闪亮　如意吉祥

按中国民间传统，红色代表吉祥，逢年过节、吉庆大典，都要红灯高挂，所以这一口号很符合中国人的心理，颇受欢迎。广东"万宝"电器集团的口号也很得人心：

万宝家庭　万事胜意

"万事如意"是中国人常用的一句祝福辞，而"万事胜意"当然是更上一层楼了。

3. 口号要有独特个性，要有新意，同时又符合商品的特点。

当年南洋兄弟烟草公司"百万金"香烟广告口号是：

饭后一根烟　赛过活神仙

这句口号至今仍为许多瘾君子所津津乐道，成为谢绝戒烟的托词，可见其影响之深远。

要拟构出与众不同的口号来，就必须尽量摆脱旧框框的束缚，走自己的路。上海三菱电器总厂"申花牌"洗衣机的口号便是个好例子：

领先一步

这句口号简短、朴实、上口，又有个性，在广播、电视、报刊上反复宣传后，实际上已成为"申花"洗衣机的专利口号了。

4. 口号要认准服务对象，有针对性。这样才能有的放矢。广东健力宝集团和南京电扇厂"亚美牌"微风保健电扇的口号就很有针对性：

你要身体好　请饮健力宝

家有微风扇　睡眠更香甜

有的口号孤立起来看没有什么不好，却忽略了服务对象的特殊性。上海港客运总站旅游部的口号是：

笑迎天下客　温暖万人心

这句口号如果作为"客运总站"的广告来讲，虽嫌一般化但也未尝不可，然而"旅游部"服务对象并非一般来往旅客，而是旅游者，再笼统地讲"温暖万人心"就有点隔靴搔痒了。

5. 口号要尽可能唤起消费者的好奇心，并且带有鼓动性，能促使顾客尽快把愿望变作行动。上海第一百货公司、华联商厦于 1989 年初推出美国"V05 护发焗油"，其广告口号颇能吸引人的：

一分钟使您秀发显示高贵本色

口号强调了"一分钟"时间之短，这"一分钟"便激起了顾客的好奇心，因而这种新产品便被称为"一分钟护发焗油"。

中美天津史克制药有限公司推出新药"肠虫清片"（ZENTEL）的广告口号是：

只服一次 即能显效

口号强调"只服一次"，很有鼓动性，就有可能促使病人去买这种新药来试一试。

三、口号的类型

所有的广告都有标题，不管是直接标题还是间接标题，然而不是每个广告都拥有口号的，事实上，只有少数广告才配上口号，其原因之一是大多数厂商至今尚未真正认识到广告口号的重要作用。相比之下，口号的类型就远不如标题类型那么复杂。口号的基本类型有三种：

1. 鼓动性口号

鼓动性口号往往集中为一句带请求、祈使、催促口吻的话，最著名的例子就是美国可口可乐公司的口号：

请喝可口可乐吧！

这类口号还有：

欲购"快乐牌"　请到益民来（上海益民百货商店）

请选用卡西欧盒式录像带（日本力シオ卡西欧计算机株式会社）

2. 表彰式口号

即把商品的各种优点、特色凝聚成一句话，让它在人们心中扎下根。著名的口号如：

卡西欧领导时代新潮流

这类口号还有：

选用"上卫牌"一百个放心（"上卫牌"便携式抽水马桶）

护肤保芳华　全凭莎丽雅（广州日星白云山有限公司）

3. 情感式口号

口号以情动人，已成为一种新的潮流。例如。

欢迎加入上海三菱大家庭（上海三菱电梯）

上海大众永远和您在一起（上海大众汽车有限公司）

"飞亚达"永远是广大顾客的忠实朋友（深圳飞亚达表业有限公司）

（原载《修辞学习》1989 年第 5 期）

广告标题语比较趣谈

优秀的广告标题语，初次感觉必定是让人耳目一新；仔细想想，又会由衷地感到正中下怀；事过境迁，还能使人回味无穷。要真正做到这三点，关键在于广告标题语的立意必须具有独创性，既有新意又有魅力。

广告标题语的优劣高下，决定于许多复杂的因素。如果就广告标题本身而论，孤立起来往往很难得出明确的结论。中国有句谚语，叫"不怕不识货，只怕货比货"。比较才能显示差别，比较才能识别优劣，通过比较，可以更清楚地看出不同广告标题语各自的长短。

一、同一产品的并列广告比较

香港"哈佛织发中心"在 1988 年 6 月做了两则广告，一则在《星岛日报》上，标题是：

全力推广解决秃头之道

另一则在《明报》上，标题是：

只需两周　乌发长满头

前者用了"新闻式"标题，后者用了"承诺式"标题。相比之下，前者嫌太直太露，直书"秃头"对顾客心理是一种刺激，而后者则比较委婉含蓄，既答应了"只需两周"，又展示了美好的前景"乌发长满头"，显然更具有吸引力。像这类涉及顾客身心缺陷的广告，特别要注意顾客的心理反应。以消除狐臭为目的，"西施兰夏露"的广告标题就设计得颇为巧妙，让顾客油然而生一种亲近感：

您的秘密将只有西施兰和您本人知道

再看看上海合成洗涤剂三厂关于"双鲸牌"柔软调理剂的两则广告也很有意思：

您真会洗衣吗？洗衣观念的革命：

传统的两步法：搓洗—漂清

现代的三步法：搓洗—漂清—柔软

双鲸柔软调理剂

现代文明带来了新的洗涤观念。

洗涤—漂洗—柔软处理

前一则广告的设问问得很奇巧，谁还不会洗衣呢？这就促使顾客怀着好奇心再看下文，接着又采用新旧观念的对比手法，显示了现代洗衣观念的更新。相比之下，后一则广告比较平淡，缺乏魅力。

事实说明，广告标题语的写作手法层出不穷，关键是要寻找出最适合表现所要宣传商品的那种方式，只有这样，才能使自己的广告脱颖而出。

二、同类产品的不同广告比较

下面分别是西安造纸机械厂和上海造纸机械厂的出口广告标题：

造纸机拉出的不是纸，而是 $ $ $ $ $

可靠与优质的象征

这两个标题应该说是各有千秋，前一个采用"超常式"，后一个采用"赞美式"，但显然西安造纸机械厂的广告更高一筹，造纸机拉出的自然应该是纸张，怎么会是 $（美元符号）呢？这种超常的判断促使人们去思索去联想，原来它的潜台词是：造纸机将源源不断地为您创造出财富。这一手法实际上是从美国一则相当成功的广告脱胎而来。当年，美国得克萨斯州的 ARMCO 金融有限公司的一幅广告上画着一个又粗又大的自来水龙头，从它的嘴里流出来的不是水，而是美元 $ $ $，广告标题是：

△Turn on A New Source of Equipment Financing（打开筹集设备

资金的新财源）

这个标题告诉人们：ARMCO 金融有限公司财源雄厚，犹如流水一样源源不断，也表现了该公司的利率像水一样低廉和服务的方便，可谓独具匠心。西安造纸机械厂的广告借鉴了国外广告的成功经验，又创出了新意。

文学创作贵在创新，广告创作也是如此。然而，在广告界，模仿，甚至明目张胆地抄袭亦不乏其例。当年某家工厂的鞋油广告打出了这么一个标题语：

第一流产品　为足下增光

这句广告语得到了普遍好评，"足下"为多义词，一指皮鞋，一为尊称，"为足下增光"一语双关，巧妙妥帖。于是，一批大同小异的皮鞋广告标题也接踵而至，如果说所有的皮鞋广告都用"为足下增光"之类的语言，岂非皮鞋的悲剧！难道说再也找不到精彩的标题了吗？请看台湾"爱迪达"运动鞋的广告：

鞋子就是路

穿一双不好的鞋子，在一条平坦的路上跑，结果，感觉上还是等于在一条坏路上跑；穿一双爱迪达的鞋子，在一条坏路上跑，结果就等于跑在一条平坦的路上。

这条广告的立意是十分新颖的：一双好鞋等于一条好路。它的潜台词告诉顾客：路，你是无法改变的，而鞋却是你可以选择的。不但构思巧妙，而且寓意深长，颇有哲理性。

要想在广告宣传中立于不败之地，只有抛弃陈旧的观念，借鉴国外广告宣传中成功的经验，有所突破，有所创新，形成具有中国民族特色的广告风格。

三、同一创作手法的不同广告比较

假设性标题通常是很有魅力的，它往往先提出某种假设，然后据此推出某种结果，而这种结果将敦促你采取某种购买行动。下面两个报刊的广告标题都用了假设方式，而且各有特色：

你读青年报如果没有味道可以扔掉！

如果你不读改刊后的《文化与生活》，本刊将失掉一个读者，而你将失掉一个世界！

前者从正面假设，而且夸下海口：没有味道可以扔掉！确有初生牛犊不怕虎的自信与魄力；后者则从反面假设，同时又运用对比手法，惋惜之情溢于言表，显得更为婉转与策略。两者相比，前者嫌直露了点，而后者则更值得回味。

充分利用具有汉语特点的成语、谚语，是中国广告的特色之一。但同样的创作手法在不同商品的广告中效果却往往并不相同。当年日本"丰田"车的广告曾风靡一时，撇开其他因素不谈，就广告标题来讲，还是相当成功的。

车到山前必有路　有路就有"丰田车"

可是，后来又有一则国内广告也模仿这一手法：

行到山前必有车　有车就有"回力胎"

这未免有东施效颦之嫌了。下面再看两则对外广告，它们的标题几乎一模一样。一则是深圳竹园宾馆的广告：

宁可食无肉　不可居无竹

另一则是中国酒业贸易有限公司的广告：

宁可食无肉　不可居无竹（叶青）

两则广告采用同一手法，甚至是同一谚语，也都扣住了所要宣传的中心，难分伯仲。但仔细推敲起来，前者是直接引用，缺少点回味；后者则又用了替换，用"竹叶青"（名酒）来替换"竹"，这种小小的变化，透露出一种幽默和风趣，似乎是一个老朋友在开一个小小的无伤大雅的玩笑。

广告标题语的比较，不只是简单地评判广告的得失，它将促使我们更深入地去思考一些问题，例如：中国广告标题如何充分体现汉语的特点，中国特色的广告风格究竟是什么，广告用语的艺术化途径如何开创，等等。

（原载《应用写作》1990 年第 9 期）

广告视点移动带来的变化

广告宣传，通常总是以商品作为视点的主体，因此多数广告都采用第三人称口吻。把宣传的重点放在商品的价廉物美等等上面，而且在这方面确实动足了脑筋，甚至不惜动用一些最高级的形容词。但随着广告的泛滥，形容词似乎也用得差不多了，现在出现了一种新的趋势，即开始选用一些高级名词了。例如：

1. 开开衬衫　领袖风采（开开百货公司）

2. AV 的王者　胜利的标志（JVC 公司）

3. 帝皇的气派　豪华的享受（深圳帝豪家什）

广告当然难免要自赞自赏一番，但这种自诩性广告往往有自吹自擂之嫌，于是，另一种恭维性广告即应运而生。例如：

4. 天才就是您（"小天才"游戏机）

5. 音乐天才的梦（雅马哈——系列电子琴）

这类广告以顾客为宣传主体，强调的不再是商品如何如何，而重点突出顾客的优越性或将会因此而获得什么好处。这就涉及广告视点从商品转移到顾客的战略性变化。与之相配，第三人称的口吻也改为第二人称的口吻，这类广告方兴未艾，并显示了较强的生命力。有一则上海澳隆服饰有限公司的招聘广告是这样写的："你敢闯澳隆吗？闯进来一定会获得一份成就感。"由于采用第二人称，好似当面娓娓而谈。厂商与顾客之间的距离无形之中缩短了。又如：

6. 她工作您休息（凯歌全自动洗衣机）

7. 为使您的孩子更聪明（三星彩色铅笔）

8. 让您的生命永葆青春绿色（生命口服液）

9. 卡拉OK，您的私人乐队（先锋音响）

使用第三人称，往往给人一种商店推销员的感觉，买方与卖方的关系十分清楚；一旦改用第二人称仿佛老朋友在亲切交谈，这时商业广告的味道大为削弱，而人情味儿则大大增加。这类广告由于主要体现了为顾客利益考虑这样一种新的思路，因而顾客容易产生一种亲近感、信任感、满足感、从而被感染、被说服，产生购买的欲望。

从宣传商品到突出顾客，这是一个很大的变化。然而，使用第二人称，尽管距离缩短了，但毕竟还是隔了一层。现代广告的又一变化是干脆把广告的立足点完全移到顾客身上来，即采用第一人称，让商品的使用者讲述自己的亲自体会，从而突出商品品质的可靠性与真实性。这类广告最著名的当推"力士"香皂了，国际著名影星娜塔莎·金斯基亲口告诉大家："我只用力士！"可见，第一人称的广告如能由名人，包括歌星、影星、球星出面，由于他们在一大批歌迷、影迷、球迷及广大群众中有相当的号召力，就有可能产生轰动效应。又如：

10. "金胆"治胆还我舒坦（金胆片）

11. 听自己的，喝贝克（贝克啤酒）

从根本上讲，第一人称的使用完全消除了厂商与顾客之间的距离，心理上没有障碍，具有较强的感染力。有的广告同时采用第一、二人称也是颇具特色的。例如：

12. 东芝高保真立体声谱伴你我共度良宵（东芝音响）

13. 好运伴君度盛夏　露伊情系你我他（露伊化妆品）

有的广告尽管没有出现第一人称，但是用了第一人称的口吻，也是有相当吸引力的。例如：

14. 终身伴侣（丰华圆珠笔）

15. 众里寻她千百度（超强无跟丝袜）

话语分析特别讲究交际角色的变换，第三人称是一种客观的口吻，侧重评价；第二人称是对话者的口吻，侧重交流；第一人称是亲历者口吻，侧重体验。这三种观点的移动，并无上下之分，关键是运用恰当，但由于第一、二人称有其特殊的淡化广告意识，缩短乃至消除厂商与顾客之间心理距离的功效，因此现代广告对这种新手法相当重视。

广告中引用外文已成为一种时尚，或者是牌号使用英文，以显示其为舶来品或类同于舶来品。例如：

16. 今复流行 Carrot（凯乐特）

17. Bveera 运动鞋　步步流行（倍福来）

或者是广告中夹用英文，以显示一种"洋派"风味。

18. 请您在掏钱之前，验明正身 OK（南方黑芝麻糊）。

（原载《语文学习》1994 年第 8 期）

广告的"名句"效应

理想的广告词，不仅应该新鲜、独特，让顾客留下深刻的印象，能刺激起强烈的购买欲望，而且也应该让人们感到亲切、温馨，能唤起感情上的共鸣与交流，并使之过目（耳）难忘。如果说前者是符合了人们的"求新"意识，那么，后者则迎合了人们的"怀旧"心态。目前广告中出现的一种热门品种——"名句"的借用或仿用，就充分显示了这种特殊的艺术魅力。

所谓"名词"是指一些家喻户晓、脍炙人口的佳句，包括优秀诗词、流行歌曲、精彩对联，甚至于走红的电影、电视、小说的名称等。由于它们广为流传，为人们所熟知，具有相当的"知名度"，其深层丰富而独特的文化内涵与表层的广告导向巧妙地融合在一起，从而产生出一箭双雕，新旧呼应的奇妙效应。

"名句"广告从形式上讲，大致有两种：一是借用双关型，即直接引用某一名句来充当广告词或广告词的一部分，它又有两种类型：1. 移植型；2. 嫁接型。例如：

（1）爱你有多深（丽妃系列化妆品）

（2）大红灯笼高高挂（郑明明化妆专柜）

（3）六宫粉黛皆无色　霞飞皇后独娇媚（霞飞香波）

（4）狼迹天涯伴您行　与狗共舞传真情（狼牌运动鞋）

例（1）是一首港台流行歌曲名，例（2）是巩俐主演的一部获国际大奖的电影名；例（3）借用白居易名诗《长恨歌》中的一句，例（4）"与狼共舞"则是美国一部著名电影名。（1）（2）属于移植型，（3）（4）属于嫁接型。

二是仿用联想型，即保留原来名句的基本框架，又根据广告的需要进行适当的改造，从而使旧瓶装新酒，让人产生种种丰富的联想。它也有两种类型：1. 替换型；2. 模式型。例如：

（5）风光这边独好（"风光牌"窗帘）

（6）特别的味，给特别的你（中外合资顶好食品有限公司）

（7）女人的一半是男人，男人要做男子汉（宁红男子汉茶）

（8）借问购房何处优　行家首指锦鸿楼（锦鸿公寓）

例（5）仿用毛泽东诗词中的名句"风景这边独好"（清平乐·会昌），例（6）套用港台流行歌曲"特别的爱给特别的你"；例（7）是从张贤亮的小说《男人的一半是女人》脱胎而来；例（8）则按照杜牧《清明》的名句"借问酒家何处有，牧童遥指杏花村"改造而得。（5）（6）属于替换型，只改动了原句中个别词语；（7）（8）属于模式型，不拘泥于改动词语多少，着力于保留名句的格式框架，以突出名句的整体形象。

"名句"广告之所以别具一格，其原因主要是因为：

第一，名句往往有特定的情调氛围，能使人产生一种定向思维，造成一种意境。例如当年台湾歌星赵传的两句歌词"我很丑，但我很温柔"打动了多少少男少女的心。"唐锋暖风机"用来仿造的广告词是："我很小，但我最温暖"，新广告词和旧歌词都传递了这么一个信息：很丑（很小）并不要紧，关键是我很温柔（我最温暖）。又如辛弃疾词《青玉案·元夕》："众里寻他千百度，蓦然回首，那人却在，灯火阑珊处。"把在灯会上邂逅情人的惊喜之情描绘得惟妙惟肖。"破六素足超强女丝袜"就借用了第一句来刻画顾客寻觅称心商品时的情态，从而使商业的买卖关系蒙上了一层含情脉脉的纱罩。

第二，名句往往拥有深厚的文化内涵，巧妙地借用可以使原本比较浅薄的商业味广告显得深沉、厚实起来。例如"好人一生平安"是轰动一时的电视连续剧《渴望》的主题歌，观众对其中的女主人公刘慧芳充满了同情和爱，"明星护手霜"广告"好人一生平安　好手日舒畅"就利用人们对好媳妇的爱心引渡到对女人的手爱护上去，用心颇为良苦。又如流行歌曲《奉献》有好几段词，分别唱给爱人、朋友、小孩、爹娘,"金牡蛎胶囊"的广告采用了第一段的前半部分和第四段的结尾并略作改动:"长路奉献给远方,玫瑰奉献给爱人,我拿什么奉献给你,我的爹娘?"突出儿女的孝顺心,更符合中国传统文化的美德。

第三,名句往往产生于一定的上下文中,广告口号虽然只选用一两句,但从中可以体会出丰富的言外之意。例如"隆力奇系列保健品有奖销售"的广告是这样的:"请把我的奖带回你的家。"这是套用上海第一届国际电视节主题歌"请把我的歌带回你的家,请把你的微笑留下。"广告虽只截取了前两句,但最后一句的情深谊长的含义却能使人们心领神会。

名句的借用仿用,一是要注意"贴切",即与广告宣传主题要有内在的联系,这样才能相得益彰。例如"蓝梦席梦思"的广告是"春眠不觉晓　还是'蓝梦'好",引用孟浩然的《春晓》就比较吻合。二是要注意"格调",即不要因词害意,要尽可能使广告与原句情调保持一致。例如迪桑收音机的广告仿造了一副著名的对联:"风声雨声求知声声声入耳,家事国事改革事事事关心"就相当不错。当然也有意境不太高的,例如有一则化妆品的广告是这样写的:"生命诚可贵,青春价更高,若言岁月拢,莫再错彷徨。"这与匈牙利诗人裴多菲的原诗句"生命诚可贵,爱情价更高,若为自由故,两者皆可抛"相比,水平与境界明显不可同日而语了。

(原载《交际与口才》1994年第8期)

幽默在广告语中的特殊作用

幽默是人类精神生活中不可缺少的调味品，也是人类心理活动中非常重要的滑润剂。幽默也是一种才华，是现代人所必须具备的文明品质，是衡量一个人素质高低的重要标志。我们可以用幽默来增加生命的活力，使生活更有情趣；也可以用幽默来改善环境，使你得以与周围的人们友好地相处。无论对内心世界，还是对外部世界，幽默往往会给人一种"轻松"、"愉快"的感觉，可以说是人类世界必不可少的。

在市场经济的交往中，厂商和顾客处于买方和卖方的对立面，厂商要努力宣传自己的产品如何如何出色，而顾客对这种宣传总是抱着一种高度的警惕性，带有一种明显的不信任感。幽默广告的特殊作用就在于用它的诙谐、机智、俏皮、调侃、风趣使顾客情不自禁地发出会心的微笑，从而化解了这种对立情绪。这是一种相当有效的心理战术。上海电视台的"智力大冲浪"节目有一次要求大家为拖把设计一个广告语，在众多的广告语中，被评为最佳广告语的是"他天天哭，我天天笑。"这就是个相当有幽默感的广告，拖把浸了水，就好像在"哭"，而房间干净了，我自然是天天"笑"。据说日本有一家牛奶公司为他们的酸奶做了个广告：

酸奶的味道就像初恋

有人对此提出了疑问："如果是个小孩子，他会问，'什么是初恋的味道'，你怎么回答？"那厂商回答得十分巧妙：

初恋的味道就像酸奶

这一广告语后来被推为幽默广告的代表作。

幽默广告的手法之一，是用坦率的双关语，博得顾客的理解和同情。日本有一家饭馆，在大门口贴出一张广告：

　　请到这里来用餐吧！否则你我都要挨饿了！

它的妙处就在于说出了大实话，而且，这个"挨饿"是一语双关，你不用餐，是一顿挨饿，而我却必将因饭馆倒闭而长期挨饿。还有一家理发店的广告也利用这种双关语：

　　别以为你丢了头发，应当知道你已赢得了面子

这里的"面子"就是一语双关，表层是指"脸面"，深层则指"体面"。

　　幽默广告的手法之二，是故意自贬，公开承认的缺点或错误，从而造成一种惊讶，然后让你体会其中的奥妙，例如有一家电风扇的广告公开承认：

　　我们的名气这么大，是靠吹出来的

粗粗一看，说"名气是靠吹出来的"，这个"吹"是"自吹自擂"、"吹牛皮"的"吹"，那当然要不得。可是仔细一想，哪个电风扇不是用来"吹"风的？广告说的确实是大实话，问题的关键在于此"吹"非那"吹"。又如"春兰空调"的广告语是：

　　春兰空调唯一的缺点是一年只有一季

其实，春兰空调所宣传的主题正是"一年四季都是春"，现在这样正话反说，就带有一种开开无伤大雅的玩笑的意思，以制造一种轻松有趣的气氛，这比公开地鼓吹自己产品的质量有多出色显然要高明得多。这类广告还有：

　　只有一个问题上菱不能回答——什么是霜？

　　世界上没有十全十美的商品，吉林省图们市金属制品厂生产的"狮版"保险柜也不例外。……最大的缺点是用密码上锁，必须用密码开锁，不然的话要焊枪切开，这是唯一的办法。记密码有困难的人，请不要使用"狮牌"保险柜，免得麻烦。

　　假如你洗了发用达尔美，那你只能得到一头乌黑光亮的头发，却要失去那么多的头屑和灰尘，啊哈，所以在买以前，你一定要三思啊！

　　幽默广告的手法之三，是利用贬义成语，而实际上则是在宣扬自己产品的优越性。例如：

　　无中生有（专治不孕症的一种药）

臭名远扬　香飘万里（王致和臭豆腐）

掌握分寸　避重就轻（美容院减肥）

软硬兼施　你必大成（大成计算机技术公司）

吝啬本色（中意电冰箱）

"无中生有"是指本无其事，凭空捏造，显然是贬义，但移过来用于治疗不孕症，却是一语中的，让人笑逐颜开；"臭名远扬"，如果是指名声，那当然不受欢迎，然而这里是指臭豆腐，本来就是闻闻臭，吃吃香，所以下面一句广告语是"香飘万里"；"避重就轻"，同样有批评义，是指只拣轻的事来做，回避有困难的重大事情，或者只谈次要问题故意回避要害问题，但是，对减肥来讲，当然需要减轻身体的重量，所以说"避重就轻"；"软硬兼施"一般都表示贬义，有引诱收买跟威胁逼迫双管齐下，不择手段的味道，而恰巧计算机科学有"软件"和"硬件"之分，而且少了哪一样都不行，所以当然是"兼施"了；"吝啬"和"节约"是一对反义词，前者自然是贬义了，没有人会自认是吝啬的，广告的正方对此作了一番解释："新一代节电型中意冰箱，使为耗电而苦恼的用户看到希望，按国情特别设计的中意电冰箱是同等星级冰箱中每百升耗电最省的，用电之节省深得主妇们的欢心。"显然，这种表贬实褒的手法，给人一种特殊的乐趣，比一般下面的一本正经的宣传更能获得顾客的欢心。

幽默广告的手法之四，是利用同音字的替换，从而造成一种出其不意的效果，并通过表面和深层两种语义的相互映衬，让人感到一种奇特的情趣。例如：

趁早下"斑"（某化妆品）

请勿"痘"留（去青春痘药水）

"趁早下班"和"请勿逗留"是两句日常生活中的习惯用语，现利用同音字"斑"和"痘"进行替换，这可是有的放矢，"斑"当然要尽早"下"，"痘"也不能再"留"。

幽默广告的手法之五，是故意把话说含糊，造成某种误会，但同时可以清楚地看出是在开玩笑等。例如：

别告诉你的丈夫，你爱上了一位百万富翁（林特牌百万富翁巧

克力糖）

　　法国"第一夫人"与您同行（法国"雪铁龙"汽车）

　　这类幽默广告似乎在国外更为合适，中国的老百姓一般不太欣赏这种有些暧昧的玩笑。所以，当某个口服液广告宣传"每天送你一位新太太"时，马上就遭到了普遍的非议，显然，这种幽默可能不太适合中国的国情。

（原载《中文自学指导》1995 年第 1 期）

广告语创作的怀旧心理

人们，尤其是中老年人，在心灵深处总是保留着一些对美好往事的回忆，这种回忆就好像陈年美酒一样，越陈越香，越想越有味道。以前有一首很著名的歌：

小时候，我听妈妈讲，

大海就是我故乡……

这首歌的曲调相当优美，舒缓，勾起人们多少美好而难忘的回忆。我们不能割断历史，当然，我们也不可能抛弃回忆。有的广告语就有意识地调动这类回忆，以旧联新，激起对所宣传产品的偏爱，这是一种"爱屋及乌"的手法。"南方牌黑芝麻糊"的电视广告是相当有名的，它随着童年时津津有味地吃黑芝麻糊画面的再现，一个中年男子的画外音缓缓响起。

小时候，一听到黑芝麻糊的叫卖声，我就再也坐不住了……

一股浓香　一缕温情

这情这景，使人不由自主地产生想喝黑芝麻糊的念头，这类以"小时候……"起头的广告语已经蔚然成风，例如"上海东申天然矿泉水公司"的广告正文是：

小时候，在我家屋后有一口古老的水井，井水很清很凉。"快，拎水去！"

妈妈一吩咐，你就立刻能听到我和妹妹在井台打水时的嘻笑声……

如今，清凉的井水不再有，而取自蕴藏在古长江入海口地下236米的第四含水层的优质凉伴矿泉水，却比当年的井水更清，更凉，更甜。妈妈说，今年夏天喝凉伴矿泉水，真是：

清清纯纯　　与凉作伴（凉伴天然矿泉水）

"嘉士利饼干"的广告也用了怀旧的手法，它的大标题是：

嘉士利　为你珍藏童真的滋味……

其正文是：

那一年，我和妹妹去乡下姥姥家，

我们在田野上奔跑，

在小河里钓鱼，

在收割过的麦地里拾麦穗，

空气里尽是

迷人的清香！

现在，很难找到

那种感觉了。

田野变成厂房，小河也不见了……

咦！这是什么？味道真特别，

让我想起乡下那麦地里迷人的清香！

嘉士利饼干，

为你珍藏童真的滋味！

这一点在百年老店的宣传上显得更为突出，例如"上海鸿翔集团"的广告是：

寻找历史踪迹　　得重现当年辉煌

它的正文是：

鸿翔，是中国第一家时装公司，鸿翔时装代表了中国人在门户开放以后寻找现代生活的历史，她走过的路程，是中国现代服装史的缩影——《海上寻梦》：鸿翔时装回顾展大征集……

这类广告总的特点是以历史悠久而自豪，打出"老"字版旗号。例如：

百年前美孚灯带来光明，今天美孚一号成就更辉煌。

百年名店老介福　　洒向人间都是福

培罗蒙——半个多世纪的骄傲

另一种手法是通过新旧对比，以旧推新，例如"上海家化"的"六神花露水"广告也很有趣，它通过三代人的变化来显示花露水的变化轨迹，其言下之意是"牌子虽新，源远流长"，广告的大标题是：

香飘三代的花露水

其正文为：

外婆做姑娘的时候，

出门时常常在手帕上洒儿滴花露水，

外婆说，那时的姑娘都爱用"双妹"，

妈妈说："'双妹'"以后又有'上海'……

我十七了，像外婆、妈妈一样爱用花露水，

我的花露水叫"六神"，

炎炎夏日，芳香依旧，

提神醒脑，心旷神怡，

一样的清香飘过我们家三代人。

外婆的"双妹"，

妈妈的"上海"，

我的"六神"花露水。

这里采用联想和比较，使"双妹"、"上海"一直到"六神"有一条线把它们串起来，即"一样的清香"，从而说明其质地可靠，值得信赖。"六神"花露水对这种"怀旧广告"情有独钟，它的另一则广告也是采用的这种手法，整版的广告分割为三个画面，左上方画面用"芭蕉扇"来作比喻，其标题是：

双妹明星今何在？

右上方画面用电风扇来作比，其标题是：

上海　昨日的温馨

下面的画面则用空调来作比，其标题是：

六神　今天的享受！

总之，怀旧只是手段，而出新才是目的，通过回忆来唤醒深藏在心底的种种美好的感情，然后联系到眼前的新产品，从而在感情上与消费者打成一片。

（原载《中文自学指导》1995 年第 1 期）

请注意：省缺广告

　　广告并不一定要把所有的话都说完，说满，其实，那样反而不好。你总得给人留下一些东西，让人们去思索，去回味，这样才能给人带来某种企盼、欲求、向往。宋代大词人苏轼的《水调歌头》有几句词说得好："人有悲欢离合，月有阴晴圆缺，此事古难全。"正因为有了"缺"，才会有"圆"，有了"阴"才会有"晴"。从这个意义上讲，省缺并不一定是件什么坏事，它正是希望之所在。近几年来新出现了一种省缺广告，就在这方面作了一些很有意思的尝试。这种广告的特点就在于，广告的焦点、重点恰恰就是这省缺的部分，正因为它的省略或空缺，它就格外引人注目，从而达到了广告需要重点宣传的目的。

　　省缺广告是种非常讲究宣传技巧的广告品类，它可以分为"省略广告"和"空缺广告"两大类。省略广告最大的特点是提示和含蓄；空缺广告最佳的效果是形象与醒目。

　　有的广告标题用了省略号以后，不再有任何下文，留下空白，有意让人思考。大部分情况下，广告本身已经在暗示你，商品本身就是最佳的空白填入物，例如第一到第三个例子；也有什么都不说，特意让你回味的，其效果确是"此时无声胜有声"，例如第四个广告语。

　　万事俱备　只欠……（西班牙意大利高级办公家具展销）

　　今年夏天喝……（奥乔天然矿泉水）

　　今天不喝，明天喝……（碧纯食用蒸馏水）

　　欲觅知音，欲觅知音……（中百一店乐器运动部）

　　也有省略号之后，下面有正文加以进一步的说明。例如"沙田公寓"的广告大标题只是一个大写的"盼……"，在正文中才对此作出具体的解释，并紧紧地围绕着"盼"字来做文章。

　　比较特殊的是有些话不好当面直说，需要适当避讳，这时最佳的选择就是采用省略手法。例如：

　　想家人健康，除非是飞利浦空气清新机，否则……

　　"否则"后面的话显然是从反面说的，大家心里也都明白，真要坦率地说出来，反而会让你感到没有礼貌和涵养，这里就特别需要含蓄。现在这样利用了省略号，让人感到意犹未尽，恰到好处。

　　空缺广告的空缺之处，正是整个广告的中心和重心，因为它的空缺恰好吸引了人们的视线。这个空缺往往利用图形来填入，图文并茂，就更有吸引力，同时也往往含有丰富的潜台词。例如"上菱空调机"的广告正上方写着"春□秋冬"，在应该出现"夏"的位置上画了一只空调机，然后在正下方有一句广告语：

　　一年三季失去夏季

　　那意思十分清楚，正是因为有了"上菱空调机"，你的"夏天"从此就消失了。这个空缺的设计相当巧妙，而且非常直观。

　　这类广告还有：

　　在夏天，人们需要的不仅仅是防暑降温……

　　洁士灭蚊　　默默无……

　　饮水思〇　　（天厨矿泉水）

　　莫失良□　　（国脉 128）

　　喝〇健康　　（珍珠养胃茶）

　　享誉全〇　　（NEC 日本电气香港有限公司）

　　第一则广告上画了用于夏天降温的西瓜、芭蕉扇和"天微口服液"。第二则广告画了一只"蚊子"，第三则广告画了个"天厨"的商标，第四则广告画了一只"BP 机"，第五则广告在空缺处画了一只手拿了杯茶，那自然是"珍珠养胃茶"了。最后一则广告，是画了一只地球。这些画面都很简单，但意思却很清楚。由于关键之处利用了图画，所以这类广告给人印象显得更加形象，更为生动。

（原载《交际与口才》1995 年第 5 期）

现代广告语：等式广告

50年代在中国曾上映过一部匈牙利的电影，片名叫"2×2＝5"，这个违背常理的等式很吸引人，原来这部电影讲的是一个爱情故事，意思是说在爱情问题上，常常会出现像"2×2＝5"那样出乎意料的结果。片名的别致给人们留下了深刻的印象，而且颇有回味。现代广告也出现了这种"等式广告"，用数学上的等式或不等式来显示产品的特色和作用，它的形式简洁明白，一目了然，内涵又相当丰富、有趣，所以这种广告方式很受欢迎。

上海市牛奶公司新的广告语是"一瓶等于一瓶半"，那意思是说虽然容量只有一瓶，但是由于采用了新的处理方法，质量大为提高，所以事实上，新的牛奶相当于以前牛奶的一点五倍。这是句大白话，言简意赅，很容易被消费者所接受。这是个相当成功的等式广告。

最常见的是"加法等式"，但并不出现数字，而是用文字来代替。例如：

黄（皮肤）＋紫（肤色修颜液）＝白里透红（郑明明肤色修颜液）

洋参魔霜＋连续使用四周＝见效（绮丽达洋参魔霜）

高薪＋高位＝您的未来（"中美"久久装潢设计工程有限公司）

钻饰＋爱心＝永恒（上海工艺美术品服务部）

优惠＋优质＝满意（万象集团电扇大展示）

第一例是说东方人的黄皮肤如果采用一种紫色的肤色修颜液来化妆，那么其效果将是你所梦寐以求的"白里透红"，"A＋B＝C"这种算式把本来需用比较复杂的话语才能表达的意思改用相当简单而清楚的方式表达出来了。后面几例也是同样的道理。一般情况，演算式出现在左面，等式则在右面，但是也有相反的。例如：

上菱＝金（质奖）＋A（级）　　　（上菱冰箱）

最有效护肤＝清除死皮＋补充营养液（小护士）

这是结论先出现，然后再对其原因或实现的途径进行解释，跟上面的方式相比，有异曲同工之妙。不过，在实际运用时，它还经常用一些变式。或者是答数不出现，存疑，让大家思考，当然，这个答案往往是不言而喻的。例如下面这个广告，其答案就是所推销的商品：

钻石＋宝石＋白金＋黄金＋白银＝？（珍藏高贵表）

或者是等号改用自然语言来表示：

美＋白＋净就是美加净（美加净牙膏）或者是多项的等式：

买爱得牌有机锗＝买放心＝买健康（爱得牌有机锗）

其实是万变不离其宗，变来变去都是以"等式"为中心，怎么说得清楚就怎么说，怎么能让顾客留下难忘的印象就怎么说。

比较别致的是一些违背常规的等式，它的特点是直接用数字来表示。例如：

1＋1＝3（时韵丝袜）

一亿多女性多年"验证"得出的一个公式：

4＋4＝1（4＋4美发护发系列）

这是一些奇特的等式，在普通数学里不能成立的，广告正是利用这种奇特性来吸引消费者的注意，促使他们去关心留意正文的内容。第一例的正文说：

女士心细，这个秘密一点就破，没有人会同时穿破两只袜子。"时韵"女士一次买两对袜子，穿着的时间等于三双袜子，2＝3，节省下一双袜子的钱，不足为多，但十双、百双……

这里的意思清楚极了，如按广告所说的去做，那么袜子就相当于三双袜子。第二例也对这样的等式作了必要的说明：

4种滋养成分＋4种保湿成分＝一头健康而又美丽的黑发

"4＋4"指这种美发护发系列是由4种滋养成分加上4种保湿成分构成的，而它的效能就保证使你拥有"一头健康亮泽而又美丽的"黑发。可见，这类奇特等式的广告，都必须有正文解释，否则会使人一头雾水，莫明其妙。

违背常规的等式，还有用其他方式来表现的。例如：

1≥3　青春捕捉　舍慢取快

它的意思是：服别的三支不如服一支"莹珠明目液"，这也要靠正文加以说明的。

此外，还有采用不等式的，广告的真正目标往往在于言外之意。例如：

太阳神时时提醒您：无病≠健康（太阳神口服液）

人生≠酸、甜、苦（西瓜润喉片）

第一个广告的意思非常清楚，即使无病也要注意营养，服用"太阳神"可以保障您的身体健康。第二个广告的意思比较曲折，它的正文是这样的：

人生百味，酸、甜、苦、辣、麻。生活少了麻辣，人生就缺少一分体验。尽管烟烧火燎，满头大汗，唏嘘不已，麻辣却总令人放不下。辛辣生"火"，易引起咽喉肿痛、牙龈肿痛、口腔炎。西瓜霜润喉片，清火解毒，抗菌消炎，消肿止痛，让您尽享生活的酸、甜、苦、麻、辣。

从"麻辣"说到"咽喉肿痛"，再引出"西瓜润喉片"，而广告的不等式大标题正是隐含着这么一层意思：酸、甜、苦、麻、辣，五味齐全，这才叫真正的生活。而"西瓜润喉片"可以帮助你实现这一点。

（原载《交际与口才》1995 年第 5 期）

问 答 广 告

　　一般地说，有疑惑才会提问，询问的目的是要求得到正确的答案。所以"问"和"答"构成了一个交际的基本框架。广告有意识地利用了这一交际方式，通过提问首先引起消费者的兴趣和注意，然后又通过回答，向消费者灌输广告的主要意图。广告成功与否的关键是，问题的设计是否巧妙、问到点子上，决不可为提问而提问。因此，提问也要问出水平，有利于让人思考，有利于水到渠成，顺利地引出答案来。

　　问答广告主要有三种：

　　1. 问答式：这个询问实际上是"设问"，即对广告主来讲，是无疑而问，目的只是为了引出答案。问句主要是特指问、是非问，一般地说，同时也出现答句。换句话说，这里，问只是一种铺垫，答才是实质。这种问答式广告是最普遍的，例如：

　　下一个曲子，由谁来唱？三菱卡拉OK录像机，在唱的时候，随时就可以唱。

　　有秃发的苦恼吗？章光101（北京章光毛发再生精联合总厂）

　　你敢闯澳隆吗？闯进来就会获得一份成就感。（上海澳隆服饰有限公司）

　　人生何所求？金田家春秋（金田房产）

　　利用选择问来提问的比较少，例如：

　　罗马？上海？上海罗马花园！（上海金马房地产有限公司）

　　从答句来看，大都是正面回答，例如：

　　何谓家用电脑？——我们的联合就是给您的答案！

　　泰格电脑："家庭买得起的……"最优价格的承诺

四维电脑："回家就能用的……"正版软件的保证

华南工贸："质量有保证的……"最佳服务的支持

也有借用消费者的口吻来回答的，例如：

老同学，你怎么年轻啦！我有宝贝呀！（美加净人参防皱霜）

但也有故意作出否定回答的，例如：

贵？不，珍贵！（娃哈哈银耳燕窝）

不管怎么回答，目的只有一个：推出产品的品牌，或者宣传该产品的特点。

2. 单问式：只是提出了问题，但是紧接着的并没有答语。例如：

为什么你从来没有在别人面前开怀大笑？（白狮王牙膏）

为什么单是清除体内垃圾还不够？（天微口服液）

其答案可以从问语的暗示和产品的特点中推导出来。第一例的意思是因为你的牙齿不太洁白，所以不好意思在大家面前开口大笑；第二例的意思是单单清除了体内垃圾显然还不够。其潜台词当然是要使用我们的牙膏和服用我们的口服液。

春花翠鸟壁上来？　　夏日凉风穿墙过？

秋风朗月映高堂？　　冬雪寒梅入暖房？

每个广告都用了设问句，而且都没有答案。其实，这组广告的目的正是要宣传他们的"迪卡壁画"可以达到以假乱真的程度，无论春夏秋冬，都会在家里就给你像在大自然的怀抱里一样的享受。用问句，就是为了显示人们惊喜交加，而又简直不敢相信自己眼睛的那种心情。应该说，这四个问号用得很有技巧。

也有用大标题提出问题，然后在正文中再作详细解释的。例如：

蚊跟人走怎么办？

先提问题，正文是一篇"夏日散记"：

明天，我和小慧去度蜜月，……我们玩了杭州和许多地方，玩得舒畅尽兴，还多亏了"六神"驱蚊水……小慧喜欢"六神"驱蚊水，还因为它不油腻，不污染衣服，还有一种淡雅的香味。

其他如"格力空调"，"太阳神口服液"等的提问广告也是正文中作出回答的：

您每晚坐火车？新科状元，牛耳谁执？

答案可以是文字，也可以是图画，例如上海英雄 400 圆珠笔的广告是这样提问的：买什么礼物送她最合适呢？广告配上一个美丽的少女头像，其答案显然是非常清楚的。

又如一家复印机公司的广告也十分有趣：怎么又来真假悟空？广告的画面上是一架复印机，唐僧看到原稿上和复印出来的两个孙悟空一模一样，不禁目瞪口呆。虽然没有任何的文字说明，但复印机质量之高已经渲染淋漓尽致了。

提出问题，希望消费者来回答的，则是一种"有奖回答"，这也是一种常见的广告手段，例如：姿丹妮是什么？正文里要求读者"写出正确答案，剪下来广告到中兴百货姿丹妮专柜，5000 份礼品急待送出！……"

3. 反问式：用反问来表达自己的真实想法。例如：

谁不希望以一点真诚代替千言万语？（泰国航空公司）

这意思当然是希望用一点真诚来代替千言万语。反问句也可以再用回答来强化自己的意思。例如：

出乎意料？理所当然！！！（太阳神口服液）

这是"太阳神系列口服液"继荣获"第二十四届奥运会中国体育代表团专用营养补剂"，"1988 年运动营养金奖"后，再次荣获"第十一届亚运会中国体育代表团专用运动补剂 1990 年全国运动营养金奖"时所做的广告，"出乎意料？"那意思当然是没有出乎意料，所以又用"理所当然！！！"来正面作出回答。

（原载《交际与口才》1995 年第 7 期）

评香港的"暧昧色情广告"

香港的广告，确实多姿多彩，也不乏精彩的作品和传世的佳作。但是，良莠不齐，也有一些品味不高，甚至故意涉及色情的东西。

我们最近发现一种广告，所宣传、推销的商品实际上跟色情毫无关系，但是它却故意以色情做"诱饵"，好像是一个三级片广告，这就好像明明是一个良家妇女，却为了引起别人的注意，故意打扮得像一个妓女一样。我们把这一类广告叫做"暧昧色情广告"，或者也可以叫做"准色情广告"。例如：

"乳"出惊人

这实际上是一个"乳鸽"的饮食广告，广告上还画着一只油光光、黄澄澄、香喷喷的乳鸽。可是这句广告语却故意打上一个引号，突出了一个"乳"字，利用汉字的多义来产生某种联想。"乳"即"奶"，它可以构成许多词语，但是以"乳"打头的词语，大家最熟悉的显然不是"乳鸽"，而是"乳房"，与它相关的还有"乳罩"、"乳头"、"乳晕"、"乳汁"等等，光用一个"乳"字肯定代表不了"乳鸽"，但是因为有乳鸽的形象为准，你不能不说这是个乳鸽广告，同时你也不能不暗暗承认，当第一眼看到这个广告时，你由"乳"所联想到的决不会是什么"乳鸽"。

还有利用谐音的。例如有一个外国电影，影片的英文名称是：

Fierce Creatures

直译是"凶猛的牲畜"，电影广告却故意写为：

宠物（胸）凶猛

并且在"胸"字上打了个叉，广告的作者明明知道影片跟"胸"无关，却故意先写出来再划掉，这不能不说是个"陷阱"，因为在香港话里，常常用"胸猛"来形容女人的胸部大，显然是以"胸"诱人。

这一类广告所采用的手法主要有这么几种：

1. 句义表里不一，故意误导。例如：

他与谁同眠？

床上新挑战

这是采取一种语义故意"误导"的手法，字面上是一种意思，好像很"色情"，但是实际上却是另外一种意思，即宣传的产品跟色情无关。第一则广告表面上好像是在问"同眠"的对象，其实是一家旅馆的广告（澳门威斯登酒店），意思是"旅途相伴，智者之选"。第二则广告表面上好像暗示的是"床上作爱"，但是，实际上是一种新型床褥的广告。

2. 词义双解，故意混淆。例如：

你好色吗？

这是利用词语的多义，故意产生歧解。"好色"本来是说"喜欢女色"，但是，这则广告实际上推销的是一种颜色手表（SEIKO 精工）的广告，此"色"非彼"色"，但是它故意把两者混起来。

3. 图像暧昧，故意暗示。例如：

只含 0.3％脂肪，脱得更彻底。

未尝久渴，怎得畅快感觉？

第一则广告是指一种"脱脂牛奶"，"脱得更彻底"当然是指"脂肪"脱得更彻底，但是，旁边画的是一个身穿两截贴身内衣的时髦女郎，露出肩膀、肚脐和大腿，让人不能不问"脱的是脂肪还是衣服"。第二则广告说的是一种"矿泉水"，但是配合的画面是两个裸体男女激情相拥，再加上语义暧昧的广告语，确实含有相当的色情成分。

这类带色情味儿的广告，主要是迎合一部分小市民的庸俗的口味，对此，我们必须提出严肃的批评。

（原载香港《普通话》1997 年）